国家出版基金项目
NATIONAL PUBLICATION FOUNDATION

欧亚历史文化文库

总策划　张余胜

兰州大学出版社

沙埋和阗废墟记

〔英〕马尔克·奥莱尔·斯坦因　著

殷晴　张欣怡　译

图书在版编目（ＣＩＰ）数据

沙埋和阗废墟记 / （英）斯坦因（Stein, M. A.）著；殷晴，张欣怡译. -- 兰州：兰州大学出版社，2014.6
（欧亚历史文化文库 / 余太山主编）
ISBN 978-7-311-04482-4

Ⅰ．①沙… Ⅱ．①斯… ②殷… ③张… Ⅲ．①文物—考古—和田地区 Ⅳ．①K872.45

中国版本图书馆CIP数据核字(2014)第119814号

策划编辑　施援平
责任编辑　施援平　王曦莹
装帧设计　张友乾

书　　名　沙埋和阗废墟记
作　　者　〔英〕马尔克·奥莱尔·斯坦因　著
　　　　　殷　晴　张欣怡　译
出版发行　兰州大学出版社　（地址：兰州市天水南路222号　730000）
电　　话　0931-8912613(总编办公室)　0931-8617156(营销中心)
　　　　　0931-8914298(读者服务部)
网　　址　http://www.onbook.com.cn
电子信箱　press@lzu.edu.cn
印　　刷　兰州人民印刷厂
开　　本　700 mm×1000 mm　1/16
印　　张　26.75(插页28)
字　　数　352千
版　　次　2014年11月第1版
印　　次　2014年11月第1次印刷
书　　号　ISBN 978-7-311-04482-4
定　　价　100.00元

（图书若有破损、缺页、掉页可随时与本社联系）
淘宝网邮购地址:http://lzup.taobao.com

图版目录*

2

＊本书所附图片为译者根据内容选配的新近出土的文物的照片。

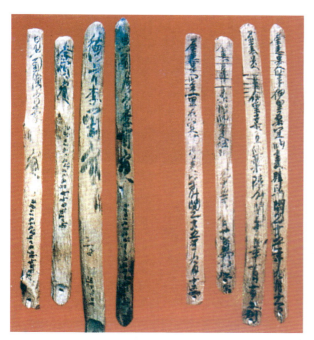

图1　汉文、于阗文双语木简（策勒老达玛沟）

图2　汉文木简（尼雅遗址　汉晋）

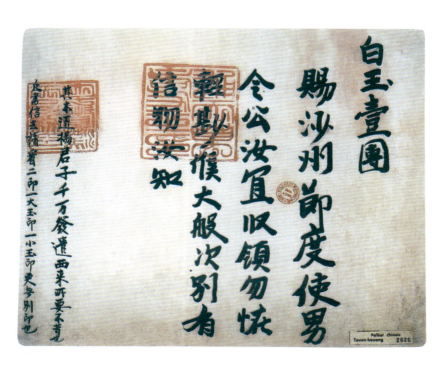

图3　于阗王赐玉沙州节度使书（敦煌藏经洞　唐宋之际）

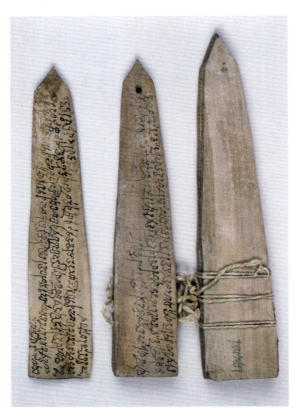

图4 楔形佉卢文木简（尼雅遗址 汉晋）

图5 于阗文木函（策勒老达玛沟 唐）

图6　木板画（策勒丹丹乌里克遗址　晋唐）

图7　"五星出东方利中国"锦（尼雅遗址　汉晋）

图8　五铢钱（和田买力克阿瓦提遗址　汉晋）

3

图9　汉佉二体钱（和田马钱，约特干遗址　汉晋）

图10　铜斧（尼雅北方遗址　青铜时代）

图11　木耜（尼雅遗址　汉晋）

图12　弓箭（尼雅遗址　汉晋）

图13　铁镰（洛浦山普拉古墓群　汉晋）

图14 陶埙（墨玉库木拉巴特遗址 晋唐）

图15 玉璧（民丰安迪尔遗址 青铜时代）

图16 双耳陶罐（尼雅北方遗址 青铜时代）

图17 彩绘木桶和镟制木桶（洛浦山普拉古墓群 汉晋）

图18　和阗玉制成的西汉吕后玉玺（"皇后之玺"，陕西咸阳韩家湾）

图19　陶盆（于田圆沙古城　秦汉）

图20　模印文三耳陶罐（和田采集　魏晋南北朝）　　图21　吉祥天女（丹丹乌里克遗址　晋唐）

图22　泥塑莲花坐佛像（洛浦热瓦克佛寺遗址　晋唐）

图23　于阗语写卷（丹丹乌里克遗址　晋唐）

图24 供养者（和田布盖乌于来克寺院遗址 晋唐）

图25 彩饰木棺（和田布扎克古墓群 唐宋之际）

图26　青边黄绢长衣（尼雅遗址　汉晋）

图27　彩釉陶罐（和田巴拉玛斯遗址　唐宋之际）

图28　双耳陶罐（洛浦山普拉古墓群　汉晋）

图29　人物图纹栽绒毯（洛浦山普拉乡　魏　图30　铜佛像（策勒老达玛沟　唐）
晋南北朝）

图31　虎纹铜权杖首（圆沙古城遗址　秦汉）

图32　阿克色皮力古城（洛浦县北　汉—宋）

图33　热瓦克佛寺遗址（洛浦县境　晋—唐）

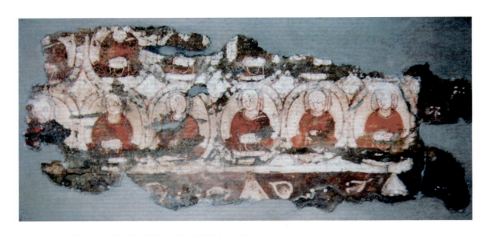

图34　坐佛壁画（策勒丹丹乌里克遗址　晋唐）

图35　迦你佛像（于阗瑞像，
敦煌莫高窟　五代）

图36　木瓶（洛浦山普拉古墓群　汉晋）

 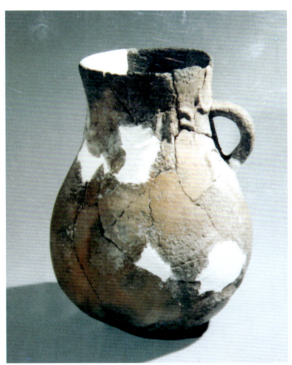

图37　人首牛头陶水注（和 　　图38　单耳陶罐（圆沙古城遗址　秦汉）
田约特干遗址　晋唐）

图39 「马人」武士毛织壁挂（洛浦山普拉古墓群　汉晋）

图40　摩尼宝珠纹锦（和田布扎克古墓群　唐宋之际）

图41 木碗（洛浦山普拉古墓群 汉晋）

图42 铜壶（和田采集 清） 图43 双耳铜碗（和田采集 元明）

图44 琉璃珠项链（洛浦山普拉古墓群 汉晋）

17

图45　漆篦（洛浦山普拉古墓群　汉晋）　　图46　玉猴（和田采集　宋代以前）

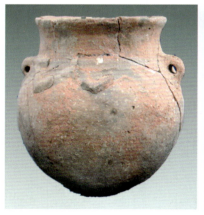

图47　双系红陶罐（于田流水墓地　　图48　红陶罐（于田流水墓地　青铜—早期铁器
青铜—早期铁器时代）　　　　　　时代）

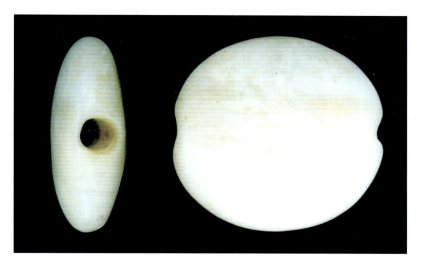

图49　玉珠（于田流水墓地　青铜—早期铁器时代）

图50　雕花木椅（尼雅遗址　汉晋）

图51　雕纹饰板（尼雅遗址　汉晋）

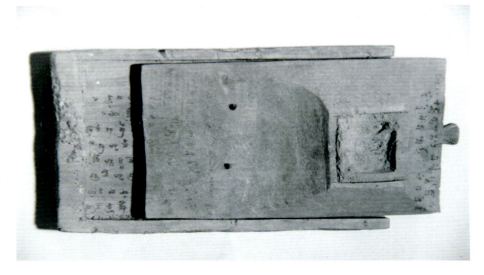

图52　于阗文木牍（策勒老达玛沟遗址　唐代前后）

图53　五铢钱（和田买力克阿瓦提遗址　汉晋）

图54　和田马钱（汉佉二体钱，洛浦阿克色皮力古城遗址
汉晋）

图55　和田马钱（汉佉二体钱，洛浦阿克色皮力古城遗址　汉晋）

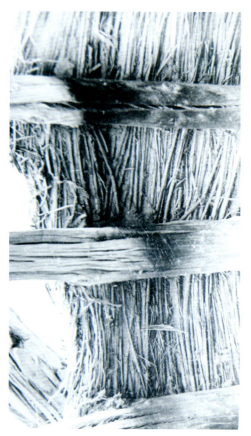

图56　芦苇墙和木门（尼雅遗址　汉晋）

图57 阿克色皮力古城（洛浦县北 汉—宋）

图58 玉灯（策勒县 清代以前）

图59 铁镰（尼雅遗址 汉晋）

图60 木盆和木勺（洛浦山普拉古墓群 汉晋）

22

出版说明

　　随着20世纪以来联系地、整体地看待世界和事物的系统科学理念的深入人心，人文社会学科也出现了整合的趋势，熔东北亚、北亚、中亚和中、东欧历史文化研究于一炉的内陆欧亚学于是应运而生。时至今日，内陆欧亚学研究取得的成果已成为人类不可多得的宝贵财富。

　　当下，日益高涨的全球化和区域化呼声，既要求世界范围内的广泛合作，也强调区域内的协调发展。我国作为内陆欧亚的大国之一，加之20世纪末欧亚大陆桥再度开通，深入开展内陆欧亚历史文化的研究已是责无旁贷；而为改革开放的深入和中国特色社会主义建设创造有利周边环境的需要，亦使得内陆欧亚历史文化研究的现实意义更为突出和迫切。因此，将针对古代活动于内陆欧亚这一广泛区域的诸民族的历史文化研究成果呈现给广大的读者，不仅是实现当今该地区各国共赢的历史基础，也是这一地区各族人民共同进步与发展的需求。

　　甘肃作为古代西北丝绸之路的必经之地与重要组

成部分,历史上曾经是草原文明与农耕文明交汇的锋面,是多民族历史文化交融的历史舞台,世界几大文明(希腊—罗马文明、阿拉伯—波斯文明、印度文明和中华文明)在此交汇、碰撞,域内多民族文化在此融合。同时,甘肃也是现代欧亚大陆桥的必经之地与重要组成部分,是现代内陆欧亚商贸流通、文化交流的主要通道。

基于上述考虑,甘肃省新闻出版局将这套《欧亚历史文化文库》确定为2009—2012年重点出版项目,依此展开甘版图书的品牌建设,确实是既有眼光,亦有气魄的。

丛书主编余太山先生出于对自己耕耘了大半辈子的学科的热爱与执著,联络、组织这个领域国内外的知名专家和学者,把他们的研究成果呈现给了各位读者,其兢兢业业、如临如履的工作态度,令人感动。谨在此表示我们的谢意。

出版《欧亚历史文化文库》这样一套书,对于我们这样一个立足学术与教育出版的出版社来说,既是机遇,也是挑战。我们本着重点图书重点做的原则,严格于每一个环节和过程,力争不负作者、对得起读者。

我们更希望通过这套丛书的出版,使我们的学术出版在这个领域里与学界的发展相偕相伴,这是我们的理想,是我们的不懈追求。当然,我们最根本的目的,是向读者提交一份出色的答卷。

我们期待着读者的回声。

总序

　　本文库所称"欧亚"(Eurasia)是指内陆欧亚,这是一个地理概念。其范围大致东起黑龙江、松花江流域,西抵多瑙河、伏尔加河流域,具体而言除中欧和东欧外,主要包括我国东三省、内蒙古自治区、新疆维吾尔自治区,以及蒙古高原、西伯利亚、哈萨克斯坦、乌兹别克斯坦、吉尔吉斯斯坦、土库曼斯坦、塔吉克斯坦、阿富汗斯坦、巴基斯坦和西北印度。其核心地带即所谓欧亚草原(Eurasian Steppes)。

　　内陆欧亚历史文化研究的对象主要是历史上活动于欧亚草原及其周邻地区(我国甘肃、宁夏、青海、西藏,以及小亚、伊朗、阿拉伯、印度、日本、朝鲜乃至西欧、北非等地)的诸民族本身,及其与世界其他地区在经济、政治、文化各方面的交流和交涉。由于内陆欧亚自然地理环境的特殊性,其历史文化呈现出鲜明的特色。

　　内陆欧亚历史文化研究是世界历史文化研究中不可或缺的组成部分,东亚、西亚、南亚以及欧洲、美洲历史文化上的许多疑难问题,都必须通过加强内陆欧亚历史文化的研究,特别是将内陆欧亚历史文化视做一个整体加以研究,才能获得确解。

中国作为内陆欧亚的大国,其历史进程从一开始就和内陆欧亚有千丝万缕的联系。我们只要注意到历代王朝的创建者中有一半以上有内陆欧亚渊源就不难理解这一点了。可以说,今后中国史研究要有大的突破,在很大程度上有待于内陆欧亚史研究的进展。

古代内陆欧亚对于古代中外关系史的发展具有不同寻常的意义。古代中国与位于它东北、西北和北方,乃至西北次大陆的国家和地区的关系,无疑是古代中外关系史最主要的篇章,而只有通过研究内陆欧亚史,才能真正把握之。

内陆欧亚历史文化研究既饶有学术趣味,也是加深睦邻关系,为改革开放和建设有中国特色的社会主义创造有利周边环境的需要,因而亦具有重要的现实政治意义。由此可见,我国深入开展内陆欧亚历史文化的研究责无旁贷。

为了联合全国内陆欧亚学的研究力量,更好地建设和发展内陆欧亚学这一新学科,繁荣社会主义文化,适应打造学术精品的战略要求,在深思熟虑和广泛征求意见后,我们决定编辑出版这套《欧亚历史文化文库》。

本文库所收大别为三类:一,研究专著;二,译著;三,知识性丛书。其中,研究专著旨在收辑有关诸课题的各种研究成果;译著旨在介绍国外学术界高质量的研究专著;知识性丛书收辑有关的通俗读物。不言而喻,这三类著作对于一个学科的发展都是不可或缺的。

构建和发展中国的内陆欧亚学,任重道远。衷心希望全国各族学者共同努力,一起推进内陆欧亚研究的发展。愿本文库有蓬勃的生命力,拥有越来越多的作者和读者。

最后,甘肃省新闻出版局支持这一文库编辑出版,确实需要眼光和魄力,特此致敬、致谢。

余太山

2010 年 6 月 30 日

目　录

首次探险计划——印度政府的批准和赞助——时间与费用预算——印度勘测部门的帮助——早期在考古学工作中的障碍——无法确定的事业——科学成果的评价——国际东方会议的决议——佛教在中亚——得自中国突厥斯坦的古文物——印度对和阗的影响——和阗的古代艺术——与中原的文化联系——古代艺术的遗迹——古代文化的交流——梵文、汉文、藏文手稿的发现——木板上的佉卢文书——"寻宝者"对遗址的危害——来自中国官方的援助——个人回忆录的写作目的——印度政府的关照——对学者们的帮助表示谢意——纵览未来的考古工作。

在莫汉麦高原上——以往的文物考察旅行——从加尔各答出发——上行到吉赫勒姆山谷——抵达克什米尔——在斯利那加的准备工作——克什米尔史料——宿营在信德河上——布奇沃尔的花园——助理测绘员的加入——野营的组成——从斯利那加启程。

2

巴什帕米尔高原——巧遇德国官员——柯尔克孜和瓦罕的移民——走过可爱的牧场——骑马走向塔什库尔干——一次艰难的涉渡。

4

墓——驼背上的"尧乐希伯格"——哈孜热提·比吉姆陵墓——克孜勒绿洲——一段沉闷的旅程。

脉外缘——穿过乌鲁赫达坂——尝试向布雅前进——在皮夏山谷——一个山里的百岁老人——"5号昆仑峰"——壮丽的景色——险峻的山坡——到达喀朗古塔格——苦役犯的居住地——幽暗的山谷——从喀朗古塔格出发——走向玉龙喀什峡谷——温泉——荒凉的河床——试图穿越峡谷——被迫折返——骑着牦牛攀缘。

回——沙漠中的会合——精确的勘测——"塔克拉玛干的长者"——吐尔地的老马——失败的推测——一个古饲料仓——苦难动物的末日。

过干枯的森林——望见古代住宅——到达废墟。

书信——官员的头衔——梵文前言——和阗的旧称——印度移民的传说——从塔克西拉移居和阗——唯一的婆罗谜文木牍——年代的佐证——有年代的汉文记录——与中原的商业关系——古代工业的遗物——建筑设计的木雕。

中译本序

　　斯坦因的《沙埋和阗废墟记》是 1903 年在英国伦敦出版的,时隔 90 余年,还有很多人鼓励支持我们把它译成中文出版,说明它确是值得一读的名著。

　　应该说这不完全是一本写历史考古的书,从印度的克什米尔到我国新疆的塔里木盆地,山川气候、风土人情、社会经济状况、自然环境变迁,以及其主要叙述的当时震撼国际学术界的考古发现,可说是包罗万象,内容非常丰富。展现在我们面前的不仅是一段鲜为人知的尘封历史,也是一幅 20 世纪初上述地区自然景观的卷轴,铺陈出生动形象的社会风情画面。

　　马尔克·奥莱尔·斯坦因 1862 年 11 月 26 日出生于匈牙利布达佩斯的一个犹太人家庭;曾就读于英国伦敦大学和剑桥大学,专攻东方语言学和考古学;1887 年至印度工作,曾在旁遮普当过学监并兼任拉合尔东方学院院长等职,在此期间,他曾在当地作过考古调查和研究。1900 — 1901 年,斯坦因来我国新疆塔里木盆地南缘进行第一次考古探察。

　　1900 年 5 月 31 日,这位在我国学术界曾有争议的人物,携其助手在英国及印度政府支持下,从斯里那加出发,经吉尔吉特和罕萨至喀什噶尔,于当年 10 月经叶儿羌即莎车至和田活动。他们首先考察了和田城郊的约特干,提出它系于阗古都遗址的推测,继而组织人力对著名的丹丹乌里克和尼雅等文化遗址进行发掘,获得了大量的珍奇文物,满载而归。

　　1901 年 7 月 2 日,斯坦因抵达伦敦,当他在大英博物馆内,把攫取的文书、文物加以整理后,陆续在伦敦出版了以下 3 部著作,这就是:

（1）1901 年：《去中国突厥斯坦从事考古和地形考察的初步报告》。[1]

（2）1903 年：《沙漠埋藏的和阗废墟——在中国突厥斯坦从事考古学和地理学考察的旅行纪实》。

放在我们面前的这本《沙埋和阗废墟记》即是该书的简称，它是在初步报告的基础上加工充实而成，书中大量使用了日记、信函、发掘记录等方面的资料，对第一次中亚探察的前后过程，以生动的笔触做了详实介绍。

（3）最后于 1907 年出版了《古代和阗——中国突厥斯坦考古探察的详细报告》，这是作者根据第一次中亚探察资料撰写的学术研究专著，是以我国新疆和阗为主要对象的中亚历史考古及相关学科的综合性成果。全书 2 卷，第 1 卷文字部分共有 7 个附录；第 2 卷为图版。书中对《沙埋和阗废墟记》所涉及的考古发现和学术问题，做了进一步深入的探讨，大量第一手新资料，使书的内容翔实丰富，使人们大开眼界，至今对我国学术界仍有较大影响。

如果说《古代和阗》是一部份量厚重的学术巨著，阅读对象多系专家学者的话，那么这本《沙埋和阗废墟记》则雅俗共赏，文字浅显生动，读之饶有兴味，是可以拥有众多不同职业的读者的。现在我们就着重谈谈与本书有关的几个问题。

一

19 世纪末 20 世纪初，包括我国新疆在内的中亚地区，是英、俄等

---

[1] 本书经常出现的"突厥斯坦"这一名称，在中世纪穆斯林学者笔下，原指锡尔河与阿姆河之间突厥人分布的地区。19 世纪以来，国外学者继而又提出"中国突厥斯坦"和"东突厥斯坦"的称谓，其含义在本书中和突厥斯坦的用法一样，都指新疆塔里木盆地以操突厥语为主的居民区域，后来也有人泛指整个新疆地区。由于这些名称，学者们所指地望有异，难有统一译名，所以在书中我们只能按原文照译。至于现在有些人在政治上别有企图，歪曲原义，滥用这些名称，则已非学术著作中的历史地理概念，又当别论。

列强在划分势力范围过程中争夺的焦点，他们虎视眈眈，伺机插足于此。此时邻近的印度和阿富汗都已沦为英国殖民地。野心勃勃的沙俄势力已越过锡尔河和阿姆河，从西伯利亚向南扩张了几千英里，亟欲吞并我国新疆西部的绿洲地带、控制通向印度的战略性山口；而英国则视新疆西南部为其势力范围，极力阻挠沙俄势力的进入。作为英国的政治代表，1890年来到喀什噶尔、后来被任命为总领事的马继业，与1882年即已赴任的沙俄驻喀什噶尔总领事彼得罗夫斯基，夜以继日地明争暗斗，就是这一复杂、紧张、危险形势的缩影。所以当1900年7月29日晚斯坦因敲开马继业官邸挂着灯笼的大门，受到主人的热烈欢迎后，他在塔里木盆地南缘所进行的探察活动，获得了这个精明能干、熟谙当地情况的"英国利益的唯一代表"，无微不至的关怀和有力地支持，以致有人怀疑斯坦因的真实身份和此行的真实目的。

与不少人一样，当时作为俄国利益代表的彼得罗夫斯基就曾认为斯坦因是英国政府派遣的间谍，虽然根据事实，后来他改变了自己的看法。实际上，斯坦因作中亚考古探察，是他个人经过种种努力，获得英国和印度政府批准并资助成行的。他在1898年9月10日写给印度政府的报告中，申述此行的理由说："根据历史记载所知，今和阗地区曾经是古代的佛教文化中心——其起源和特点明显受印度影响，今年古代文书、钱币、雕刻等的发现已充分说明，经过对这些古遗址的系统发掘，将会得到对于古代印度文化研究极为重要的发现……因此，我计划中旅行的目标是，从考古学的角度对和阗及其周围的古代遗址进行考察，寻找能够揭示其历史的资料，收集货真价实的古代遗物。"[1]以后的行动表明，上述情况尽管属实，但在英俄角逐的紧张形势中，斯坦因所进行的探察活动也还有为英国政府的扩张政策张目的意图，所以在上述建议中，他也曾提到俄罗斯帝国科学院已宣布派出学者考察中国突厥斯坦，而英国绝不能落后，让俄国单独得到好处。他在塔里木盆地

---

〔1〕〔英〕珍妮特·米尔斯基：《斯坦因：考古与探险》第83、84页，田卫疆等译，新疆美术摄影出版社，1992年。

南缘所进行的一系列的测绘活动,显然也是为英国殖民主义者效劳的。斯坦因和马继业的身份与所从事的职业不同,但在思想情趣上息息相通、沆瀣一气,所以二人言谈异常投机,行动步骤也非常协调。他们共同代表着英国殖民利益来东方活动,头脑里充满着"西方文明"的优越感,迷信并张扬大英帝国的殖民统治,称东方人"愚昧""落后",认为紧随着"大英帝国武装"力量推进的英国人,"当之无愧"是传播"文明的先驱者"。这种殖民主义的理论主张,在本书中曾若明若暗地留下痕迹,甚至在分析历史事件时,也凸显于行文之间。比如在今和田民丰县的尼雅遗址发现了大量的佉卢文木牍后,他在没有切实根据的情况下,即断言"和阗这块领土在公元前两个世纪内曾被旁遮普西北部的呾叉始罗即希腊语中的塔克西拉人征服统治。这肯定是一个非常有意义的事实,因为在印度境内,只有过去曾以呾叉始罗为中心的那片地区使用过木版上这种佉卢文字,仅用佛教的传播并不能充分解释木牍上的语言和文字,因为根据现有资料来看,佛教带到中亚作为宗教语言的是梵语,而文字则是婆罗谜文"。其实在古代丝绸之路畅通的情况下,各地民族间包括语言文字在内的文化交流,是多渠道地进行着的,佛教传播的许多详情,现在我们尚不了解。呾叉始罗属汉代的罽宾范围,从公元前2世纪汉武帝以后,罽宾即和我国特别是塔里木盆地南缘于阗、皮山诸地有着密切往来。东汉永元二年(90)占有罽宾的大月氏贵霜王朝遣副王谢将兵7万攻击住在疏勒的班超,后大败而归,俯首贡献。此在汉代史籍中有明确记载。斯坦因对当时的历史情况,并未进行过深入研究,断言古代和阗曾被塔克西拉人征服,"夷为殖民之地",实属主观臆断,反映了作者的精神世界和政治诉求。

二

自公元前138年(汉建元三年)张骞通西域后,横贯欧亚大陆的丝绸之路逐渐喧腾起来,一批批信心十足、打着使者旗号的商队,以及僧侣、官员等各式各样的行人,不惧艰险,来往不绝。丝路及其南北支线的兴起,使塔里木盆地南缘的于阗绿洲,从分散封闭的穷乡僻壤,成为驰名中外、东西交通的冲要之地。丝绸之路畅通,商贸活跃,给当地各方面以深刻的影响,有力地推动了灌溉农业和手工业的发展;名闻遐迩的玉石、斑斓多彩的胡锦和毡毯以及精巧实用的铜器,曾著称于世。于阗城镇不仅成为丝路南道重要的中继站,也成为东西文化的汇聚点。丝路商贾从古印度带来了传播佛教的僧侣与伴随佛教而来的犍陀罗艺术,佛国于阗寺院林立、晨钟暮鼓,吸引过各国信徒来此观光求法,使五光十色的东西方文化在这里碰撞融汇。著名的英国学者李约瑟在《中国科学技术史》中曾说:"在這整个时期,和田地区成为印度、波斯、希腊和中国四方面文化的荟萃点。"丝绸之路和古代于阗紧密联系在一起,曾对国际经济文化交流做出过重要贡献,写下我国历史的光辉一页。经过选择、吸收和融合出来的古于阗文化,具有自己的独特风格,成为西域文化中的重要组成部分。唐宋以后,随着世界经济格局的变化,通过内陆亚洲的古丝绸之路衰微,不断恶化的生态环境,使大量文物遗迹湮埋于沙漠之下,鲜为人知;时过境迁,灿烂的西域文明,从历史的篇章里,逐渐被人忘却。明清以来,闭关自守,不仅使中国人的头脑禁锢起来,淡忘了与外部世界的历史联系,就是欧洲人也把自己的文化遗产,局限在以自我为中心的狭隘小天地里。直到 19 世纪中叶以后,大量的地下宝藏才不断被以西方为主的一批批探险队发掘出来,重见天日,揭示了历史的奥秘,震撼了国际学术界。人们惊奇地发现,在荒寂的塔克拉玛干大沙漠中,竟然埋藏着大量的千年以上的古代文化遗存:这里有着精美绝伦的丝绸绢缛,有着雕刻精致、饰以各类花纹的木器、漆器,也有着凝聚东西方各种艺术风格的壁画、雕塑,以及大量的汉唐钱币、贵霜钱币、波斯钱币等等。据本书记述,除上述物品外,斯坦因在丹丹乌里克、尼雅诸遗址所发现的各类文书,特别是佉卢文木牍,其历史考古价值更引起人们注目。这种原通行于犍陀罗地区(今巴基斯坦北部)的文字与源自中原的简牍相结合,所形成的佉卢文简牍,封泥印有执盾和雷电的雅典娜形象,显然源于西方的古典艺术,它们所反映出的东西方影响的奇妙结合,使人们大开眼界,重新认识古代中亚文明发展的轨迹。展现在我们面前的一幅幅广阔的历史画卷,提供了许多新资料,也提出了许多新问题。人们不得不重新编写中亚史乃至世界史的一些篇章。而所有这一切,使上述灿烂辉煌的历史文明重新焕发出光彩。作为一个不惧艰险、不断探索、献身于历史文化事业的学者,斯坦因的贡献是应该给予承认的。当然,这丝毫也不影响近数十年来,在这些领域内,我国学者所取得的进一步成就的意义。同时值得我们注意的是,作为考古学家的斯坦因,其所致力的领域,并不仅仅在人文科学范围,在土壤、沙漠、地形、气象等学科方面,他也是位训练有素的学者,对和阗地区古城镇的消失、灌淤土的形成、沙漠的扩张等有关绿洲变迁诸问题,在《沙埋和阗废墟记》以及进一步深化的专著《古代和阗》中,经过探察,他于90多年前就已提出了不少有价值的见解。对于以灌溉农业为主的绿洲地区的兴衰存废,他一般抓住水资源的运动和变化进行观察探究,反对先前一些欧洲旅行家的说法:认为居民区的遗弃,是突然发生的自然灾难所造成的。经过不断的探察和思考,对丹丹乌里克和媲摩逐次的遗弃,他认为同样也是因为难以维护通往这些边缘居民区的灌溉渠道所造成的。对于沙漠的推进速度,他也不是根据一些简单计算的数字,说一些耸人听闻的话语,而是经过科学论证,提出了比较符合实际的看法。同样,出于对与历史考古有着密切关系的地理学的关注和重视,本书有关地理环境和自然景观的描述是很形象生动的,情景交融,详实而不浮夸,文笔流畅而无人工雕琢之嫌,堪称具有科学性的写景佳作。据《史记·大宛列传》载,汉元狩四年(公元前119 年)张骞第二次出使西域时,曾遣副使到于阗,攀登昆仑,探察于阗河源与玉石产区。不过这次探察活动的详情,没有留下任何文字记录,使我们难知究竟。后虽也有旅行者通过河源所在的崇山峻岭,但亦难知其详。对这个由雄伟的雪山、巨大的冰川以及狭窄的峡谷所组成的神秘地带,1900 年 10 月斯坦因到达和阗后,即不顾高山气候恶劣、路途险峻,翻山越岭,对海拔近 20000 英尺的高峰,进行了实地探测,为人们留下了珍贵有用的地理资料。他站在海拔近 13950 英尺的高山之

巅,充满着欢愉和激情这样写道:

> 以往站在慕士塔格峰上看到的任何景色都无法与之媲美。东
> 方高耸着雄伟的昆仑顶峰,被耀眼的冰川分割开来的奇异成群的
> 山脊……很久以来,都未发现海拔最高点位于实际上的分水岭,而
> 是标在与此分离的其次的山嘴上。
>
> …………
>
> 陡深的山谷和锯齿状的山梁从主脉向下延伸,与我们背后贫
> 瘠的平坦高原形成了鲜明的对照。西面玉龙喀什河道隐没于伸向
> 平原逐渐降低的悬崖峭壁之间,在北面我们去布雅的路上,是连绵
> 不断贫瘠而密集的砾岩山脉,顶点是一座宽阔的白雪皑皑的山峰
> ……这一片辽阔、诱人、迄今未曾勘察过的山河,突然间如同一幅
> 地图摊在我们面前,令人感到畅快无比。

像这样不止一处描述自然风光的优美文字,往往使人读之如临其
境,久久难以忘怀。

三

往事越千年,古代丝绸之路的繁荣已为陈迹,但处于祖国西陲的新
疆仍与周边国家有着密切往来,形成了具有地方特色和民族特色的社
会风貌。当20世纪初斯坦因来到塔里木南缘诸绿洲城镇时,开放不久
的对外贸易市场,从叶儿羌、和阗通过喀喇昆仑到达拉达克的商道上。
每年夏秋季节,行人络绎不绝。当时作为主要交通工具的骆驼和马匹,
身价大增,以致连斯坦因为探察之需更换马匹都非常困难。多边的对
外贸易,致使市场上货币流通非常复杂紊乱。中原的银元宝、方孔钱,
俄国的卢布,印度的卢比,以及历来在当地流通的"天罡",即各式各样
的银质硬币,和称为普尔钱的小铜币,都在人们手中转来转去,复杂多
变的兑换率,弄得精明的斯坦因也厌烦叫苦。在集市上来往匆忙的商
贩中夹杂着很多外国人,有伊朗人、喀布尔人、巴加尔人、俾路支的比欣

人,最多的是安集延人,也有零零散散的克什米尔人、吉尔吉特人、罕萨人……。各色人群熙来攘往,在《沙埋和阗废墟记》中,构成了一幅色彩斑斓的生活画面。应时而来的印度希卡普尔的高利贷者,不怕风险,也成群结队到来,如在旁遮普那样从事高利率的放债行当,盘剥农民群众,赢得厚利。当斯坦因从喀什噶尔出发,"穿过汗南里克一段狭长的荒地时,遇到了一群穿着体面、一本正经的人(人数至少在 18 个以上)",原来他们是一帮高利贷者,当时正在列队欢迎他们的"主子"。在英国的殖民统治下,这班奴仆的嘴脸,本司空见惯,但令人感到诧异的是,这位"洋人"所到之处——喀什噶尔、叶儿羌、和阗、克里雅,到处都能受到当地政府官员的欢迎、礼遇和鼎力相助,从组织劳力、发掘遗址、购买运输工具和饮食供应,以致最后装满了 12 个大木箱的文物,扬长而去,无一不是在当地官员的支持下进行的。当斯坦因和喀什道台黄广达以及各地按办握手言欢、觥筹交错的当儿,在我国内地义和团运动正蓬勃兴起。这场反帝的风暴曾使斯坦因胆战心惊,但边疆闭塞,并未有任何反响,使他能从容而行,一路顺畅。斯坦因所以能取得各地政府的支持,畅通无阻,是由于他老于世故,深谙当地人物的心态,巧妙地利用了清朝官吏愚昧无知的弱点。他自称是继承西行高僧玄奘的事业,"搜寻《大唐西域记》中这位伟大取经人访问过的在和阗一带的神圣古城"。他向这些昏庸迷信的地方官吏编造了许多玄奘的故事,说"唐僧有许多奇迹般的事情,在他的《西域记》中也无处查找"。玄奘的形象在中国深入人心,他以此作幌子把当地的道台、按办们哄骗得俯首帖耳、乐意效劳。那位"和善可亲"的黄道台甚至说,他和斯坦因都是在伟大圣僧(玄奘)的心灵感应下降生的,所以"立即发出全部必要的命令"帮助他的工作。斯坦因就是这样愚弄当地官员以任意驱使的,并用赠送礼物等小恩小惠的手法进行"公关",从而达到畅通无阻攫取文物的目的。如果我们再看看他以怎样的手段管理劳工、寻找文物以及降伏伪造文书的伊斯拉姆阿洪的经过,就更可以明白,这位探险家虽然是个终身从事学术事业并颇有成就的学者,但绝非不谙世事的书呆子。斯坦因圆通多谋、精明干练,我们肯定他在学术方面的成就与贡献,但也应谴责他在中国大地上,攫取文物等一系列的劫掠行径。

殷晴　1994 年 6 月撰写

2013 年 10 月修改

前　言

　　本书所记述的这次旅行，是由印度政府赞助，于 1900—1901 年间完成的。其主要目的是系统地探察和阗以及中国突厥斯坦大沙漠毗连地区的古代遗址。它为研究该地区的早期历史文化所揭示出来的新资料是如此广泛，考虑到本书篇幅和价格的缘故，我必须将这份科学报告压缩到适于一般民众所能接受的程度。为此，我很高兴地利用获准单独出版这部现代探险记的机会，尽可能地向更多的读者介绍我的亲身经历和观感，以及有关文物发现的主要事实。

　　在随后将要看到的报告中，我不厌其烦地对细节内容做了确切的叙述，即便不是专门研究东方学的人，也完全可以看懂。我希望能够将读者的兴趣吸引到有关古代历史的动人篇章中去，这些篇章证明了印度与中国以及西方古典文化在遥远的中亚地区所进行过的交流，而如今这些历史事实却似乎被我们差不多完全遗忘了。如果能够充分阐明其中异乎寻常的境遇和情形的话，那么我为准备这份记述所付出的劳动，也算是有了酬报。

　　促成我做出这些探险计划的条件，以及我如何安排能够将其付诸实施，在我的《中国突厥斯坦进行考古学和地理学探险旅行的初步报告》中已做了介绍。这一报告经印度国务秘书批准，已在 1901 年出版。因此这里只需对其略加说明即可。最早萌发去和阗进行考古发掘工作的念头，是在 1897 年春，受到那个地区一些引人瞩目的文物发现的影响而产生的。由此扬名的法国旅行家杜特依·德·兰斯先生留下的报告中，提及的那些古代桦树皮的残余碎片，与和阗有着密切的关系，经专家审阅发现，其中包含一种用早期印度语文书写的佛教经文，其年代可以上溯到公元 1 世纪，并且很快又发现它与已知最古老的印度抄本极其相似。

·欧·亚·历·史·文·化·文·库·

大约在同一时期,在鲁道夫·赫恩勒博士的努力下,"不列颠中亚古物搜集协会"于加尔各答成立,他们收集到了来自同一地区的另外一些值得注意的古物,包括纸质手稿残片、古代陶片及一些类似的东西。这都是当地的"寻宝者"在和阗遗址中发现后,卖给印度政府在喀什噶尔、克什米尔和拉达克的代理机构的。通过俄罗斯驻喀什噶尔及其他地方的领事官员,圣彼得堡方面也收购了类似的民间收藏品。除了明显地是用印度文和汉文写成的真正文献外,其中大部分搜集到的东西都有一种令人费解的奇异特征,都是用怪异的"不知名的文字"写成的,这不能不引起我的怀疑。同时,收集到的这些东西,都没有可靠的现成资料来判定其真正来源或是提供这些废弃的遗址的真实特征。中国新疆还没有什么地方进行过考古学方面的探察,这不禁使我为之心动,无论能干的欧洲东方语言学家对这些特殊的发现品如何重视,如不去当地进行系统的调查,就无法真正认识其全部历史的和文物的价值。

值得一提的是,赫定博士在 1896 年冬,经过和阗东北大漠中两处被湮埋的废墟地带的旅行,证明了我这个想法是切实可行的。由于在每个地方他只能作短暂逗留,对于废墟的特征、年代,这位有名的探险家并未能获得任何准确的证据。但其发现(我收到他的初步报告是在1898 年)足以证明古遗址的存在,而且这些地方还比较容易进入,很值得前去发掘。

但是,一直到1898 年夏我才有时间制定出有关旅行的详细计划,并由赫恩勒博士大力推荐,提交印度政府。获得其批准与帮助,是实现这次计划必不可少的。前任旁遮普副总督迈克沃斯·杨阁下率先慷慨相助,接着在我临时调任孟加拉期间,又在约翰·伍德伯恩爵士——令人痛惜的已故行政首脑,一位热心于东方学的朋友——的帮助下,我的计划得到了寇松勋爵的政府方面的赞助。1899 年 7 月,在当时总督政务会议成员、现任旁遮普副总督查理斯·瑞瓦兹先生从一开始就表示出的热情关注下,这项计划最终得到了印度政府的批准。税务和农业部门决定为我这个带着特殊使命前往中国突厥斯坦的旅行团,负责为期一年的供给;同时,一笔部分来自王室资产、部分由旁遮普和孟加拉本地政府捐赠、共计9000卢比(合600英镑)的资助款,也交由我全权处理,作为这次旅行和探险的预算费用。

尽管路途遥远,还需克服自然界的重重障碍,而且要在一个变化无常的新领域内去开创一项事业,可我还是严格地在被批准的时间和费用范围内,如期成功地完成了整个预定计划。我为能从注重实际和半官方的观点来记录这个时间而感到自豪,至于为完成此事而殚思竭虑、耗费精力和所进行的筹划,这里就不需详加说明了。考虑到旅行所经过的地区和环境以及在沙漠中工作的艰苦,考古界的同行以及其他人今后将会对我在旅行中花费之少感到惊奇。

长期在印度国土上进行旅行和宿营所获得的经验无疑有助于节省开支。但即使如此,没有印度勘测部门的大力协助,我的探险费用肯定还要多些。以前在克什米尔、旁遮普和阿富汗边境地区进行的考古旅行,使我认识到在实地考察工作中结合地形测量之重要:在中国突厥斯坦,必须要精确地确定古遗址的位置并对该地区进行一般历史地理的阐明。这种必要性,要求测量工作同我的直接任务最紧密地联系在一起。除此之外,我首先渴望的是,利用旅行可能提供的每一个机会,对这块迄今未经实地勘测和考察的地区,弄清它的地理学上的许多一般性特征。

印度勘测部门长官圣乔治·格利上校对促成此事表现了极大的热忱。他爽快地同意派给一个他属下的本地的助理勘测员,并拨给了必要的测绘仪器设备,同时还有一笔数额为2000卢比(合133英镑)的特殊津贴,以备不时之需。对于选派的助理测绘员拉姆·辛格的出色工作,我的记叙可以充分加以证明。由于他的协助,我在中国突厥斯坦整个旅行期间,通过平板测绘、天文观察和三角测量所进行的持续不断的系统勘测才得以完成。这些测绘结果,从头到尾我都费尽心血地加以指导和监督,在山区我还亲自用摄影测量加以补充,现在它们都包含在印度勘测部门的三角测量分部出版的地图中。经皇家地理学会的善意许可,这些小比例尺的地图已经准备复制到这本书上。

由于印度政府的大力支持和资助,我得以独自承担并完成了所计划的这项科学事业,对此我将终生难忘,并致真诚的谢意。我在学生时代就开始萌发了对东方学研究的兴趣,并因此来到了印度。长久以来,我一直热切地努力寻求从事这一工作的机会,终于如愿以偿,而且是在这样一个从未领略过的广阔而自由的新领域。

在旁遮普学院任职的 12 年,使我充分认识到了时间和金钱对于考古工作的重要性。虽然我曾处于令人仰慕而激动的那块土地的附近地区,其古代遗迹与相关的历史也常以一种特殊的魅力吸引着我,而我却很少能献身文物工作,只能利用一些很难挤出的空闲时间从事于此。事实上,我所管理的事务同我的科学兴趣并没有直接的联系,对此我很失望,即使对很出名的区域或易于到达的地区,做系统的考古旅行所需的费用也没有机会获得。因此我无法从大多数同行例如已故的史列曼博士那里获得教益,他在准备实现探访特洛伊和玛克那的伟大计划之前,自己就已果断地确信有成功的基础——独立自主权和充裕的资金储备。

受寇松勋爵对于东方历史和古文物的浓厚兴趣的激励,印度政府给予我的特别援助,使得我能克服曾不断与之斗争过的困难,迎来了渴望已久的机会。但是我还记得,当时在进行准备工作及其以后的一段时间里,诸事具备,我仍无法放下心来,忧虑不时袭上心头:究竟命运是否能允许我按期实现我的全部计划,考察所得到的成果能否足以回报印度政府给予我的慷慨资助和支持!

我很清楚,不论是以前的阅历和经验,还是精心的准备和个人的热忱,都不足以保证成功。要去深入探察这一范围广阔的地区,可靠的资料极端贫乏,在限定的季节里到底能探察多少沙漠下面的遗址也值得怀疑。但不容置疑的是,我所期待的在沙漠中长时期的工作,尽管要面对实际上的特殊困难甚至危险,也一定会完成。我也清楚地认识到,在实现我的工作计划期间,可能出现的来自当地中国行政部门带有政治顾虑的猜疑所造成的极大阻碍。

当我现在回想起这些顾虑和猜疑,并从逐渐获得的知识中认识到造成它们的多方面的因素,不禁更加感激仁慈的命运,将我的计划从所有这些困难造成的挫折中拯救出来并以超出预料的丰硕成果来回报我的劳动。对于获得这些成果的努力和手段,这里似乎不必再加详述。我的这部现代探险记的读者,不论他对中亚及其过去的历史具有多少知识,都完全能够理解它的内容。但对无法形容的这些成果所蕴含的科学价值,却几乎难以说明。我个人的看法大致倾向如此。

可能会被忽视的事实是,除了圣经协会利用影响加以促进外,在印度和中亚这样广阔的领域中,考古学研究至今还没有真正地引起广大民众的关心和兴趣。因而到目前为止,他们仍很少有机会去学习了解这些研究所涉及的重大历史问题。在事先缺乏有关知识的前提下,没有专家意见的指导,不是东方学家的人们就难以对我的成果的重要性有一个正确的判断。因此,对于由合格的同行学者组成的最具代表性的团体,给予我的工作以充分重视,并允许我以清晰明确的方式提出专业见解,我表示衷心的感谢。

1902年9月,国际东方学专家研讨会于汉堡举行,在被特许提交我的旅行和发掘报告之前,大会表决通过以下决议,该议案由法国政府代表亨利·考迪尔教授和牛津大学梵文教授波登以及麦克敦尼尔博士提议,由印度、中亚及远东联合事务处提交大会:

> 第十三届国际东方学专家研讨会于汉堡举行,大会对印度总督阁下及印度政府给予斯坦因博士最近在中国突厥斯坦进行的探险活动所需要的时间和经费以及对东方学研究所做的大力支持表示感谢。同时,对印度政府挑选的学者做出非常重要的成果,以及它根据工作的实际情况所做的管理及为所需经费提供的大量援助,大会恳切地予以高度评价。大会还冒昧地期望,能为斯坦因博士完成他的出版工作以及对所获成果做详细说明给予方便,同时还恳请政府方面能批准给予斯坦因博士的代表团为此目的所需要的任何附加条件。最后,大会大胆地希望,若条件许可,由于斯坦因博士的特殊经历及其个人学识素养,有利于考古研究事业,有可能在很大程度上推动进一步的考察工作,为印度利益计,将这项工

·欧·亚·历·史·文·化·文·库·

作委托给他至为得当。

在这本个人探险记中,因受到篇幅和图标等描述手段的限制,我只得尽力向我的读者解释清楚,发掘出土的大量古文物所揭示的内容及其重要意义——不论是古代艺术品和工艺制品的形式,或是数以百计令人惊奇的埋藏在沙海中完好如新的古代手稿的文献,最后还有当时我对埋在沙漠下面的主要居民区所做的有关日常情形的许多有趣的观察,等等。但所有这些有助于阐明重大历史问题的发现,莫过于暴露在外的遗址轮廓,虽然只做了匆匆的观察。这里没有篇幅对它们再进行系统的论述。但在此我必须扼要地阐明,这些发现对于至今尚未认识的那个时期的中亚文明,打开了一个新的局面。

佛教的教义和崇拜从印度向中亚、中国及远东的早期传播,可能是印度对人类的普遍发展所做出的最引人瞩目的贡献。汉文记载告诉我们,佛教不是直接从它的诞生地传到"中央王朝",而是向北通过中亚传入中原的。我们同样可以从那些虔诚的中国取经人留下的报告中了解到这一点。从公元 4 世纪起,他们的足迹就已出现在印度的佛教圣地;在他们所经过的许多未开化的"西部王国",释迦牟尼的教义已拥有无数信徒。但是这些中国旅行家们,包括旅行记述最为详细的圣僧玄奘法师,印度的保塞尼亚斯(公元 2 世纪时希腊的旅行家和地理学家——译者注)都将他们的目光放在宗教事务、教义和寺院的礼仪,以及佛教圣地和巧夺天工的寺庙上。他们所观察到的这个世界的许多事情,都是历史学家所极感兴趣的,甚至连印度的宗教势力范围都几乎不加选择地告诉了我们。因此他们在旅途中访问中亚诸国的简短记述,对于伴随着佛教传播而越过喜马拉雅和兴都库什山脉的印度语言和文化艺术的流传范围,却未能提供明确的说明。

据中国编年史及其他地方偶尔可见的参考资料,我们猜测,这种影响在此地发生作用已有好多个世纪了,有时甚至传入了更远的东方。但是,这些可能使我们重新编织过去文明时期主要面貌的原始记录和遗物,随着伊斯兰教的征服(公元 10—11 世纪),所有的证物似乎都已消失殆尽。

1890 年初，偶然发现的古代梵文手稿——主要是佛经残片，即鲍尔上尉（现在是上校）从库车得到的著名的桦树皮古卷，就是这一类宝贵资料，它们可能是现在仍然埋藏于中国突厥斯坦干燥的沙土下面的最早的确切证据。这些文书的遗存非常重要，除了语言学价值外，它们还清楚地表明，对印度古典语言及佛教的研究，在遥远的喜马拉雅山的那边，也找到了一片故土。但对于这种源于印度经长途移植后曾盛行一时的文化遗存，随手所得而来源地不明的东西，没有考古学证据，是说明不了什么问题的。

唯独能够提供这方面证据的是通过系统的发掘，和阗地区从一开始便显出是这方面很有希望的一个区域。分散在汉文记载中的介绍，很容易让人联想到这个坐落在从中国到乌浒河流域并由此到达印度和西方的交通要道上的小王国。它在推动源于印度并向东传播这种文化的过程中，扮演了一个重要的角色。自和阗挖掘出来的不论什么样的细小古物，像陶器碎片、硬币、图章等，都好像特别显得与古代印度艺术有着紧密的关联。在这里，我们的考古研究能幸运地依赖于一个非常有用的合作者——那些帮助我们埋藏废墟的流沙。自从人类活动在和阗绿洲出现时起，其边界的变迁史就证明了他们同令人可畏的沙漠进行过持续不断的抗争。当地的传说证实，从较早的时期起，塔克拉玛干沙漠就步步进逼，迫使人们放弃了原有的居住地。

我所探察的废墟遗址，远远超过了吸引我来到和阗并深入沙漠所抱的希望。以一条直线分布在这一区域，东西延伸超过 300 英里，并且是从各个不同历史时期留存至今的这些遗址，为我们显示了一个相同而层次分明的文化带。现在很容易看出这一古老文化主要保持着印度文化的模式，但同样也能看到受西方和中国的强烈影响的不容置疑的证据。这些影响推动了它的发展并给它罩上了一种独特的风貌和魅力。

在和阗曾兴盛一时的佛教文化的由来和历史，忠实地表现在一系列从古代寺庙和居住区发现的值得注意地雕塑和壁画上，它们在沙丘下已被埋藏了许多世纪。确切的考古学资料使我们能够确定这些居住

·欧·亚·历·史·文·化·文·库·

区被沙漠掩埋的不同时期。那些最后的发现物同最早的一样证明了从公元3世纪到公元8世纪以来，印度艺术影响所占据的优势。热瓦克佛塔寺院的大量雕塑以及尼雅古代遗址的装饰木雕，令人惊奇地、逼真地再现了迷人的希腊式佛教艺术的风格和主题，这种艺术是讲希腊语的罗马人兴起并传播的，公元前后曾发展并繁荣于犍陀罗（现在的白沙瓦一带）及其附近的印度西北地区。现在，当我们将目光从那些遗物转向约500多年以后的丹丹乌里克佛教寺庙墙上的那些壁画时，同样会清楚地看到古代印度绘画艺术的主要风格，就像为我们而埋藏的阿旃陀岩洞的壁画一样。

中国编年史的记载清楚地向我们表明，在后汉和唐朝相当长的时期里，中国对和阗王国维持着有效的政治控制。我的发掘所得也证实了这些记载，并且从木板和纸本的汉文文件、中国硬币、制造品等发现物上，更加清楚地表明中国的文明不亚于其政治势力在这里有着强烈的影响。了解了几个世纪以来和阗与这个东方大帝国在行政统治、贸易和工业品交流等方面的紧密联系，我们就不会对发现一个同样由明显的证据所证明的艺术上的联系而感到惊奇了。这一方面中国内地似乎是主要的借鉴者，对此，还有更为明显的历史证据，如有关一个和阗王室的后裔的记载，在史籍中他被称为公元7世纪中国的一个新画派的创立者。这更使人想到，在远东整个佛教艺术中，显而易见地都带有许多印度成分，在整个和阗的广大范围内，都会找到它的痕迹。现在，在仔细分析了丹丹乌里克的许多壁画和彩色画板上的图案后，也可以看出中国风格对和阗晚期的佛教艺术同样有它的影响。

我们更感兴趣的是，公元1世纪传播到中亚的西方古典艺术究竟传播了多远这一类问题，并寻求其令人信服的历史证据。我们知道，它成功地推进了位于西欧和北京两地中途的和阗，这可由一系列引人注意的印在封泥上并完好无损地保存至今的古典艺术风格的印记作为明证，同时于尼雅附近遗址发现的大量古代木板文书也是明证。在第25章我曾介绍并以图片说明的一些重要的发现物，从任何方面来说，我们都不能确定这些精心塑造的希腊诸神的形象，如帕拉斯·雅典娜和伊洛斯,或是那些图章正面所显示的经过古典艺术处理的人头像,都是真正由当地雕刻的。不容置疑,这些图章本身曾普遍为和阗王国的工匠及其居民所使用,并且那样的古典艺术形象对当地的宝石匠和铸造匠也极有影响。那些在遥远的中亚居民区发现的由官方发出的用一种印度语言和文字写成的木板文书,使用的是奇特的非印度称号,这一历史纪录使我们清楚地看到公元 3 世纪在和阗汇聚并融合在一起的两种显然不同的文化影响。印章又把我们带到了遥远的西方古典艺术世界。

关于 5 世纪以后对早期波斯艺术的模仿,我们从丹丹乌里克遗址找到的一些神圣的佛教绘画中,发现了确凿的证据。它们如此惊人地相似,从历史的观点来看,似乎给人以同样的启迪。

那些古代居民区的住宅、寺庙等,无疑在被沙漠最终埋没之前,其最后的居民和另一些人已将所有明显有价值的东西都清理过。他们以后的许多遗存,尽管在后来的岁月中未曾诱使探宝者光顾,而对我们却有着特殊的价值。古代家具的遗物,如在第 376 页(原著)上印出的木椅、丝绸和其他纺织品的碎片,古代地毯的碎片,琉璃、金属和陶器制品的碎片,家用和农用工具的碎片,以及多种多样的其他遗物,尽管简陋,却都安然无恙地保留在沙漠掩埋的住宅及其废物堆里——所有这些都有助于为我们带来清晰的关于古代文明的详实情景。如果没有沙漠的保护力量,这一切都将不复存在。但是不论这个场景如何引人入胜并启迪心智,其本身却难使我们有多大把握去再现这些居住区曾一度兴旺的生活画面和社会结构的情景,也难去追寻其历史变迁的见证。即使存有阐明这类问题的希望,也有赖于书写记录的发现。所幸在这个被证明物质文化遗存最丰富的真实遗址,发现的古代手稿和文献同样出人意料地丰富。丹丹乌里克发掘出的梵文手稿使我们了解并猜测这种正规的佛教文献,在古代和阗的寺院里至为珍贵。在同一地点的废墟中发现的一系列汉文文献有着特别的历史价值。这些文献所记载的年代(781—790),结合其他的证据,说明这个居住区是在公元 8 世纪末被遗弃的。文献内容还可以间接地说明在吐蕃侵入使中国宗主国势力最终放弃这些地区之前的政治、经济情况。梵文手稿和汉文记载都

9

显示了和阗文化中的外来因素。更富有价值的是发现于同一地方的大量文件和经文残片,它们使用的一种未知语言,显然不是至今仍以印度婆罗谜文字为特征的梵文,很可能它就是我们所提到的和阗当地人民在那一时期实际上所通用的语言。

在被发掘的这一区域的东端,从安迪尔神殿发现的文书中,我们看到了梵文、汉文和非梵文类的文献。另外这里还似乎有吐蕃文,好像是为了提醒我们在中亚历史上吐蕃同样扮演过重要的角色。在安迪尔神殿墙上发现的奇特的胡乱刻写的汉字中,也清楚地提到了吐蕃人,而且写明了一个年代,后经汉学家查证,可以肯定的是公元719年。可能这些吐蕃文手迹与吐蕃势力扩张到新疆直接有关,中国编年史上对这一特定时期曾有所记载。

但更为古老并比这些发现都更为重要的是数以百计的写在木板和皮革上的佉卢文书,它们是在尼雅河现今已被沙漠掩埋的地区周围发现的,是在古代居民区的废墟和垃圾堆中找到的。其独特的书写材料(比我发现的其他纸质文献更为古老),使用的早期印度文字和语言,以及许多件保存完好达到令人惊奇的程度,都足以表明这些文献具有特别重要的意义。它们特有的历史价值在于被证实存有早在公元3世纪的文字记录,而且广泛涉及行政管理和平民生活。

在第26章中,我曾尽量简略地描述这些多种多样并富于情趣的资料,包括官方报告、命令、书信和账目以及各式各样的"纸张"(指各个时代使用的各种不同的书写材料)。这些已取得的成果为我们开辟了一个新的广阔的前景。这不是一个小发现,发现物可用来证实从印度西北边区移植到和阗当地的古老传说确实可信,在日常交往中印度语言尤其是一种书写文字,传到了这个特定地区。由此可以相信,那些印度移民确曾来到过这里。

自然条件以及威胁到这些遗物的日益加剧的人类活动所构成的严重危害,至今令我记忆犹新,这就迫使我不知疲倦地去努力工作,而不计工作条件如何艰苦。一方面我有很多机会观察暴露在外的古代遗物,在沙漠中受风沙缓慢而不停息地侵蚀,发生着毁灭性的影响;另一方面,我也不能忽视随时可能毁于人类之手的警告:在容易进去的遗址里,明显有被和阗"寻宝人"损坏的痕迹。同样,这种"不负责任的挖掘"对印度艺术和考古学研究所造成的无法挽回的损失,也令人扼腕。直到最近几年,印度西北边境的那些佛教圣祠,仍然任由那些业余搜集者随意挖掘。

不过新疆沙漠的气候在保存能力上并不次于埃及,因而至今不论是和阗还是与沙漠毗邻的其他任何地区,等待探察的古代遗物仍然能同法老们的土地相比拟。"古城"的整个宫殿、街道、集市等等,就像突厥斯坦民间传说中描绘的以及同样由不加思索的欧洲人所想像的那样,"罪恶之地"在一场大灾难后都埋没到沙漠下面,一定没有被探寻过。早期被遗弃的居民区,其位置仍可找到,尽管可供发掘的遗址为数不多。而其中远离现今居住地区、到目前为止还没有被"寻宝人"破坏过的,也不能期望它能长时间安全地保留下来。近年来,在和阗人造"古书"的产业已经兴起,在这本书中,我曾详细地介绍了对其揭露并追查的情况(见第31章)。这足以表明,就连突厥斯坦的一个古物收集代理人,都已变得非常不可靠。如今在塔克拉玛干工作是如此困难,若没有这一地区中国行政当局切实的合作协助,我根本不可能把我的探察活动进行得这样广泛和完善,因为我从他们那里得到了向导、劳工、供给——事实上,这些就是我在沙漠的冬季活动期间所需的一切。由于按办潘大人和黄大老爷的相助,我才有这样的好运气,他们都是可以信赖的朋友,主管和阗以及克里雅的事务,完全热心支持我的工作,甚至准备在他们力所能及的范围内帮助我做好一切。想起从这些友善的清朝官员处得到的不时地关切和热情帮助,我便感激不已,因为他们很清楚,当时正是欧洲势力动摇其帝国统治的时期。同样他们也明白,给予我学术事业的帮助,并不会给他们带来任何实质性的利益和荣誉。

有学识的中国人所拥有的真正的历史知识,以及我从玄奘——伟大的佛教取经人,我的引导者和保护神——的记叙中发现的流传下来的传说故事,在向中国朋友解释我的考察目的并引起他们个人的兴趣上,肯定对我有所帮助。但我也相信,地方行政当局所以能从一开始便对我的工作采取同情的态度,应当直接归功于马继业先生为我尽力的结果。他是印度政府驻喀什噶尔的代表,他的个人影响在这个地区的所有中国权贵中举足轻重。这个热心而精明干练的朋友,即使远在他方也从未间断过对我考察工作的关怀,这使我获益匪浅。对他为我的事业取得成功而提供的重要帮助,以及他所有的个人关怀,我渴望能在此表示最真诚的感谢。

我希望,以上对我的考古工作的目标和成果所做的概述,有助于说明包括准备工作在内的我现在描述的这次探险活动的特点。由于科学方面的旨趣要求我将主要精力放在一系列需要详细说明的任务上,我将避开任何可能的干扰,精心准备去完成它们。我的目的并不是借一次旅行的机会去使个人的经历激动人心,这样在实际后果上,由于时间、精力和金钱的浪费,会造成更大的损失。我只希望,这本书在长期持续的古代东方研究方面,能使读者在思想上有所裨益,使之熟悉印度及其边境以北地区的现在情形,借此引导人们更加全面地关注这个区域的现状与其历史进程。

作为一个学者,我的工作要遵循严格的标准,不允许我编写一部仅仅是转抄下来的日记形式的探险记,那些日记是打算在我死后用来传述我个人的经历和观感的原始记录。因为我的报告准备面向广大公众,不仅仅是为了专门研究东方问题的学者或考古学家,因而我觉得有责任特别注意报告的科学内容,经过进一步细审后可能要修改的叙述,以及补正考古发现中未被注视的任何重要事实。

对于撰写这种探险记的准备工作,比表面上看起来的要艰苦费力得多。事实上,像旁遮普的学校督学这样的官方职务能留给我的空闲时间很少,根本无法去完成它。因此在1901年秋结束了我的考察工作后,幸由旁遮普政府建议并在印度国务秘书的协助下,印度政府批准我在以后的几年中,有一段时间前往英格兰,以便我能在原先发现的暂时存放于不列颠博物馆的古代遗物的帮助下,精心完成我的旅行总结。对于给我的这种宽厚的关照,我觉得有义务在这里表达我对印度总督阁下及印度政府的深切谢意。就像我的考察一样,只有他们给予大力相助才有可能。也由于他们的慷慨，现今我才有一段学术工作的短暂时间去完成这一《探险记》的叙述。我有信心对准备中的科学报告的详细内容，在各方面做一些必要的补充。另一方面，对于大量的古文物、遗迹和风景等图片的稍后出版，我必须向读者表示歉意，因为技术上的困难和其他的原因，本书无法提供这方面的内容。

在准备这卷书稿期间，我所得到的多方面的帮助，感激之情，铭记于心。没人能比我的朋友。艺术家安德鲁斯先生更让我感激的了，他于我从中国新疆返回时起，就热心地关怀促进我的工作。他从以前任职的拉合尔艺术学校校长暨博物馆馆长的经历中，所获得的对古代印度的广博知识，以及他自身的高度的艺术修养，为整理和描述我的最有价值的古代收集品时给予了协助。他耐心地以其专家的建议对我的发现物技术性方面的问题，给予了令人感动的许多教益，而且还精确地制作了这本书的附图，其数量以及复制它们所采用的有效手段都令人难以忘怀。

除了那些书页中的画图和图表之外，这本书的封面设计和书名花饰、扉页的绘图也应归功于他。对从沙漠中发掘出一系列印在黏土上的古代印章中的帕拉斯·雅典娜形象，这里经放大复制后也印出了一个如实的图样。对于我的考察，几乎不能再奢望有比这更恰当的出版标记。

著名的印度学家鲁道夫·赫恩勒博士，从一开始就对我的考察工作表现了极大的兴趣，他充满热情地担负起了处理很有价值的古代婆罗谜文手稿方面的文献工作，其出版发行也由他承担。他还在审阅这本书的校样上给了我极大的帮助。对于在不列颠博物馆的朋友拉普逊先生，我也同样欠他一份感激之情。我离开印度期间，搜集物都由他精心照料。不仅如此，他辛勤地致力于佉卢文书的诠释所取得的丰硕成果，使我在所有时候都受益匪浅。牛津大学考古学教授波西·盖得纳尔博士对我搜集物中古典艺术资料方面权威性的指导及其热情鼓励，我亦深表感谢。

对于重要的汉文记载的翻译,我必须承认幸有著名汉学家布歇尔博士、沙畹教授和道格拉斯教授的帮助。来自法兰西学院、支持我出版详细报告的沙畹教授对于这些文稿所做的全部翻译和分析,已经证实了对中国在突厥斯坦颇具影响的研究有极为重大的价值。不列颠博物馆的布歇尔博士和道格拉斯教授,在有关汉文知识方面,常常给予我指导。

对于我的朋友考敦、《高等院校》前任编辑和牛津考帕斯·克利斯蒂学院的艾伦先生我将谢意留到最后才予以表达,那是因为他们的帮助更加直接有益于现在所提出的西方的或当今方面的工作。前者特别关心一般读者的要求,在校订我的手稿时,给予了极大的帮助,他的文学素养对此项工作极为合适;其他热心的朋友也都愉快地接受了我的资料的修订工作,而且是全身心的投入。在他们的热情支持和卡特伯特·谢尔德斯先生的斡旋下,我受到了考帕斯·克利斯蒂学院院长和校院务委员会的殷勤款待,并于 1902 年夏得到了一处用于学术工作的宁静的场所。在神清气爽的环境里,精神振奋,充满了自伊拉斯莫斯(1466?—1536,荷兰学者——译者注)到罗斯金(1819—1900,英国散文家、批评家及社会改革者——译者注)的美妙的回忆,我将时时想念在英格兰工作的这一段最令人愉快的时间。

以上介绍的这部《探险记》,远不足以作为我所承担的对从中国突厥斯坦带回来的文物和考察工作的总结。即使这样,至今我仍无法阻止我的目光密切注意其他地区的考古探察工作,对与之紧密相连的印度史我亦具有浓厚兴趣,而且还希望能同样取得丰富的收获。很早以前我就产生了遍访印度的想法,时光流逝,虽然我也曾担负了其他学术性的工作,可似乎并未真正享有实现渴望已久的考察它们的机会。生命似乎是短暂的,对于古代印度及通过这一地区与古典西方的交流方面,研究的范围是如此广泛。当不能去从事所选择的研究工作时,生命肯定会显得更为短暂。当人们提出努力使学者和探察者结合时,很容易仅仅面向比较乐观而且体力充沛能吃苦耐劳的年轻人。对命运——也对那些把它赋予我的人们,我表示应有的谢意,因其曾允许我在印度大地上工作,而且在经过几年的辛勤工作之后,最后获得了一段自由的时间,完全从事科学研究。至今当我回想起这次机遇前的所有努力,我仍然惋惜不能分享印度宗教信仰中指望"来世"所得到的精神上恰当的"功过"报偿,因为凭借这种信仰,我可能感到在和阗的工作会更有希望得到最高的奖赏——在其他地方也同样会再有这样的运气。

马尔克·奥莱尔·斯坦因

于不列颠博物馆

1903 年 4 月 16 日

1　从加尔各答到克什米尔

　　我曾以可爱的莫汉麦高原为营,在克什米尔度过了 3 个夏季。1898 年 6 月,从这里我向印度政府呈交了第一份穿越高山障碍向北进入遥远的和阗沙漠的探险计划。近两年过去了,1900年3月初我又回到克什米尔,看到了莫汉麦,欣喜地望着那我曾立过营帐、订过计划、海拔高达 10000 英尺至今仍覆盖着冰雪的山坡。花费了两年时间,经过多次报告申请,我终于得到了旅行所必须的特许以及旅程所需的经费。

　　在公职期间,我利用假期从事考古旅行,广泛地游历了印度各地。在拉合尔漫长的 11 年中,虽忙于学院繁琐的事务工作,但总能感触到真正的东方风情和伟大的历史陈迹,不时令人耳目一新。后来调到加尔各答,那里非印度式的生活条件,湿热而令人窒息的空气,使得这个所谓"宫殿之城",显得像是炎热的伦敦郊区。从那儿出发,我曾游览锡金,繁茂的热带植物点缀着这奇异的半西藏式的山国,呈现出一种纯粹的高原景观。同时,我还游历了南比哈尔(古摩揭陀国),追寻着中国伟大的求法高僧玄奘的足迹,置身于1200 多年前他曾见过并记述过而今都已湮没了的佛教圣地之中。印度河沿岸及西北边疆地区那些迷人的小路上,也曾有过我匆匆的身影,那里众多颓毁的庙宇、殿堂中的"希腊式的佛教"雕塑,可以看出古典艺术的影响所及。

　　越过喜马拉雅山走向各地进行探察的念头始终在我脑海里盘旋。在加尔各答一个闷热的雨季傍晚,我得知自己获得最后的批准,才有可能开始着手进行必要的准备工作。离开印度之前,除了照例忙于了结公务和写作,我还努力安排筹办了许多设备物品,包括私人用品和科学仪器,从康普爱琴工厂定购了帐篷,由加尔各答作坊承造了沙漠中贮水的白铁皮箱,购置了许多压缩食品及全套照相器材,在伦敦订购了冬用御寒服装。这些物资全都逐项转运到我们小小考察队的出发地——

斯利那加。但是,只有在克什米尔,而不是在这过于文明开化的加尔各答,我才有可能完成实际准备工作。因此,当瘟疫或不如说是对瘟疫的担心造成加尔各答学院提前几个星期就放了暑假时,我不由得心中暗喜。4月10日,我得以脱身北去。临行,还有幸向现已故去的孟加拉副总督约翰·伍德伯恩爵士告别,对于他的热心帮助和关怀,表示衷心的感谢。

　　为了集中和发送所有的装备,我在拉合尔的至亲好友中间,不知不觉地过了一周。离开温暖的加尔各答,似乎感到旁遮普的春天还相当寒冷。但当我乘坐印度双轮轻便马车从拉瓦尔品第前往杉林覆盖的穆里高原,然后沿着杰赫勒姆山谷直上克什米尔的此时,我又重新享受到了久已渴望、令人振奋的山野里的清新气息。我曾多次沿着古希达斯佩斯河旅行,但从来没像今年这样早过。那河几乎全是接连不断的激流和瀑布,陡直向下冲往平原。一路上无论是绚丽芬芳、盛开花朵的灌木丛,还是仍旧头顶雪冠闪烁光芒的众多山峰,甚至对这一年探险所怀有的希冀,都使得这将近两天的驱车旅行畅快无比。

　　4月25日,我再次通过巴勒穆拉峡谷(和古时一样,它现在仍是"王国西门"),进入克什米尔。皑皑白雪仍覆盖着克什米尔的南面嶂壁——雄伟的比尔本贾尔山脉,但是巴勒穆拉峡谷外面的广阔河边平原上却装缀着克什米尔五彩缤纷的春天色泽,村落的墓地和荒野上盛开着蓝色和白色的莺尾花。打前站的仆从们带着辎重在巴勒穆拉等我,从那里到斯利那加剩余的一段路程,我准备乘船前往,因为以往的经验告诉我,走克什米尔河道既方便而风景又格外迷人。那一天的时光,我就消磨在舒适的小舟里。小舟轻快地驶过伏勒湖边缘的泻湖群,沿着弯弯曲曲的杰赫拉姆河而去,我感受着几个月来从未有过的惬意的休憩。这里的景色像"置身于神话般的希达斯佩斯河"沿岸一样,使我大饱眼福。沼泽的水面上飘满了睡莲和其他水生植物,巨大的梧桐生机勃勃的青枝几乎遮盖了所有的小村舍和沿河石阶。比尔本贾尔山上耀眼的雪原,还有北面我即将穿越的高山峻岭,所有这一切和克什米尔春天的绚丽景观,对于我将永远充满着无穷的魅力。

第二天夜里,小舟经过迂回曲折的河道驰入斯利那加河。翌日清晨,我已抵达克什米尔首府的老营地"梧桐园"。由于来自印度平原的欧洲观光者不断增多,"苹果树运河"旁的荫凉树丛早已不再是适于工作的幽静清雅的地方,整天都有各色各样的克什米尔商人和工匠向欧洲游客兜售露营物品,我们以斯利那加为第一站的目的地,正为购买这些物品。我们在那儿订购了大量盛放物品和仪器设备的驮箱和皮筐子,需要一一加以捆扎,还必须有供我和伙伴们抵御帕米尔高原和突厥斯坦严寒的各式皮大衣和冬衣,以及食品口袋和据以往经验所知长期在山中宿营所需的一切随身用品。克什米尔工匠一般不太聪明伶俐,要进行多次交涉才可保证做出所要的物品,因而几天来一直忙着向工匠们解释说明,没完没了,还得签订按当地风俗必不可少的各种合同,根本没有时间去为那些与首段旅程有关的问题搜集资料。

印度外务部准许我经由吉尔吉特—罕萨的道路前往喀什噶尔。由于"吉尔吉特运输线"的特殊情况,须及时准确地通报所需运载量及人数等,何况我的起程日期定在5月底,比通常运输季节提前得多。所幸的是,我的有关申请交到了克什米尔的军需官助理 G. H. 布雷瑟顿上尉手里,他非常热心主动地提供了资料。在他的丰富经验的指导下,以极短的时间,我就相当准确地算出了前往罕萨乃至中国边境所需的时间、运输工具及物资。这些具体细节对于尽快制订出精确的工作计划大有裨益,使我能够预先将准确的通报送到吉尔吉特和喀什噶尔,从而确保前途所需的一切都能不失时机地准备就绪。

经过5天的忙碌,终于完成了初步行动的准备工作,我从心底感到由衷的喜悦。从克什米尔出发之前,只剩下短短的几周时间来完成那些必须完成的写作任务。过去的10年里,我曾从公务中挤出每一点闲暇时间,从事与卡尔哈奈的《克什米尔帝王编年史》有关的各种工作。这部伟大诗词的梵文版早已整理、校订完毕。它是印度古典文献中仅存的真实的历史性记载,至今那些研究印度古物、宗教、地理学的学者们仍对其充满了兴趣,但要编译和注释,还需对残存的所有古代克什米尔记载、传说以及古代逸事做进一步全面的考证,而且这两厚册4开本

4

5

·欧·亚·历·史·文·化·文·库·

的译文和注释至今仍未印刷完毕,介绍这些工作的序言也有待撰写。要想及时完成此项工作及办理一些类似的小事,就不能不排除一切俗务。

拉合尔有这样一句谚语:"到深闺中去。"但斯利那加及其近郊几乎找不到静谧之处,而莫汉麦山间以前的憩所现在仍覆盖着冰雪。好在我对克什米尔很熟,此时派上了大用处。对莫汉麦脚下巨大的信德峡谷出口处进行短时察看之后,我发现靠近杜达霍姆小村庄有一片傍河的幽静可爱的小树林,可以在那里搭营帐。在那儿粗壮的梧桐树荫下,远望着赫拉穆克山白雪覆盖的山顶,我很快就开始从早到晚地拼命工作。对这样一个进行了很久而又涉及广泛领域的工作进行通盘回顾总结,绝不是一件轻而易举便可完成的任务。但我很高兴能够一面欣赏高原景色——这种景色总会令我联想起在克什米尔进行学术研究时美好的往事,一面完成这项任务。然而,更令我欢欣鼓舞的或许是,在那些我曾从莫汉麦远远眺望过的山脉以北,有一片新的探索领域在等待着我。短短的 3 周间,没有受到外来事务的骚扰,得以聚精会神地工作,比起前面的"冲刺",差不多就像是一段令人感到轻松愉快的休憩。

5 月 23 日,我便完成了来到这片净土所要从事的所有任务。确定的起程日期已经逼近,因此必需返回喧闹的斯利那加做最后的准备工作。借助于安查湖和古马尔运河的便利航道,乘船只需一晚便回到了克什米尔首府。我发现,以往充满欧洲游客的地方如今更加拥挤不堪,沿河泊满了船只,园林中到处是望不到边的帐篷,后来者似乎已无处下脚。幸好我曾多次有机会研究古代或现代的斯利那加地理,因而终于在代尔湖畔苏来曼山西麓找到一小块足以宿营的地方。布奇沃尔的小园子隐藏在柳林背后,就像是湖面上的一块"浮动花园",它使我能够静下心来完成安排好的工作。我在那几天的确很忙,宿营装备要仔细加以检查;新到的补给物品要加以分类并捆扎成包,便于用马驮运;测量用的仪器及其他装备都要检验并给予保护,防止破损;同时还要结算账目,接待一些来告辞的客人。我的学者朋友们纷纷询问此行的地点和目的,虽然他们不大懂得地理而只了解神话传说,但我发现只说要去的那个地方是乌塔拉库鲁斯还是不能完全满足他们的好奇心理。

印度总测量师、上校圣乔治·戈尔属下的廓尔喀助理测量员拉姆·辛格奉命来协助我工作，在我抵达斯利那加那天，带着他的全套测量仪器，及时赶来加入了我的行列。不久前，他曾随同迪西上尉在叶尔羌河源头附近和昆仑山脉里作过旅行。他在我即将拜访的那一地带获得的实际知识，立刻就对我的准备工作起了不少作用。随他来的还有贾斯范脱·辛格，一位瘦小结实的康格拉·拉杰布特人，负责照料助理测量员的饮食和其他一些私人事务。他亦曾作为迪西上尉的一名随员，旅游过中国的新疆。

5月28日，沙迪克·阿洪来到了这里。他是英国驻喀什噶尔代办乔治·马继业先生为我雇佣的仆从。他于4月上旬离开家乡，恰巧赶上跟我一道动身回去，他担任厨师并兼做守卫工作，受到我的浩罕仆从、忠实的米尔扎·阿里姆极为热情的欢迎。米尔扎·阿里姆是我4个月前为了旅行需要在白沙瓦时雇佣的，对于我练习突厥语会话很有用处，但他不大愿意学习新技艺以满足欧洲人的需要，对厨房里的事更是一窍不通。早年他在喀布尔和白沙瓦过的是小商贩的生涯，从没有为目前的职业作过专门训练。促使我雇用他的原因是由于他的正直坦诚。沙迪克·阿洪的及时到来减轻了米尔扎和我今后在旅行内务安排上的麻烦，因为沙迪克·阿洪不仅具有一副精明的卡拉旺雇佣兵的外表，而且还兼备训练有素的欧洲烹调技术以满足我的需要。当他歪戴着他那皮边帽，穿上一尘不染的蓝色大衣和那双巨大的红色长靴时，我的帐篷里似乎立即呈现出一种中亚色调的风采。

那些天里，我所迫切盼望的补充力量还不仅仅来自遥远的北方。由于知道在我即将去的地区，欧洲旅游者迫于当地的习俗，不可能完全拒绝"巫医"的欺骗，所以我早就向伦敦著名的药店伯勒斯·韦尔科姆父子公司定购了药箱。南非战争及其他原因使药品迟到了好几个月，虽然最后来电通知药品已运到加尔各答，但看来难以及时送到这里。印度邮局虽然以很高的效率来满足远处边境的吉尔吉特邮局的需要，但是它的力量难以铲平大山，而且要到本季末才能把重物运过大雪覆盖的隘口。因此,如果在离开斯利那加前拿不到这热切盼望的箱子,那往后收到药箱的可能性就更小了。

　　不管怎样,命运似乎在这方面恩赐给我一个小小的幸运。5月29日,即几星期前确定的那个启程之日的夜晚,当时我的小船队正停泊在斯利那加邮局的对面,可敬而有礼貌的邮政局长拉拉·孟古·麦尔喜滋滋地告诉我药箱已经到了。当药箱最后安然无恙地到我手中时,正是我从"印度的威尼斯"出发的时间了。船只轻轻驶过漆黑的河面,穿行在自古以来就横跨河流的7座桥梁之下,两边是用寺庙残石筑成的

9　　厚实堤岸,我不由得感到:Quod Mihi Supremum Tempus In Urbe Fuit(此即离别罗马之最后时刻)。

　　见到最后一批学者老朋友时,已经过了半夜。他们都等在离家最

10　近的河边石阶上与我依依告别。

2　去阿斯多尔和吉尔吉特

　　早上醒来时,我的船只正好驶入大伏勒湖东缘的泻湖群。湖北部的山脉上,前几天刚经历过一场滂沱大雨,这意味着我将不得不穿越新雪覆盖的山道。不久,我们就到了本德普尔村,那是连接克什米尔与吉尔吉特及其更远地区通道上的一个港口。这地方仍然像我1889年去斯卡陀时见过的那样,地处要冲,十分热闹。

　　不过,运输安排方面已经有了显著的改进。自从一支英国皇家卫队驻扎到吉尔吉特,一条新的"吉尔吉特运输大道"业已建成,印度军需部已负责管理这一线路的交通运输。布雷瑟顿上尉及时为我做好了安排,给在供应点上的军官写了介绍信,让其随时保证骡马和苦力的供应。但愿通过这条道路的旅行者不得不尽力压缩装载的时代已经过去,由于军需部门承担着供应吉尔吉特驻军的任务,有时只好限制私人游客的人数,但目前的做法给整个河谷带来的好处充分弥补了上述的不便。人们清楚地记得有一个时期,因为征集劳力向吉尔吉特运送军需给养,曾使克什米尔的广大乡村一片恐怖。每年都有数千农民来服劳役,其中大多数人再也不能重返家园,由于缺衣少食而大批死于严酷的气候和传染病。但自从英国在克什米尔站稳脚跟,筑起新的吉尔吉特交通线,一切都已发生变化。在夏季的3个月里,这条路上可以通行包括骆驼在内的各种驮畜,已经没有必要再使用人力了。

　　5月31日清晨,满载着帐篷杂物和仪器的16匹骡马整装待发。我已习惯于在克什米尔及其附近轻装漫游,眼前这么多的物件简直让我望而生畏,使我安心的是在这些"累赘"中,我的私人物品只占很少一部分。当驮队及助理测绘员和仆人们出发时,我还得忙着在征用契约上签字和付账。在路边一片漂亮的梧桐树荫下,那位乐于助人的后勤管理人员把准备好的契约和账单交给了我。大晴天里,他就在这些树荫下办公。没有他的许可,任何运输都难以进行。尽管他采用的是现代管理办法,但在我看来,这位谦逊的英国官员似乎就是古代那种守卫克什米尔所有路口的"哨卡官吏"。

出了分散凌乱的木屋组成的本德普尔集市,大约 4 英里路外就是麦特胡麦提河的开阔河谷。水田里,稻秧的嫩叶才刚刚显出一片新绿,两旁的小村庄遮隐在茂密的梧桐和胡桃树林之中,在这里我所告别的正是典型的克什米尔春季景象。靠近麦塔果姆村,道路转而向北成大"之"字形向克什米尔与吉申根杰河谷的分水岭攀升。在山坡弯曲的大道上,我见到了伏勒湖和东面古老的赫拉穆克峰的周围大片雪山的壮丽景色。在约 9000 英尺高度处,山坡上有一片美丽的松林,中间那块小小的空地名为特拉格巴尔。这儿的积雪刚刚溶化,湿润的地面上点缀着新绽放的高山野花。

天刚转暗,一场暴风雪突然袭来。此时能有一座被烟熏黑、生满苍苔的简陋木房作为夜间的栖身之所,定会大大地受到我们的欢迎。无疑,随暴风席卷而来的新雪,会使上面的山口更难通行。因此 6 月 1 日破晓前,我们就出发了。陡直上行约 2000 英尺之后,便是一道空旷的山脊,道路顺山脊有几英里。正如所料,像这种四面全无遮挡的山岭,仍然覆盖着深厚的积雪。雪堆淹没了一切道路的踪迹,沉甸甸的云雾悬浮在天际四周,遮住了太阳的每一丝光芒,使得雪地更加坚硬。没过多久,天上又飘起了雪花,山野里寒风怒吼,我和随从们尽快地朝着驿站送信人提供的尚可遮蔽的木屋前行。不多时暴风雪停歇,但已足以表明这海拔 11900 英尺的特拉格巴尔,在克什米尔各山口中享有的恶劣无常的坏名声,是多么的名副其实啊!

从山口下来时,我听从马夫的劝告,同意经由陡峭的冬季大道,向冰雪覆盖的狭窄山谷行进。虽然马匹在斜坡松软的积雪中溜滑得很厉害,但我们没有遇到多少困难,就到了峡谷底部。顺峡谷流向吉申根杰的河流上,雪桥已经开始崩溃,两岸积雪的堤岸很多处相当狭窄。最后,我们不得不止步于一处隆起的积雪已被河流全部冲走的地方。让负重的牲畜沿着陡峭多石、没有积雪的峡壁前行,看来是行不通的。而如果返回峡谷顶,从那儿循着山坡顶侧面那条"之"字形的正路下行,会花费很多时间。结果,我的马夫们——那些耐劳的山民(半为克什米尔人、半为达尔德人)经过商量,决定试用一下河右岸残留着狭窄积雪的边缘。第一匹牲口在 3 个人的牵引和扶持下还是摇摇晃晃滑进了水里,连想要拦住它的沙迪克·阿洪也一起跌落下去。幸好,人和马都未受伤,将驮载物从水中打捞出来后,更加小心谨慎地重新开始。通过在难行处垫加石头铺出来的路,我们安排牲畜一头接一头地跨越过去。但是我那装着测量仪器等物的箱子,实在让人担惊受怕,因此我亲自监督这一切行动。这时,下起了倾盆大雨。当我们终于将牲畜安全地转移上了雪桥时,人和牲畜都淋透了。到达戈莱客栈已经 1 点钟。这次通过覆盖积雪的峡谷的行程花费了 7 小时,而仅前进了 11 英里。 14

小客店在蒙蒙细雨中显得格外凄凉,这里已住了 3 位欧洲人,他们是在峡谷中狩猎后返回克什米尔平原的官员。主人的殷勤款待使我们精神大振,因此我决定赶往下一站古雷兹,那儿可以找到更好的憩息地和补给品。给了点小费,再加上期望得到一个比较干燥温暖的角落过夜,马夫们不再争辩,于是小小旅行队又出发了。下行约 4 英里,到达吉申根杰的主谷,第一座达尔德人的村落就位于其中。再走大约 10 英里就到了古雷兹,这里聚集了几个村落,山谷在此逐渐变宽成为约 1 英里宽的小平原。

在昏黑带雨的天幕笼罩下,覆盖松林的高山峡谷间显得异常阴沉恐怖。河床上黑色的沙土,斜坡上散乱的木房子怪模怪样,更增添了不愉快的气氛。看来河床名为"黑根杰"不无道理。植物初发嫩芽,似乎表明山谷里的春季才刚刚开始。这儿海拔 8000 英尺,由于夏季短暂,光照不足,只能种些大麦、青稞等庄稼,相应也就人烟稀疏。

这道通向克什米尔的山脉同时也是一条明确的人种学分界线。达尔德族栖居于山谷北部远至兴都库什山一带,其语言或身体特征均与 15
克什米尔人不同。达尔德语同西北印度或其他印度—雅利安方言之间,至今找不到任何联系,但不管他们操何种语言、属哪一种族,达尔德人显然是从我们所能追溯到的最早历史时期起就居住在这些山谷之中。希罗多德就曾听说他们居住于现在这个地方,因为他提到的淘金术至今仍在印度河和吉申根杰有限的范围内沿用着。对于漫不经心的考察者来说,达尔德人几乎没有什么值得赞扬的地方。他们缺乏智慧、幽默以及克什米尔人所具有的优秀体格。尽管他们要比克什米尔人勇敢得多,但缺乏独立精神与尚武行为,这不由使我们想起帕坦人轻视达尔德人的所有缺点,但我每看到一个达尔德人,便会联想到几千年来他们民族在山地上坚持不懈地与恶劣气候、贫瘠土地战斗的历史。他们就像"史学之父"也曾提到过的阿夫里迪人一样,经历过了将印度西北部扫平的大规模的征服战争后仍然生存下来,如同他们的大山一样纹丝不动。

古雷兹曾一度是达尔德人王国的重要领地。这个国家经常给克什米尔的统治者捣乱。不过我得承认,在结束疲惫不堪的旅程走近它时,好古之心远不如在米切尔先生附有游廊的新平房里为我和随从们寻找舒适的住所的兴趣那样浓厚。

第二天休整一天,让随从们得到休息,同时烘干行李。此外,还要安排前面路途的运输事务。在斯利那加时,官方就已通知我说,古雷兹与阿斯多尔之间的布尔济尔山口由于积雪过深,只能依靠人力运输通过。然而,我却从路遇的一些达尔德人那儿得到了好消息,他们带着空载的驮马安全地从阿斯多尔过来了。使用人力意味着要对部分货物进行重新捆扎,加之已经为我前面的一个勘测队提供了100个脚夫,使得这个山谷人力不足的问题更加棘手,因而我决定使用驮马。这是很容易办到的。于是6月3日清晨,除掉那些较为精密的仪器像经纬仪、摄相机交给苦力们背负外,我又像到达古雷兹时一样地出发了。

天气终于转晴,从古雷兹出发,沿着一条由布尔济尔分出来的小河谷上行,这段旅程使人心情分外舒畅。向南是白雪覆盖群山的壮观景象,它将吉申根杰山谷从克什米尔划分出来;而沿着向北延伸的山谷斜披上,高山草地和松林郁郁葱葱的绿色,使人眼界为之一新。路上要通过许多雪崩阻塞的地段,不过在有了特拉格巴尔旅途那番经历后,带领驮马走过是不成问题的。在普什瓦里我停下来过夜,第二天早晨,继续

10

向着同样的方向，置身于同样的景色中，往米尼马格前行。

在海拔近 10000 英尺高度处，山谷变宽为一个小平原，上有富饶的牧场，散布着一些古贾尔牧牛人夏季栖息的棚屋。大约 10 天前这里的雪就已溶化，田野上覆盖着杂草的嫩芽及各种耐寒的高山野花，其中绝大多数花草当我在克什米尔高原时就已熟识。但是，只要看看设置在这里管理电报线的电信局，就足以证明这儿冬季的严酷。高高耸立在地面上，并用粗重的木栅栏围绕着的走廊和小屋，整个建筑与其说是电信局，不如说更像一个小堡垒。这些设备都是这屋子在大雪连绵的漫长冬日能够居住的必要保证。

去布尔济尔的道路在米尼马格拐向西北，沿着山谷行 5 英里就到了山口脚下的一个旅店。离开米尼马格不久，雪花就开始铺天盖地，山脚下完全是一派隆冬景象，但山上面的天空一片蔚蓝、明净，使我感到带着负重的驮马穿越山口定会一帆风顺。

唯一要注意的就是得在雪软化之前上去，因此在 1 点钟我就起床了。1 小时后，我的旅行队缓慢地踏上了白雪填塞的深谷所形成的通向山口的冬季道路，而真正线路的痕迹一点也看不出来。经过两小时的稳步攀登，我们来到了布尔济尔隘道与从东北方向自代奥塞高原延伸下来的另一个山口会合处。一座电报房设立在高约 30 英尺的木架台上，作为冬季送发吉尔吉特邮件的驿站送信人员的路标。但在目前这个季节里，就连那建筑也深陷在雪中达 10 英尺深。幸亏温度还相当低，坚实的积雪为牲畜的通行提供了不少方便。当第一道阳光射过东面那些高大的山脉时，经过努力我们终于安全抵达海拔 13500 英尺的山口顶端。从客栈起计 6 英里行程共费了 3 个多小时。山道位于弯曲的尖坡之间，因而在那儿看不到什么远景，但周围全是闪烁的雪山，上面覆盖着一层纯净的新冻冰壳，这是一种使人难以忘怀的奇观妙景。我在送信人屋棚内匆匆进早餐时气温只有 35 ℉[1]。

---

[1] 作者始终使用华氏温度记录气温，对应的摄氏温度为：℃ =（℉ − 32）/ 1.8。另外，原著中的全部测量数据，出于精度的考虑，翻译过程中均未换算为国际标准单位。——译者。

17

·欧·亚·历·史·文·化·文·库·

11

由北坡下山的路途漫长而又吃力。雪地从山口顶端延伸出去 8 英

18　里远,太阳越高,行进就越困难。生活在这种酷寒荒原上的唯一生命就是土拨鼠,它们卧在洞穴上好像是在阳光下取暖,并尽力尖声叫着来吸引人们的注意;一发现有什么危险,便以闪电般的速度立即逃遁得无影无踪。费了不少时间才使我的小猎狐犬明白过来,不再试图袭击这些被惹火了的动物群。自从与米尔扎一起学习突厥语,小猎狐犬就被改称为"达什"或"尧乐希伯格"(意为旅行家先生)。这个名字对它正合适,小猎狐犬活泼地在雪野中长途奔驰就如同以往穿越尘灰弥漫的旁遮普平原或是锡金潮湿的森林地带。我的突厥仆人们很快便喜欢上了"尧乐希伯格",并且不顾印度等级社会习俗的束缚,毫不迟疑地表现出对我忠实同伴的爱心。

　　下午 1 点,我到达了山口朝阿斯多尔那一侧的第一家客栈齐卢姆乔基,将雪野留在身后约两英里处。当我想到早餐时才发觉驮着厨房什物的那匹马还未到达。经一小时又一小时无望地等待,我开始痛楚地意识到可能出了什么麻烦。走在后面的助理测绘员报告说,那匹马跌进了松软的雪中,于是我立即派出苦力前往设法营救,但直到傍晚 6 点以后,米尔扎才带着他的驮载回来。好像是为了弥补耽搁的时间,晚上,道路工程师埃姆先生结束狩猎远足到达旅店,我从他那里听到了占领比勒陀利亚的好消息。消息沿着电报线传得很快。虽然在布尔济尔一带,除了吉尔吉特的特派员,无人订阅路透社的通讯,但阿斯多尔的电报机师傅和他的朋友们对远在南非正在发生的战争消息无疑是极灵

19　通的。

　　我从古雷兹带来的这批马匹是今年第一批越过布尔济尔的载重牲畜,从阿斯多尔给我送来的一批新牲畜在齐卢姆乔基接替了它们。6月 6 日由山谷向下前往阿斯多尔,经过前一天的跋涉之后,这段路程简直像是消遣娱乐。尽管有着蓝色的天空为沿途景色染上一种鲜明的色彩,闪烁的白雪堆积在沟壑之中,还有峡谷底部碧波荡漾的流水,但不难发现穿过杰赫勒姆河流域与印度河流域之间的分水岭,这意味着进入了一个更加严峻的地区。山的侧面再也不像克什米尔山谷与吉申根

杰山谷那样披着青葱的草木,只能在斜坡光秃的岩石裂隙中,零星地见到一些雪松和某种松属植物。从山下的庄稼也看得出土壤、气候条件极为恶劣。但令人喜出望外的是,几个小村庄的小梯田侧面,都有一块长方形的草地,已精细地用石块围成村民们的马球场地。马球是所有达尔德人喜爱的运动,这些贫瘠山村的居民们甚至为了开辟马球场地而宁愿牺牲自己宝贵的田地,由此可见他们热衷于这种男子汉运动的程度了。

大约经过 17 英里的行程,我到了盖特霍伊。虽然气压表指示的高度为 9000 英尺,但我感到自离开克什米尔以来,这里的天气已明显地变暖和了。6 月 7 日我继续向阿斯多尔前进。阿斯多尔是这片山区的一个重要地方,这个地方自古以来就以它为名。盖特霍伊往下几英里处,可以望见沿谷那些荒山上面以南迦帕峰为最高点的群峰冰冠。早在克什米尔高原,甚至在穆里附近,我就经常赞叹那些冰雪覆盖的尖顶,现在直线距离虽只有约 10 英里,但那巨大的群山(海拔 26600 英尺)却仍隐藏在较矮的山脉后面。不过,即使是护卫在它周围的那些小山峰(海拔 18000—23000 英尺),已足以构成一幅激动人心的画面。

我感到需要仰视一下那些冰川峭壁,因为顺路往下越来越暖和,从古里科特向前去,阿斯多尔河的两条支流汇合在一起,炎热多尘的大路在山谷左侧的陡壁上蜿蜒而去,直到巨大的扇形冲积平原上阿斯多尔群集的村落遥遥在望。放眼四顾,周围尽是令人触目惊心的崎岖突兀景象,北面一道岩石峭壁像是封闭了的山谷,四周尽是进入冲积平原的山洪切割成的深壑,给人一种变幻莫测的感觉。

下午 3 点,到了阿斯多尔高原。居高临下的平房,阴凉的屋子使我很高兴。下面是锡克教教徒的城堡,现已成了克什米尔皇家陆军部队炮兵连的营房,由此向南延伸的是阿斯多尔"首府"的果园和耕地。自锡克教教徒来到之后,阿斯多尔的统治者便都成了"藩属",而且即使他们曾保留过一点点权力,现在亦让给了克什米尔政府平庸的税务官员们来行使了。锡克教教徒在这些山区的统治从来不算宽大,被废黜的山地头人家族已没有什么东西来维护他们古老门第的矜持了。

20

虽然阿斯多尔位于海拔 7700 英尺,但要不是傍晚的一场席卷整个山谷的狂风暴雨,这里的天气实在使人压抑。第二天早晨(6 月 8 日)当我重向印度河行进时,暴风雨之后的乌云遮没了太阳。道路越往下走山谷越加荒芜,好在岩石侧壁显示出红色、黄色和灰色纹理,总算对缺乏植被的色调做出了一点可怜的补偿。开花的灌木只有一种野蔷薇,现在它正以一小簇一小簇盛开的花朵吸引着人们的眼光。还有一些绿色的田地处于小冲积扇的顶部,这可以说是从阿斯多尔起到第一站达什金村共 15 英里行程上唯一能看得见的耕作区了。

听说曼纳斯史密斯上尉已到了下一站杜延,我急切希望见到他,于是决定继续向前推进。因为马夫们反对再往前赶路,驮运辎重的牲口行走缓慢。不过,另外这 12 英里的跋涉倒是令人惊喜不已。大路逐渐上行到波浪翻滚的河道上方 5000 英尺高度,穿过斜阳下一片景色迷人的松树林。松林之所以长得如此繁茂,显然得归因于有东北面顶部仍覆盖着白雪的雄伟山脉的遮掩。穿越松林向下奔流着的小河,沿岸长满绿色苔藓和蕨类植物,再见到它们同样令人欣喜。当转过一道横亘的尖峭山坡,刚才的景色都甩到了背后,在我眼前展现出一派雄伟的景观。

从围绕着阿斯多尔山谷的山脉之间,出现了宽阔的印度河及其北方一道又一道连绵不断的山脉。一片轻云飘浮在远处的山峰上,我想自己还是能认出那耸立在一团薄雾之上的勒基波什冰山。我就像对老朋友一样向这“印度河之父”致意。我曾见过这宽阔的河流上几个有名的地段,它时而冲过巴尔提斯坦的岩石峡谷,时而奔腾进入尤素甫赞平原,而在阿塔克下面又飞驰穿过隘道,但任何地方都没有发现像现在它突然穿流在这高耸的岩壁之间那样给人留下深刻的印象。黄昏的阴影很快降落在河谷上,闪烁的水面消失不见了,这时我已到达了行程的终点,略感有些疲惫。

我在杜延多逗留了一些时候,过得极其愉快。6 月 9 日一大早,吉尔吉特及其邻近山地的政治代办、维多利亚十字勋章获得者——勋爵曼纳斯·史密斯上尉,狩猎旅行返回特地来看望我,并友善地邀请我到他的帐篷里整整消磨了一天。我极为乐意地接受了这位达官贵人的殷切款待,当时他正担任着我就要穿越的这片山区的"边境守卫官"。让我的队伍先出发了之后,不久我就骑着他的一匹山马来到他在山侧的营地。这是一片令人陶醉的斜坡,山腰长满了冷杉,高出路面约1500英尺,坡面上缀满了紫色的勿忘我野花及其他不知名的山花。一条波光粼粼的小溪使这景色分外迷人。再配上政治代办适宜山地的营帐及其来自吉尔吉特、齐拉斯、罕萨等地身着五颜六色服装的一伙随从们,更使得这里风景如画。

在东道主曼纳斯·史密斯夫妇和蔼可亲的友谊气氛中,我度过了这难忘的极为快乐的一天。即使在帝国最遥远的地方,印度的英国贵妇们也都懂得如何把真正的文雅、高尚引入野营生活,何况这里的大自然又给井井有条、雅静舒适的营地赋予了一种特殊的魅力。在这令人快乐的地方,我觉得时间过得太快。近12年来,曼纳斯·史密斯上尉一直在这个地区从事行政管理,他的维多利亚十字勋章是在当地现代史上最为惊人的事件——攻占尼尔斯那边的罕萨要塞时荣获的。他对这些山岭间的民族可能要比任何欧洲人了解和熟悉。

他谈到了山里人的各种古老风俗和传闻习尚很有意思,特别是他从随侍在营地里的山里人那里得来的说法。由齐拉斯各河谷那边以及由本亚尔来的小头人们为我提供了不少这一地区早期的宗教和社会情况。伊斯兰教在这里的发展较晚,许多山谷中还存留着从前那些宗教崇拜的影响。尤其从戈尔来的一位白胡子的老村长似乎看起来满肚子都是古代的传说,他曾调查过他家附近一处古代墓地的遗址,那里存放着伊斯兰教时期以前他的先祖们焚化了的骨骸。他毫不掩饰地叙述到小时候曾因在那里捣乱而受到母亲的严厉惩罚。在这些山区,如同在全世界其他地方一样,妇女们是旧传统、旧风俗的最佳守卫者。如同在拉合尔的俱乐部里一样,在曼纳斯·史密斯上尉的桌子上,我也能看到最近的路透社电讯,说明现代政治局势已经把这些过去与外界隔绝的山谷同遥远的西方密切联系起来了。东道主帐篷里漂亮的孩子们,则更有力地证明了欧洲的影响已深深渗透进了这片山区。他们有着玫瑰般鲜艳的脸颊,称得上是典型的英国孩子。在印度边疆看到他们,总是使我感到看见了文明的先驱者。在不少陌生的地方,每当看到他们置身于一种经常与育婴室格格不入的环境里,却显得非常幸福、快乐,总是使我赞叹不已。英国的孩子从来都是紧随着大英帝国的武装在印度境内推进,有时还能赶上看见战争的场面,目睹了洛克哈特要塞以及马拉坎要塞。但在大多数情况下,他们的出现标志着当地已在英国统治下恢复了和平。作为和平和安宁的使者,他们在克什米尔周围的山地里享有优越地位确实当之无愧。

东道主把我带到他们营地上方山岭顶部的一个美丽"高原"上进午后茶点。从这个高度可以看到下面岩石与沙土荒地里的印度河谷,远远地伸向齐拉斯和达雷尔。这条通往印度平原的自然通道重新像古时一样开放的一天终将到来。到那时,从齐拉斯到恩布一段印度河沿岸最后一块迄今无人知晓的地域将能够进入,再也不用在翻越克什米尔巨大山脉屏障的运输线上冒险了。

6月10日清晨,我辞别了善良的东道主,匆匆下行到本吉去追赶我的队伍。我向下到了阿斯多尔河谷,大道从那儿伸向险峻的峭壁和铺满卵石的深谷,此时气温明显升高。这里就是哈图壁,它非但滴水不流,而且全部暴露在炎热的阳光照射之下,我完全可以理解这段道路对于旧时克什米尔的苦力们是多么可怕。向下再行11英里,直到靠近印度河与阿斯多尔河交汇之处,路上没有遇到任何旅行者。与此同样乏味的只有从拉姆格特出发,穿越阿斯多尔河,前往位于印度河上游8英里处本吉的骑行。从大河岸边伸展到山脚的广阔岩石平原上,几乎没有一丝植被的痕迹,沿途太阳的辐射光线极为强烈。下午1点我总算高兴地到达本古的本加娄住宿地。虽然印度河上军队驻守的渡口,从大道建成后已全部废弃,但邻近的堡垒却仍由克什米尔士兵占据着。在本吉,天热得使我一点也不想到户外去,雾蒙蒙的大气笼罩在山谷上空,我想目睹南迦帕峰景色的愿望也未能实现。它耸立在印度河水平面以上足有22000英尺高,在天气晴朗时,简直能占据全部视野。一阵猛烈的狂风由山谷向下刮来,卷起河床上的细沙,甚至钻进了门窗。总之,在本吉不值得再花时间耽搁下去,它只能使我清楚地记忆起在查谟一带低矮山丘度过的炎热时光。

事实上本吉是个连一点饲料都弄不到的地方,要想获得一匹乘骑,争取在傍晚到达行装业已送到的下一站是有困难的。最后幸好当地的税务员慷慨地将他的坐骑借给了我,但我出发前已是傍晚时分了。我孤独地骑马穿过沙质平原,当越过印度河上雄伟的吊桥时,天正好黑了下来。云层间出现了短暂的暗淡月光,月光下,水深多石的峡谷看上去显得格外古怪离奇。吉尔吉特河穿过远在东方的崎岖山脉奔腾向下与印度河合在一起,我只能在时隐时现的月光下,沿着耸立于两条河流交汇角内的岩质尖坡骑行。当我完全进入吉尔吉特河谷,来到较安全的地方时,下起雨来,天空变得漆黑如墨。就这样走了一程又一程,我一直碰不到所渴望的客店,那里有我的营帐。我终于明白过来,肯定已过了那个客店,目前唯一的办法就是继续骑行直接进入吉尔吉特或转而寻觅那已错过了的平房。由于天太黑,我只好采取后面一种方法。我终于发现了一条支路,离开此路走了足有半英里多才找到了急切盼望的住所。仆从们为我及时准备好了饭食,当我坐下来进食时,已经接近午夜了,他们却根本没想到应该点个灯火,以便给我引路。

我在帕里度过了后半夜,早晨才看清这儿原来是靠近河流沙质堤岸、周围被光秃的红棕色山脉环绕而成的凹圆形荒地。继续前行大约9英里,景色依然如旧,道路在无数山峰间蜿蜒通过,直到绕过一道山嘴,进入眼帘的才是广阔的吉尔吉特山谷。在第一个村子米瑙尔又重新见到了耕地。此后在左岸的每一冲积扇上都有精细构筑、可以灌溉的梯田,远看一片青绿。再向前走几英里,北面是罕萨河谷的入口,再过去的一群村落就是名为吉尔吉特的那个地方。侧面山谷延伸而出的古老冰碛层上面,可以看见宽阔肥沃的田地和果园景色,使人不禁感到愉快。在我骑行通过此处时接到了代理处军医伯登上尉那儿来的便函,他在曼纳斯·史密斯上尉的委托下,早已友善地为我准备好了周密的接待工作。不久,我便被安顿在一套舒适的房间里,并意识到逗留在吉尔吉特期间,我将成为代理处内那些官员们的客人。他们为数不多,

26

但其中大多数都是很风趣、很友善的同伴。每个人,无论是在克什米尔皇家军队掌管当地驻军的供应,或是从事公共工程,或是在吉尔吉特医院工作,都明显地表现出他们对这些山区的了解与热爱。对于每个人来说,凭借"政治"手段掌管一个遥远的边疆地带,使他们都处于半独立的状态,因而促使他们在自己的领域内积极工作,获得许多重要的经验。由于政治利益,有必要在吉尔吉特派驻帝国的官员和士兵,由此要给这个地区带来的好处远比游客路经这个小"站"时一眼能看出的要

27 多。这里建有设备完善的医院、行政机关各部门整洁的办事处、干净而通风的市场以及供作学校和一所妇女医院的坚固房舍。在能俯瞰山谷全景的台阶式斜坡上,建成了欧洲官员们小巧玲珑、附有游廊的平房式住宅,其中有新建的十分结实的俱乐部,并设置了条件优越的图书馆,不过规模当然不太大。新的时代在吉尔吉特扎根不过才8年,却已很难看出以前是什么模样了。只有用石块和木料按锡克式样建成的堡垒,使人想起过去吉尔吉特人曾挣扎在一支薪水微薄、纪律松弛的军队手中,多年来无休无止地勒索摊派曾造成大部分耕地荒芜,迫使那些现在十分和平的达尔德人变成了激烈的反叛者。

最初我只想在吉尔吉特停留1天,以便使随从们得到足够的休息以及修整装备。但换取前行到罕萨的新的运输工具发生了困难,因此停驻的时间势必要延长到3天。许多工作以及东道主和蔼可亲的照料,几乎不允许我过多考虑时日的耽搁。虽然政府的运输工具全被远离市区的营地所占用,当地的马匹又都在距离极远的峡谷里饲养,但到第3天,精力充沛的军粮部官员豪厄尔上尉为我提供了一队极好的牲口,这样就可以安全地把我的行装运到罕萨了。以往行程中有关装备的不足之处,得到"驻地"每个人的友善帮助之后,在休息期间都毫不费力地解决了。军粮部仓库部门给我的随从们提供了御寒衣物及丰富的食品。留在"驻地"的唯一妇女 W 夫人还慷慨地取下几缕美丽的头发,供我的摄影经纬仪使用。后来,每当我站在寒风大作的山顶上,凭借半麻木的手指操作那些精密仪器时,对于这件极为重要的贮备品

28 总是感激万分。

3 经过罕萨

6月15日下午，受到热诚接待并带着十分美好的印象，我离开了吉尔吉特这个英印最后的边哨。第一段行程为18英里，来到了诺马尔，这是从罕萨流来的小河形成的荒芜河谷中的一片绿洲。前些日子，吉尔吉特气候反常，相当阴凉，这使旅行十分愉快。自1891年为确立英国在罕萨的权力而进行的一次小规模的战事后，山谷里的道路已有很大改善，但即便如此，它也不过是一条狭窄不能通车的马道，而且蜿蜒于湍流与数百英尺高的陡峭山坡之间，需要一种步履稳健的山地马。像当时的吉尔吉特驻军指挥官、第十七孟加拉骑兵营少校迈德雷好心借给我的那种马，骑着才会感到舒服。

从诺马尔向上，河流切开一条深谷，两侧常常是沿着几乎直立的悬崖峭壁。小路在交错突起的山脊上划着长长的"之"字，并多次越过从岩石中修筑出来的栈道。第二天行程的终点是查尔特，至此我已走到了吉尔吉特地区的边界。山谷在这里豁然开朗并急转向东。这一地区驻扎了一连克什米尔皇家卫队，使人想起以前的种种情形。他们的指挥官、来自格尔瓦地区的一位上了年纪的军官，在我刚到陆军工程部舒适的平房不久就前来拜访。在我们促膝长谈的过程中，他给我生动地描述了过去二三十年前吉尔吉特对克什米尔部队的重要性，以及兵站的需求给士兵和居民造成的困难。不过使人愉快的是，话题从这些苦难的描述转向其他方面，如过去在多格拉人部队服役的往事，以及几年前仍在使用的土王兰比尔·辛格时编造的古怪的梵文词语等。

17日我打算兼程行进，直接赶到罕萨山谷中心，在那里将驮畜留下，只带着劳工们前往塔格杜姆巴什帕米尔。走出查尔特以后，道路顺着一座漂亮的吊桥跨河而过，直抵河的左岸，这座桥好像自克什米尔起，一路上，与其他更为重要的桥一样地悬吊着，吊索由电缆线制成。

29

·欧·亚·历·史·文·化·文·库·

30　这种结构形式,最初是皇家工兵上校艾尔默在这些地区试用的,已被证实在各地使用都非常成功。在一个其他建桥材料无法运到的地点建桥时,这种结构的优点显而易见。

　　在绕过一道使河床转了一个大弯子的长长的大山梁之后,我第一次看到了勒基波什山冰雪覆盖的壮丽山峰。前几天穿行于它南面和西面的山谷时,天气过于阴沉,像这样巨大的山脉都无法看清。现在我走到了它的北面,天气晴朗,绚丽耀眼的冰雪覆盖着巅峰,在蓝天映衬下,清晰地矗立着。勒基波什山高耸入云,海拔 25500 英尺以上,是罕萨河谷上游最突出的景观,虽然不少山峰在海拔高度上与它接近,但没有一个能比得上它险峻而兀立不凡。整天我都沉醉于这壮丽的景色中,只有在一小段路上,这种景色才被勒基波什山垂入谷地的山嘴所遮蔽。山嘴之间是悬崖峭壁的山谷,受勒基波什山上的冰川哺育的小溪穿过山谷奔流着,汇入主要的河道。更高的坡上经久不化的积雪孕育着的充沛水量,不光是为了使山谷里耕作的梯田一片葱绿,在环绕着山谷的光秃秃的岩石墙上面,一片片小松林和在青绿山坡上的牧地,一直延伸到雪线边缘。冰川顶部洁白无瑕,但底部沿着山侧有一道道灰色砾石,向下几乎延伸到海拔约六七千英尺的主要山谷的底部。

　　查尔特往上约 8 英里,便到了那噶尔第一个村庄——尼尔斯。这就是1891年决定了罕萨和那噶尔命运的那场著名战役的发生地。这
31　两个分据山谷一侧的山地小邦合称坎巨提,曾抗拒了多格拉人的所有征服企图,顽强地维护了自己的独立自主。由于山地里赖以生存的物产和住地极为贫乏,这里的人们当然不会是平和的邻居。长期以来,向河谷下游抢掠奴隶的侵袭,一直是罕萨头领们的收入来源。这些强健的坎巨提人长途抢掠,使得远在帕米尔或通往喀喇昆仑的贸易线上的商队感到不安。越过慕士塔格峰侧绵延的巨大冰川,坎巨提的强盗队伍经常进犯巴尔提斯坦谷地。11 年前我游览布拉尔多山谷时所见到的,位于巨大的比亚福冰川口附近的那些简陋堡垒,仍记忆犹新。它们表明即使在这样形势险峻的地区,对来自罕萨方向的抢劫也得小心提防。

在尼尔斯爆发并结束了的小规模战役改变了所有这一切。从吉尔吉特随部队一起来的泰晤士报记者克奈特先生的生动报道,使所有的战斗都人人皆知。从我早餐时逗留过的位于尼尔斯前面的荫凉的小树林中,可以方便地观察曾被杜兰德上校率部猛攻过的设防村庄。它同后面险峻的山谷连成一体,在近3个星期的时间里,迫使上校无法前进。对面悬崖顶上那噶尔人曾借以顽强抵抗的胸墙,已成为一片废墟。有几位当年曾参加过防御战的人,在与我亲切地交谈中,指出了战争时所有的重要位置。要说明胜利者的策略和机智,无过于山里民众回忆起这场战斗时的强烈感触。这些被征集服役的当地人,为我指出曼纳斯·史密斯上尉(当时系中尉)及其带领的少数多格拉人和廓尔喀人曾攀越的那座高逾1000英尺、砾岩遍布的陡峭山崖,他们好像全都为其英勇的军官,因果敢的功绩而荣获维多利亚十字勋章感到自豪,似乎那是由他们中的一员所做出来的。出现这种情况,可能是因为凡与民众习俗及其世袭统治者有所冲突的事情,均已被小心地回避。在山谷中央驻扎了许多年的一支克什米尔皇家卫队的小分队已经转移,作为罕萨和那噶尔头人顾问的英国政府官员,现在也已撤回,如今山谷中唯一能见到的征服者所留下的遗迹,只是一条修建完好、对旅行者绝对安全的道路了。坎巨提应征者们在奉命支援吉德拉尔战役中所表现的勇敢和热诚,是忠贞精神的最好的见证。他们正是带着这种精神,接受了业已变化的形势。如今,强悍的山地居民,虽然人口稀少,而且不得不在岩石冰雪围绕的山谷中为维持生存而比以往更为艰苦地挣扎,但打家劫舍的日子已一去不复返了。

从尼尔斯出来途经的一系列精心耕作过的高原,不断为冰川峡谷所隔离。到处是小片的果树丛,其中的桑葚正值成熟期。我所经过的乡村,显然独具特色,全都围有粗石墙和带枪眼的方形堡垒。其位置大多处在高原的边缘,下临河流边上的峭壁,说明是考虑到了安全的因素。很可能这些地方都是很古老的,但在这一带我见到或听说的唯一的古代遗迹,是靠近小村托尔的路边上的一座小佛塔或者说是舍利塔的遗迹。它由坚实的石块构筑,矗立在10英尺见方的塔基上,高约20

32

33

英尺,保存得十分完好。唯一遭到破坏的是塔底的一角。那里塔基上的石块被敲下来铺成一条几英尺长的小道,连接到从遗迹旁盘旋通过的大路上。这说明即使在这样边远的地点,现代印度的"公共建筑工程"对古代遗迹也造成了同样的危害,这样的不幸已证实遍及整个印度半岛。

山谷靠那噶尔一侧是一连串令人愉快的村庄,对面罕萨的领地则绝大部分是石质荒地。这个差别的原因可以从勒基波什山流下的水量增加而很容易说明。那噶尔人与达尔德人没有什么明显的不同。吉尔吉特的希纳(耆那?)语,似乎在下面的大多数村庄都使用着,尽管他们也懂得罕萨的布里什基语。后者不论与印度语族还是伊朗语族都没有 **34** 明显的联系,它似乎是以往征服浪潮中遗留在这里的一种外来语。它的词语并不像突厥方言,但与亚辛北部山谷中的渥什基语很近似。历史考证或许永远弄不清楚那些讲罕萨语的小民族是怎样来到并据有这 **35** 些山谷的,但它在南方的达尔德人和北方的伊朗人、突厥人之间能存在至今,显然是由于这一地区的地理位置与世隔绝。使我惊奇的是,发现近几年印地语在这一地区的急剧流传。护卫着村庄和山谷通道的几百名卫队在这方面提供了推动力,于是在村落中印地语或者更确切地说旁遮普语的知识便广为流传,在这样短的时期内,其发展速度相当惊人。有鉴于此,伴随着早期伊斯兰教信徒的征服,在亚洲各地阿拉伯语和波斯语的迅速传播,便更容易理解了。

在查尔特和我行程的终点阿里阿巴德之间,起伏不平的路面延伸约有26英里。塔什索特要塞小村以下,道路由一座险要的桥梁越过乱石密布的河床,接着又沿着数英里长的十分荒芜的大小岩石混杂的山坡前行。以勒基波什山冰雪覆盖的峰顶为背景,矗立在两边高出河面足有五六千英尺的悬崖峭壁,在晚霞中俨然是一幅古斯塔夫·多雷的风景画。当我沿着溜滑的碎石河床走完最糟糕的一段路程时,天色已完全黑了下来。顺着环绕深谷北侧的崎岖道路又走了两个多小时,孕育着村庄和农田的开阔的阿里阿巴德高原才出现在眼前。在罕萨人暂时占领期间,这里修筑了一座小堡垒,靠近它的是供政府官员住的平房。虽然正式的主人 P. J. 迈尔斯上尉因外出不在,我还是在这个宜人的小屋里住了下来。对我来说,并不豪华的这间边境官员的住房,已够舒适的了,他的健壮的罕萨仆人,同样也知道怎样为一位来迟的客人安排食物和休息。

当我早上醒来时,映入眼帘的是一幅意想不到的壮丽景象。现在从东北方所看到的勒基波什山,冰雪覆盖的山峰比任何时候都更为巍峨,没有一丝云雾遮盖。其北面,是同样海拔逾 25000 英尺的巨大山峰,默默凝视着山谷,向东则可看见沿着我前进的路线绵延的山脉。从吉尔吉特到罕萨,我兼程行进省下来的两天时间,准备在阿里阿巴德作短暂的逗留。我需要时间来打点行装以便于劳工们运送,并要处理一些待复的信件等。事实上,罕萨至今也没有像样的邮局,不过,有一个"政府的驿卒"每两天与吉尔吉特联系一次。由于我前面的旅途漫长,当然必须充分利用这最后拥有定期邮政的地方。 36

第一天早上,米尔(罕萨语土王)的瓦兹尔(大臣)就前来告诉我,为前面的旅途所做的准备都已就绪。瓦兹尔名叫胡马雍,在罕萨政府中是个非同小可的人物,是米尔的行政长官和主要的顾问,官位是世袭的。他约有五十开外,身材高大魁梧,满脸胡须,仪表堂堂,身着精心挑选的半欧式服装,显然是在标榜他的思想进步。这与他从前率领坎巨提人突袭色勒库尔、吉尔吉特、巴尔提斯坦时的样子,肯定大不一样。当他向我谈到他的远征队到塔什库尔干并进入布拉尔多山谷时,眼里闪烁着兴奋的亮光。如今战争岁月早已过去,显然他们正在尽力开发内部的资源。然而这并非易事,因为非常有限的可耕地业已赡养不起逐渐增加的人口,只有靠精心的灌溉才能从山谷中岩石覆盖的山坡上获得收成。沿着山脚蜿蜒曲折的漫长水渠,常常是两三排地并列着,这也表明山谷侧面冰川哺育的溪流的水量,是如何被仔细地加以利用的。 38

有关罕萨与清朝关系的资料,耐人寻味。很久以前罕萨人就已占据了奥普朗诸河汇入叶尔羌河处的诸山谷,很显然这些区域处在中国新疆的自然疆界以内。可能正是由于他们一直占有这些地方,因此即使在英国确立主权之后,仍默许他们向喀什噶尔的中国官府定期呈送贡品。另一方面中国的"回礼"远远超过了他们所呈送的贡品,罕萨因此获益匪浅。这明显是种敲诈,即中国必须为了从色勒库尔到喀喇昆仑之间的领土安全而向坎巨提入侵者付款。当我问及与中国政府当局的关系的记录时,瓦兹尔告诉我,在1891年占领之后,有一大批文件——主要是汉文的并有波斯文或突厥文译文——已从米尔在巴尔提特的住宅转移到了西姆拉。从其中或者从中国的历史档案中去弄清,中国方面究竟给予坎巨提头领什么官衔,是令人感兴趣的事。

虽然英国在罕萨的至高权力是明显的事实,并和罕萨与中国形式上的关系完全不同,但那并非是用物质力量来维系的。修筑在阿里阿巴德开阔田野上的小堡垒,现在主要用作兵站的"仓库",仅由几个从邻近村落中招募来的应征兵看守着。不过,这个国家的180名应征兵经过吉德拉尔战役的考验,证明还是相当管用的。和沿西北边境的其他各地一样,这些地方军事力量是本地政府施行统治的优良器具。定期的薪金和轻松的公务,将他们置于统治者有效的控制之下。附带的有利条件是,应征兵可以安全地用在阿富汗边境上,否则其声名狼藉的

39　恶劣品质会带来不少麻烦,幸亏在罕萨不需要考虑这些。据说,这里的人民有着最好的品质:虽然过去他们劫掠的名声很坏,但对政府当局来说却是最听话最易于指挥的,这个评语似乎十分恰当。

我逗留在阿里阿巴德的第二天,罕萨米尔穆罕默德·那兹姆前来拜访。他是1891年占领之后新上任的,年约35岁,性格开朗而富男子气概,更值得赞赏的是他的沉着和机智。我们用波斯语进行交谈,谈得最多的自然是以往乡村的情况,较少谈到米尔准备努力推行的改革。现在这一代人的生活内容中,代表着过去家庭之间的私通和谋杀已大为减少,而筑路、接种疫苗以及类似西方的改革,似乎正成为人们感兴趣的主题。这种迅速而明显的变化,完全是英国和平统治结果的明证。

通过瓦兹尔我又雇了两名以前曾到过帕米尔的罕萨应征兵,作为向导随我的队伍前去色勒库尔。米尔的侍卫官穆罕默德·拉菲受命组织和监督后勤运输,并加派了60名劳工。由于这些人的加入,6月20日离开时,我的队伍显得庞大惊人。第一段行程很短,到罕萨首府、米

尔的驻地巴勒提特。越过宽阔的梯田和果园攀上一道峭壁，高墙壁垒的巴尔提特城堡看上去十分庄严肃穆。在它下面，傍山而筑的200来座石砌房屋，构成了罕萨首府。用来接待我的是一座新建的带游廊的平房，紧挨着它的是漂亮的马球场，翠绿的草坪和遮荫的梧桐令人赏心悦目。对面是山谷南侧蔚为壮观的苏曼尔冰川和它后面的古老冰峰。　40

傍晚我对米尔的拜访，使我有机会更仔细地参观了罕萨统治者们历史悠久的城堡。高大、厚实的墙体上面建造着房屋，据说是随一位巴尔提公主来的巴尔提工匠们的杰作，巴尔提特的名称便由此而来。从我会见米尔及其众多随从的城堡顶层望去，罕萨山谷的重要部分展现出一片绮丽景象。接着在招待我用茶点的一座新近建成的亭式建筑里，站在同样高的位置上，也看到了同样的宜人风光。虽然房间里陈设　41
了一些格调并不高尚的欧式家具，但从整体上说显然大都是流行的中亚制品。叶尔羌的地毯、中国丝绸以及色彩鲜艳的喀什噶尔印花布，在吉尔吉特道路开通之前，穿越色勒库尔山口运到罕萨来，要比运印度的商品方便得多。即便是现在，吉尔吉特贸易路线每年开通的时间，也要比北面的山口短得多。

结束了饶有兴趣的参观，归途中我又注意到了几座木结构的清真寺，它们的梁柱上有大量引人注意的雕刻。虽然比起古克什米尔木制品要粗糙，但同后者一样，显然是属于早期印度形式的装饰风格，例如成对的"柴特雅"饰纹、神轮、卐字装饰等。我所见的这些装饰据说都是比较近期的，这就使这些仿效南方装饰形式的遗物更为奇异了。

从地图上看，我在6月21日的行程不长，但我得到的报告说路上困难重重。从巴尔提特往上约两英里，经过风景如画的阿尔提特山村后，山谷变成了乱石崎岖的峡谷，几乎没有一丝植物生长的痕迹。一条狭窄的小道沿着峭壁蜿蜒而行，时而紧挨涨水的溪流，时而又离开数百英尺之遥。走了有4英里开外，便到达坐落在一小片冲积高原上的小村庄穆罕默德巴德，而小路却向下经过低低的沙质河床。这条河床的确是山谷中最便利的通道，但只有在冬季河水低落时，马匹才能上下通行，一旦山上的积雪消融，这条经常横跨河溪的冬季小路就根本无法通行了。

42　　在我再次下到河边并行抵阿塔阿巴德的宿营地之前,还要爬过一道崎岖的高坡,横越一处过去大山崩塌后留下的乱石地。这个小村四周环绕着完全光秃的岩石丘陵,因而从下方不能看到。我们的歇息地看来是一个荒凉的地方。据说半个世纪以前,格姆梅萨山崩把整个山谷都封住了,还在阿塔阿巴德上方形成了一个大湖。被罕萨河水带下来冰川地面的黑泥沙大量的淤积于此,傍晚山谷中吹来的阵阵疾风扬起浓密的尘土。饮水和食物中无不含有沙子,就像是要在此预先领略和阗的沙漠生活。在这一片荒郊野岭中,令我喜出望外的是,黄昏时分驿站信差送来了我渴望已久的家信。

43　　第二天的行程是一段难熬的经历。从阿塔阿巴德上行不远,河水便沿着一系列两边几乎是直上直下的山嘴流过。小路是在其两侧的峭壁上爬行,狭窄的栈道紧贴着山崖,凶险异常。有些地方栈道是用打入岩石缝隙的树干作支撑再铺上碎石建成的;有些地方则是利用山崖上狭窄的自然凸起部分,铺垫上扁平的石板加宽修成的;有些地方栈道在峭壁侧面呈"之"字形急转,稍有不慎即有丧命的危险;还有些地方则陡峭得如同直立的梯子。牲畜负重沿着这些栈道行进是十分困难的,牛和在罕萨时走得稳稳当当的马,在这里却寸步难行。在好些地方,就连我的小狗"尧乐希伯格"也不得不勉强忍受被驮运的屈辱,虽然在克
44　什米尔时它无处不能攀登。整个行程就是这样交替地走过乱石坡和爬越岩石荒原。只有少数几个地方,在贫瘠的灰黄色岩石中点缀着一些绿色的灌木,生长在顺山缝而下的溪水流过的水道上。经过 6 个小时不停的攀缘,终于欣慰地看到山谷再次展开。又走了两个多小时到了古尔米特村。它坐落在一片宽阔的扇形冲积地上,侧面是巨大的冰川,远远地便可望见高高矗立在果园和田野之上的白色冰峰。古尔米特的一部分罕萨山谷常被称为小护蜜,这个名称来自当地从乌浒水畔瓦罕或称护蜜迁来的瓦罕族移民。村里的头人们远途出来迎接我。这群健壮英俊的人,一眼就可以看出属于不同的种族。米尔的亲戚穆罕默德·那菲兹,作为米尔在这一山谷地区所属村落的代表,带着这些人隆重

地列队簇拥着我来到了小杏园,我将在这里安营扎寨。令我兴奋的是终于亲耳听见了瓦罕语。多年前初来印度时,我就注意到这种比较完整地保存了古东伊朗语的方言。第一次踏进古代伊朗的语言边界竟是在这高原山区,可能有点令人奇怪,但正是这个事实提醒我即将踏上的帕米尔高原不仅是地理上的分界点,而且同样也是重大语族以及使用它们的种族的分界点。靠近基里克山口是区分乌浒水、印度河和叶尔羌流域的分水岭所在地,早在我们所能追溯的远古时期,这些地区就属于伊朗、印度及突厥斯坦等最有影响的种族的势力范围。

小护蜜的瓦罕人总数约有1000人,体形健壮,比罕萨人高大,而且大多数面部线条分明,富有机智,特别是长着只有真正的伊朗人才有的鹰钩鼻子,他们的肤色在我看来好像也很白皙。他们中的大多数人都或多或少地能说些波斯语,因此我能与他们简短的交谈。瓦罕人同色勒库尔人的联系仍然由偶然的婚姻维持着,早先从乌浒河谷移民来此的情况也还记忆犹新。但土地不足、好战的罕萨人怎么会默许这种侵犯,似乎难以解释。瓦罕人爱好和平性格的一个奇特象征是,每个重要的家族头领在正式场合都随身携带着农具。那是一把长柄心形木铲,用来开启和封闭给辛勤开垦的梯田带来丰收的灌溉渠。

在吉尔米特村很难见到这许多客人,因而在我宿营的整洁的小果园周围,长时间地集聚着大批看热闹的村民。第二天早上我们很迟才动身,因为更换了劳工,费了很多时间,才安顿好每个人所驮载的行装。不过到伯苏的行程并不长,而且比起前几天的经历显得很轻松,当然这并不意味着从此道路便能通行无阻。从吉尔米特出来不远,古尔金冰川一直垂到了河边,无数道水沟里灰色的泥水奔腾流泻,在这个季节里要渡过去是很麻烦的。幸好山谷开阔,河流右岸的石质高地也比较好走。行程的末尾,道路从伯苏冰川之前经过,满是岩屑覆盖的巨大冰层,从高逾25000英尺的雄伟山峰上迤逦垂下,在阿里阿巴德和巴尔提特也能望见这个山峰。道路横穿而过的一块孤立的巨大冰碛,表明了在早些时期冰川肯定向前延伸得更远。伯苏小村,紧傍冰川源头的北侧,葱绿的田野和果园与周围的荒凉景象构成鲜明的对照,这是因为灌

45

46

溉沟渠截获了一些从冰川中流出来的水流。村里凌乱的农舍之间的小
果园,便是我这一天安逸的宿营地。寒冷的空气和燕麦粟谷等晚熟作
物都说明这一地区高海拔(大约海拔8000英尺)。田边的小花虽然不
47 多,却给整个村庄带来一份令人喜悦的像春天一样的景色。

　　6月24日的行程,第一次带我走到伯苏以上约3英里的巨大冰川
巴托拉,它有24英里多长,全部充塞了西北方向的一个大侧谷。与以
前走过的冰川不同,冰层一直延伸到河床上。大量的砾石在山谷中覆
盖了数英里长,幸亏有这一层厚厚的岩砾和鹅卵石,我们才得以比较轻
松地越过这一冰川。不过一英里半的距离仍费了将近一个小时才爬过
去,这些滑溜溜的路面耽搁了劳工们很多的时间。很多年来,从冰川上
方未考察过的区域滑泻下来的大量冰块,使得道路阻塞,人难走,牲畜
48 则更寸步难行。这种障碍是任何能工巧匠永远也无法完全克服的。由
此看来,正是罕萨山谷通道中的这种巨大的天然屏障,阻隔了来自北方
的侵犯。

　　从巴托拉冰川往上,山谷渐趋狭窄,在光秃的岩壁和山石之间一直
延伸到海巴尔即伯苏上面的第一个居民地。河流不再有高山上冰川流
水的供应,到此已是涓涓细流,不过在夏季仍然是无法涉渡的。河流尽
头两侧山峦起伏、奇峰交错,再见不到那种冰雪连天的景象。

　　经过6个小时的艰难跋涉,我才走到海巴尔村,它坐落在一个狭窄
49 的山谷入口处的扇形冲积带上。这里田地极端贫瘠,简直令人怀疑怎
么能维持6户人家的生活。尽管自然条件如此恶劣,抵御外敌在不久
以前还是求生存的必需条件。一段崎岖不平的达坂以其巍峨的天然形
势卫护着通向高地的小路。这是一个必要的警戒区,因为罕萨的宿敌
那噶尔人很容易接近河的对岸。

　　从海巴尔去米斯加尔有两条路可走,一条是在河左岸经过吉尔恰
村,另一条在河右岸经过胡达巴德。据说前者如果河水势头不太猛,比
较容易走一些,但6月25日清晨出发后不久,便接到报告说那里无法
通行。这样就只好走右边的那条路了。这一天路上虽说并没有什么特
别困难的地方,却也是够费劲的,整个路程都是些大石坡,差不多全是

沿着乱石遍地的河岸行走。墨洪村对面有一条路通向朝东伸展的斯姆沙尔山谷,小路向下经过一条在几乎垂直的岩壁上以通常方式凿出的长长的栈道。令人惊奇的是,小路所依托的狭窄的山崖突出部分,有一处竟流出了清冽甘甜的泉水,为徒步旅行的人们提供着深受欢迎的饮料。

50

未走多远,我又意外地遇见了罕萨瓦兹尔的信使,他是前去塔什库尔干将我即将到达的信息通知那儿的。他18日清晨离开罕萨,现在正带着秘书的复信返回,同时还带着私人做生意的大宗货物。值得一提的是,这个事例说明了罕萨人非凡的长途跋涉的本领。从罕萨至基里克约有81英里,其间道路情况从我前面的叙述已足以说明究竟,而此人除了走完这段路程并已折返了一半外,还沿塔格杜姆巴什帕米尔交通线往返塔什库尔干各跑了一趟,每一趟的路程至少都有80英里。由此我们就能比较容易理解坎巨提的劫匪怎么能到那么远的地方去为非作歹,并常常以其迅捷的行动逃脱惩治。

我这一天的行程,到有8户人家的胡达巴德村便告结束。至此我已越过了瓦罕地区重又走进罕萨属地的小村。那天在我的营地里,听到的谈话,使我联想起多样的方言。除了与我的仆役们用突厥语交谈外,同我的瓦罕向导和较有文化的村民们谈话,用波斯语则较为便利。劳工们讲的部分是瓦罕语,部分是布里什基语,而"头人"阿贾布汗与他的跟班讲的又是希纳语的达尔德方言。他是本亚尔山地头人的亲戚,是曼纳斯·史密斯上尉热心派来为我服务的。除了上述各种语言外,还有我的助理测绘员同他的拉杰布特厨师贾斯范脱·辛格之间讲的印地语。在沙迪克阿洪自喀什噶尔来到之前,我最早雇用的克什米尔仆役们,同样也使我有机会来练练我的克什米尔语。尽管各自的语言互有差异,但他们交谈却很容易,因为每个人都至少懂得一些其他人的语言。

51

52

6月26日从胡达巴德到米斯加尔的这段路,是我整个路程中最糟糕的一段,就像是在阿尔卑斯山上攀登一样,这确实出乎我的意料之外。从靠近西北方的伊尔沙德和奇林吉山口的冰川上奔流直下的贾伯尔孙河,幸亏在黎明时分水势低落,在胡达巴德出来不远处便可涉渡。这样就避开了一长段弯路及一条索桥。但随后在主要山谷中的一系列攀缘,又使过去所经历的一切相形见绌。爬上凶险的岩石峭壁,又更加费力地走下河床;不少地方,唯一可以攀援峭壁的栈道及以前曾提到的那种阶梯,常常是高出河面数百英尺。虽然过去 5 天的旅途,已使我对这种方式的行进略为习惯,但最后我走进与红其拉甫河谷相连的更为狭窄的山谷时,仍感到有几分新奇。在距米斯加尔几英里的一个荒凉的小高原上,我遇见了那一地区的应征兵,一群特别与众不同的人,他们领我走到他们的村庄。

越过贫瘠的石质荒地和冰川溪流,米斯加尔新鲜的绿色田野喜人地映入眼帘。它坐落在距河左岸约300英尺的一片开阔高原上,从东边的峡谷流出的小溪,水流晶莹清澈,通过灌渠为田地提供了充沛的水量。峡谷中最北端的村子,夏季姗姗来迟,谷粟尚未成熟。在农田和分散的屋舍中间我发现了一块未垦种的地面,大小刚好可以搭起我的帐篷,这使我再次享受到了在绿色草地上宿营的欢愉。旁边是一个当地圣徒皮尔·阿克塔什·萨合布的陵墓,简朴的围墙上装饰着许多小旗,在风中轻快地飘扬,就像是来到了锡金或拉达克的一个佛寺。在经历过了以往地带郁闷的宿营后,来到宽广开阔的山谷格外令人高兴。极目远眺,我甚至看到西北天际的一道白雪覆盖的山岭,显然那是通向乌浒水的分水岭。终于我感到已接近帕米尔了。

在米斯加尔,我解雇了那些耐劳的山里人,他们在那样艰难的路面上负重而行,却丝毫无损。6 月 27 日清晨,我重新整装出发。现在的队伍主要是马匹,因为再往前的道路在任何季节都适于驮畜行走。路上虽说不再有什么大阻碍,但要经过一大片乱石覆盖的荒原,让人感到乏味。在托普哈那有一座半塌了的瞭望塔,矗立在从前的聚居地和农田之间的小径上。在那儿我遇见了一个神情愉快的色勒库尔小伙子,从他的外表和装束马上便能看出他来自中国领土。他是中国派驻明铁盖山口的守卫部队的士兵,受命来打探我到来的消息的。他携带一把长毛瑟枪,带有末端呈三角形的枪架,这是整个清朝帝国旧式士兵必不可少的装备。他面颊红润,头戴皮帽,脚穿长筒靴,身披一件厚厚的大衣。小伙子看起来蛮能干的。他的毛瑟枪则不然,看上去破旧不堪,枪管里的破枪栓显然紧插在里面已有好多天了。他向我保证我所期望的牦牛和马匹已在等待着我。在余下的旅途中,他总是尽力帮忙,如同自己也是我从罕萨带来的应征兵一样。

事实上,国境线对住在它两边的瓦罕牧人好像并没有什么妨碍。再走过一段12英里多的路程,便到了莫库什,这是通往基里克和明铁盖的岔路口,有一群别致的瓦罕人越过国境线来迎接我。他们的牦牛都留在山口的这一边,在这里它们能找到较好的牧场。这些健壮的人们身穿色彩缤纷的叶尔羌织物,看上去真让人感到高兴。他们棱角分明的伊朗人面孔,近乎欧洲人的皮肤,同他们的柯尔克孜服饰构成了鲜明的对照。再向下走进河边的小白杨林里,今晚便在此安营过夜。这里的海拔高度将近12000英尺,但并不像预期的那样寒冷。第二天清晨6点,温度计上显示的气温是47 ℉。

6月28日,经过4个小时的行进,到了靠近基里克山口脚下叫作施瑞迈丹(肥沃的草场)的高山牧场。这里海拔高,气温变化也很大。下午太阳为薄云遮蔽,山口上吹下来的阵阵清风让人觉得寒冷刺骨,行李一到,我就赶忙裹上了皮大衣。北方近处为山口所分割的山脉,在连绵起伏的山峰映衬下显得很低矮,其冰雪覆盖的山头像是要淹没在山谷里一样。远远的一条冰川覆盖的山梁,在西面的宽阔山谷中隐约可见,看上去比通向塔格杜姆巴什的分水岭还要壮观。它的后面便是乌浒水,更确切地说是其支流阿比本贾尔的源头。我的瓦罕劳工和罕萨应征兵现在都已解雇了,我很喜欢营地氛围的这种改变。色勒库尔头人穆罕默德·尤素福和他的7位亲戚,人长得顺眼,谈话也还投机。他们带来的牦牛载上了我和我的行装。他们的突厥语讲得很好,而且非常健谈,走在他们中间,使我感到自己已走出了印度国境。

54

56

4 在塔格杜姆巴什帕米尔

6月29日拂晓,我便拔营启程,准备翻越基里克山口(坎巨提人则称之为加里克山口)。路面上结着一层白霜,从山口流下来的小河也有些冰冻。我打算早早出发也是因为积雪还比较坚硬好走,但将行装搬上牦牛背却是件费时间的事情,直到上午8时队伍尚未出发。我满意地看到那些在以前的长途中吃尽了苦头的仆人们,现在都舒舒服服地骑上了牦牛。上行的路向北延伸,穿过一道比较开阔但也险峻的峡谷。走了一小时后,路面豁然开朗,依然是冰雪覆盖的平直的分水岭映入眼帘。东面路旁是崎岖山峰的岩壁,海拔高度近20000英尺;西边,两条冰川从略为低矮的山上垂下来,最高的山峰处似乎就是乌浒水、印度河和叶尔羌河流域交汇的地方。在形成基里克山顶宽约半英里的一片平坦高地上,要确定实际上的最低点即真正的分水线,是很不容易的。当我找到一个像是这样地点的位置后,便停下来为沸点测高计烧水。在不断吹来的刺骨寒风中,这可是件麻烦事,当取得高度读数为15800英尺时,天上开始飘下雪花。向北去,笼罩在云雾之中的荒凉山脉,就是俄国帕米尔的边界,但并没有什么东西标志着界线,和伸向罕萨的高低错落的山峰一样,都是一片白雪皑皑。在扑面而来的刺骨寒风中骑行在松软的雪地上真不是一段让人高兴的行程,不过牦牛这时就成了和雪犁一样有用的工具。到了下午一点钟,经过了两个多小时的向下行进后,我已身在塔格杜姆巴什帕米尔的库克铁热克平原上了。

在我走近准备安营的地方时,遇见了一队壮观的人马。这是受马继业先生之命驻塔什库尔干的谢尔·穆罕默德秘书,从他的驻地赶来这里迎接我。无疑是在他的带动下,分管塔什库尔干各处农村的色勒库尔伯克们,也一同在此等候我的到来。谢尔·穆罕默德秘书是个面目清秀的机敏人,他自我介绍说是我曾经长期任教的拉合尔东方学院的毕业生。他为我前往塔什库尔干的旅程所做的安排,也显示了他要帮助我的热心以及他对地方当局的影响。我到达塔什库尔干的第一天,天气很快就变得奇寒刺骨,从东北方刮来的阵阵疾风吹过山谷时间或带来小雪。据 1897 年在同一位置安营的迪西上尉观测,这里的海拔高度近 14000 英尺。

6 月 30 日我起身时,阳光明媚,虽然早上 6 点时荫凉处的温度只有 37 ℉,但清爽的天气却让人感到很舒适。周围的群山,白雪皑皑,在蓝天的衬映下格外清晰。天气情况对于即将在这里开始的测绘工作极为有利。早上 8 点,我亲自同测绘员一道向被选为观测点的呼什别尔峰峰顶爬去。山嘴从面向基里克山口东面的高山上斜垂而下伸入山谷,它的独立的位置,使得塔格杜姆巴什的高处也能一览无余。其峰顶海拔高度有 16820 英尺,我们可依靠牦牛——考虑到以后的工作,不能轻视这一优越条件——向上攀进。步履矫健的牦牛驮着我们和仪器平稳地向上爬,先是走过陡峭的杂草坡,接着经过雪地,最后穿过卵石遍地的石坡,使我经历了一段新奇而惬意的行程。很显然,在这些高海拔地区登山,一开始就明智地使用牦牛,可以免除不少困难。站在呼什别尔峰顶,我们可以从那些走向穆尔加布山谷和罕萨的群峰中,认出迪西上尉曾做过三角测量的一些山峰。拉姆·辛格忙着摆弄平板仪时,我用布里奇—里牌光学经纬仪进行了首次测量。这是一种性能优良的仪器,也是第一次在中亚试用它。中午,又刮起了山风,这好像是这个季节里的一个有规律的气候特征。下午 6 点,我愉快地回到了营地的帐篷中。

库克铁热克距瓦赫吉尔山口非常近,那是区分乌浒水和叶尔羌河流域的分水岭的所在地。助理测绘员在营地周围作业所需的两天时间里,我一直无法克制游览该地的诱惑。来到这里不去亲眼看看瓦罕山谷的顶端,以及寇松勋爵首次证实是乌浒水真正源头的那条冰川,从地形学观察的责任心来说,也会加重我内心的不安。因此,7 月 1 日早上,我将所有沉重的行装和助理测绘员分队留在库克铁热克,向着瓦赫吉尔山口出发了。道路起初是在西面的开阔山谷中延伸,大约走了 5

英里后,转入一条伸向南方偏西的较狭窄的山谷。大片积雪的出现和库克铁热克营地周围那种厚密的野草地逐渐消失,标志着这里更高的海拔。我把帐篷支在仅有的一小块比较干燥的地上,其海拔高度也有大约15300英尺。再往上,山谷底部便是一片雪野,或者是积雪正在溶化的湿软地面。在前面我看到无数条小冰川,覆盖着山口以南的山坡。这一天我准备攀登那些山坡的意图,被一场雨雪交加的风暴所破坏。在刺骨的寒风中,更让人感到燃料的缺乏,甚至连色勒库尔人和柯尔克孜人常用的干草根也找不到。在这样的高山上,干草根、干牛粪就是唯一的燃料了。

第二天早上,天气已经晴朗,攀登山口已不会有什么困难。骑着牦牛走了一个半小时,爬过低缓的雪山坡并经过一个小湖,便来到了分水岭,它清楚地显示了积雪消融而流出的小溪的不同流向。我在砾石遍地的一块干地近旁,用沸点测高仪测得其海拔高度将近16200英尺。

一条纯白色的冰川,前端自北而下延伸了好几百码,下到山口的西边,我便走进了阿富汗的领地,不过在这个荒山野岭,不必考虑艾米尔殿下是否准许对他的领土主权的短暂侵犯。约有一英里半长的松软积雪,妨碍了我的前进。不过路面随后就变得畅通无阻,我也就毫不费力地沿着小溪从山口一直向下,到它汇入一条从瓦罕山谷的真正顶端流出的更大的冰川河流之处。在山北侧上爬约800英尺高度后,景色壮观的山谷呈现在眼前,阿比本贾尔河的滚滚流水穿过山往下流向包赞古姆巴和萨尔哈。河水由之流出的冰川同样可以清楚地看到。一个小时的摄影经纬仪测绘,使我完整地记录下了这一令人难忘的景观。它使寇松勋爵所做的结论更加明确无误,这里就是那条大河的真正源头。

高大的山脉及其成排的岩谷,挡住了我向西眺望瓦罕及巴达克商的目光。当我意识到自己终于站到了这片包括乌浒水上游河谷及古大夏在内的遥远地区的东大门时,心情是多么奇特而欣慰啊。自童年时代以来,这片地区就令我为之神往。我是多么希望能沿着乌浒水继续向前走下去!古代伊朗的所有令人感兴趣的事件,都是以各种不同的方式发生在这条伟大河流的两岸。自远古起,它的河水就为其流经的地区带来了富饶和文明。而在这里,在它的源头,却只是一片静寂荒凉,只有冰雪和岩石。我至今仍难以忘却这一幅荒凉景象。

当我循原路返回山口时,山谷上空已是晚霞满天,回到营地之前天就黑了下来。令我高兴的是看到了一封渴望已久的家信,这是关心我的罕萨瓦兹尔派专差越过基里克送来的。随信同来的还有一批路透社的最新电讯,阅后须发送给在喀什噶尔的马继业先生。电讯带来了北京公使馆遭到攻击和有关天津战事的消息。使人惊奇的是,在这偏远的中华帝国的西部边陲,能够读到一星期前发生在其远东首都引起了强烈震撼的事件,好在这些动乱的消息可能要过几个月才会传到喀什噶尔边区人民当中。更值得庆幸的是,清朝帝国长久以来的划地而治,使得这些动乱显然不会对中国新疆或对我的考察计划产生任何直接的影响。

7月3日,我返回库克铁热克,会合了助理测绘员和沉重的行装,重又走上通往蒂迦曼苏河的宽阔、杂草丛生的山谷。

在那里,我的营地旁是牧人穆罕默德·尤素福搭起的两座柯尔克孜式毡房,他们在夏季来这里放牧绵羊和牦牛。第二天清晨,负责管理明铁盖交通线的色勒库尔头人喀拉喀什伯克来护送我一直走下山谷。走了约有6英里之后,我们已接近位于明铁盖山口北面山脚的一个驿 64
站。我的向导接到报告,说有个俄国军官经北面的帕依克山口来到了驿站。以前从未听说过会有这样的一位来客,带着几分好奇继续骑马向前,很快我便与这位所谓的客人面对面地站在一起了。原来他是一位年轻的德国军官、巴伐利亚步兵禁卫队的 F 中尉。他刚刚从俄国铁路线的尽头费尔干纳一路旅行到此,现在正打算继续前往吉尔吉特和印度。他根本就不知道,没有印度政府的特别许可,罕萨路线是不对欧洲旅行者开放的。听到去克什米尔的旅程所需要的时间,他也很吃惊。鉴于自己的假期远不够这段旅程所需的时间,中尉决定改变计划去喀什噶尔。仆人们很快就为我们准备好了早餐,中尉也重新振作起来,接 65
受了与我同往的邀请,随我一起走到这段路程的终点萨里克—吉尔加。

在路上及桌旁,我的年轻客人给我讲了不少他在俄国帕米尔漫游的 10 天中的趣事。虽然对于全面深刻的观察来说不过是走马观花,但也是他忍受艰苦的一个值得称道的成就。他所带的装备和供给只够到巴伐利亚阿尔卑斯山去度几天短假用的,很快就不得不面临严酷的帕米尔夏季,而他对此少有准备,只好从一个柯尔克孜人身上买了件皮大衣。我心里纳闷,他是怎样设法在这类交易中处理其牲畜的?因为除了在帕米尔哨卡的俄国堡垒之外,柯尔克孜人就是他唯一的东道主,不能取得他们的充分信任,他全部的需要都无法得到满足。他的两匹马也因这些艰难旅途给折磨得不成样子。此外,他腰带上的两把左轮手枪已不再需要,我们谈话之后他马上把它们放在一个隐蔽处。诚然,如果说帕米尔地区尚不能提供像阿尔卑斯那样的旅馆和宿处,但已说得上是同样安全保险了。

我们在一起促膝长谈,共同度过了一个愉快的夜晚。喀喇卡什伯克和他的伙伴们也分享了这次巧遇的乐趣,因为弄清这个不速之客毕竟不是一个俄国人,他们的责任也就轻了许多。7 月 5 日,我们一同骑行了约 15 英里,来到库加克贝(过去的地图标作乌加得贝),山谷在此折向北且相当宽阔。两侧积雪压顶的群山都已退远,谷地的空旷清楚地表明了它的重要性。自古以来,这条属于塔格杜姆巴什的山谷,就是穿越"世界屋脊"的一条主要的天然通道。我新结识的伙伴,因为急着要赶到塔什库尔干,在这里离我而去。他已装备了这一路所需的罐装食品,并且,为了让他安全地通过各地到达喀什噶尔,我还写了一封信给谢尔·穆罕默德先生,确保他能更换牲畜并得到以后旅途中所需的当地中国官方的护照。

7 月 6 日,从库加克贝出来,道路最初穿过一片宽阔的冲积平原,这是从红其拉甫山口流下的河水冲积而成,在山谷中延伸了好几英里。随着逐渐接近塔格杜姆巴什河,它便呈扇形伸展开去,和克什米尔山谷别具特色的"卡雷瓦"高原非常相似。穿过这片贫瘠的荒地,骑马走了约有 5 英里就到了达夫达尔。在两间白房旁,我发现一群别致的瓦罕人和柯尔克孜人在等着我。柯尔克孜人来自河对岸的一个小村皮斯林。站在结实漂亮的瓦罕邻居旁,看来他们有些无足轻重,但其愉快的神情和活泼的举止,足以弥补身材和面色的缺点。达夫达尔往下不远,我第一次发现了耕作的痕迹。小小的沟渠从田边的小溪引入水流浇灌这些分散的田地,想收获大麦和燕麦,显然需要艰苦的努力。再次见到这种定居的住地,真是件让人愉快的事。仅仅是在最近 10 年间,因为坎巨提人不再骚扰,山谷中的秩序有了保证,在此定居方成为可能。

在狭窄的山谷和冰雪覆盖的高原上走了几个星期之后,沿着从这山脚下缓缓延伸的宽阔明媚的山坡纵马驰骋,真有一种新奇的感受。河水从宽阔的山谷中流淌而来,所到之处地面上覆盖着一层浓密的山花野草,芳香的空气沁人心脾。中途在葛汗夏牧场做短暂休息时,躺在 67 青青的草地上,不禁使我觉得自己是在一个匈牙利牧场上享受着阳光明媚的夏日。周围放牧着一群无拘无束的马匹,悠闲地享受着丰美的牧草和自由的乐趣。望着它们的那种懒洋洋悠然自得的模样,倒也是件让人愉快的事。

轻柔的白云笼罩着群山。直到下午,一段约 18 英里的行程接近尾声时,我才看到北面群山之上闪闪发光的雪峰,那就是我长久以来一直渴望一见的"冰山之父"——慕士塔格－阿塔峰。尤加尔古姆巴兹河 68 水因为融汇了冰川溪水而呈灰色,水势猛涨。在河边我搭起了帐篷,在风从山谷中吹来之前,天气一直都很温暖。

第二天一大早,我们就出发了,因为邻近的塔什库尔干和它所能提供的舒适环境对我和我的随从们都同样是一个极大的诱惑。慕士塔格－阿塔峰依然那么遥远,在黎明时分显得那么明朗迷人。山谷北端以外的景色满是它的雄伟冰峰。在一片平坦的岩石荒原上走了几英里后,我的向导、塔什库尔干的千户长拉希德伯克打破他平时的沉默,指出了远远的一个白点,那就是塔什库尔干城堡,我们这段行程的终点,矗立在河的西岸。不久,我就沿着与引河水灌溉的沟渠相连接的狭长可爱的绿色草地,来到了塔什库尔干对面由许多小村子组成的图格兰萨尔的农田。小路沿着它蜿蜒向前好几英里,最后来到一片肥沃的田野,水弥漫在精心修整的梯田里。

不知是这里美好的环境,还是同它相连的历史,使我一看见平地上又高又大的塔什库尔干城墙,心里便激动不已。我知道里面并没有藏着什么壮丽的建筑或是特别让人欣慰的东西,但它标志着我旅途的一个重要部分到此告一段落,而且从此进入了我所要研究的区域。河水的上涨使我无法利用最近的路线,只得绕到靠近东面高山伸入塔什库尔干下方山谷的山嘴下面,才到了可以涉渡的地方。即使在这里,河流虽说已在平坦的草地上分成5条支流,但河水深及马鞍,水流湍急,要渡过也不是件容易的事。虽然水浸到了腰部,我们还是平安地渡了过来。把行装留给帮我过河的村长照料,我便纵马驰骋在肥沃的草地上,向矗立着城堡的峭壁脚下奔去。

谢尔·穆罕默德先生在曾经属于杨哈斯班少校的舒适的柯尔克孜毡房旁等候着我,这是他为我的膳宿而专门准备的,前几天还曾用来招待我那位旅伴。色勒库尔行政区的中国按办,对我向西前往慕士塔格山没有表示反对,这真是件让人高兴的事。我本打算让马继业先生派往吉尔吉特的信使,将我想要发往欧洲的邮件一路带去,但他已经从河左岸的路线出发了,因而错过了机会。幸运的是,在中亚比在文明的欧洲更容易纠正这一邮政上的意外事故,我匆匆忙忙写了一个晚上之后,派了一个特别信使带着我个人的邮包骑马出发,去赶驿站的信差,赶在他从第一个宿夜处出发前将邮件交给他。

5 在色勒库尔

7月8日、9日两天都逗留在塔什库尔干,在这里不仅要筹备新的供给和运输工具,还要搜集更多的历史与考古学方面的资料。塔什库尔干是色勒库尔山区的首府,无疑是个相当古老的地方,其重要性可以追溯到从古典西方来的商人们在此用他们的货物交换古代中国产品的那些日子。从至今所进行的实地观察来说,全都倾向于支持亨利·劳林森先生首先提出的观点:塔什库尔干(石塔)这个名称和它的位置,都相当于托勒密和在他之前的伟大的地理学家泰尔的马利奴斯所说的赛里斯国,即中国极西边境上的商业中心。它所处的位置,不仅是色勒库尔地区众多山谷的行政中心,同样也是古代商品交流的最方便的地方,并曾是广大的中亚地区同遥远的东西方之间联系的重要通道。从塔什库尔干通往喀什噶尔与和阗的道路都同样畅通无阻,并且这两条重要路线都从新疆通往中国内地。另外,这里也是两条最好的帕米尔交通线汇集的地方,塔格杜姆巴什山谷有一条通道直抵上乌浒水,与之相会的道路则穿过那扎塔什山口进入阿克苏山谷,再由此经大帕米尔向下通往锡克南和巴达克商。

在塔什库尔干,令我深感欣慰的是,多次发现玄奘的足迹。这个伟大的中国求法高僧,曾踏上古代印度众多的佛教圣地。大约在公元649年,从巴达克商到和阗的途中,他曾穿过的揭盘陀国,很早以前亨利·玉尔爵士就已确认为现在的色勒库尔。从这一点上看,玄奘和更早的中国朝圣者宋云(大约公元500年)对于那一片国土的古都所做的描述,我觉得与塔什库尔干的位置及其遗迹都极为吻合。现已建立了中国式现代城堡的这座废城,正如朝圣者们所描述的那样"国大都城基大石岭,背徙多河"。"徙多河"即叶尔羌河在塔格杜姆巴什的支流,位于城东。

·欧·亚·历·史·文·化·文·库·

砾岩峭壁顶上,一道巨大但正在碎裂的石墙矗立在一块四方形平地的边上,每一边的长度都有将近三分之一英里。这片被围起来的地方,东侧面向河流的一小块,为中国城堡所占。它那高大、用灰泥仔细涂抹过的土坯墙,无疑是矗立在非常古老的基础上。它的外边现在是一片静寂和荒芜。石砌住房的废墟占据着部分地方,以前由于山谷不安全使得为数很少的耕作者无法在他们的耕地附近居住。自从色勒库尔变得安定以来,所有的成片耕地附近都出现了新的村落,而要塞却渐渐荒凉下来。1895 年的地震震塌了大多数的房舍,但却没有必要去重新修建。城墙则是遭受了更早的地震,在很多地方显露出宽宽的缺口,像是曾遭战火破坏一样。无疑,断断续续的荒废之后的一次又一次重建,而且又总是用未经雕凿的石头,使得它们已无法提供任何明确的年代凭证。但现有城墙耸立于上的高大碎石堆(有些地方高达 25 英尺),清楚地勾勒出了历代城池的轮廓。

为了证实我对这些以及其他古代遗迹的识别,例如那座位于北墙外面的佛塔废墟,有必要在此进行精密的测绘。这样做在外交上需要谨慎一些,因为中国的指挥官或是他的手下很可能误解测绘的意图。谢尔·穆罕默德先生的经验排除了这方面的一切麻烦。我和助理测绘员表面上漫不经心地走到那地方去,一直等到中午过后所有守军都午睡时,才进行测绘。超出这段安全时间之外如果仍须继续工作,聪明的外交官便去会见按办,并巧妙地用我旅途中有关的种种见闻吸引他的注意,这样他和他的下属们就没有时间去怀疑在他们的堡垒周围会进行测绘工作。

我所看到的驻扎在这个边防站的中国士兵,就像是安详的园丁或是毫无恶意的懒汉。一两个身着蓝布服装的士兵,闲逛到我的营地周围以满足他们的好奇心。不论用波斯语、突厥语还是瓦罕语都不能与他们进行任何交谈。据秘书说,他们虽然大多在此待了 8 年,但无人懂得周围的语言。鉴于为数很少的军官们也是如此,而他们统领的这支军队的兵力实际上根本无足轻重,中国政府在维持秩序方面的成就着实令人钦佩。这种成就很大程度上可能归功于他们将所有的当地事务都交给当地头人和村长管理这一明智的安排。这些边境区的税收负担很轻,而且中国政府的管制也很松,人们好像对此十分满意。这些事实充分表明,悠久的文化以及许多世纪以来的政治经验,使得中国政府即使在目前这样明显的政治分裂时期仍有控制的能力。

因身体不适一直待在喀什噶尔的按办刚刚返回此地,他似乎在短时间内无法作礼节性的回访。在谢尔·穆罕默德的建议下,我提前了预定的拜访,不管怎样,我还是很想利用初次见面的机会,见识一下这个帝国权力的代表人。所有当地的显要人物都在色勒库尔首领卡力姆伯克的率领下,来向我表示问候。在谢尔·穆罕默德的协助下,在我毡房里的小小"接见"进行得很成功。伯克们讲了许多使我能理解色勒库尔的过去以及人口混杂的奇特情况。在等级较高的人们当中,似乎难以找到其家族是在这块土地上土生土长的。他们有些是瓦罕移民的后裔,少数是吉德拉尔和坎巨提难民,更多的是来自锡克南。来自各个 方面的迁徙似乎揭示,对于邻近地区因种种原因无法在原来山谷中待下去的人们来说,色勒库尔是冒险家们的乐园。这种奇特的混杂也反映在当地人的语言能力上,他们似乎多少都懂得与瓦罕语相近的色勒库尔语以及波斯语和突厥语。

谢尔·穆罕默德先生已尽力向人们说明了我不是一个"巫医",然而来访者仍有很多人向我索要药品。说实话,对伯克的一个上了年纪的亲戚因年老而两眼昏花,我无能为力,当然更不必说我的小药箱也不能医治另一位伯克的幼子所患的早期麻风病,但我仍不得不开一些完全无害的"药片",这些药没有严格的医嘱也不会有什么害处;我还不得不对病人的日常生活加上一些完全超出我的知识范围的口头嘱咐。假若我能为他们专门干上一段时间,无疑会得到他们更多的感激和信任。

7月10日,一切运输上的安排以及这个地方所能提供的补给都已准备妥当,我可以继续踏上行程了。海拔足有10000英尺的山谷,只出产燕麦和豆类,从未有过蔬菜。谢尔·穆罕默德先生预先想到我将面临的荒凉地区,跑遍全村搜罗,终于为我的厨师沙迪克阿洪凑齐了60

个鸡蛋。这样的征集显然已耗尽了当地的供给能力,因此在出发之前我很有礼貌地多次表示歉意并请求按办大人接受我赠送的 6 个珍贵的
75 鸡蛋,这是他急需用来配药的。当然,我很乐意去帮助这个大人物。

第一段行程沿河左岸走了大约 3 英里到达第兹那夫村寨。吸引我注意的是这里有好几个泥土修建的圆顶的大陵墓。往下走不多远,塔格杜姆巴什河转向东流进了狭窄的辛达赫峡谷,经峡谷穿过南面的山岭。周围的群山满目都是荒芜贫瘠而无植被,同河边平地的绿色田野和草地形成了鲜明的对照。

冬季的路线沿着塔格玛苏河前行,河水与慕士塔格山西坡流来的塔格杜姆巴什河会合,道路为深深的河水所阻断,因此我们不得不从第
76 兹那夫折向西北,越过两河三角洲山坡上的一个矮山口。库姆达坂的顶部虽然高度刚刚超过 12000 英尺,站在上面向塔什库尔干山谷南侧望去,却是一片辽阔无边的景象。半遮掩在云层里的遥远的雪峰,耸立在南边,这就是我所能最后见到的印度边境上的山峰。向北望去,视野更为开阔。雄伟的慕士塔格 - 阿塔峰和它那冰雪覆盖的峰顶,从环绕在它西面和南面山脚的广阔山谷中高高升起。雄伟的山峰及其峰顶上的冰川给人以深刻的印象。按这样的距离我似乎无法将它与我所见过的喜马拉雅山脉的那些山之巨人,如南迦帕峰、乔戈里峰、勒基波什峰的景色相比较,更不用说戈德温 - 奥斯丁峰壮丽如画。实际上慕士塔格最高峰的相对高度比其南侧山脚起伏不平的塔格玛辽阔平原的高度大概至多超出 14000 英尺。同样,即使不考虑其显著的外形,它南面的永久性雪线高度似乎也未曾出现过低于 17000 英尺的情况。

从印度一路走过了深谷、冰川和高山的世界之后,我觉得难以相信自己仍站在一片高山之中,眼前是一片宽阔、绵延起伏的平原,两边是一直通向帕米尔的低矮的丛山,这是映入我眼帘的又一新奇的山间景象。但我承认,克什米尔和塔格杜姆巴什在我记忆中留下的难以磨灭的印象,使这里的景色略显几分乏味。往下走大约 1000 英尺,便到了塔格玛的灌溉区,燕麦和大麦的幼苗使田野一片新绿。若不是抬
77 眼望见了慕士塔格 - 阿塔峰,我还以为自己到了哪个北方地区的大平

原。散布在平原上的毡棚也未消除我这种感觉,青青草地上安闲地吃着嫩草的牦牛是唯一的特征,能让我们想起自己仍走在高海拔地带,我安营过夜的萨夫斯高斯,是散布在塔格玛平原上的色勒库尔夏牧点之一。我所见到的 3 座毡房中的居民,男人和孩子们都特别漂亮。牛奶和美味的酥油都很丰富。

7 月 11 日早晨,天气比较清朗温暖,只有最高的慕士塔格 - 阿塔峰为云层遮蔽。走在开阔的草原上,东、西两面的远景,尽收眼底。西面越过高山通向俄国领土的古兰、萨利克塔什和伯加什(或说是伯达什特)等山口,一个接着一个地进入视野。虽然它们所穿过的最高的山岭两边依然积雪重重,在这个季节里这些路径显然还是很容易通过的。靠近色勒库尔人曾在此耕种过的萨雷拉小村,我们走过一个四周围有泥墙带着枪洞的中国哨所,里面有一小队色勒库尔应征兵守卫着来自俄国方面的道路。

在萨雷拉的耕地之外,曾受到灌溉的草地越来越多地被一块块沙地所分割,上面只长着些稀疏的耐寒杂草。我们现在所走过的几座毡房,都被面色污秽但又神情愉快的柯尔克孜牧民居住着。走过库克牙之后,道路进入一条宽阔的岩石峡谷。峡谷的东西两面都为低矮的石壁封住,石壁看上去就像是古时遗留下来的冰碛。东面石壁上高高矗立的喀喇昆仑积雪封顶的雄伟山尖,兀立在慕士塔格 - 阿塔峰以南。中午,狂风开始从北面吹来,我很高兴地到了柯尔克孜小村古加克,这里可以为我们提供一块适于宿营的地方。搭起帐篷不久,风就吹来了小雨,同时气温也急剧下降,我只得重新套上从进入开阔的色勒库尔山谷以来就一直闲置在一边的皮大衣。沸点测高仪显示的高度为海拔约 11600 英尺。

第二天的行程较短,因此我利用早晨同拉姆·辛格一道爬上昆仑诸峰前方东面最近处立着的陡峭的乱石山嘴顶端。轻柔的白云,飘浮在高高的山头周围,预示着天气将要发生变化,但雄伟的塔格玛山谷的景象,以及它后面远处的塔什库尔干东南方的山峰,并未被云层遮蔽。平面仪测绘工作在这次远足中也大有收获。不幸的是,北面的慕士塔格-阿塔峰及其冰川,都隐匿在一层厚厚的云雾之中。下山回到我们前一天的营地后,便重又踏上向北的旅程。没走多远我就越过了绵延向西的一个狭窄山谷的谷口哈因迪。这里有一个慕士塔格-阿塔峰周围的柯尔克孜牧民经常来拜访的小麻扎。路上有一个小石堆,用一种绵羊和野山羊的角作装饰,几根树枝上挂满了各种颜色的碎布片,吸引着到圣陵去的旅行者的注意。同印度北部山区各地一样,这些碎布片,是那些祈求圣人拯救其病危或别的什么苦难的人们还愿时的供奉物。

79　　沿着水势逐渐减弱的小溪,在铺着蚀裂碎块的岩石和沙砾的山脊缓坡上走了两个多小时,便到了喀喇苏。在这里我发现了一个四周开有枪洞的泥墙小哨所,我的仆从们很舒服地住进了里面的小屋。这队驻军是这里受塔什库尔干按办管辖的最后一支,那时仅由 3 人组成。哨所的堡垒被它西面近 100 码处的高地所居高临下,似乎当初建筑它的人只注意到为驻军谋求一个避风的角落而忽视了它的防御效能。紧靠西南是一片阔野,起伏连绵,通向库尔玛山口的路,显然是所有越过分水岭进入阿克苏山谷的路线中最便利的一条。喀喇苏出来约几英里,我遇见一个骑着满载货物的矮种马的柯尔克孜人,他是当天早晨离开山口,来自另一边俄国边境地区的。

　　喀喇苏周围的草地上,缀满了我在塔格杜姆巴什曾见过的各种各样红色和白色的小花。由于挂在天空中的云层比早晨还要低沉,景色显得十分幽暗。沸点测高仪的读数是海拔12100英尺。第二天即 7 月 13 日早上,气温并不像我所预想的那样低,在上午 6 点半时是 46 ℉,但空气中雾气沉沉,颇有下雨之势。把助理测绘员留下来,等待天气放晴后继续他的工作,我于上午 9 点启程出发。马匹似乎对恶劣天气有一种预感,在捆扎行装时便开始骚动不安,其中一匹竟挣扎着甩掉了我的旅行书箱,里面的东西都已乱得不成样子。出发后不久,一阵狂风从我们前面的山口迎面扑来,还挟带着冰冷的雨雪,使得行进速度缓慢而让人厌倦。极目所见,道路伸向塔格玛苏源头一条小溪旁的低矮光秃的条条山脊。走了有两个小时之后,随着我们走近山口顶部即乌鲁格-拉巴特,雨才略停了一小会儿,并且立即发现这片荒凉的高地并非完全不能居住。喜马拉雅土拨鼠尖利的啸声处处可闻，约有6个以上的这些棕色的山口守卫者，似乎是无忧无虑地站在它们的洞穴旁的小土堆上，在此之前我已在克什米尔对它们有所了解。

上午11点半我到了山口，它好像只不过是连接巨大的慕士塔格－阿塔峰与俄国帕米尔高原东缘的色勒库尔山脉之间宽阔的横向山岭中的一个小凹地。海拔略高于14000英尺的山口，以一个石头堆标志着传说中的圣人安息处。在雄伟的喜马拉雅分水岭的遥远北方，有关山口的民间传说似乎与我在分水岭另一边所了解到的并无多大差别。左右两边浓雾遮掩了高山，不过在正北面的前方，我能向下望见通向苏巴什和小喀喇湖的开阔平坦的山谷。在小山坡上没走多远，小道便急转直下，冰冷的雨丝夹杂着雪花又开始飘落。雨势比先前大了许多，等到我走过第一个奥尔（牧人的帐篷）——位于被称作伊格雷克尤克的山间凹地的底部时，觉得衣服都已湿透了。不管怎样，天气转晴已没有希望，因此我认为最好是赶到山谷中的中国哨所苏巴什，那儿会有更好的住处和供给。在蒙蒙细雨中我路过一些半颓败的柯尔克孜墓地和一个石砌的麻扎，显然这是一些古代建筑的遗迹。

最后，在下午2点终于到了中国哨所，我衷心地感谢哨所的住房。在年久失修的石围墙里，除去一些行将坍塌的建筑外，一排泥土修建的小屋，便是守军的住处。他们的全部兵力（8个人）很快就暴露无遗。指挥官大约是下士，热情地邀我到他的卧室去，实际上，那不过是间十分可怜的陋室。用来采光的是屋顶的一个天窗，因为下雨它被关闭了，只透进来一丝微弱的光线。不管怎样，它毕竟是干燥而温暖的，而且墙上和睡炕上的毛毡和奇特的陈设也让人感到十分愉快。不过，前面提到的天窗下还剩有一堆灰烬，它冒出来的烟将我赶进了隔壁的内室，等了好久才喝上由这火烧出来的茶水。或许我的那只湿冷得发抖的小猎狐犬是最高兴的，没等主人和善的招呼就自己钻进在睡坑角上的一堆被褥里。见到一只小家猫它也不声不响，这充分表明在冷饿交加下它的习性也变得温和了。

不知是因他们对我的殷勤款待，还是他们整洁的外表和装束，我对

82 这支小小的中国驻军一点也没有什么坏印象。他们大多身高体壮，多少能流利地讲些突厥语，看起来也很有机智。雨停后他们穿上阅兵服——蓝绒布裤子，红色束腰外衣，上面有黑绒布缝的中国字，精巧的黑色毡靴——出来拍照。所有穿戴都很整齐，而恩菲尔德式步枪上还有"塔"标记。此时我到达的消息已传到乌鲁格拉巴特北面山谷中的柯尔克牧人首领卡姆沙伯克那儿了，他及时地赶来迎接我。雨已停住，我便把行装都搬到苏巴什哨所以下两英里他的毡房所在之处，其中有一个是准备腾出来供我的仆从们住的。趁雨暂停的一阵间歇，在从苏巴什山谷流向喀喇湖的小溪的众多支流之一的侧旁，一块干燥的沙质地面上搭起了我的帐篷。从我的营帐正好可以看见北面约一英里半远

83 的喀喇湖闪闪发光的水面。

6   在慕士塔格－阿塔峰上

7月14日,天气没有好转,迫不得已又休息了一天。我利用这一天搜集了行将踏上的慕士塔格西坡的有关资料,并付薪遣散了帮我长途运输的色勒库尔人,不过在此之前乘机完成了对他们的人体测量。在从塔什库尔干随我到此的百户长沙姆斯伯克作了示范之后,他们全都欣然接受了各种测量,每个轮到的人都被他的同伴们取乐了一番。

下午,雨势变弱,我同卡姆沙伯克一同去小喀喇湖及其邻近的小湖巴西克做了一次短暂的游览。斯文·赫定博士曾对这些小湖研究了数周,并兴致盎然地作了详细的描述,使读过他的著作的人对这周围的情形都十分了解。沿着喀喇湖西岸骑行,巨大的冰积层一览无遗,它是较低一面湖水的堤岸,湖泊也因它的存在而形成。靠近东北面山谷的高 84 大山脉全都笼罩在云雾中。西面的荒山高出湖面约四五千英尺,低矮的古老冰川堆石成岗沿着湖岸伸展,在灰色的天穹下,小湖一片凄清阴沉。由于根本看不到慕士塔格－阿塔峰的冰川,因而四周远处没有雄伟景象来减轻这种沉闷的印象。更令人沮丧的是,看到小小的巴西克湖盆地和这片狭窄空地上古代冰川遗留在砾石和山岩之间的巨大冰碛,仍是那样荒凉杂乱。显然,只有东面雄伟山脉上闪闪发亮的冰峰才能给这个小湖群增添真正高山的壮丽。

我沿着喀喇湖东岸返回,途经斯文·赫定博士曾经宿营的小河湾。他曾在此长期驻扎并且同柯尔克孜牧人关系相当亲密,而我的向导们对这位卓越的旅行家却所知甚少,这不能不令我感到奇怪。不过柯尔克孜人的游牧生活方式倒完全可以解释这一点,那时曾在慕士塔格－阿塔峰周围放牧的人们都已转移到他处,赫定博士的朋友托格达辛伯克去世于遥远的俄罗斯帕米尔,曾在这些山区一同旅行的同伴们似乎也都分散到其他牧地去了。这充分证明在这些山谷中的游牧民族中,

·欧·亚·历·史·文·化·文·库·

很难找到当地的传说。返回营地的小路紧靠着从喀喇吉尔（黑色山脊）一直伸到湖边的峭壁，喀喇吉尔是一块紧靠湖东面隆起的光秃的黑色岩石。6点钟刚一回到营地，大雨又开始倾盆而下，这清楚地意味着更高的山区里正在大雪纷飞，我的旅行必将因此受阻。下面所引为85 7月15日的日记原文，表明我的预感完全正确。

　　整整一夜雨雪交加，灰暗阴沉，我起床时仍是细雨蒙蒙，山谷影影绰绰，我无事可做只好坐在帐篷里写笔记和要送往塔什库尔干以赶上去印度和欧洲的下一次邮班的信件。卡姆沙伯克毫不理会时间和天气，跑来坐在我帐篷前的小遮篷下嘘寒问暖，但对下一步旅行的安排，我从他那里得到的都是令人不快的信息。不难发现，他正因为没有布伦库尔中国官方的指令而深为不安，以一种令人感到神秘而热忱的语气向我保证：即使疑心很重的中国人不同意，他也准备提供一切所需。为我去洋布拉克冰川和慕士塔格－阿塔峰的考察提供牦牛和人力，这是他力所能及的事情；但是为去喀什噶尔提供牲畜，可能会使他见怪于按办大人，甚至派几头牦牛去前一站的喀喇苏营地驮运助理测绘员的行李前来这里会合，似乎也要冒很大风险。伯克声音颤抖的解释，使我清楚地意识到中国对柯尔克孜游牧部落的控制是多么严格，而且我行将踏上的旅程所需要的援助同样也希望甚微。因此，我派从塔什库尔干随我来此的色勒库尔伯克去喀喇苏以安排当地为拉姆·辛格提供所需的运力，同时让卡姆沙伯克派遣一个信使去布伦库尔，向按办大人出示他的塔什库尔干同事签发给我的本地护照，并带回对我的柯尔克孜东道主的指令。

　　下午云层略有松动，新雪遮盖的山谷显露出了约有几百英尺的山坡，可我去慕士塔格－阿塔峰的短途旅行并没有因此增添希86 望，但时间有限，要去的话就得在这几天了。我利用傍晚雨停的短暂间隙去拜访了伯克的毡房。他显得十分殷勤好客，丝毫看不出对于协助我会有什么后果感到不安。在毡房的中间，炉火上的一大锅牛奶正在沸腾，伯克的一位并不年轻但衣着整洁神情愉快的妻子,照看着小松木枝燃起的炉火。

　　趁着正在准备菜肴的机会,我环顾并了解了一下这间毡房,与外面薄雾笼罩的灰色平原相比,它显得非常舒适。柳条编织的周边棚架和毡房的圆顶都覆以彩色的毡子、用毛线精心编织的宽带子将它们一一固定。环绕墙根放置着一捆捆毡制地毯和一包包粗厚的布料,显然这是为度过漫长而酷寒的冬季准备的。一道芦苇编就的屏风上覆盖着用羊毛线精心织成的色彩柔美、图案醒目明快的帘子,将毡房的一小部分隔开用做女眷们的住房,她一次次地进去取来杯子和其他一些较为珍贵的器具。除了中间烧火处,四周的地面都覆以用牛毛制成的毯子和厚毡,其中一边为招待我而特别铺放了一块色彩艳丽的安集延地毯。主人的妻子从大锅里舀出滚热的牛奶,味道香甜浓郁。给我盛牛奶的是一只大号的中国式杯子,而其他同坐的人,包括伯克等十几位男性亲属和邻居,都用的是些木碗和铁碗。牛奶是柯尔克孜人的主要食品之一,我周围的人们,不论年老抑或年轻,其健康的面容表明了这奶汁对他们多么有益。

　　拜访快要结束时,卡姆沙伯克提出要我接受一只大绵羊,作为他殷勤款待和友善好客的标志,我当然希望要只小一些的,因为在过去的几周里,我注意到随从们选购羊只时都是挑健壮的而不是挑大的。可卡姆沙伯克对此当然不这么想,而这又难于拒绝。因此我只好安慰自己说,至少我的随从们会对此感到满意。柯尔克孜是讲究实际的民族,热衷于追求财富。因此我没有忘记向主人允诺,在我离开山谷之前一定回报他价值更多的礼品。

　　深夜,当我舒服地坐在帐篷里忙于写作时,卡姆沙伯克喜气洋洋地来通知我,从布伦库尔来的一位中国官员,已带来了供应我运输工具的命令。很明显,这使伯克的心头放下了一块沉重的石头。我也为早早解决了这一问题而高兴。当然,我认为这本是理应如此,否则那就太糟了。因此,我告诉卡姆沙伯克,把中国官员和他的信差都留下,等明天我方便时招待他们。

夜里天气终于有了变化,到 16 日早晨卡姆沙伯克陪同按办的信使和苏巴什哨所的长官前来时,我已能在户外招待他们。我用仆人们弄来的杯子和碗沏茶待客——从哪里弄来的我不知道。于是得到保证不论我选择那一条路线去喀什噶尔,运输工具都可以随时提供。盖孜峡谷旁可资利用的走下山谷的最捷近路线似乎已没什么希望,据说因为积雪消融,上涨的河水冲走了一两座桥梁,秋季之前几乎无法修复;而另一条绕过慕士塔格-阿塔峰北面山嘴翻越喀喇塔什山口的路线,或许更为困难。虽然这条路线看来几乎为雪堵塞,但我清楚地表明,如果按办和他的手下愿意让我动身,上面所说的两条路线必择其一。这两条路线上都有测绘工作可做,这就是我坚持走这两条道路的原因。

最后,客人终于离去,对于我所期望于他们的是什么也都有了明确的概念。接着,我便出发去湖东面的喀喇吉尔高地,因其处于中心位置,可望为我的摄影经纬仪提供一个不错的工作位置。夜晚雨虽已停歇,山峰周围仍是阴云密布,阵阵寒风不断地吹动着它们。牦牛载着我和仪器毫不费力地登上了高地顶上那长长的山脊。但是,在刺骨的寒风中久久地等待阴云完全散去后,才得以顺利开展工作。冰封雪盖绵延不断的山峰在东西和北面形成了雄伟的白色屏障,上面浮现出条条冰川,比慕士塔格-阿塔峰毫不逊色。从慕士塔格-阿塔峰北面迤逦而下的额吉别尔苏河深谷也揭开了面纱。下午 3 点,在狂风不止的山顶上,这一令人疲惫不堪的工作终于得到了一份我所希望的完整而精确的平面图,它将是以后平板仪测绘工作的有效补充和可供核对的资料。操作的中途摄影经纬仪的正切刻度线断了,只好想方设法从我手下人那里弄些非常原始的工具来代替,这是由于我缺乏机械技术而引起的一点小麻烦。祸不单行,我僵硬麻木的手指在更换刻度线时又弄断了一根照相机的十字标线,不过多亏 W 太太在吉尔吉特热心地为我提供了足够的细丝长发,这一意外的差错也得以弥补。

下山时,天气变得寒冷刺骨,我的小帐篷便显得令人格外舒适。小型的斯托蒙特北极火炉内,我亲自从伦敦军用装备公司弄来的压缩燃料正在燃烧,帐篷里的温度渐渐升高。我舒舒服服地坐在 8 英尺见方的帐篷里,写封信给远方的朋友们捎去讯息。就这样我一直愉快地干到深夜。

7月17日清晨,阳光灿烂,晴空万里,雄伟壮观的慕士塔格－阿塔峰好像就屹立在营地的上方。利用这个机会我打算再去攀登一个更高的山坡,进行预期的探访。前几天的雨妨碍了助理测绘员的工作,现在他正忙着弥补这一损失。这样,我就能进行一次短途旅行,而不必浪费任何时间。很快我便将这次旅行所必需的全部用品从剩下的行李里清理出来,用来驮运行装和爬山之用的10头牦牛,很快也从卡姆沙伯克在湖滨的牧群中挑选出来。所有不需要的剩余物品和行李都留下来,由来自白沙瓦的突厥仆从米尔扎看管。他经不起长途跋涉的劳累,看来需要休息。同他一起留下的还有小狗"尧乐希伯格",没有必要带它去冰雪中攀登。到目前为止,它在这次长途旅行中一直表现得非常好,活泼好动,高涨的兴致丝毫未减。

出发时已是中午,随同我的有喀什噶尔仆从沙迪克阿洪及3位来自罕萨和本亚尔的随从,现在可是一个显示他们山地功夫的机会。暖意融融的天气宁静怡人,骑行在山谷底部的肥沃草地上,花草的芳香沁人肺腑。途经苏巴什哨所时,看到它完全沐浴在阳光中,似乎比我初次在此宿营时破旧得更加厉害了。转过萨马尔达山的巨大山嘴,我们进入了通向洋布拉克冰川的山谷。冰川从慕士塔格的两座主峰相连的隘口向西下垂,南北两侧是巨大的山岭。由斯文·赫定博士引人入胜的书中详尽介绍可知,即使不去主峰而只上较高的山坡,也只有走洋布拉克冰川北沿上的山嘴。从山谷顶部附近一个制高点望上去,一片美丽景色尽收眼底。在我的小望远镜下,雄伟的山脉绵延不断,一直到北面的顶峰。冰川南面相对的山脉上覆盖着厚厚的冰层,冰层裂缝形成的沟壑向上直伸峰顶,显然没有什么可供攀登之处。冰层覆盖的岩坡几乎垂直地耸立在冰川之上,高达数千英尺。对面的岩壁即洋布拉克冰川北侧,虽然也不低,但它的坡面不太陡峭,冰层似乎也较薄。向北再远一些的山脉则极为险峻,而且布满了冰川。

至于赫定博士曾连续3次试图登上慕士塔格－阿塔峰北侧山脉的

初步调查,除了一个重要的特点之外,完全证实了他的描述。1894 年他登上的高度从地面算起估计有 20000 英尺以上,几乎完全没有雪,但现在即使从较远处看,同一山坡上覆盖的积雪高度已降至不足 17000 英尺。我的柯尔克孜向导萨蒂普·阿尔迪曾随赫定博士攀登过一次,他知道这是由于前两年的大量降雪已使山脉的这一部分产生了目前的变化。显然我已不可能希望再以同样便利的方式,达到这位卓越的探险家的小分队曾靠牦牛所登上的高度。

7 月 17 日和 18 日夜晚都是在名为洋布拉克的山谷上部几座柯尔克孜人毡房附近的营地里度过的。考虑到深厚的积雪很可能会使行动愈益困难,我决定为我自己及随行的人员弄些备用的牦牛。费了不少时间才得到一些适于骑用的牲畜,第二天早上刚 7 点钟我就出发了。一小时后到了洋布拉克冰川北侧山脚的巨大冰碛底部,这是最后一小块还算平整的地面。我下令卸下行李,搭起帐篷,随即骑行登上布满砾石和冰碛碎块的陡坡,查探上面的山岭。卸下行李的位置已达海拔 15000 英尺以上,牦牛吃力地爬上布满砾石和鹅卵石难以立足的山坡,已是气喘吁吁,很明显这些吃苦耐劳的牲畜已受到了高海拔的影响。出奇稳健的步伐加上缓慢迟钝的性情,使得任何时候骑着牦牛都是一种令人恼火的行进方式,但我觉得我们现在行进于光滑陡峭的山坡上,同时还拖带着供替换骑行的牦牛更为让人心烦。用棍棒来驱使牦牛沿向上的小径前行较为安全,因为那些备用的牦牛总是随便脱离正道。

在上述山坡上走了一个多小时后,到达了岩石山脊较低的一端,我们就是要从这里向上攀登。从这开始地面变得坚实,但也由此到达了雪线。开始积雪较薄,并不妨碍我们前进。再向上走半英里之后雪渐渐变深,到了大约海拔 16500 英尺高度时,已迫使我们不得不下来行走。这时正是上午 10 点半,黎明时的薄薄轻云,现在却在我们头顶上聚成了厚实的云层。我们迫使牦牛所能到达的这个地方,似乎也是最后一个可以支起帐篷的地方。山脊斜坡上的雪已融化,下面几百英尺就是冰川。斜坡对于支立帐篷来说不算太陡,但此外则少有其他优点。这里离开能为牦牛找到食物的地方已经很远了,然而以这里作为第二

93

天长途攀登的一个合适的出发地,显然是太低了。

　　考虑到上面的高度,选择一个合适的营地似乎很有必要。从牦牛带我们到达的地方看,除了南侧边缘垂向冰川的陡峭悬崖的一片开阔雪坡外,别无他物。为了弄清楚更高些的地方能否宿营,我派了两个罕萨人去勘察一下。他们要检查积雪的情况,并在岩石间找一些遮蔽风寒的地方,使我们即使没有帐篷也能在更高处度过一夜。我自己留在后面利用较为晴朗的天气进行摄影经纬仪的作业。云层正在聚集,疾风吹来,提醒我切不可坐失良机。

　　从我所站的地方望去,这一片景色确实壮丽宏伟,向西是从远处的瓦罕峰直至遥远的阿赖山脉的帕米尔高原的道道山脉构成的美丽景观。我进行观测所在的地方,在沸点测高仪上显示的高度为16820英尺,西边在我下方衬托着山谷的山脉似乎没有一处能比这里高。从这里看洋布拉克冰川的壮丽景色一览无余。被压缩在巨大岩壁之间的冰河似乎处在一种僵化待变状态。慕士塔格双峰之间的冰层从其最高点向下直垂到岩石封住的峡谷前端,冰川的巨大裂缝犹如让人捉摸不定的迷宫。冰缝略带绿色的底部与覆盖在冰层上的纯白色的雪层构成鲜明的对照。我们对面耸立着几乎垂直的岩壁,它正对着正南耸起的巨大山岭,直通慕士塔格山的最高峰。岩壁往上是冰河表面的厚厚冰层覆盖着山的一侧。

　　虽然太阳只被薄云遮挡了短短一会儿,在强烈的山风中仍感到十分寒冷。操作摄影经纬仪这样的精密仪器要费不少时间。两个一同上山负责照料牦牛的柯尔克孜人已在大叫头疼,到我完成工作时,他们已因高山反应引起消化系统的极度不适,要从他们那里得到所需的地形资料此时已全无可能。时间渐渐过去,我带着几分忧虑注视着罕萨随从们去攀登的积雪覆盖的山岭,他们终于在下午5点返回来了。即使像瓦利·穆罕默德和古恩这样强壮耐劳的天生登山人,看起来也已疲惫不堪。他们报告说已在深没膝盖的积雪中爬过了一道道巨大的山梁,直到受阻于一道直插侧面冰川的悬崖峭壁,这冰川正阻隔在他们所走的山脊与北峰主体之间。

他们的报告,证实了前几天观测时我心中产生的疑问,即那些尖坡是否一直通向主峰?登上估计约有海拔 22000 英尺的高度,我注意到了从山梁的一个拱形处的下面延伸向北的有裂缝的冰层。根据随从们的描述,我只能认为这些冰层实际上是一条横向冰川的尾部,因被我们所站的山梁遮蔽了视线而以前未曾看到。他们都说峭壁上的斜坡向下直入冰川充塞的峡谷,因此向下完全无法通行,而其对面通向顶峰的山坡也同样难行。他们都说他们在登上的较高地方经历了严寒和呼吸困难。虽然他们一直沿着洋布拉克冰川上面的岩壁仔细查看,但发现岩石间根本找不到一处可避风雪的地方,甚至连支座小帐篷的小块地方也没有,到处是深深的积雪,完全没有稍为平整的地面。这一报告清楚地表明,从这一侧登上慕士塔格－阿塔峰的任何企图都已被这些情况所限制。因此我认为,既然没有可能在更高的地方宿营过夜,只好全力以赴去穿越使我的随从们受阻的峡谷。这个难以克服的障碍的发现就其本身来说是有趣的,因为斯文·赫定博士在 1894 年虽曾靠牦牛登上了 20000 英尺以上的高度,但似乎对它的存在毫无察觉。同时报告还表明,登上那一地点只不过是一个有没有耐力和天气是否晴朗的问题。因此我决心利用明天天晴的机会沿罕萨人曾走过的路线作一次攀登。

这样的机会似乎确实难以得到,因为云层盘绕在峰顶四周,阵阵狂风吹得我们只好到帐篷里躲避起来。帐篷就支在巨大的冰碛墙的旁边,拉姆·辛格刚好这时从喀喇苏来到此地。当我就寝时天阴了下来,到 19 日上午 3 点 30 分起床时,暴风雪的迹象已无处不在。没过多久,一阵狂风吹卷着雪花飘落下来。但到上午 6 点,天气开始迅速放晴,当时我正裹紧皮袄,难过地望着使我的计划受阻的天气。根据赫定博士的叙述,这一雄伟山脉的两侧每天都有短暂的狂风光顾,我看今天也是这样。牦牛已备好,快到上午 7 点时,太阳钻出来了,我便下令出发,只有我的罕萨随从和本亚尔传令兵阿贾布汗随我和助理测绘员一同前行。助理测绘员的仪器尽可能地由来自柯克亚的突厥脚夫忠诚的海拜携带,他曾随迪西上尉的旅行队到过拉达克和克什米尔。经过一个冬季的休养,他渴望着返回家乡,便在斯利那加加入了我的队伍。

这次我们不再为无用的备用牦牛所累,出发一小时多一点之后,便到了昨天曾到达的地方。风虽很大但天气晴朗依旧。牦牛艰难地走过逐渐深厚的积雪。它们行进缓慢,乘骑者为了让它们一直向前走费了不少劲。我们越来越经常地要下来把深深陷入雪堆的执拗的牲口拖拉出来。辛苦了一个小时,我们才从昨天的位置前进了仅约500英尺,看来需要将牦牛留下来步行了。此时积雪平均深度已达5英尺,许多山梁突起部因便于吹积物堆积,我们的登山杖根本就扎不住岩石。表层的雪松软细小,很容易被风吹走,多数地方昨天登上来的人留下的脚印都几乎无法辩认。我们小心翼翼地沿着石壁前进,看起来在这样的高度其侧旁的积雪只能是最近的几个冬季积聚起来的,因此尚未被其自身的重量压缩成冰层。闪闪烁烁的雪衣牢牢地附着在我们攀登的岩石上,所以在防备积雪滑落或是雪崩方面,我们可以十分放心。冰川对面覆盖着一层厚厚冰雪的南侧岩壁上,随着时间的流逝,小规模的雪崩将会越来越频繁。

　　在松软的雪里攀登不是件容易事,有时双脚下陷两英尺,有时只要稍微偏离前面的足迹就会一下子陷到腹部。虽然我们渐渐向上爬到很高的海拔高度,却并未让我产生头疼或其他的高山反应,不过稀薄的空气迫使我们只能慢慢地前进并不时歇息片刻。随着时间的消逝,风渐渐增强,并带来阵阵飞扬的雪花。这时最让人难受的就是风时常将山坡上的积雪吹起来。临近中午时我们走到了一块山坡边从雪地中露出的略为干燥的石地上,它为我们提供了一处短暂休息并恢复体力的舒适场所。洋布拉克冰川扭曲了的冰层,紧傍着邻近的峭壁底部延伸。和我预期相反,我们现在到达的高度肯定有19000英尺,我的食欲却丝毫未减。

　　另一阵伴有飞雪的短暂狂风过去之后,我们又重新开始攀登,但助理测绘员和阿贾布汗却开始抱怨起头痛和全身乏力,服用了我在贝柳医生指点下准备的钾碱二氯化物片剂也全无效果。到下午1点半时,拉姆·辛格已落在后面了。不过这时山风已将山岭西北两侧的浮云吹净,这样他就可以在阳光下对此前做过测绘的遥远群峰进行平板仪检测的工作。20 分钟后，像阿贾布汗这样经验丰富的登山者，也退出并获准下山了。现在只剩下两位罕萨应征兵瓦利·穆罕默德和古恩，依旧毫无怨言地随我一同缓慢而坚定地向前。雪越来越深，浓雾笼罩着我们上方的山峰。很显然，即使再向前攀登也不会有全面观测这一顶峰的机会，同时似乎也预示着天气会发生变化。慎重考虑之后，我确定就以我眼前山梁拱起的部位作为最后一次攀登的目的地。到下午两点

100　半，我登上了它的顶端并在直落入冰川的陡峭石壁旁安顿下来。

在刺骨的寒风中，要将沸点测高仪的水烧开实在不容易。不管怎样，最后还是在雪中挖了一个坑，算是能够避风的地方，并且仔细反复测试，得到了温度读数恰为 177.8 ℉ 的沸点，算上气温 33 ℉，相当于实际海拔高度约 20000 英尺。虽然我和罕萨随从一同经受了雪中 6 个小时的攀登，但从我们的身体情况看来还可以继续攀登。不过气候状况和余下的白昼时间，对于我们要在今天登上昨天曾勘测过的山峰却不容乐观。因此我决定下山，等待明天天气转好的机会再做一次新的尝试。松软的积雪使得我们顺着上来时的路线下山也十分缓慢吃力，不过我眼前的壮丽景色却足以补偿耽误时间的损失。西边的云层已完全散去，环顾四周，脚下的茫茫群山正是我们所处高度的最佳佐证。

在正前方，实际上横贯整个帕米尔的这一片宽广地区，却没有什么引人注意的明显标志。但延绵不断的峡谷和山脉，却最能令我感受到"世界屋脊"的浩瀚。西南方的遥远地平线上，轮廓清晰的白色山峰闪闪发光，其中就有那些屏障着印度河谷入口处的高山崇岭。南方同样是冰峰雪岭，参考地图我肯定地认出那是考夫曼山及外阿赖山脉的其

101　他主要山峰。它们的峰顶笼罩着羊群般的白云。

宏伟的景象使我再三地停留下来，毫不理会寒冷和风雪的侵袭，虽然观赏的角度不同却也令我的随从们获得深深的印象。这是一片拥有许多牧场的广阔地带，比居住于狭窄山谷的罕萨人所能想象的还要大。不难猜出我的坎巨提随从脑中产生的主要想法，只要一点点这类意思的暗示就引出了真话。在勤劳勇敢的罕萨山民面前的是多么广阔的一块土地有待侵入和征服啊！言谈中，旧时的强盗精神同他们对温顺的、

甘愿为能让其平安放牧而做奴隶的柯尔克孜人的蔑视一同暴露出来。瓦利·穆罕默德对从他父亲那儿听来的罕萨人如何在我们现在站着的雄伟山脚下掠夺塔格玛肥硕羊群的故事津津乐道,但现在行政当局已完全控制了局面,再没有坎巨提人敢骚扰这些山谷中的居民。我没法用倒退到那种好时光的方式来抚慰我勇敢的向导们,不过我必须承认,内心深处我还是同情他们的观点的。如果没有大国在西北两面加以防范,小小的罕萨族无疑将会轻易地横扫从乌泝水到喀什噶尔边境的所有山谷。

下午6点时,我们下到山脊积雪中露出几块光秃岩石的那部分,我很高兴地看到帐篷支在面向冰川的斜坡上。支在这里的意图是最好的,但斜坡的角度却根本不适于支立帐篷。置身其中,我感到就像是在一个摇摆得十分厉害的船舱里。费了一些麻烦才在一处接近水平的地方安放好一张行军床,因为它好像是仅有的较为舒适的坐卧之处。很快我就屈从于它的诱惑力。不过在我休息之前还得照料病号。拉姆·辛格和阿贾布汗紧靠着缩成一团,在他们的小帐篷里仍然呻吟着剧烈的头痛和恶心。帐外,我那些健壮的罕萨人,不畏寒冷和风雪,兴致勃勃地正享受着分配给他们用以恢复体力的一条大羊腿。当我略为进食后昏昏欲睡时,他们兴高采烈的谈笑声仍传入我的耳中。我听不懂他们的话是不是正谈着他们小族群的英勇和果敢,或是长久以来由帕米尔提供的令他们欢乐的猎取奴隶和绵羊的场所。

夜里狂风呼啸,雪花纷飞。雪堆崩落在洋布拉克冰川南侧峭壁上的轰隆声,频频将我惊醒。不过在我们所处的山梁上是不必为此担忧的。早上6点我醒来时,地上已覆盖了两英寸深的新雪。天空依然阴云密布。除了耐心等待天气变好外,无事可做。但天气看来不会有变化,一直保持在冰点的气温令我们感到营地所处的暴露位置很不好。最后不得不放弃在这一天攀登的全部希望,同时等待天气变好也意味着损失更多我所拥有的时间。到了中午,我只好不情愿地下令迁移到不那么寒冷的地点去。

7月20日傍晚,我又一次在洋布拉克村的柯尔克孜毡房旁安营扎寨。第二天,我和拉姆·辛格登上从慕士塔格－阿塔峰向北垂入卡姆帕－基什拉克冰川的名叫萨玛尔达的高坡进行测绘工作。阵阵强烈的寒风不断从各个方向吹来,吹得云雾忽左忽右地笼罩在山腰两侧。在这样的条件下用摄影经纬仪工作很费力气,不过利用短暂的有利时机还是抓拍到了对面山脉和峡谷的景象,这些景象从海拔14570英尺的

103 高度看得清晰而鲜明,就像是在我面前展现了一幅立体地图。同样,三角测量也延伸到了喀喇湖东北的雄伟山峰。在荒凉迎风的山坡上经过数小时漫长而吃力的工作后,我兴奋地匆匆下山回到营地,这时候的营地重新迁到了湖南边的老地方。令我惊喜万分的是那儿有一队带着10匹山地马的脚夫在等着我,这是马继业先生十分周详地预计到我今后的运输需要,从喀什噶尔派来的;同时还带来一袋从欧洲发出由俄罗斯邮局经撒马尔罕到达喀什噶尔的家信。信上最近的日期是6月24日,这证明铁路已伸展到了慕士塔格－阿塔峰脚下不远处。

　　7月22日天气突然放晴,在帐篷里宁静地工作和休息的这一天,也因为雄壮山脉的美丽景象而让人备感愉快,就连东北方冰川覆盖的宏伟山脉——在我们的地图上标作"公格尔",而在当地却没有通

104 称——其最高峰上也有一个钟头云消雾散。耸立于冰川之上的公格尔迪别和柯克塞尔山峰,据我们的三角测量,海拔分别为23600英尺和23470英尺,而与之旗鼓相当的慕士塔格－阿塔峰最新探明的高度则为24321英尺。同时我也高兴地从喀什噶尔脚夫那里得知,我将不会被迫穿行"冰山之父"山脉向南分出的山梁上的隘口,即著名的喀喇塔什山口,代替这条艰难路线的是盖孜峡谷,尽管在亚曼牙河洪水时期很

105 难冒险寄希望于它,但据说是可以通过的。

7　穿过盖孜峡谷到喀什噶尔

　　7月23日晨,我做好向北去喀什噶尔的出发准备,拉姆·辛格则带着一顶小帐篷向东北去喀喇塔什山口完成测绘工作,从那里再去布伦库尔,一周后追随我赶往喀什噶尔。为了预防发生意外或是中国官方的干预而使平面测绘工作的成果丢失,我将拉姆·辛格的那部分地图拍了照。阿贾布汗和两名罕萨人被解雇回家,他们为即将返回自己的山区和拿到了付给他们的大把卢比钞票而欢呼雀跃。卡姆沙伯克本想得到一把左轮手枪当作"纪念品",但也拿到了现金作为补偿。向他道别之前,我满意地收到了由色勒库尔送到此地的印度邮件。这是一 106个大邮包,除了家里和印度来的平安家信和报纸外,还有让我望眼欲穿的小包裹,这是6个星期前,据初步的经验发现我在装备方面的遗漏后,从吉尔吉特向拉合尔邮购的物品。

　　趁行装发往布伦库尔的机会,我在喀喇湖正西的一座高约1500英尺的孤立山头上完成了摄影经纬仪的测绘工作。从库克吐姆舒克山顶上我欣赏到了完美的风景全貌。脚下的湖面上变幻不定地闪烁着祖母绿宝石般的光彩。从望远镜里可以看到对面的湖东岸,拉姆·辛格正在喀喇吉尔我先前的位置上进行经纬仪测绘。北面有宁静的山中小湖——巴西克库勒,湖水深绿。在柔和明净的光线中,其周围夹杂着"冰斗"和碎石壁的古老荒芜的冰碛石,看起来并不那么阴森沉闷。下午3点,我拍完了最后一张底片,便赶忙下山到喀喇湖流出的清澈小溪边。再沿下巴西克湖东岸往前,第一次认识到这个如果在喀尔巴阡山会被称为"海的眼睛"的小湖的迷人之处。夏日的午后令人昏昏欲睡,湖东岸绿茸茸的狭长草地真让人想舒舒服服地躺下去。但我没有时间享受这份快乐,很快就不得不恋恋不舍地离开这个新发现的迷人之地。

·欧·亚·历·史·文·化·文·库·

我沿着谷底急剧下降的碎石层继续向前,身后的植被很快缩小。巨大的冰川溪流额吉别尔苏自东南汇入河中,使河水猛涨,碎石河床渐渐变宽。在距喀喇湖约4英里的地方,河水深度达到了4—5英尺,费了些劲我才越过它。其余的行程是交替地走在雄伟的向东倾泻而下的冰川前伸展开来的石质"冲积扇"和陡峭的砾岩河岸上到处野草茂盛的狭窄地带上。植物种类或多或少地与喀喇湖一带有些相似,但生长在这些偏僻隐蔽的角落里,其长势更加茂盛、花草的气味也要浓郁得多。

快到下午8点时,我到了布伦库尔的中国哨所,在其附近支起营帐。这是一片沼泽地带,片片草地之间是一条弯曲的河流。我猜想此地的军队长官是负责守卫附近通向兰格库尔湖及与俄国帕米尔毗连地区的山口。根据我得到的报告,他似乎根本不愿帮助我的旅行,不过仍送来燃料和一只羊作为礼物。在塔什库尔干就有人向我介绍过奥斯曼伯克,这个在附近柯尔克孜牧地上颇有影响的头人,他觉得我在深夜秘密地前去拜访更合适些。第二天早上,长官的态度便昭然若揭。带着我的部分行装从喀喇苏赶来的卡姆沙伯克的人及他们的马匹,在夜里就消失无踪了。靠5匹喀什噶尔牲畜(其余的我留给了拉姆·辛格)往前走显然是不可能的。我派人去长官那里,除了粗鲁无礼的答复外一无所获。如何继续前进,全凭我自己想办法了。我想起了斯文·赫定博士,他在布伦库尔的遭遇比这更糟,只能用此地的气候有害于历任中国官员的肝脏来安慰自己。

幸亏长官的阻碍仅仅是消极性的,没费多大劲我便说动了他的译员,暗示供给我所需的牲畜是会给他好处的。他接受了我的暗示,上午11点,他调来驿站的马匹及强征的柯尔克孜人的牲畜,满足了我的运输所需。中国"关卡长官"圆滑的事务总管在接受了好处后,甚至以其长官的名义发布了一道命令,让山谷下更远的哨所供给另外的牲畜。当我的小旅行队伍全部出发时,我故意去归还了长官送给我作为礼物却不受欢迎的绵羊。在场的柯尔克孜人都被此举的含意逗乐了。

天气又变得阴沉寒冷,简直像是冬天一样。笼罩着山脉的阴云几达山脚,因此宽阔的山谷看起来就像是秋季里沉闷的原野,穿行其中的河流穿过布伦库尔那边分成几条宽阔的支流。在布伦库尔湖以北约 5 英里处,宽阔混浊的冰川流水急转向东收缩流入狭长的盖孜峡谷。在其入口处我们经过了有四方围墙的由十几位中国士兵驻扎的孤单单的哨所——即使在毛瑟枪时代,作为防御工事也只勉强堪用。这一天中的其余行程,都走在右岸。峡谷狭窄,道路几乎全是在古老的冰川堆石和扇形石滩上。下午 6 点半,我们经过峡谷中第一道极端危险的绝壁,叫作江古鲁克。在主脉两侧,庞大的、高达数千英尺粗糙岩石的锯齿状裂隙直垂而下。道路沿其中之一的表面通过一条长廊,如同记忆中的一条真正的罕萨栈道,唯有此处道路修筑完好,路面至少有 4 英尺宽。在高山岩壁间走过这段路中难以行走的地段时,天色渐渐黑了下来。因而一当在河岸边找到块够用的平地时,我们马上停下来安营过夜。这里处在阴暗的高山景象中,两侧峡谷高处的积雪闪现着微光,不禁使我想起向东去还有完全不同的地段等着我。在群山之间可以看见的狭窄天空布满了浓重的黄色云层,不久,来自东方平原的尘暴末尾从山谷上方扫过。这一夜对于在这样的高度上来说还算温暖。

　　25 日晨,我们被迫在营地稍下方叫作伊利戈鲁姆的地方渡过波涛滚滚的河流到左岸去。夹在巨大石壁间的河道在此宽约 45 英尺,一座 6 英尺宽的木桥横跨于深渊之上。在我看来,它确为中国工程中值得称道的桥梁样板。桥两边由全部漆成亮黄色的坚固栏杆围护着。河对岸往下约 1 英里远处是人畜完全无法通行的高峻石壁。再走大约 3 英里,我们从另一座类似的桥上重又回到河右岸。从斜侧山谷中向南流的汹涌的冰川溪流上,横跨的桥梁早已被冲走,否则我们由此继续往下的行程就不会太难了。溪流根本无法涉渡,因而有必要向上攀登约 3 英里到巨大的柯克塞尔冰川上的溪流源头去。这是一段费劲的弯路,因为整个山谷都充塞着庞大古老的晚期冰碛。最后到达冰川现在的尾端时,我们费了好大劲才将马匹拉上离河面至少有 150 英尺、高高耸立在河岸上的冰块顶部。幸运的是上面覆盖了厚厚一层冰川泥和岩石,在半小时内我们就使第一匹马安全地越过去了。从东侧冰碛上可以看到冰川在山谷中向上延伸数里直到被云层笼罩的高高的山峰坡上。后来的测绘表明这一山脉主体的最高峰与冰封的柯克塞尔或萨古卢克峰

高度（23470 英尺）完全一致，它显著地耸立在慕士塔格－阿塔峰北面雄伟山脉的突出部，巨大的平头锥形山体甚至在喀什噶尔也能望见。这段弯路令我们耽搁了很多时间，到下午行装到达盖孜小哨所时已经很晚了。哨所的名称由山谷而来。在这里要补充新的牲畜，但他们说牲口尚未从牧地来到此处。因此我们便在怪石林立的河岸边搭起了帐篷。夜里刮了一场沙尘暴，尽管这里约有 8000 英尺海拔高度，天气仍令人感到闷热。7 月 26 日晨，我醒来后，获悉应允的马匹还未到达，而从布伦库尔来的人，带着他们的牲畜一起在夜里又逃跑了。更糟糕的是，驿站上转送中国邮件的柯尔克孜人也同样不明不白地消失了。

稀里糊涂地被阻滞在这一荒凉阴沉的地方，使我无心浏览四周的景色，令人厌倦的漫长等待正痛苦地考验着我的耐心。随着太阳升高，光秃的岩石和沙土间也渐渐热气腾腾。我在喀喇湖雇佣的柯尔克孜人萨蒂普·阿尔迪已被派往柯克塞尔上方的牧人那里，但我知道那边的援助即使到黄昏时也难以到来。令人大为欣慰的是，下午两点有队带着 4 匹马的商人走入视野中，走在前面的第一个旅行者，在我离开喀喇湖时曾见过面。经过一番劝说利诱，我们说服了这些人卸下货物帮我们将行李带到下一个驿站考鲁克－库尔干。重新整理好驮载后，我们都跟着步行——损失不算太大，因为走下山谷的 10 英里路段格外好走。随着山谷渐宽，景色也不再暗淡。在一个风景如画的十字小尖坡克克莫伊奈克，再次折返到河右岸，首先映入眼帘的耕地令我兴奋不

已。在考鲁克－库尔干受到的待遇与我们在盖孜的经历真是个愉快的对照。柯尔克孜驿站人员穿着非常独特的服装迎接我，其中还有一些身穿色彩艳丽的加厚外套的引人注意的老人。在以后两天的艰难行程所需的一切马匹，都已为我们准备妥当，还加派了几个人帮我们在困难重重的小路上照料牲畜。考鲁克－库尔干远较盖孜凉爽，一阵细雨洒落地面，迷人的夜晚，营地周围茂盛的百里香草气息，令我心旷神怡。

考鲁克－库尔干往下通向平原的道路往常是沿着河流峡谷的底部

前进的,由于夏季洪水泛滥这条路已无法通行。因此,往来交通只有靠穿越山脉的迂回小道即著名的吐库孜达坂(9 个山口)来维持。其中第一个山口在喀喇湖以下数英里的一个陡峭山嘴上。山侧覆盖着繁茂的灌木丛,这使我联想起在印度以东布内尔和赫扎拉曾见过的景象。山口顶部却另有一番惊喜在等着我。小径出乎意料地伸展到有着树木和小块肥沃的燕麦地的迷人幽谷中,其高度在 9000 英尺以上。在盖孜峡谷光秃秃的岩石荒滩之后,考鲁克 - 库尔干看起来就像是一块真正的绿洲,而且可以设想它会成为一处舒适的"山间小站"的适宜地点。不幸的是幽谷中实际上并无任何水源。从上面往下走数英里便到了转向东北的一个狭窄的侧谷。

　　这时候景色变化很大,峡谷底部砾石满地,全无一丝植物的踪迹,两侧都是光秃的赤灰色岩石,在强烈的气候条件影响下它们变得奇形怪状。在渐渐狭窄的峡谷底部,岩石受雨水和融雪的侵蚀断裂开来。 112 我们迂回前进,时常走在凉爽宜人的悬崖之下。在一个小小的石头上,有一条涓涓细流,清凉的泉水滴落在下面的石头上,渗入细沙里消失无踪。在距此不远的乌拉尔里克沟之后,峡谷收缩成一条狭窄的裂缝,宽约 8 — 10 英尺,被无法攀越的峭壁封闭着。其底部的巨大岩石过于陡峭,使得负重的牲畜无法上去,只好卸下所有行装由人力背负一段距离。走出幽暗的裂缝,我们碰到了新的麻烦,要牵着马匹沿着一系列狭长的突出的岩石,往前并登上一道异常陡峭的山嘴,最后到达了第二个山口顶部。放眼眺望,西南方是冰雪封顶的山峰,前面的绵延不断光秃秃呈锯齿状的山梁,看上去就像是一排排僵化了的波浪。日积月累的风化作用清晰地写在地貌的所有特征上。在海拔约 10500 英尺的高度,绕着附近山峰中最高山岭环行,最后我们到了库什——基什拉克山谷的前端。在错综复杂的群山中,唯有这里有长流的泉水,可以在此多休憩片刻。在光秃的岩壁间下行约 3 英里后,我们到了一处砂岩铺盖的看上去阴沉荒凉的地方。但这儿有清新甘冽的泉水,经过长途攀登而口干舌燥的人和牲畜,对它的赐予无不感激万分。

　　7 月 28 日的行程中,我将一直下行进入盖孜峡谷入口处的塔什米力克大绿洲的平原地带。这本是两天的行程,因而我们早早出发。阵阵微风吹得空气清新异常,在早晨的新鲜空气中,到达下一个山口阿克帝肯贝尔顶部时,令人欣喜的远方景色让我惊奇。向西延伸在慕士塔格－阿塔峰和盖孜平原之间的雄伟冰峰中,闪闪发光的萨古卢克锥形山峰最引人注目。东面的平原上远远地可以望见围绕着英吉希萨、乌帕尔和塔什米力克的绿色灌溉区。平原地平线上空笼罩着轻薄的尘雾,让人联想起远处的浩瀚沙漠。紧靠着我眼前的是一片光秃而错综迷乱的岩石山脊。我的目光为它们呈现出的奇妙的各种色彩所吸引,从蓝灰色到赤褐色的每一种深浅不同的色彩都闪现在充足的阳光下。它那广阔迷人的景色变幻将永远印在我的记忆中。在连续通过塔兰迪克、莎万贝尔和托帕鲁贝尔山口的几个小时里,这景色仍浮现在我的眼前。这些山口之间的山谷并不深,也很容易通过。最后是一条明显的斜坡向下进入克孜勒沟(红山谷)。从环绕其四周的红褐色山脉看来,这一名称的确名副其实。在一条由沟壑中的泉水汇成的小溪的干河床上,向前走了 6 英里,最后又将我们带到盖孜河的岸边。河水流到这里,河床已近 1 英里宽,布满了碎石,河水被分成无数条细流却又愈流愈急。

　　河岸边的路只有 1 英里半长,接着便是一道陡峭的砾石尖坡,湍急的河水冲刷着坡脚,我们不得不重新进入曲折的峡谷迂回前进。虽然在阴暗处的温度只有 83 ℉,但静止不动的空气令人感到闷热异常。峡谷的末端是一道角度超过 30 度极为陡峭的上坡,马匹即使卸下了负载往上爬也很困难。越过沙吉尔迪克达坂之后,又是一处通向主要山谷的下坡,但很快又被另一道尖坡所阻,代替我这时所热切盼望的坦荡平原而出现的,是最后一段伸入光秃荒芜的砾石山岭间的弯弯小路。从喀喇湖一直走到这里的马匹,一匹又一匹地累趴下了。幸亏我们的考鲁克－库尔干向导们事先准备了多余的牲口,分担了它们的驮载。在吃力地向上攀登了近 2000 英尺之后,最后的障碍雅马拉或叫凯佩克山口也越过去了。我赶到队伍前面催促着尽可能在黄昏之前赶到塔什米力克。最后在下午 6 点半我发现靠近平原的是一片砾石荒滩,继续沿着河边前进很快便到了一条沟渠，接着就走进了肥沃的灌溉区。人们还在田间劳作，四面八方的溪水，带着冰川源头的色彩，给肥沃的土地带来丰收。在经过了荒芜的岩石原野之后，眼前的这番景色无疑是一幅印象深刻的生活画面。

当我走到塔什米力克的第一户人家时，天已黑了下来。绿洲名称是塔什米力克布拉克，除18世纪的老耶稣教会测量员的记录外，其他几乎所有的地图和书本上都将它的名称曲解成"塔什巴力克"或"塔什布拉克"。房屋的泥墙和那些圈起来的庭园在昏暗的光线里看来十分森严。道路旁排列着垂柳和白杨。我得先找到伯克的住址，曾捎信请他准备替换的马匹。一位骑着一匹欢快的毛驴的老农民愿带我们去那里。我们在望不到头的田野庭园和座座房屋间走了好几英里，伯克的房子仍然还在前头。我忘记了在新疆南部散布着辽阔的耕作区域内的广大村落或庄院，都有一个共同的名称，实际上它代表着一个小行政区。经过近14个小时的骑行和步行，到达伯克的房子时我已筋疲力尽，却又恼火地听到伯克已去了喀什噶尔。要想做些什么安排，现在只有去驿站了，这意味着还要在黑暗中再骑行两英里多路。虽然马匹困乏得几乎卧倒，最终还是到了目的地。随后行装也到了，我的帐篷就支在一块新割苜蓿后散发着香气的草地旁。但我在10点钟过后才设法"洗"了一下。到了将近午夜时分，我才坐下来享受到一顿应得的晚餐。

7月29日天刚破晓我们就起来了。已经置身于喀什噶尔附近地区，就像有不可抗拒的吸引力让我们急着向前去。虽然从资料看准确的距离是将近50英里，我还是急于在今天走完它。困难同样来自如何获得新的马匹，来替换从考鲁克－库尔干雇来的牲畜，它们的主人自然不会同意让它们继续前往喀什噶尔。不过阿利亚伯克，这位主管中国驿站的负责人，却愿比他的下属提供更多的帮助。上午6点，我便能带着两匹驿马载上最需要的行李和装备出发了。营帐的其余部分则等替换的马匹一到就紧跟运来。我很高兴将累赘留在身后，因为我知道漫长行程的另一端有舒适的住室在等着我。灰色的尘雾遮盖了天空，也隐没了西面高山的所有景象,但是往北我们的下一个目标乌帕尔耕作区,周围的低矮广阔的山岭依稀可见。到达那里我们还需渡过一条从盖孜流来的河水,当地称之为亚曼牙,尽管它的全部水量都用于灌溉,还是分散成6条宽阔的支流流遍这块平原。大多数地方水深有4至5英尺,水流湍急,需要有专门人员站在可涉的浅水处,小心引导牲畜安全渡过。一小时后我们到了宽阔河床的另一边。膝盖以上也都湿透了,不过行李却安然无恙。接着在河边延伸的绿色牧地上愉快地骑行数英里。乌帕尔地面低矮的高原脚下,一小队中国士兵驻守着破败不堪的哨所。在一座圆形的驿站外面,我们设法弄到了更换的马匹,可是由此挣得的时间还抵不上驿差之间的一场争吵而造成的耽搁,这场争吵显然是从让谁随我一同去喀什噶尔的问题引起的。最后我发现行李被重新分成了4小份,每一匹牲口的驮载上都高踞着一位村民。我勉强同意了这一似乎解决了困难的安排,也没有什么理由为此而遗憾,因为小小的旅行队一路欢快而未停顿地一直走到了喀什噶尔。

117　　乌帕尔是一个由散布在田野和灌溉草场中的许多聚落组成的联合体。在我们先前经过了荒凉乏味的沙石地带之后,沿着它那白杨垂柳遮荫的小道骑行真是让人感到舒畅。田地里的甜瓜已成熟,精耕细作的园子里展现着大量的蔬菜。大大小小的灌渠沿着路边并穿过道路,到处是令人喜悦的流水。夹杂着大量红色泥沙的水流别具特色。我在一条小渠边休息了一会儿,吃了一些从路边货摊买来的苹果和李子,以及鞍囊中携带的一点简单的"午餐"以恢复体力。这是几个月来我第一次尝到的新鲜的果品。

　　一个半小时以后,我们横穿过整个乌帕尔绿洲。在向东穿越绵延不断的贫瘠沙土平原时,我获得了对突厥斯坦沙漠的初步印象。沿着目前干涸的横贯其中的沟壑生长着繁茂的红柳和其他矮灌木,使这里看上去还不那么贫瘠荒凉。出乎我意料,即使中午过后气温仍是那么凉爽,阳光下温度为93 ℉。阵阵清新的微风从东面吹来,没有什么让人不满意的。不过强烈的阳光使人难以忍受,很快我就被迫戴上了灰色的护目镜来保护我的眼睛。随着我们越过一个又一个的低矮沙丘,马夫们放开歌喉唱起来了,曲调出人意料地优美动听,给这荒凉的世界带来了活力和欢快的气息。下午3点,我们走出了沙漠,踏上了托古扎克的耕地边缘。这里的沙依巴克小客店旁有一批旅行者及其马匹和粗劣的马车,在一小簇白杨树荫下歇息。贮存在大罐里的水和一堆甜瓜便是一个突厥斯坦路边小店所提供的提神物品。

这之后的数小时愉快的骑行在我的记忆中将永世不忘。置身于白杨、桑树、杏树和其他果树间的林荫道上,走过一个又一个的小村庄。在这种庭院和果园的映衬下,亮黄色的房屋和棕色的泥墙看起来极为简洁。各处都有用土坯砌就的陵墓以及正在坍塌的清真寺或是由同样材料建造的圣祠构成了别具特色的乡村风貌。当我们骑着马悠然走过林荫道时,马夫们的放声高歌总是引来孩子们和妇女们在各自的家门前驻足观望。男人们都在田间劳作,一直走到托古扎克的巴扎市街为止,我没有看到游手好闲的成年人。到目前为止,我们还未经受多少飞扬的尘土,因为我们所走的不是由塔什米力克来的大路,而是一条村落之间相连的迂回小道。终于我们走上了大路,但发现路面愈宽尘土就愈重。几匹马拉的高大粗笨的马车和驱赶着的驴群不断扬起阵阵飞尘。我对赶紧走完这段旅程早已迫不及待,以至于轻易地相信了沙迪克阿洪。下午5点钟左右,他曾向我保证距喀什噶尔已不到一个"塔什"的距离了。我当时还不知道,在主要的旅行道路上,通常都由中国政府用泥筑的小塔即"塔什"标明距离为10"里"(接近2英里),这个计量距离的单位怕是突厥斯坦交通中最不准确的。

令人失望的是骑行了一个小时后,仍未发现有河床的迹象,就我所知在走近城市之前应该要渡过它的。最后,在道路的一个拐弯处,出现了一条宽阔的河沟,其中有条浅浅溪流但其背后却没有城墙、望楼或其他象征着东方城市的迹象。这河并不是流过喀什噶尔的克孜勒苏河,不过是其支流阿克苏河或特尔维楚克河。我沮丧地骑在疲惫的马匹上,在西垂的阳光下,在一望无际的肥沃田野中,走过了似乎是很遥远的另外3英里路程。最后总算是走完了这段路,并渡过了真正是红色河水的克孜勒苏河(红河)。在河对面,我们绕着满是尘土的郊区小道

118

119

往前,妇女们戴着高得出奇的帽子,三五成群地在黄昏中聚在一起闲谈。天刚擦黑时,城墙突然出现在我眼前。泥砌的城墙及其整整齐齐的城垛和方形城垒,看上去巨大而森严,不禁使我想起从许多古老游记中看到过的中世纪城堡。城外一片寂静漆黑。城门早已关闭。最后,沙迪克阿洪带着我们转向左沿着一条白杨成行的林荫小道继续向前,马继业先生的住所外面大门上的一盏灯笼指引着我们,那里将是我今后几周里的一个家。虽然我迟到了很久,但却在主人的意料之中。当我下马从宽敞的庭院走上平台式的花园时,受到马继业先生和夫人最热诚的欢迎。和花园毗连的舒适的客房正等待着我到来。更衣洗漱之后,我来到餐厅和主人们欢叙。每一种奢华舒适的享受都使我误以为120 置身于远离亚洲心脏地区的一个英国家庭中。

8　在喀什噶尔逗留

　　在马继业先生的热情接待下,度过的第一个夜晚,令人舒适而愉快,这预示着我逗留在喀什噶尔忙碌的几周内,也将在这种欢快的气氛中度过。的确,这段时间会非常忙碌,在我从中国突厥斯坦首府出发到考察的真正目的地之前,要完成大量急迫的工作。几乎每一件工作都离不开马继业先生的阅历以及实际帮助。我相信他对我们最大的方便之处,在于他的官方地位和对当地的了解。从一开始他就全力支持和关心着我,没有他的亲切关怀,恐怕我个人就几乎难以得到有利的方便条件。经过两个月几乎未曾间断的山区旅行之后,我也感到急需休息一下。待在款待我的热情的喀什噶尔朋友们的宜人住处,为我的下一步长途旅行做好准备,我觉得再没有什么地方会比这里更舒适了。

　　在我到此的 10 多年前,马继业先生被任命为印度政府驻喀什噶尔的政治代表时,秦尼巴克不过是一个简单的圈起来的果园,有一些房屋和庭院,就像每个有身份的喀什噶尔人喜欢在城外拥有的果园一样。他倾注了大量的心血和劳动对它进行不断的改造,已使它渐渐由简陋不堪的土筑庭园小屋变成了温暖舒适的住所。现在设施齐全的屋子里,英式家庭的所有东西一应俱全,宽敞的外屋和庭园则完全是一种印度式四周带走廊的平房。建筑在下临宽阔吐曼河的高大黄土堤岸上,从房舍及其周围阶地上可以将城北肥沃的条田和园林一览无余。透过突厥斯坦夏季极为常见的轻薄尘雾,远处的低矮山梁如画般的轮廓给这番景色镶上了迷人的背景。雨过天晴的时候,我多次欣赏到遥远的慕士塔格－阿塔峰北面和东北方的雄伟的冰峰,以及遥远的属于天山山脉的白雪封顶的山峰。经过前两个月匆匆行程的整日劳累,我已极度疲乏,在朋友家中精心安排的环境里休整,真是个令人高兴的变化,暂时从野营生活的琐碎事务中摆脱出来。在他们的友好陪伴中,我可以享受到所有能与欧洲联系在一起的生活方式和有趣的思想观念。现在,我摆脱了一个普通的欧洲人似乎难以避免的外界干扰和忙乱,生活得安然自在。我所得到的悠闲和安宁实是令人高兴,不过现在我关心的是需要他们帮助解决各方面的劳力。

首要的是为我今后的旅行和在沙漠中考察,组织一支新的旅行队伍。我懂得,在有限的时间内,完成在广大地域内的探察计划,成功的可能在很大程度上依赖于细心挑选组成我的考察队伍的人员和牲畜。

122 为了行动方便,有必要限制行装,同时还要保证在各种不同的地面上和气候条件下 8 个多月的连续旅行所需的全部给养和装备能顺手可取。经我计算,包括乘骑在内,我的旅行队伍需要 8 峰骆驼和 12 匹马。这个季节对于购买骆驼非常不利,因为夏季往俄国贸易中心安集延和阿拉木图的交通极为繁忙,绝大多数供旅行用的牲畜都被雇走了。但经过长时间的探寻和洽谈之后,运输所需的补充装备和供乘骑的牲畜渐渐都凑齐了。在这期间,秘书巴哈杜尔·沙和马继业先生机构中的其他一些人,以其在本地的方便条件从中协助,为这一切提供了极大的帮助。以后的实际情况表明,他们不厌其烦地挑选,收到了充分的效果。虽然在总计超过 3000 英里的漫长旅途中遇到过不少艰难困苦,但我从喀什噶尔带出来的牲畜却没有一匹被累垮的。购买骆驼的平均价格达每峰 624 天罡,按当时流行的货币兑换率约合 91 个卢比。马匹的花费大有不同,平均每匹驮运行装的牲畜是 260 天罡,合 38 卢比。

从便于供应的安排和经济方面的考虑,旅行队伍的人员同样需要认真挑选,以使随行人员的数量保持在最低限度。我的私人仆役,从白沙瓦来的米尔扎·阿里姆,已证明不大适应艰辛的劳累和在山区的急速行进,因而我另找了一个极为有用的人穆罕默德 – 朱(Muhammad — Ju)来代替。他是个有着一半叶尔羌血统一半帕米尔血统的强壮脚夫,在喀喇昆仑交通线上长期从事贸易的经历中已掌握了有关马匹的许多有用的知识。他还为迪西上尉返回印度的旅行服务过,从中也学到了

123 照料"主人"起居和侍候饮食的基本技能。

找了几个人都不合适,最后在马继业先生的帮助下,我设法将会说

汉语的喀什噶尔人尼牙孜阿洪招来做翻译兼马夫。从外表上看，他是个相貌堂堂举止得体的人，曾陪伴利特代尔夫妇在中国内地和西藏旅行。在我那些从未见过北京或天朝奇迹的突厥随从面前，他毫不掩饰地摆出一副高人一等的架势，对此，唯一可以提及的是，人们都以十分怀疑的态度对待他，怀疑他是否是真正的伊斯兰教忠实信徒，或者不如说是属于那些他吹捧的完美形象——异教徒的中国汉人。他文化较高，对他的特殊职责很有用处，作为译员他忠实地服务于我。或许近几周来我们逗留在秦尼巴克秩序良好的环境中，他没有机会在我面前表现出那些个人的缺点，诸如毫无节制地耽溺于鸦片和赌博以及有点贪财的毛病，都在后来造成了一些麻烦。通过卖骆驼的商人，我毫无困难地雇到了两个年轻的驼夫。不论肉孜阿洪还是哈桑阿洪都没有见过除北面旅行道路以外的地方，不过他们这么年轻就已精于管理骆驼的复杂技艺，或许是年轻人的好奇心和富于冒险精神所致。他们对于经受沙漠旅行中的艰辛和可能遇到的危险，比起他们的长辈更持乐观的态度。有点小问题是在穿越沙漠荒原的行程中，每当走近一个巴扎时，各式各样的诱惑便使其争强好胜的心情代替了穿越沙漠荒原时的愉快和稳健。

野营装备所需要的不少修理和备用工具也要及早着手准备。马具、驮箱和大多数装备中的其他物品，在经历了由克什米尔至此的长途旅行后都有严重磨损。自从我们走出罕萨峡谷后，在四面岩壁的山间小道上，牦牛和柯尔克孜马似乎互不相让，挤撞摩擦造成了损伤。在喀什噶尔逗留时似乎没有很多时间用于维修，因为突厥斯坦的手艺人根本没有普通的印度工匠那样的仿造技巧，而且觉得谋生很容易，不想费心费力去满足欧洲旅客们的需要。考虑到这种漫不经心的工作习惯需要经常监督和管理，当我看到马继业先生的外院中多多少少有几个长期受雇的工匠，愿意听从我的吩咐时，很快我就放心了。所有准备工作中最麻烦的是，我决定增加制作用于沙漠中的水箱。在加尔各答为我特制的两只白铁皮水箱经历了山间运输依然完好。考虑到骆驼的驮运能力，它们所盛的总水量被限制在每只只能装 17 加仑（约合 77.28 公斤)水。对于我准备带入大漠深处沙埋遗址的大队人马,这点供水当然是根本不够的,至少还需要再造4只更大的水箱。当地所能找到的唯一适用的制箱材料,是由经过里海的铁路运进新疆装煤油的铁皮桶。改造并加固这些破旧不堪的铁桶,加上安全运输所需的木包装,这一任务使得我的铁匠师傅们齐心合力忙了几个星期。

还好,照料这些实际工作并没有妨碍我挤出时间来完成同样重要的迫切任务。坐在马继业先生庭院中凉爽的白杨树荫下,我愉快地花费了很长的时间,兴致勃勃地重温并系统地研究了关于天山南部的古代资料,诸如中国的编年史书、古代中国的取经人及最早的欧洲旅行家所提供的记述。能够坐在他们谈到的这片土地上阅读有关它的这些古老的记载,使我心情非常愉快。在秦尼巴克,我最钟爱的这一工作得到了特别的收益。因为马继业先生长期居住于此,加上他敏锐的观察力,使得他对现代突厥斯坦的社会经济状况了如指掌,他曾答应尽其所能来搜寻那些能够真正了解这一地区古代情况的资料。每当我们的讨论涉及有关中国历史知识问题时,马继业先生常把领事馆的孙师爷请来询问。他是一个全面精通古典史料的学者,而且对这个区域中的事物有着精辟的见解。通过马继业先生的翻译,聆听着他动人的解说,我不由想起了我亲爱的克什米尔老人潘迪特·高文德·考尔,在长年的共同研究工作中,我常与他以梵语进行交谈。我对汉语一无所知,这一语言上的巨大缺憾,令我悔恨不已。但我又如何能找到空余时间来弥补它呢? 或许只有等待"来生"了! 对于"来生",我经常参照印度的概念来向中国朋友们请教。

我逗留在喀什噶尔的一个主要目的,就是要使中国地方衙门的官员们了解我探险计划的目的,并取得他们的同情和支持,因为我意识到这对我计划的实现是一个必不可少的条件。在这一方面我不可能希望有比马继业先生给予我的更多的实际帮助。在他的陪伴下,我拜会了当地长官道台及其他的显要人物,他那样富有经验的指导使我收益极大。这一系列拜会活动以及他们随后的"回访"和其他非正式的会见,使我初步认识了中国礼节中认为有礼貌的交往所必不可少的"礼仪"

和表达方式。通过一位像马继业先生这样熟悉一切中国风俗习惯的辅导教师，接受这一训练真是获益匪浅。每一个小小的动作和礼仪常常令人感到生疏而离奇，似乎和我们的习惯完全相反。直到最后在远离喀什噶尔朋友们的地方拜会陌生的"衙门"时，才体会到它们的意义所在。我在这些千篇一律的礼仪中找到了一点尚堪自慰的信心。

我从道台那儿得到了发给和阗按办的必要的明确指示，以保证我能获得有关运输、供应和劳力等所需一切以及充分的行动自由。鉴于仅在18个月前迪西上尉在这同一地区由于某种半官方的阻挠而遇到的严重困难，起初我很怀疑能否在这条路线上顺利地进行活动，特别是在和阗南面远处的测绘工作。马继业先生为我所做的努力，最后证明取得了成效，我相信这全仰赖于他在地方政府官员中所拥有的个人影响和威望。经过一系列会见及冗长的文书往来，道台同意发出我所期望的命令，而其效果表明他诚恳地实践了自己的诺言。马继业先生的在场，加上我向他作的关于古印度文化和佛教信仰同中亚的历史联系方面的解释，都有效地消除了他对我们进行的挖掘和测绘工作可能引起的猜疑。

在这些会谈中，大谈玄奘的行记《大唐西域记》看来很有用处。所有有文化的中国官员，似乎都读过或听说过这位著名的中国取经人去西方佛教诸王国访问的传奇故事。在我与他们的交往中，每当提及"唐僧"，总会引起反响。正像我以前在印度的许多地方一样，现在我正试图追随他的足迹穿越突厥斯坦，可能我已完全将这位神圣的旅行家认作是阿罗汉天国中我的特别保护神了。

当想到那时在遥远的帝国东部发生的巨大政治动乱，我与友善的老道台和他的同僚——"协台"或将军以及当地其他官员们的这场友好往来，似乎真让人暗暗称奇。通过从吉尔吉特传送来的路透社电文和从俄罗斯间接传播给我们的消息，我们获悉中国各地都在围攻使馆，欧洲侨民的处境危险。通过乌鲁木齐到喀什噶尔的电报线，中国官员们也收到了这场大战乱的消息而且对局势显然完全了解。当欧洲正为北京在发生屠杀的谣传而恐慌不安时，衙门通报给我们的消息中却一

128 再强调:虽有不少战乱,但使馆防卫坚固,仍然安全。

与欧洲列强的冲突,早在 7 月就有扰乱人心的谣言散布于喀什噶尔的各个巴扎(集市)。就在我到此的一个星期之前,有一阵相互猜忌和疑虑的气氛险些在穆斯林居民和驻扎在"新城"的中国驻军之间引起一场冲突。幸亏当时中国总兵带着警卫队造访"老城"以示警报,骚乱才渐渐平息下去,而他不过是去协台的衙门玩了一场牌而已。的确,反对中国统治的最后一次大规模叛乱(1863 — 1877 年)的记忆并没有从"新疆"消失,但绿洲上安分的农民以及胆小怕事的城镇小商贩和手工艺人没有理由愿意回到那狂暴的"安集延人"(指阿古柏)以伊斯兰教的名义对他们横征暴敛的统治时期。

自从道格拉斯·福赛斯爵士出使此地之后,喀什噶尔经常有欧洲旅行家光临。在这本行记里我用不着以有限的篇幅来描述这座城市的概貌和生活景象。在秦尼巴克,大多数时间我都投入繁忙的工作中,友好的东道主在其周围建立的英印文明小乐园也牢牢地占据了我对喀什噶尔的主要回忆,很少有与外界的接触以改变我们每天舒适而愉快的生活。虽然突厥斯坦平原上酷热的夏季已经过去,每天中午时分却依然闷热难耐,这使得早上清新凉快的空气对工作特具吸引力。因而我总是有规律地每天黎明起身,6 点准时坐在台式庭院里的高大白杨树下阅读书报。

水果丰盛的季节早已开始。高处梯田的果园中,杏树、桃树、李树
129 上硕果累累,压弯了枝条,随后葡萄架下的荫凉又给我的简单早餐带来了同样的愉快。当我伏案工作时听到并看见农民和他们的女眷快活地骑着牲畜,带着他们的产品沿庭院和小河间的道路走向城里的巴扎。似乎只有乞丐步行,而他们之中也常有牵着毛驴的。我们聚集在一个堂皇的小凉亭里就餐,早晨的时光渐渐过去,凉亭四周方方正正地种植着一排排高大的白杨树。所有的突厥斯坦庭院都流行这种模式,几乎整天都可得到浓荫遮蔽。这里没有每日的晨报或是信件妨碍我关注一下工匠师傅们的事,他们这会儿正从容不迫地安心于他们的工作。一般情况下,早餐后由马继业先生陪我在院子里散散步,我便能掌握工匠

74

们的修缮或制造工作的进展或其他情况。

之后，我的朋友就返回他的办公室，去写报告或是埋头于处理穿越印度边境送来的委托人的使用各种语言文字混合写成的案件。旁遮普商人、希卡布尔来的印度高利贷者、拉达克的搬运工、拉斯加姆的坎巨提移民等，都时时需要寻求行政官员们出面，而这些官长是由像父兄般的关心他们的官府派驻到远方的突厥斯坦首府来保护他们的安全和利益的。虽然我自己安排了满满的写作任务，通常还在中午抽出一到两个小时同严肃的阿不都拉·喀西木毛拉——喀什噶尔一个大经文学校中的一位声名显赫的学者———起研究突厥语经文。如今在这片异教徒治下的国土上，毫无疑问，人们所知道的穆斯林学说纯粹是理论性的。这位善良的毛拉宁愿讨论阿拉伯宗教法典难以解释的章节，也不愿意谈论普通的突厥语读物，即使其中讲到了神圣的沙图克·博格拉汗——伊斯兰的神圣斗士和殉道者的光辉业绩。下午刚开始的一段时间，常常是一天中最热的，一般我都待在由招待员的一间空屋临时改成的暗室里，忙着冲洗前一段旅途中拍摄的许多照片。然后吃过茶点，同东道主一起沿乡村林荫小道散步，或是常常骑着我新买来的安集延母马悠闲自在地逛逛。不过最愉快的时间或许是晚餐过后，坐在与主要房舍毗连的我的居室的平坦的屋顶上，沐浴着柔和的晚风。在那儿我们可以看到喀什噶尔常见的家庭野餐活动。几乎所有有身份的居民在郊外都有自己的果园，他们一大早就到那里去享受丰美的水果，现在正可以看到一队队兴高采烈往回走的男男女女和孩子们。他们的歌声在我听来是那么悦耳，常使我不由自主地想起很久以前在匈牙利的道路和河流上所听过的曲调。

相距半英里远的俄国领事馆中，哥萨克士兵们齐声哼唱的俄国小调，随着习习的晚风不断飘荡，仿佛令人又回想起遥远的西方。我们骑行在城内外时常见到他们，但总没有机会与他们的主管人认识一下。俄国驻喀什噶尔的总领事彼得罗夫斯基对这一地区的古代历史和人种学有着浓厚的兴趣，加上他作为中亚文物收藏家的活动，使得我格外渴望去向他问候，可惜他身体不适不能接受我的拜会。一直到 9 个月后我从和阗归来,才满足了与这位才华出众的官员相识的心愿。

除集中在领事馆的少量俄国侨民外,亨德里克斯神父和一位瑞典传教士 G. 李盖提先生及其妻子便是喀什噶尔仅有的欧洲人了。我经常见到他们。许多年前,亨德里克斯神父作为天主教传教士从家乡荷兰去了蒙古,以后便到了喀什噶尔。他总是将拜访秦尼巴克、俄国领事馆、瑞典传教团和中国衙门同等对待,似乎是以此来表示国际和睦的道德准则。慈善的神父的来访,总是带来许多新闻和传闻,从这些常与原始材料相左的信息中无成见地搜集一些情报,或许会给因缺乏一份当地报纸而遗憾的人们带来很大的安慰。

我只能扼要地介绍一下,我在附近地区进行的以探索古建筑遗迹为目的的第一次短途旅行。考虑到喀什噶尔所处的位置十有八九与玄奘所描述的拥有上百座佛寺的古代"佉沙"王国首府相吻合,伊斯兰教统治以前的遗迹能在地面上查访到的已很稀少。最引人注目的就是耸立在图们河陡峭的北岸上,土坯石块构筑的已坍塌得极为严重的土墩了。它位于秦尼巴克西北约一英里半,无疑是一座巨大的佛塔遗迹。它现有的高度是 85 英尺。塔基从东到西的直径有 160 英尺。尽管对它做了精密的测量,但要在这样一个一大片倒塌瓦解了的松软土石堆中,查探出整个佛塔的最初形式或确定它的中心,都是不可能的。塔基深埋于附近农田的地面以下足有 15 英尺,这对我倒是个颇有教益的观察。在这里我第一次得到证明,这一引人注目的地平面之普遍升高,主要是由于淤泥沉积所致,这在我以后对和阗古都废墟的观察中已清楚地得到了证实。在该城以南一英里半处还有类似于此的稍小些的佛塔土墩,这里就不必再详细描述了。对于我在周围走访过的较为现代而有趣的地方也不可能再一一描述。作为例外,或许我可以就访问过的中国喀什噶尔兵营所在的新城,在这里照我日记的内容谈点印象。

马继业先生应邀要去拜访城防长官的主要助手,我自己也想借此机会去采购些中国货。那天天气晴朗而凉爽,因此尽管太阳当头高悬,在连接两城长约 8 英里的广阔林荫道上骑行,仍使我们感到十分愉快。途中越过的一条克孜勒苏河的支流,满满地流淌着红棕色的河水,这表

132

明几天前山区曾有过一场暴雨。靠近新城的西北角距路左侧不远处，矗立着一座雄伟的综合性建筑，这是祭祀刘锦棠的中国式纪念祠。这位大将军在1877年阿古柏死后重新收复了新疆，因此我们首先前往这里参观。

纪念祠位于白杨木搭成的巨大而保留得很好的棚架中间，连同它的外院所显示的整洁外貌和精心的装饰，都意味着在新疆仍一直保持着对这位中国政府现代英雄的纪念。自从收复之日起，这位将军的亲属便可在全省范围内优先获得一切最好的职位，这一事实也充分说明了这一点。通过一道装饰着奇特的灰泥螺环的高大门洞，我们进到了第二个院子。毗连大门面向最里层院子的是一座精致的木构戏楼，高出地面约8英尺。我们登上楼台时无意中发现那些可能是演员休息室的墙上，还有用木炭条绘的精美的欧式图案。纪念祠的主体是穿过第三个有柱廊的院子进入一座庄严的大厅，外面悬挂着大量木质牌匾，大红色和金色的题字耀眼夺目。置身于厅内，我们不得不为它的缔造者的丰富而完美的匠心所折服。左、右两边的整个墙壁上贴满了一系列描述刘锦棠的胜利历程、政治活动及个人生活的大幅绘画，有他降服造反省份的作战与围攻的奇特而生动的场面。反叛者中充当首领的安集延人，以及乌鲁木齐和东部其他中心区域的肤色棕黑的鞑靼人，其独特的面貌特征都描绘得栩栩如生。我们能看到将军端坐于大厅中以一省总督总揽大权处罚俘虏的场面。其他还有描绘他荣归故里、晋谒高堂等等的画面。这是对其一生伟大经历的图片解说集，只要得到精致的复制，都将成为每一个欧洲人类学博物馆乐于接受的收藏品。华丽的镀金祭坛或称中央殿堂令人惊异地陈列着这位中国将军的十分西化的纪念物，放大得与真人差不多大小的一幅遗像。

在这里，我发现对这位已故的英雄人物没有任何中国式的神化成分。不过厅内未被祭坛占据的主墙上，两幅神话动物的巨大画幅却吸引着人们的注意。右边的一幅画的是神气活现的喷云吐雾的巨龙，生动而富于想象力的描绘无疑出自名家手笔。看到那巨龙推动下翻腾的云雾，我便联想起古代玄奘有关令人恐怖的龙王用狂风和冰雪守卫帕

133

134

米尔诸山峰的描述。中国人对于自然力量的看法似乎一如既往。对面的墙壁上画着威严的老虎，比起雄伟的神龙来大为逊色，半拟人的面孔神情是如此的沮丧，令我们看了都忍俊不禁。我怀疑是不是画家有意将这高贵动物的凶恶本性描绘成一种绝望的屈从形象。守祠的祭司以真诚的敬意出迎"马少爷"，这是马继业先生的中国尊称。祭司似乎是位腼腆而极为典型的人物，他的举止与服饰使我联想起那些孤独凄凉的小庙里的喇嘛。他流利地告诉我们，祠里享受的布施都归功于省内高官们的慷慨捐献，因为刘锦棠被视为赐予他们福禄的神主。但为他摄影的时候——一般的中国人都会因新奇而对这种活动听凭摆布——他好像开始变得紧张不安，如临大敌，摄影完成后，依然恢复了宗教信徒般的谦逊神态。

一路骑行穿过新城北门，郊外完全是鲜明的中国情调，到处都有成135　群的中国士兵同异域不同民族的妇女。小商贩大都是中国汉人，货摊陈列的货物也都是迎合汉人口味的。事实上，这是个印度兵站市场的中国式翻版，只不过易于忽视秩序和外观，这是中国与欧洲在观念上明显的差异。如稍作变通，把一个古罗马城堡外的士兵交易场移植到东方，其场面恰也会如此。

穿过城门后我们踏上的宽阔街道，更使人感到如置身于古罗马城堡之中。除各种公用建筑外，还有兵营的主要市场。街道把整个新城136　从南到北一分为二。这里的中国店铺比起"老城"要多得多，光线明亮，看起来也整洁而诱人。我本不喜欢把买东西作为一种消遣，但这里穿的用的诱人的商品是那么丰富，一路寻找带回家乡的合意的礼物像丝绸等，似乎时间都不够用了。

聪明的商人们对于现代通信条件的运用使我惊奇。在一位商人的整洁的办公室里，文件架上简明扼要的书信档案中，有些信件是他在河南的商界朋友通过上海和印度邮局寄来的。信封上的地址，整齐地印着英文，标明了邮寄路线是经科伦坡——拉瓦尔品第——吉尔吉特。还有许多需要安全送达的转交信件，比起印度当地的通信人习惯使用的方法，要特别清楚准确。

出商店前行,我们对马继业先生的中国朋友刘来勤(音译)进行了预定的拜访。他在城防司令衙门近旁拥有一所朴素整洁、安排得很好的房子。除去官府中的职位,我们的这位东道主还享有艺术家的声誉,早就有机会欣赏过他作为礼物为马继业先生画得漂亮精美的扇面。置身于他办公室兼作画室的宽敞明亮的客厅之中,欣赏这位艺术家兼官员装饰其墙壁的精心创作的卷轴,令人赏心悦目。我更关心的是他同马继业先生热切而生动的交谈。当我提到玄奘有关新疆的记述时,话题转到了古文物问题上。虽然有马继业先生的翻译,我还是只能理解137谈话内容的一小部分,但不会弄错那人在谈论中透露出的对历史的真正的兴趣,这正是联系着中国和西方思想的中间环节。我永远不会忘记这间似乎十分宁静的客厅里,富有修养而文雅的气氛留给我的最愉快的记忆。

9　汗诺依与奥当麻扎

9月4日早晨,我已准备好再踏上旅途。在喀什噶尔养精蓄锐的5周休息时间飞快地过去,似乎仅够我完成向东旅行的各项准备工作。我们向据说有古物的汗诺依进发,这是一次有明显实效的行动,它给旅行队一次实习的机会。有待考查的遗址位于喀什噶尔东北方向,作为一天的路程,距离不短,而在我前去和阗旅行之前,必须先返回喀什噶尔,以便及时发现和补救因准备工作仓促而忽略的问题。另一方面,它也意味着即将出发了,以督促所有工匠们必须加紧完成他们的任务。

和蔼可亲的东道主们对我9月4日晨声称的出动未予重视,要目睹旅行队出发,他们的怀疑很明显,是要看我带来的身着各色衣服的雇工和随从们能不能做到按时集合到一起。他们曾经见过不少旅行队,出发的时间总是拖后半天或更久。这种令人愉快的耽搁的例子不胜枚举,而且无疑他们还曾促成此类事情,无非是希望再好好款待我们一下。那天一早,我发现随从、骆驼、马匹等没费多少周折就各自迅速集合在一起,因而非常满意。预备好的行李辎重立即安排装载。工匠们延迟到前一天晚上才完成了他们的任务。再没有时间接受人们的送别——留待最后一次出发吧。就这样,出乎朋友们的预料之外,旅行队已准备好出发。当我在早饭时见到他们时,他们都惊讶不已。

骆驼队似乎要急于显出它们模范地遵守时间,一驮上行装,就出发了,没有人知道是谁的命令。当时早饭还没吃完,东道主们还打算拍一张旅行队列的照片。骆驼没走多远,很快又被拉回到我的朋友新买的照相机前,留下了影像。喀什噶尔城的县官派来护送我的伯克们也都到场,他们的中国衣冠给整个场面增添了别致的色彩。驮载整齐的骆驼队与骑着马的伯克们的护卫小队以及仆从们已经走了2英里之后,我才离开好客的秦尼巴克的住房。很高兴这还不是真正与朋友们告

别,他们曾如此诚挚地接待我,我由衷地感到高兴。我的路线要穿过芽
园旁的城门,再沿着它北面的城墙根行进。然后越过河上的塔尔布加
兹桥,桥的两端各有一个别致的小灯塔,并非巴扎天。然而骑着牲畜的
农民们如潮水一般,赶着重载的驴和马匹穿过附近的巴扎,可能今天别
的地方有集市。道路经过公墓一侧,又过哈孜热提阿帕克的圣陵。这
时我赶上了驼群。骑行在城郊的庭园之间,穿过遮荫的乡间小路,向北
到达伯什克热木。这座由许多村落组成的大聚居地,位于通往远方的
那仁(Narym)旅行大道上。那仁曾在1902年遭受过一次可怕的大地
震,大约在中午时分抵达该地。

中心村就是出名的伯什克热木巴扎,等待我的是一次隆重的欢迎
仪式。这个小地区的伯克,一位快乐的喀什噶尔人,身着正式中国官
服,在他"衙门"前的榆树下恭候我的到来。那里摆满了大量的鲜果、
茶水和甜食。坐在通风的走廊上,享受当地盛产的甜美水果,惬意无
比。对于我的同伴和仆从们,也有足够的饮料、大盘羊肉和饼食供应。
在宽广的市场前面,挤满了人和牲畜,各个村长显然都临时召集来一小
队骑马的卫士。在这儿,费力的步行都是留给那些穷苦的百姓的。

待在伯什克热木巴扎大约一小时,在行装到来之前,没有必要急于
在炎热的阳光下赶路。随后,我们骑上马,与当地伯克的随从和村长们
汇合在一起,继续踏上东进的大道。大约走了8英里,道路蜿蜒穿入一
个高高的带状耕作区,沿着宽窄不一的灌溉小渠,渠边有成行的白杨和
柳树。快3点时,我们来到一片不太肥沃的地面上,我急切地走近这块
耕作区的边缘,眼前矗立着一丛繁茂的老杨树。这是由树枝篱笆环绕
着的布·玛利亚姆哈纳姆的圣陵,她是当地伊斯兰教传说中的英雄、神
圣的沙图克·博格拉汗的妻子。进入庭院,穿过四周环绕着高大泥墙
的一个小门,我发现一处令人喜悦的古老胡杨树围成的浓荫下的四方
院子,中心一株巨大的榆树下,有一堆新鲜的斋日点心。在这样短的间
隙里,我不打算像我那些老练的随从们一样,向那一大堆瓜果进攻。因
而我绕过去进入庭园内,那儿有树荫凉爽的人行道,位于宽大的水池和
一座漂亮的土建礼厅之间。半藏在树丛后面的建筑物是朝圣者食宿的

地方,我听到他们诵读《可兰经》的声音,但没有时间去领略他们朝拜的仪式,何况同住者不过是一些流浪的乞丐和研习神学的学员。

庭园旁边是一片广阔的太阳晒烤着的荒地,到处都是墓地和毁坏程度不同的坟墓。中间直立着简陋但由结实的圆顶遮盖着的神圣的玛利亚姆的陵墓。人人皆知的阿古柏伯克或毕调勒特用坚硬的烧砖将它加高了。这个条件良好的建筑,看来从它建成至今都未曾维修过,这个牢固的建筑本身就是一个很好的说明。周围仅是些破碎的遗物,泥墙渐渐与建成它们的泥土混在一起。圣陵有从前虔诚捐助的人们留下的一些土地,按照东方的道德观念,把一切收益都用于维修建筑物,而对穷苦朝圣者的施舍与救济,似乎是一项更为迫切的任务。

4点整,东道主和向导们以虔诚的祈祷结束了他们瓜果和肉食的盛筵。我们重新踏上旅途。沿着一条渠沟骑行,这唯一的水渠难以供给整个平原。从那里我们进入汗诺依领域,它南、北两面都绵亘着沙漠。下午5点半到达东面最后一个小村。由于水的缺乏,看来继续前行到我准备访问的古代遗址上宿营是不可能了,所以我欣然接受了大家的建议,把帐篷支在小村旁一块大草地里。营地是一块半沼泽地,无疑,它是由于干渴的土地定期灌水时,灌溉过量而形成的。但在水面以上,成行交错的白杨树间有一块高出来的林荫地,大小足够支立帐篷。在树林和绿色屏障之间宿营,其乐无穷,也就不考虑清洁卫生了。黄昏骆驼到达后,我为有了新的住地而格外高兴。晚上,灌满水的沟渠里和阔地上闪烁着银色的月光,周围一切都沉浸在迷人的静谧之中,预示着沙漠已离我不远了。

次日清晨,我们雄壮的骑行队伍向古遗址进发。营地向东一英里,所有的耕地都已过去。再向前一点,连一些植被的痕迹都看不见了。距离大约两英里处,在一个被太阳烤硬的低矮的黄土岗上,到处散布着古陶器碎片、玻璃碎片及炉渣。不容置疑,这是古代聚居地的遗址,但看不到其他建筑物残存的迹象,建筑物的土墙或土坯墙早已不见了。以后的经历告诉我,这主要是由于风沙的不断侵蚀作用造成的结果。人们把这废弃的荒地叫作哈萨塔姆,据说一度曾是"中国可汗"的首

143

府,直到"哈孜热提苏丹"即沙图克·博格拉汗将它摧毁。

陶片覆盖区的中央,地面稍微高一点。我发现一个在县官的命令下支起的帐篷以及散布在此的新的搜集物,不过想贪图舒服一下还为时过早,向导们希望能享受像昨天那样的丰盛野餐也注定要成为泡影。从高出来的地方向南望去,地平线上尽是些不祥的尘雾笼罩着的沙漠平原。但在东面和西面,我能看清一些高耸在黄土与沙质低矮堤岸上的墩子。面目慈善的伯什克热木长者索普尼牙孜巴巴,对附近地带很熟悉,谈起这些不同寻常的土墩时说,在当地通常都认为是由古代建筑物形成的。我径直向东方地平线上的土墩走去,骑行3英里后抵达,如愿以偿地见到一个佛塔的遗址,历史悠久,它已损坏成一个不像样子的小土岗。但在外层掩盖的泥土下,有几处显露出土坯砖的砌层。随即,我走到土墩西南高于周围地平面上的一个大四方院子的遗址里,它的范围是260英尺×170英尺,无疑是曾属于庙宇的佛塔。144

我刚开始对废墟进行一次粗略的考察,一阵北风越刮越猛。起初能看得见的远方山脉,不久便消失在浓厚的尘雾中,连我先前能清楚地辨认出的土墩也跟山脉一同不见了。但我的向导们很熟悉它们的位置,因此结束在土墩的工作后,我毫不犹豫地继续前往北面的土墩。迎着沙漠风暴骑行4英里,令人难以忍受,但出乎意料,在眼前出现了一种有趣的地貌。我来到一个陡峭的河床上,现在它几乎完全干涸,看上去最宽处约500英尺,肯定曾一度带来过大量的水流。向导们告诉我说,只有山里落下特大的暴雨后,这条深沟里才流来一些水。过去一定与此不同,因为它显然是一条供应古代村落水源的大河。

骑行到最后,另外一个有趣的发现正等待着我。我准备去的土墩从厚密的黄色雾霾中出现时,我惊奇地看到,其中有一座保存相当完好的佛塔,在大小和比例上近似于阿富汗边境和北旁遮普地域内这一类的佛教纪念物。它矗立于3层正方形塔基上,包括其上较为完整的半球形圆盖在内,高度近40英尺。位于山脚向下倾斜的一块孤零零的舌状高地上,使这座建筑更加引人注目。佛塔背风的南面还留有部分原灰泥层。佛塔后边,我发现还有一个长度更大毁坏更严重的长方形土145

83

墩。在遭受风雨侵蚀最少的一侧,保存着3个1排的佛龛式小屋痕迹,由此看来它可能是隶属于佛塔的庙宇废墟。在连接两座建筑物的平台上,可以找到一些小建筑物低矮的塌毁墙壁。

伯什克热木的长者告诉我,人们把这个遗址叫作莫里蒂姆,把这座"拱北"即佛塔看成是传说中的"秦和马秦国王"的瞭望塔;他曾一直住在这座古城里,直到哈仑·博格拉汗毁灭这座古城为止。可以肯定,佛塔属于伊斯兰教以前时期,根据它的形状和比例,我认为其确凿的年代当为伊斯兰教传入前的几个世纪。它不免也会受到人们的破坏,在它西面我发现一道很深的挖掘洞穴,极有可能是很久以前"寻宝人"所为。洞已挖到半球形顶盖的中央,并暴露出这座佛塔的有趣内貌,就像我在斯瓦特与布纳尔考察过的其他佛塔一样,有一个方形的小房间可能是保存遗物的地方。房间接近圆盖的顶部,下面是一个狭窄的方形竖井,可以看出它直通塔基。

146　由于空气干燥,破坏性的气候影响较少,支撑着紧靠圆盖下面的圆形灰泥模制基部的一排排木柱仍然完整。虽然木料肯定已有1000多年,但与晒干了几个星期的坚硬红柳枝相比,在触觉上似乎没有什么不同。那天,狂风卷着迷眼的灰沙,严重地妨碍了测绘与拍摄照片。但在9月6日从汗诺依返回后,用平板仪和摄影经纬仪工作一天,便完成了整个废墟的测绘工作。我选择第二天的住宿地在埃斯基,一个迷人的小村,位于莫里蒂姆西南方约8英里。我的帐篷支在葡萄树丛和繁茂的玉米田之间。从莫里蒂姆返回的路上约3英里处,我考察了一座大约22英尺见方的奇怪建筑。它的顶端敞开着显出一些用模板打成的泥土厚墙,名叫凯甫台尔喀纳(鸽巢),划分为一排排10英寸见方的小龛,排列在整个墙壁内侧;墙的高度仍有16英尺。墙内地面上铺了一层厚厚的碎人骨,据当地传说,情况一直如此。在这座废弃了的建筑物里面或附近没有什么证据来说明其年代,但根据它的形状和外观,令人奇异地想起一种"骨灰瓮安置所"。佛教徒或伊斯兰教徒都没有这样安置人类遗骸的习俗。那么,是否有这种可能,这种奇怪的遗址属于喀什噶尔拥有相当数量景教徒时的遗迹?

9月7日,我骑行返回喀什噶尔,同时派遣拉姆·辛格去东南方进行测绘。这次小规模的旅行以及当地官员们对我的关心,使我感到很愉快。去汗诺依的短途旅行,引起了我对旅行装备上各种不足之处的充分重视,特别是对于骆驼的用具。有些牲口由于驮鞍不当,磨出了伤痕。箱子也不断碰撞,说明需要多添置些柳条筐。为此工匠们又忙碌起来。通过两天紧张不停地工作,终于完成了改装与添置的任务。9月10日,骆驼驮着我建造的主要帐篷出发去汗南里克,拉姆·辛格则从汗诺依直接前往那里。9月11日早晨,我从喀什噶尔启程途经叶尔羌前往和阗,那里是我要考察的区域。没有隆重的仪式为我送行,最后的准备工作也没有造成耽搁或什么麻烦。只是在动身前一天傍晚,马继业先生招待我晚餐时,我才有机会对那些我已很熟悉的住在这里的全体欧洲居民们道一声"再见"。

11日晨我们向东道主们辞行。我在喀什噶尔逗留如此之久,他们给予我的很多关怀与帮助,比我最初预想的要好得多。在秦尼巴克的院子里,有很多人送行,有马继业先生的当地参事,以及其他有关人员。马继业先生还亲自陪我绕过城墙,穿过郊区,到达通往南方进入开阔地带的大路上。

为了前往叶尔羌,我选择了一条在常行大道以东的路线,以便横越沙漠地带前往著名的奥当麻扎神圣的遗址。虽然在此以前,道格拉斯·福赛斯爵士使团的成员与斯文·赫定博士访问过它,但这座圣陵的确切位置从没有被肯定下来。因而,得到一个新的地形作业机会,并且在这次短程旅途中取得有益的初步经验,使以后的长途旅行能够准备得更加充分,走点弯路是完全值得的。最初沿着大道骑行几英里到达"新城",我刚穿过热闹的巴扎,就看到在堡垒墙根聚着一群驻扎在堡垒里的懒洋洋的士兵,我没有遇到什么麻烦便顺利地离开了那喧闹不休、尘土飞扬的马路。关心我的中国行政官员让伯克作为我的向导,沿着村庄的小道骑行。一路上,白杨和柳树的浓荫陪伴着我们。在离喀什噶尔大约12英里的约恩杜玛,我们越过一条在塔什米力克分流出亚曼牙的河道,它以网状的浅渠沟灌溉着农田。接着是广阔的玉米田和牧草地。我在丹高尔奇林荫小庭园里做了一次短暂的休息,然后到达距喀什噶尔约 28 英里的汗南里克。

我们骑行穿过的巴扎其实仅为汗南里克 5 个乡村集市中的 1 个。经过打听,才知道我的营地已从这个"星期一巴扎"搬到"星期天巴扎"去了,后者远在东边 10 英里,要骑行的这一段路又远又热,所以这个消息很不受欢迎。但除了继续骑行外别无他法。傍晚时又前行 6 英里,穿过汗南里克一段狭长的荒地,遇到了一群穿着体面、一本正经的人,我感到大为惊奇。

原来他们是住在汗南里克的印度人,从希卡布尔来放债的,现在是来迎接"主人"。在这样一个非常相似于欧洲农村的田园环境里相见,看上去挺奇怪,他们代表着在整个旁遮普非常兴旺的一个阶层。虽然这些人的职业和个性缺乏同情心,但是他们远离家园、坚持不懈,具有永不满足的冒险和创业精神。无疑,希卡布尔人与中亚的联系历史久远。早在 18 世纪,福斯特就发现他们的放债交易远至撒马尔罕和里海一带。天山南部和印度开放贸易只是近 30 年的事,已经逐渐吸引了这么一大帮人。

接近星期日巴扎时,从欢迎我的人那儿得知,在汗南里克,希卡布尔人不少于 18 个。像这样一个靠印度高利贷者放债的单一农业地带,尽管地域辽阔,耕作农民的债务只会累进无止。告诉我内情的那些人很快承认,这种营业很赚钱,因而最近 8 年内,他们全都在这里落了户。他们富有的外表充分证实,他们在较短的居住期间,已充分施展了自己的才能。通过多次仔细了解,他们的利率与收益很不正常。其利率不会比一般印度农村高利贷者低,必定有巨额利润通过这些冒险使者的渠道,源源不断地流入希卡布尔银行家的保险箱里。保护这一群人的利益是印度政府代表的不容稍有疏忽的任务,尽管它经常并非是什么好差事。所以我听到欢迎者们高声称赞马继业先生,并不感到惊奇。

我的帐篷已支在伯克的庭园里,那是个宽敞静谧的地方。我在长途骑行之后,享受了一个宁静的夜晚。印度人很遵守他们的本民族习俗,给我送来了"大力果"和糖块,直到我接受赠送的石榴、杏子以及给随从们的瓜果糖块后,他们才满意地回去休息。同业工会的发言人是从阿克苏来的富裕银行家帕曼南德,他远离他的事务地区,来照料邻近地区的债务人。他事先向我保证,我以后在阿克苏用支票兑钱决不会遇到什么麻烦。

次日,我的行程是到阿克奇克,汗南里克最后一个村子,它位于奥当麻扎以南。行程只有约 12 英里,但中途有一条陡峭的河床,严重阻碍了骆驼的行进。亚曼牙支流上的桥梁摇摇晃晃,即便是马匹也难以安全通过,骆驼当然就更无法过去。我们只得在稀疏的柳荫下耐心等待。行动迟缓的牲畜到达后,先卸下驮载,再分批运过去。最后在沿河往上一英里处,找到一个合适的渡河地点。那里河岸不太陡峭,牵拉着这些长满粗毛的四脚动物一头接着一头下水相当麻烦,但一进水里,它们的游泳技能比我预想的要好得多。每次都有两个村民在前面引导游泳,并负责安全到达对岸。我在他们身上的投资合计达 700 个印度卢比以上,所以我感到这简直是一种救济。拖延了近 3 个小时,整个旅行队才重新踏上旅途。

去阿克奇克的路上,那些"插花"的耕地和一块块不毛荒地说明我们已走近沙漠的边缘。但阿克奇克本身并不令人乏味。村长已准备好他的房子接待我们。房间很吸引人,粉刷一新的墙壁上挂满了和阗毛毯,但光线暗淡,空气流通不足。因而我宁愿把小帐篷支在附近的田地上,那儿刚割完苜蓿。这是一个愉快的傍晚,远处是小麦和玉米田,以白杨和桑树作围篱。这许许多多的田园景色仿佛又把我带回到与此相仿的匈牙利富饶的大平原去了。

在阿克奇克,我听说有一个"古城"即某种类型的废址,据说位于东南方沙漠边缘。提供情报的人虽不能指出确切的距离,但都肯定说在我的营地迁往奥当麻扎的当天内就可以绕点路到达那里。似乎没有必要进行专门探访,据说那里没有什么现存的建筑物,只有颓毁的砖石堆和覆盖着碎陶片的小块地面,因此,我命令旅行队在一位向导指引下径直前往南方沙漠中的圣陵。同时,我与另一名向导以及助理测绘员一起于 8 点钟骑行前往巴依罕诺尔遗址,即刚才说到的那个废址。不久,身后的阿克奇克耕作区不见了,我们已经进入了一块广阔、长满灌木丛的沙漠和黄土平原。一路上,既没有野兽,也没有人,直到东南方约 4 英里处库鲁兹这个可怜的小村为止。一条小水渠可供给几间零星小屋里为数不多的居民灌溉少量田地。再骑行 4 英里,越过一块小荒原来到鲁纳姆,有几个牧羊人住在两所凄凉的草棚里。每一棵树都成了这个沉闷平原上的明显地标,因此我们沿途行进中,在平板仪上确定我们的位置就不困难了。正午,天气变得非常炎热,我们到达了贝克陶鲁克——又一处聚集许多小屋的地方,它位于一块低洼的沼泽地边缘,有一条小水渠流入沼泽地。但是所谓的巴依罕诺尔却什么也看不到,显然有关它的距离是不准确的。指望摸索着进行寻找,或是晚上绕着沙丘走向奥当麻札显然是不可能的,因此我决定放弃这个探访计划,直接向圣陵进发,估计旅行队已先我到达那里。

153

雇用一位牧羊人为向导,我们向南前进,逐渐接近白色沙山的前沿。经过一个半小时的骑行之后,才进入真正的沙漠地带。所有的灌木丛都消失了,只有芦苇生长在一块块闪闪发光的沙地上。为了使我们的视野更加开阔,我们来到一个较高的沙山上。南方远处的沙海一望无际,一条条沙丘带就好像海洋里翻滚着的波涛。穿过尘雾望去,在连绵不断的山脉西南方出现了一座较黑的低矮小山,这是现有地图上无法找到的地方。离我们更近处有一排高柱,是朝圣者曾访问过的神圣遗址的标志。依靠这些远方的标志,才能使我们比较容易确定奥当麻扎的位置,以及次于它的多斯特布拉克麻扎、苏赫塔里木麻扎和克孜勒贾依姆麻扎。

跟随着向导向南前进,一直走上朝圣者所走的主要大道。附近有一个孤零零的客店,叫作乌甫图兰干。在那里,我们没有看到预期早该过去的骆驼的足迹。经过长时间焦急的等待,天已渐晚,终于看见旅行队从遥远的北方沙山后面走了出来。我放下心来,现在已不会徒劳地等待行装,便决定在黄昏的余晖中继续向我的目的地骑行。

经过的沙丘高度不断地增加,走起来感到愈加困难。即便光线暗

154 淡,也很容易看出一系列由风力作用形成的半月形沙丘。这些沙丘之

间的低洼地含有白色盐碱相当坚硬。马蹄在松散的沙子里陷得很深，每前进30至40英尺都是一次使人疲劳的表演。沙丘的走向绝大多数是由西南向东北，半月形陡峭的内侧一律面向东南。大约经过5英里艰难的跋涉，首先进入流沙地带，然后才走近目的地。沙丘间出现了一条长而开阔的山谷，在它北面的入口处有一簇矮小的胡杨树，它们生长在水有咸味的一口井边。一座木棚严密地蔽护着水井，防止附近沙丘靠近。当时井的水面在木棚前人工清理出的地平面下约6英尺。

我们到达那里时天已将黑。尝尝井水的味道非常糟糕，同时附近的客店看上去破旧不堪，于是我继续向前，到达距此约半英里的沙漠圣陵的主要村庄。在那儿我发现了一片集聚在一起的小屋和客栈，专门供应圣陵管理人和朝圣者们的膳宿。其中一个客店已打扫干净供我的随从们住宿，驮马等也找到了饲料和饮水，我也很高兴地在离这儿不远处找到了支帐篷的地方。这样我可以安全地远离那些村庄的垃圾堆，不受它们散发出的阵阵奇怪的臭味的侵袭。经过长时间等候，直到晚上8点行装才到。夜晚，纯净的沙漠空气中，由东西吹来的阵阵晚风，令人感到清新而爽快。晚饭后休息，我几乎忘记了这第一天在漫长的沙漠中搜寻的疲劳与炎热。

早晨，这里四周的景色显示出来了。我支立帐篷的地方是一块小平原，前后都是流沙的波涛。破旧的土屋及旅人住宿的客店，全部呈现出同样单调的土黄色，甚至初升的太阳也似乎反射着灰黄的光芒。我见到我的衣服同帐篷与这单调的色彩如此协调，感到非常满意。一座大约35英尺高的沙丘，紧靠在清真寺后耸立，很久以来就有埋掉这座朴素建筑物的危险，但它很便于平板仪进行全景观测。从它的顶端，我们可以看清北面各个"兰干"(旅行者栖身处)与圣陵，这就精确地肯定了我们的位置。参照手头的地图，上面所标奥当麻札的位置与其确凿的经度足足相差半度。 155

看起来很可怜的当地圣陵守护人跟我上了沙丘，他给我叙述了神圣的苏丹阿斯兰·博格拉汗是怎样在异教徒即穆斯林的敌人佛教徒的攻击下，牺牲在这块平原上的故事。最后出现了一个奇迹，被害的圣体 156

朝向麦加方向,而沙漠吞没了异教徒的尸首。往西半英里处,树立着一丛高高的白杨树杆,标志着神圣国王的殉难之处。就像这个地区所有圣陵上的木杆一样,木杆上面挂满了虔诚的朝圣者敬献的小旗和各种布条。去麻扎的半路上有一块洼地,内有一口圣陵管理人员使用的水井。这些人都自称是苏丹的后裔。现存房屋旁边的一线沙丘以西,有一片低矮的土墙,看来是从前村落的遗址。从房屋的位置看来,这些废墟早先曾被日渐推进的沙丘掩埋,而当沙丘逐渐移向东南时,它们便又重新暴露出来。这同样的过程也将在适当时期重现于现今的奥当麻扎房屋群。

尽管这是朝圣者向往的地方,但随从们都焦急地希望尽快离开,所以当我从奥当麻扎出发时,旅行队早就走在我前面了。通往叶尔羌的大道经过沙漠边缘横亘在南面。另一神圣遗址哈孜热提比吉姆,去那里要比昨天更加艰难,因为沙丘线紧紧连在一起,要走的那个方向又很难利用被连绵不断的沙浪分隔开的比较坚硬的狭窄地面。小狗待在筐子里,驮在骆驼背上,就像受到莫大委屈似的,于是放它下来步行。但不久,沙漠和炎热就教训了它,走了 4 英里之后,我拉住骆驼,把小狗放回舒服的位子上,并在筐子顶部开了一个洞,让它能看到周围的景色而又不能逃跑。

当我们慢慢接近前已提到过的西南方向山脉时,沙丘似乎越来越高。到最后坚硬的小块黄土地变得越来越大,并可以看得出它逐渐上升的坡度。透过雾霾,远处的山脉看上去很高大,而事实证明在沙漠平原上却不过高约 300 英尺。细砾铺盖的斜坡上有一种奇怪的疤痕和裙皱,证实是由风沙长期不断的侵蚀所致。斜坡上好像用扫帚扫过一样,干干净净,根本找不到什么岩石或独特的砾岩结构。山背顶端有许多为朝圣者指示方向的高杆,因而此地就恰如其分地叫作乌鲁克尼桑(高标杆)。据说,阿斯兰帕夏就是在这里为他的顾问——神圣的伯克做了最后的祈祷。此人就安息在哈孜热提比吉姆。伯克圣陵就在可以看得见的西南方。斜坡的那一面极为陡峭,没有流沙,不久我们到达了那里。哈孜热提比吉姆很少能留住旅行者,因为泥土修建的圣墓四周,只有几间圣墓守护人可怜的小屋。沙地上到处丢撒着骨头和垃圾。骆驼穿过了 10 英里路的深沙地面,已疲惫不堪。下一个有居民的地方叫克孜尔,因路太远而难以到达,我的帐篷便支在圣陵附近的古代墓地上。从近旁井里汲出来的水味道极为恶劣,无论是过滤或者是煮沸,都难以使它的味道可口一点。

9 月 15 日早晨,我重新穿过旷野前行,地面逐渐变成坚硬的上面生长着灌木丛的黄土荒滩。在大约 4 英里远的萨杜克兰干,我看到由一条小溪灌溉着的一块小绿洲,不禁欢呼起来。这是一片为朝圣者提供的瓦合甫地,我们可以发发善心,让牲畜们在这小块苜蓿地里吃会儿草。下午 2 点到达联系喀什噶尔与叶尔羌交通要道的大村庄克孜尔,终于把令人沮丧的沙漠甩到了身后。看着它那绿色的田野与庭园,多么令人高兴啊!随从们径直走向汉人的客栈,我反对住在那样脏的客栈里,他们似乎有些惊奇。客栈院子里挤满了马车、毛驴、马匹以及照应它们的人员。沙迪克阿洪低声嘟哝着说,从喀什噶尔来的"掌柜的"也都是住在这里的。但离开印度以来长期的经验告诉我,这种地方通常是最不适合居住的。于是我便立即去找营地,不一会就找到了合适的地方。一个迷人的小果园,靠着广阔的田野,有足够荫凉的空地可以支立帐篷;同时,好客的房东很欢迎我的随从们到离此不远的他家里去。不久就摆出了最好的桃子和葡萄,用这样丰盛的水果来庆贺我首次访问沙漠归来。

第二天 9 月 16 日,整天都跋涉在空旷贫瘠的荒原前往柯克罗拔特的旅途中,这是广阔的叶尔羌绿洲的西境。将近 24 英里的一段距离中,看不到一棵树或一片灌木丛,只有沙砾覆盖的灰色荒野远远地伸向尘土蒙蒙的地平线。我们在驿道上发现一座泥土建成的正方塔形标志:"炮台"。每一"炮台"相当于中国路程长度的 10 里,接近英国 2 英里的距离,那么 1 里就相当于 1/5 英里。这个计算单位"里"在天山南部仍广泛应用,正像玄奘及其他中国取经人在印度记述路程距离一样。

中午,我们在阿克罗拔特停留片刻,发现在荒凉的原野上有一座孤零零的客栈,四周有围墙,显然是专供中国官员和层次较高的旅行者住宿的。它出人意料地洁净，走廊幽静而荫凉，在骆驼到来之前，我们能短暂愉快地在此休息一下。当我再次环顾周围绿色的田地与树丛时，已接近5点。从西方隐约可见的山脉上流下的河水浇灌养育着柯克罗拔特。我穿过主要的村庄，其房舍沿着唯一的街道延伸大约有一英里长，随后找到了一处由树枝交织成篱笆的地方支起了帐篷。再没有比这更为荫凉、隐蔽的树丛，但很奇怪它的围墙却没有入口，不过土坯很容易移动，因此当我选定这个后园时，东道主不费多大事就在墙上开了一个洞，这样就在绿野与他的院子间形成了一条便道，仆从们也住在里面。核桃和其他果树下已铺了一层厚厚的黄色落叶，一个萧条凄凉的秋天已出现在眼前。

10　叶尔羌与喀格勒克

　　9月17日,大约从阿克罗拔特行程18英里到达叶尔羌(莎车)。与前一天的景色相比,变化喜人:沿着整个大道,见不到一块荒凉的地面,几乎到处都是沙质土壤。大大小小沟渠带来了充足的水流,白杨和垂柳给大部分路面遮上了荫凉。在这种紧凑的空隙里进行平板仪操作不太方便。但是当大约走了一半路程接近托古恰克村时,路面豁然开朗,可以清楚地看出叶尔羌的方位,我们满意地记下了距离,以前填写的这个地方的方位与我们所测得的很精确地一致。　　161

　　托古恰克村前后几英里的地区都是近几年用新挖掘的渠道从叶尔羌河引水开垦出来的。看到人们凭借灵巧的双手开垦这里的沙荒地,令人有说不出的高兴。低矮沙丘的浪峰上面仍生长着原有的灌木丛,但四周各处环绕着一望无边、精心耕作的梯田,据说今年小麦已获大丰收。沿着道路分布的沟渠经常在不同的水平面上相互交叉,说明是一种经过规划的灌溉系统。以上业绩应归功于叶尔羌按办刘大人的统筹规划,他以卓越的才能做出了这样一件对发展生产具有实际意义的功绩。据说所使用的劳动力比如乞丐等等都是不计报酬的。是否东方所有巨大工程成果都是这样创建的? 我从开垦者的言谈中认识到,他们都是被强制劳动的。但是他们现在非常高兴:拥有了自己开垦改良的土地,这样他们可以直接得到劳动收益。正如克什米尔有句农谚所说的“我们不需要钱,我们要的是鞋底”,即用鞋底抽打来强制从事对大众有益的劳动,这显然在突厥斯坦也适用。

　　大约离城3英里,我渡过从叶尔羌河引出的一条名叫乌帕的宽阔渠道时,发现马继业先生雇用的“新闻记者”秘书本亚德·阿里率领着所有的印度侨商等在那儿正式迎接我。大多数旁遮普商人已离开此地去了拉达克,今年的新人还没有翻山越岭到达此地,尽管如此,这个骑

· 欧 · 亚 · 历 · 史 · 文 · 化 · 文 · 库 ·

162 行队伍声势浩大。我骑行在队伍前面进入叶尔羌。来自旁遮普各地那些结实的高利贷者好像就是我的老乡，同样我也了解那些来自查谟地区的人，其中少数克什米尔伊斯兰教民是居留本地的侨民。他们都身着精美的服装，骑在马上，彬彬有礼，高兴而真诚地迎接一位"主人"。自然他们都希望能给他留下较好的印象。因而，我在极为体面堂皇的护卫下，穿过了整个"新城"以及连接"新""旧"两城的巴扎。马蹄得得的队伍，对拥挤在巴扎上的群众来说，无疑引起了一阵小小的骚动。市场街道显得宽敞而整洁，要比喀什噶尔的景象更加迷人。随后，我们向右转，绕着"老城"城墙进入城郊庭园地带。这儿有马继业先生事先为我安排住宿的"秦尼巴克"即一座围有高大院墙的避暑胜地。穿过一连串庭院，我发现一座庄严宏伟的大厅，成排的高大木柱支撑着房顶，走进后面一排垫高了的房间。这些宫殿式的住宅作为豪华高贵的标志，最早曾是尼牙孜阿奇木伯克的会客室。但往日的辉煌无疑已经逝去，隔开房间的活动屏风已经褪色。类似这样疏于管理的事例很多。不过地面和高出来的平台上铺着上好的地毯，四周墙上装饰着雅致的护壁板，房间整个布置具有一种高雅舒适的气氛，独居的套间尤其对我产生了一种巨大的魅力。我在拉合尔平原上经常喜欢居住的古老的莫卧儿与锡克教花园式的住宅，比起这儿要逊色多了。

163 　　我到达叶尔羌后的几天时间，感觉过得惊人的快速。最初打算在那里只呆 5 — 6 天，以便利用这个机会在叶尔羌搜集人类学资料以及一些古老的艺术品，但因故延长了几天。我在喀什噶尔时就了解到，为今后旅行兑换现金，在叶尔羌最方便，那里的印度商人会很愿意用政府的临时汇票及我的支票兑付现款。很不巧，那些需要印度汇票的商人们出发上了拉达克的路，剩下的高利贷者也在抓紧时间出售货物，准备用现金结账。为此，为我的汇票寻找市场也并非容易，看来只有适当提高兑换率才能筹集到部分现金。我最后不得不派出一名专差去喀什噶尔，直等到信差带回我所需要的金、银、现款，我才能放心启程。

　　我到达后不久，又发生了另一件同样烦恼的事情：两峰骆驼和两匹马患了背疮，急需治疗。这件事以前一直隐瞒着不让我知道，结果当然是情况越来越糟。要使病畜重新驮载,至少要休息一周。两峰骆驼经过仔细检查与敷治疮痛后,又把它们送到约有一天路程的南面多树地带去放牧。这对我是一个严重的经验教训,自此以后几乎每天都要检查牲口。那些负责驮载行李的人也都被告知,如果牲口照顾不周而不能驮运必须另雇牲口代替时,就扣发他们的工资来补偿损失。

所幸的是,我在叶尔羌的住处如此宽敞宜人,从我住在那儿的第一天起就宾客盈门。叶尔羌是天山南部一个繁荣的商业中心,由于它地处通印度、阿富汗以及北方道路的交汇点上,因而具有某种国际贸易的特征。克什米尔、吉尔吉特、巴达克商的移民,以及从印度边境其他地区来的人数很多,每个人都渴望能引起"主人"的重视。因此我在秘书本亚德·阿里的协助下必须经常举行接见仪式,我的"会客地毯上"总是或多或少地有来访的人。他们各自声称所代表的团体不断壮大。如果可信,那么叶尔羌一定拥有一群奇特地混杂在一起的居民。侨民们来自瓦罕、锡克南、巴达克商以及其他西部伊朗语地带,克什米尔和拉达克人最多,甚至连小小的巴尔提斯坦也从冰山后面送来了它的移民。因此我不缺乏人种学方面的资料,而且尽全力由此得到收获。

访问我的各类代表使我感到再次走近印度以及它的边境。在一个与北印度乡下居处非常相似的地方,整天听着克什米尔语、旁遮普语和普什图语的交谈,我仿佛置身于印度土地上一样。当时欧洲风俗还没有深入亚洲这块角落,更使人有仿佛时光倒转的感觉。侨居地内不同移民通用的交流语言当然是突厥语,特别是这些人往往不从老家带来妻室,而是在当地娶亲,结果到第二代第三代时,父方的语言早已失传,而体格上的特征并不那么容易消除。在市场散步时,足以使观察者确信叶尔羌人混杂着很多外国人特别是伊朗人的血统。

除了访问者以外,大多是另外一些人拥挤在我临时住处的外厅里。秘书本亚德·阿里已广泛传言:我希望获得当地古代艺术品,结果,临时凑合的这类艺术代理商每天早晨便蜂捅而至。我尤其期望得到曾一度出产于和阗、广为中亚艺术品爱好者喜爱的黄铜装饰工艺品,虽然当地有关方面并未意识到这一点。从当地老富豪家里搜集到了大量精制

164

165

的漂亮的水壶、茶壶、水盆、缸以及其他金属物品,可以料定他们的存货仍然相当可观。

166 我从拿来出售的物品中,挑选了一些制作精美的金属工艺品,都清楚地显示着波斯花卉图案的影响,但仍具有当地独特的艺术风格。在这些当地的工艺产品旁边,同时还有更为稀奇的零星的中原工艺品——古老而有价值的陶器,以及来自远东美丽的刺绣品。这些旧时富有的伯克们从衣着服饰看来的确非常豪华,大红或深蓝的丝绸斗篷上装饰着纯中国式的艺术图案。精美的土库曼、呼罗珊地毯表明西方进口贸易也同样兴盛。从这一方面也说明,叶尔羌自伊斯兰教前期就是个同时受到中国、伊朗和突厥斯坦影响的地方。但和阗似乎才是当地工业真正的发源地和中心。十分奇怪的是,几乎所有给我带来这些可爱的各种古代艺术器皿的都是克什米尔人,那里城镇居民超群的商贩本领,看来并未因翻山越岭的迁移而泯灭。我仿佛感觉到自己又被斯利那加营地那些喋喋不休的克什米尔手工艺代理商包围住了。

叶尔羌按办刘大人,我到达时因在外巡视而不在城里,但不久他就回来了。草草安排之后,我去衙门拜访了他。我发现刘大人是一位非常亲切、明智的老人。通过一位水平不高的翻译交谈,难以断定其真正的个性。但无论如何,刘大人的举止神态给我留下了很好的印象。次日,我接待了这位年老的行政官员的回访,趁机向他表明我此次旅行的目的,在于搜寻《西域记》里玄奘这位伟大的取经人已访问过的在和阗

167 周围的神圣的古城,以及被沙漠埋掉的古代村落废墟。我再次发现并深信不疑,这位虔诚旅行家的形象仍然在中国深入人心。虽然唐僧有许多奇迹般的故事从他的《西域记》中无处查找,但这丝毫不会动摇他们的信念。

9月22日,刘大人坚持要我参加一个迎接我的中国宴会,这无疑是一种善意的邀请,对我来说又面临一次感情复杂的款待。根据我在喀什噶尔的经验,这样的宴会无疑是对一般欧洲人进行的一次严峻考验。不论怎样,事情要比我预想的顺利得多。宴席由16道菜组成,前后经过3个小时。对于菜单和桌子的摆放我都说不出什么,尤其许多

菜我根本不知道是什么东西。我对于使用筷子缺乏训练,就给了我一把叉子(从未清洗或更换过)和一个吃饭的小碗。一道正菜是由许多说不上名称的奇怪的食品拼凑而成,东道主一直很客气地坚持要我亲自尝一尝。当我一次又一次地吃完时,我感到轻松了一些。唯一的饮料是一种烧酒,倒在没盖的方形小杯里。为了答谢那些爱喝酒的朋友们的挑战,我只得过量地加倍地喝。此外,东道主的两位活跃的官员一直陪伴着为我把盏。

宴会过程中,有点担心的是:刘大人迫切询问有关八国联军占领北京以及中国皇帝逃走的消息。7月末以后,我就没有从欧洲直接得到消息,因而我无从满足他的好奇心。我只得自以为是地宽慰他说,各国使节都已安全地接回欧洲。这位老"政治家"不相信我不知道这些事,将我的无言归咎于企图隐瞒不愉快的情报。不管怎样,可靠的消息可能已通过电报经由喀什噶尔到达新疆的各个中国衙门。看来很清楚,他们已意识到自己所效劳的政府正面临极大危险,并担心自己可能遭到不幸。如果我的喀什噶尔朋友们的看法是正确的话,他们所担心的是个人前程,而不是国家的命运,这块流放之地的官员们才不为那些担忧呢。

饭后安排我为东道主及他的一些随从拍照。因此宴会结束后,刘大人及时坐在一把高大的太师椅上,他的小女儿和儿子倚在膝旁,一些西方文明的家具、各式各样的钟都摆在近旁的小桌上。一群衣着不整的随从们排在后面作背景。照片很易拍摄,拍摄对象们纹丝不动,就像雕塑一样。最后我们友好地道别。刘大人谈到不久他将挂印重返家乡湖南,但愿他能平安回归故里,像中国护法圣人"唐僧"那样安度晚年。

在叶尔羌的最后几天里,我忙于准备随从们的冬装,整理捆扎购置的物品。在结清必要的账目方面,我对印度商人首领拉拉·高利·麦勒的友善帮助十分高兴,除了价格问题之外(在农村这不是小事情),很明显在那里违背了所有的商业原则,即便是当地顾客要价至少不低于正常数目的两倍——光是付款就非常麻烦。中国货币通用的有"两""钱"和"分",通常采用十进位制,以利于计算方便。但其简易进

169 位法在帝国边缘省份只能有一点用途,难对付的是由来已久的天罡、普尔钱的折算法。每个中间有小方孔的中国铜钱在新疆都叫作"大钱",在喀什噶尔和叶尔羌折算相当于两个普尔钱。25个铜钱为一个天罡,和阗的天罡又是喀什噶尔天罡价值的两倍。

当地没有用铜钱作为价值兑换单位,因此所有的金额必须兑换成通用的最小银币单位即"钱",比率是8个天罡等于5个一钱的银币,否则就得准备携带当地商人用绳子串成的肮脏得像一根香肠一样的卷状铜钱串。不过银与铜之间的兑换比率是不稳定的,一钱的银子在当时仅略高于40个铜钱的价值,这由刚才提及的兑换比率就可以看出。把天罡兑换成法定硬币时,付款前需要计算好一个拐了好几道弯的折算办法。更为复杂的是,由俄国进口的商品价格是按"索姆"(卢布)计算,这是在整个新疆市场上广为流通的一种5或10卢布的金币。同时,较重的中国银元宝为马蹄形,重量不一,本身就含有价值。我逗留在这块国土期间,金卢布的价格与当地流通的据称是银和铜铸成的中国硬币天罡的兑换率持续下跌,不幸的卢比也跟着贬值。在新疆好像卢比的兑换价值主要依据卢布的价值。那些训练有素具备数学天赋的印度商人对这些杂乱的关系处理起来得心应手,但我懊恼的是这些麻烦耗费了我很多时间。

9月24日,天空多云,气温明显下降。黄色的雾霾终日低压在地面上空,加剧了对大气的影响。在我住的宽敞的大厅里,已感到秋天的凉意,我意识到冬天来临时生活在这里是多么困难。天空的云雾一直持续到9月27日早晨,我们的旅行队一大早就踏上了旅途。正赶上巴扎天,看不到头的村民们像河水一样带着自己的各种物产和手工制品沿着大道涌来,这种景象叫人真是永远也看不够。农村妇女们在整个巴扎上表现得更为突出。她们不是聚成一团就是陪伴着丈夫和孩子,但不论在哪一种情况下,她们总是骑着各种牲畜。在这样寒冷的早晨,妇女们都戴着大而厚实柔软的尖顶皮帽,比起我在8月初第一次看见她们时要好看得多。

早晨过去,涌向集市的人流消失,再没有什么可看的了。宽敞、笔直的大道两旁排列着白杨、桑树,伸展在平坦肥沃的田野上。在玉米田里,人们正忙于收获。显然稻谷在盼望天气回暖。从城镇起大约走了5英里,通过芒力克大巴扎时,大道上一长溜带货摊的干净小泥屋,因不逢巴扎天,此时完全空旷无人。沿着喀格勒克大道,一路有很多距离不等的巴扎,说明在此带状的富饶土地上,人口相当稠密。骑行大约8英里,我们抵达叶尔羌河边。河水源自慕士塔格峰与喀喇昆仑山之间的山区,盛夏季节,它一定带来大量的洪水,即使现在它分成3条支流,也得靠船才能渡过。制作粗糙的船难以承受驮载着行装的牲口,因此辎重必须一次又一次地卸下来重装。每道支流大约有40码宽,深达骆驼的肚带。我的旅行队花了3小时渡河。在整个过程中,驮马和驴的辎重每次摆渡充其量也只能载满2—3只船,而且尽力加快了速度。到达总宽度约有1英里的河对岸,过了派那普大巴扎,5点钟到达泽普巴扎,结束了一天的行程。在客店的四方大院内,我找到了已支好的帐篷。客店宽敞的房间自阿古柏伯克时代以来,一直保持清洁,并不时修缮其华丽的外观。虽然想要暖和,但我宁可在小帐篷里,尽可能地多呼吸一点新鲜空气。

9月28日,前进到喀格勒克(叶城)。路程相当长,全程大约24英里,但一路上很愉快。昨夜里的一点小风暴虽然只卷来了尘土而无一滴雨水,但已使大气明净如洗。早晨在清新的空气中漫步,穿越泽普南面耕作精细的田地与果园令我感到十分舒畅。引自叶尔羌河的渠道带来了大量灌溉水流。沿大道旁,村庄和巴扎鳞次栉比,显示出这一地区的繁荣昌盛。从波斯喀木大约前行9英里,接着是一个名叫吐古拉兹的草原,很多条清澈的小溪横流而过,据说它们的水源是西方远处的泉水。这些清澈的水流,与那些自喀什噶尔以来所见的流着红色、灰色或褐色水流的大河截然不同,现在它们好像正与西南远方的雪山景色融为一体,欢迎我们的到来。路上大部分旅程中可以看到的山脉,是从色勒库尔流下来的叶尔羌河所穿过的群山。我住在叶尔羌的几天里,它们都躲在云雾中,未曾见面。

越过吐古拉兹平原旁边的提孜那甫河,现在它已缩小成很多条狭窄的渠沟,但是很明显,当前面的昆仑山脉冰雪融化时,它会带来大量的水流。在主要河床上已建了一座结构良好的桥梁,根据桥头树立的汉文与突厥文碑文所记,建桥时间约在 25 年前,长度足有 250 步。桥那边连着一片丰美可喜的紫苜蓿、玉米和棉花田,以及散布在田间的幽美的村落。在它附近的"星期二"巴扎查瓦克,发现了一个鼓舞人心的场面,喀格勒克的按办正要经此去叶尔羌迎接刘大人的继任者。但按办推迟了行程(后来听说是由于我来访的缘故),准备接待的工作相当完备。深红色长长的宽布条幅穿过一间间房屋,横挂整个巴扎的席篷下面。街道上挤满了来往的人群,表明他们正处于节日的欢乐中。接待我的当地伯克都身着中国官服,有礼貌地邀请我到一间满屋装饰着地毯的大商店里,我觉得就好像是一间会客室。在满是风尘的骑行之后,享受着茶点和美味的水果小吃,对这种迎接也就心满意足了。

4 点半,我们穿过一条有众多果园与各种圣陵的村落。走近喀格勒克,进入城镇之前不远,通过了许多小山附近铺满卵石的半干涸河床,不久便进入了交织如网的喀格勒克中心市场。我为这块地方清洁的面貌和繁荣的景象所打动。对喀格勒克经过初步巡视便可以清楚地推知,因位于去喀喇昆仑诸山口的道路与和阗至叶尔羌的大道汇合的地方,该城必定从中受益匪浅。在南面近郊庭院区经过长时间的寻找,发现一大片草地,长着几株美好的老核桃树,令我想起克什米尔的许多美丽村庄。这是一处令我十分满意的营地,随从们也都在附近村舍里找到了住处,牲畜也有了肥美的牧场,个个都心满意足。

29 日早晨,按办派几位伯克送来礼物,其中包括一只羊和牲畜的饲料。作为答谢,我把为此而从喀什噶尔带来的一大包俄国糖果、沙丁鱼罐头和德国制的高级香皂等送给他们。大约中午,我去按办的官邸或称衙门拜访了张大人。接见我的仪式非常讲究,还包括致敬的 3 响整脚的枪声。不久,我和东道主就面对面地坐在他那小巧整洁的会客室里。张大人给我留下了非常好的印象。他个性活泼、敏捷睿智。他已从喀什噶尔道台那儿得知我的来访及目的,因此,我也无须过多解释有关我希望沿着大道去和阗是为了什么,同时一切要求帮助解决运输和供应上的事项,他们也都乐意地应承了。

张大人一定要以午餐招待我。午餐很简单,只包括几道小菜。另外我还品尝了很多葡萄酒,幸好这不是刘大人桌子上的那种烈性烧酒,只不过是马德拉白葡萄酒,可能是来自高加索或克里米亚的葡萄园。在用餐方面,我的东道主也表现出进步的姿态,在传统进食的筷子边摆了两个小玻璃酒杯和真正的叉子。

我们在彼此感觉良好的气氛中道别,然后我乘机到巴扎上进行一次粗略的观光。虽然不是集市日,但有很多店铺开着门。我尽快购置好了随从们冬季装备需要的毡制品。柯克亚附近山地是有名的毡袜产地,喀格勒克就是毡袜的大市场。整个巴扎都盖满了夏季遮荫和防晒的结实的席棚。巴扎上有很多水渠穿过,上面都架着整洁的小桥;渠边生长着繁茂的树木,色泽多变而喜人。到处都能看到露天厨房或餐馆。由于今天顾客不多,所以我能随便地参观了它们的设施。与印度城镇所见到的设备相比,它们更接近于西方社会。固定炉台上的大锅和小壶始终沸腾着,盘里装着面饼和馕,碟子里盛着各式菜肴等等。有一条街上的餐馆给我印象特别深,白砂子抹的前墙上画着精美的花卉图案。

当我愉快地遛着回营地时,发现按办正等在那儿进行回拜。他仔细地观看营地上的设置来消磨时间,这些器具大受他的赞赏。第二天,他就派了一名木匠来丈量安拉哈巴德的露丝康勃公司为我制作的灵巧的折叠桌子的尺寸。我们谈论了不少有关古代的玄奘以及他有关这个地区的记述,还给张大人看了朱利安翻译的《西域记》所附中文词汇表和赫恩勒博士关于和阗和库车古物出版物上的图版,其中描画的中国古代钱币与一些中文手抄本残片,使张大人激动不已。我从未像现在这样感到忽略中文的错误,因为通过一个像尼牙孜阿洪这样对文学知识知之甚少的翻译,对来访者摆出的许多疑问难以给予明确的解答。尽管他去过北京,这个最高的机遇使他自信、气傲,从而使他和大家都忘却了他文化上的不足。

第二天早晨,委托支取的钱来到了,这是马继业先生从喀什噶尔送来的,有几袋中国银币和新铸的较小的金卢布,支付我的拉合尔汇票。我逗留在喀格勒克的部分原因就是等待这笔现金。马继业先生的送信人也为我带来了家信。他第二天早晨返回,将带走我发往喀什噶尔的邮件。因此我那天忙于写信以及送往政府的账目报告。我真怀疑加尔各答政府的先生们能否弄清我的"月现金账目"里复杂的货币兑换关系。我帐篷前核桃树的浓荫形成了一个可爱的办公室。傍晚时分,我信步走上流向西方的河堤,眺望着伸向柯克亚方向的远山,那儿出产大量的羊毛。在河边上,我碰到一位雄心勃勃的喀什噶尔商人,他专做向安集延的出口生意,开设了洗涤与清洁羊毛的作坊。正是由于这种人的出口活动,附近毡制品的产量正在减少。

10月1日是喀格勒克的巴扎天,我决定等到这一天,希望能在城镇巴扎上见到叫作帕喀珀的奇怪的山里人,他们住在柯克亚南面的山谷里。有关他们的人种学数据极受欢迎,因为对他们的种族渊源存在着疑问。根据在叶尔羌的传教士的描述,帕喀珀人在体格特征上显示出雅利安人的特点,但又不同于色勒库尔的塔吉克人。据说他们操中亚突厥方言,人口很少,居住偏远,习性羞涩,因而在很大程度上妨碍了进一步观察。这次我很不走运,尽管按办下令派人一直查找,在巴扎的拥挤的人群中竟没发现一个帕喀珀人。等待从山里请人来就意味着推迟一个星期的行程,我是耽搁不起这么长时间的。

取代山里人的是另外一位有趣的人物,一位佛教行脚僧,他从中国东部一路行乞途经阿克苏、和阗,现又重新北去。不知怎么他听到我对"唐僧"的名声如此崇敬,因此自然希望我为他以后的旅行给一些布施。他显然不是一个寻访佛教圣址的朝觐者,但是他那简朴乐观的旅行方式却吸引了我,我高兴地接受了送给我的礼物——端正地印在红纸上的宗教传单,并回赠这位谦卑的佛教徒银两作为布施,他便十分愉快而满足地离开了我。

我常以相当欣喜的心情忆起逗留在喀格勒克那段短暂的时光,或者更确切地说是我营地所在的村庄依提木鲁库。附近的沙漠以及远处同样荒芜的山峰似乎并不存在,极目远眺,满眼是大块肥沃而丰饶的田野和园林。这些都使我联想到克什米尔种类繁多生长茂盛的树木,无数精美的圣陵及营地傍小树林的浓荫,还有巴扎上许多精巧的木制小屋。

11　去和阗途中

　　10月2日早晨,旅行队穿过繁荣的小镇走向东门,就此开始了前往和阗之路。路上,我们参观了称作古佳克的一所大经文学校,它设在一个最大的巴扎上,是一个四方院子,包括可住宿约150个学生的数排拱顶房屋。西边尽头有一座规模宏大而敞开的大厅,木柱支撑着高大的屋顶,上面涂着以红色为主调的鲜明色彩。这是一种彩饰显著的古典建筑。

　　我出发时,张大人派他的主要翻译陪同我,并转达了与我辞别的良好祝愿。离开"和阗门"约1英里处,告别了那位相貌堂堂的老人,旅行队走上了荒凉的沙漠旅途。再向前走几英里,到达一个由狭长耕作区构成的伯什力克小绿洲,但不久绿洲就被截断,迎接我们的是一片纯属荒芜的砾石平原。沿途都树立着间距很短的木桩作为标记。因为在夜间或沙漠风暴中很易迷路,这种预防措施对于旅行者并非毫无用处。到达阔什兰干就结束了这一天的旅程。我惊奇地发现在这贫瘠的不毛荒地中,有一座用烧砖建成的客栈,拥有带拱顶的房屋和宽敞的客房。这座建筑物证实了阿古柏伯克时期和阗地方长官即尼牙孜阿奇木伯克的业绩。同样,他在叶尔羌的宅第也曾给我提供了临时宿处。涝坝里的水是由前山每星期一次通过一条小渠放进来的。北面1英里半的沙漠平原上有一座土坯建筑坍塌而成的土堆,高约30英尺,可能是一座佛塔的遗迹,但它塌毁得太厉害,难以做出正确的推断。

　　10月3日,整个路途属于沙漠地面。透过尘雾,南方远山的轮廓看上去很模糊,那里没有任何沟渠或河道流入平原来。经过彻夜的寒冷,很容易察觉出正午阳光的强烈与气温上升。此时我们正沿着塔克拉玛干大沙漠南缘沉闷的大道前进,它对我有一种特殊的历史意义。毫无疑问,这是一条从乌浒水地区通往和阗和中国的古代交通路线。

180

沿途骑行或步行,到处都能见到各种动物被烈日烤干的死尸以及晒得发白的骸骨。想起那些古代的旅行家们一定也曾进入并穿越这种荒无人烟的干旱地带。玄奘经这里返回中原时,对这条大道已作过详细描述。继他之后,已知的有马可·波罗以及其他许多不太知名的中世纪旅行家经过这里去远方的中国。实际上,这里的旅行方式与工具毫无改变,因而我的思绪很容易浮想到过去的岁月。可以肯定,随着穿越荒漠的旅行队,佛教以及印度传统的文化艺术被带入中国大地。那么,这些驮队带回来的那些曾经影响了古代世界文明的东西,我们究竟能了解多少呢!

刚到下午就到了恰拉克兰干。它有一座非常类似于前面驻地的客栈,建在宽阔的河沟边缘。河水是由南方低矮山岭的一条山沟流下来的。靠近客栈下面有一个灌满水的大涝坝,那是这荒凉秋色中唯一的景观。北边远处一排低矮的灌木丛,便是不时为涝坝注水的河道所在。傍晚时分,主管驿站的中国职员来拜访我,他看上去温和而富有涵养,对周围荒芜的沙漠不很满意。驿站里有9匹马和4名邮差,由他领导把信件送到固玛和喀格勒克,沿着荒原邮路递送的一般只限于中国当局的官方邸报。我的客人告诉我,他是两年前与喀格勒克按办从乌鲁木齐一起来的,他和按办是河南同乡,他所住的村子就靠近唐僧的出生地。这一小段信息,对我并非无关紧要。因此,我用茶和点心款待了这位离乡背井的人,并尽力安慰他,祝他能早日实现调动到满意职位的愿望。

从恰拉克兰干到固玛(皮山)的路程算起来是9个"炮台"的长距离。为此,负责驮运辎重的骆驼队黎明时就得启程,由马驮运的帐篷和炊具可以迟点出发。捆扎好行装,我信步来到了客栈的院子里,发现墙上贴着中文与突厥文的官方布告。其中有一长条印在大张黄纸上的中、蒙、突厥3种文字的公告,是一张皇帝的敕文,内容涉及与俄国通商贸易的条文,是两个月以前发布的。翻译尼牙孜阿洪很想知道这是否是皇帝的最后一道敕文,他逃离北京的消息已迅速传遍了所有的巴扎。

在荒凉的沙砾路上前进了 10 英里多,来到西利格兰干。此处只有令人不快的泥土陋室和一个由小河沟供水的小涝坝,水已溢出流入沙地。在西利格兰干之后再次出现了稀疏的灌木丛与芦苇,它们覆盖的沙土地面一直延伸到路边另一个不吸引人的小站哈吉普兰干,距此约 2 英里半。由此开始,道路是铺满卵石的浅沟般的河床。在地平线上,固玛绿洲的树木看上去呈一条长长的黑线。疲惫地前进了 6 英里,来到一条干涸的河道,标志着到了固玛地面的西部边界。接着我穿过分散的田地以及被西面来的流沙半埋在地下的小树林,跨过一个高约 30—40 英尺的陡坡,再一次置身于肥沃的田园之中。环绕固玛巴扎郊区的一条大渠沟边,正是我需要找寻的宿营地:有一座安静的园子,四周环绕着高大的柳树和白杨。支帐篷时,我离开营地骑马前往巴扎,那儿每周一次的集市还很繁忙。很多人进行着牲口、水果、棉织品以及其他土产品的交易,这是绿洲区域的一个象征。在一排排货摊上挂着红皮高筒靴,显然是由于冬季来临,特别需要这种产品。

10 月 5 日,为了寻求古物,我在固玛停留一下。马继业先生和其他官员们为印度政府购买的中亚古物中,自 1895 年以来,纸质手抄本和"无名文字"的"木刻本"越来越多。这些文物以及其他类似的出土物已传入俄国、欧洲等知名的收藏家手里,他们一致认为,这些东西都是从和阗地区沙埋废墟中挖掘出来的,而且绝大多数奇特的版本又都来自和阗"寻宝人"伊斯拉姆阿洪那里。马继业先生曾在喀什噶尔记录了他的陈述,其后又由赫恩勒博士转载于有关加尔各答藏品的学术报告里,其中详细列举了一系列那"寻宝人"所谓的出土地点,大多数是皮山至和阗大道以北古老的沙漠废墟。我在喀什噶尔得到的情报,虽然更增添了以前对这些所谓发掘物真实性的怀疑,但只有到了固玛,我才初次有可能在当地进行直接调查来验证这块地方"寻宝人"的说法。

早晨,在当地伯克与村子里几位百户长的陪同下,我找到一大片散布着碎片的地域(当地人称"古城")。它在固玛与东面下一个绿洲木吉间的大道附近,但没有一个人听说过这里或其他遗址中发现过什么

183

"古书"。伊斯拉姆阿洪曾详细描述过一次沙漠寻宝的路线,举出一长串发现宝物的地方,但人们只知道其中的两个地方,全都靠近绿洲并容易进行考查。与热情陪同的伯克和他的随从们一起骑向东北,不久就到达了从北面环绕固玛的20—30英尺高的流动沙丘区域。这一区域边缘,半路间有个阿萨小村。据村民们回忆,附近沙丘曾大量地侵占了原来的地面,而且一些分散的住宅也被渐进的流沙掩埋。它们被废弃仅是最近短时期内的事,正如向导们确切指出的:此地绝不可能发掘出什么古物。

再骑行3英里多一点,我如愿到达喀喇库勒麻扎,这是伊斯拉姆阿184洪明确提到的地方。一半水面生长着芦苇的小咸水湖旁,鼓起一些半圆形的沙丘。一个沙丘顶端,直立的木杆上挂着还愿的碎布条、牦牛尾巴和皮革,是假设的圣陵的象征。至于圣人的业绩与生平,我无从搜集,只听说这位圣人来此定居时期胡须是黑的,去世时成了白胡须老人。至于伊斯拉姆阿洪所说围绕圣陵的宽广墓地,即他找到刻版印刷物的地方,我却未发现一点迹象。

流入湖中的一条小溪,溪水只在宽广弯曲的河床中向东流淌1/4英里。它发源于阿萨附近一系列的泉眼与水洼地中,因此称为喀喇苏(黑水),但在春天和初夏南方群山积雪溶化时,它被洪水(阿克苏即白水)所壮大。我们在河床上大约走了3英里,来到喀喇塔格阿格孜或喀塔吉孜,我头一次看到沿河苗壮生长的伸入沙漠的灌木丛。各种不同的芦苇以及开着类似石南小红花的坚硬的红柳和其他灌木长满了喀喇苏干涸的河床边,现出一片多样的植被景观,秋天使它们的叶子转变成深浅不一的黄色。经过一片沉闷单调的荒凉景色后,迎面的情景加倍令人感到清新。在喀喇塔格阿格孜,我看到成熟的玉米田里间或生长着茂盛的白杨、桑树和其他树木,其他庄稼早已收割。据说我看到的这块耕地仅仅在15年前才开垦,这些短时期内生长成的茂盛的大小树木清楚地表明,沙漠土壤一旦有了水源就能发挥出巨大的潜力。

伊斯拉姆阿洪声称,他从喀喇塔格阿格孜去过各种不同的废墟,并在那儿获得"古书"以及其他奇特的出土物。经过详细询问当地居民,185

得知并无这种遗址也没有这样的出土物。经调查得出截然相反的结论后,我返回了固玛。我们选取穿越沙漠的路线到达托万巴扎(下巴扎)。它是较北边的一个小村庄,几乎与固玛巴扎连成了一片。我们快活地骑行在乡村林荫小径上,一次又一次地见到简朴的小果园,园内生长着丰盛而具有特色的甜瓜与黄瓜。路过几个露天的造纸作坊,纸是用桑树皮制成的稀浆均匀地铺在小筛般的帘屏上晾干而成的。我也碰到一群穿着怪异的乞丐,他们正聚集在一起,低头拣拾村民们收获时分给他们的一些布施。经过前面热闹的巴扎天集市后,现在穿过巴扎主要的小巷返回营地,似乎有种异样的空旷之感。

　　10月6日晨,离开我那愉快的固玛营地时,天朗气清,几乎没有一丝云雾。因此,当我走出固玛绿洲南部的遮荫小道进入广阔的荒野时,立即清楚地看到雄伟的雪山也就不足为奇了。白茫茫的雪光在远山一抹黑线上闪烁着,显然那是喀喇昆仑诸山口附近的主脉。当我想到在它们那巨大的山体后面就是印度河水源所在之山谷时,距离似乎一下子缩短了。云雾悬挂在另一边的山脉上,太阳冉冉升起,首先进入眼帘的那些冰封山脊上拉起了一道白色的面纱。再向前2英里,渡过宽阔但现已完全干涸的河床(河的下游可以受到喀喇苏河水的滋润),我来到一个古遗址。根据早期的报道,它应该位于固玛至木吉途中。沿河右岸的地面铺了一层厚厚的红色粗陶碎片,但没有发现装饰花纹的碎片。不过,这些涂釉碎片特别坚硬,似乎全是属于距今遥远的某个时期的遗物。这些散布着碎片的地面明显是一处庞大人口密集的村落遗址,但现在却没有其他古物的遗迹来证实其存在。无数陶瓷碎片分布在光秃秃的黄土表面,下面没有一点残垣或其他较为结实的遗物痕迹。

　　前往古代遗址东面时,我横越木奎拉小村所在的狭长的灌溉地面,并再一次在生长着灌木丛的贫瘠荒地上穿行。我看到了东北方的土岗,固玛人把它叫作托帕蒂姆。蒂姆是喀什噶尔地区对一切颓废的土墩的称呼,就像我现在从望远镜里看到的极似古代佛塔的那一个一样。我急切地想到那里去,但那儿却要比我预想的远得多。因为向导坚持要先沿着去木吉的大道走,然后再横越目前已干涸的陡峭河床,我接受了他这个与我意向相反的主张,结果是前进了 2 英里后,只能在一道被土丘阻隔的沟壑前干着急,想找一处横越过去却毫无指望,因为那儿陡险的黄土堤岸可能直向下倾达到 40—50 英尺深的裂隙底部。除了骑马返回大路从另一边重新开始走外,再无他法。

最后终于到达了佛塔,其景象大大鼓舞了我考古的兴趣。它的大小和比例近似于汗诺依附近的莫里蒂姆佛塔,虽然其表面已遭受更多的毁坏,顶部也未能逃脱"寻宝人"的挖掘破坏,但耸起的高度仍近 29 英尺。随即我发现佛塔周围地面上也铺满了古代陶器碎片,恰似在木奎拉与随后穿越的大废墟见到的一样,因而得出结论,由这些遗物所表明的居民点与佛塔一样,都是属于佛教盛行的时期。

最初试图到达沟壑另一边的托帕蒂姆时,我经过了一个散布碎片范围比以前所见过的那些更为广阔的区域。它延伸在旅行大道以北,覆盖面积几乎达 3 平方英里,向导们都叫它喀克夏勒塔提。散布在此的宽度和密度不等的各个小块地,构成古代聚居地的遗迹,除了各种陶器碎片外,还有砖块、炉渣、骸骨、金属以及其他类似的硬滓。对于出现这些遗物的环境条件,我最初感到迷惑不解,但随后通过我对和阗地区现耕作区以外的通称为"塔提"(古址)的许多类似遗址的考察,逐渐找到了一种有说服力的解释。在喀克夏勒最引人注目的特征与其他所有的"塔提"一样,都是些上面所说的碎片铺在天然的黄土上;不论黄土的硬度大小,都已分化为沙质状态。很容易查明,地下的泥层既不是墙壁,也不是其他建筑的遗物,因为在塔提的一般地平面上,到处都是高出来的黄土堤坡,有的高达 10—15 英尺,在它们的顶部碎片铺得很厚,而光秃秃的两侧都是没有任何古物遗迹的天然土壤。

根据这些堤坡的形状以及废址其他的特征,可以明确地断定,它们是沙暴与风力在漫长岁月的春夏两季侵袭广袤的大地和它的外表所留下的明显痕迹,只有上面的碎片以其坚实的质地与重量而保存下来。当地面受到一次又一次侵袭时,碎片便随之逐渐下沉,同时通常用于突厥斯坦房屋建筑的泥墙、各种枝条与木料却早已腐朽并被狂风刮走。陶瓷碎片虽然未被摧毁,但却带有暴露在缓慢然而持久的侵袭之下的明显痕迹。从其体积甚小及特别粗糙的表面看来,它们似乎就像是被"磨砺"过一样。很明显,古代居民区的遗址,在从它们被遗弃以来的漫长世纪里,这样的侵蚀作用不可能不使它的地平面降低。但侵蚀作用在整个地域内,各处都是不一致的。就像前述的黄土堤坡,现在看来好像是高于"古城"较松软部分的小高地或孤岛。它们的形成或许是因为上面一般都覆盖有大量坚硬的碎陶片具有相对的保护作用,或者是由于其他一些特殊的原因。肯定地说,它为考古学家提供了原始地平面有力的证据。在"塔提"上偶然可以捡到铜钱、腐蚀严重的金属饰物、石头印章以及能抵御风力侵蚀的类似小物件。在固玛以外的"古城"中,只有个别出现于伊斯拉姆阿洪的名单上,据他说曾在那儿找到过纸本手稿和"木版书"。但经对路过的第一个废墟进行考察验证,说明在当地自然条件下,这类遗物是绝对不可能幸免于难的。

虽然时间已晚,当天行程的终点木吉也还很远,我仍在喀克夏勒铺满碎片的荒原上长时间地漫步,但并非是希望能找到什么文书。这些代表往昔人口稠密的居民点的几乎全部腐朽与颓毁的荒凉废墟,有着一种神秘的诱惑力。沉湎于审视随从们不时捡到的带装饰花纹的陶器碎片,直到太阳西沉,它最后的红色光芒奇异地照耀着黄色的泥土及红棕色陶器上的花纹,我仍然流连忘返。最后我骑行离开这里,由流沙形成的低矮沙丘绵延数英里,很难看清道路,直到小村乔达附近才重新进入灌木丛地区。此时,月亮高挂在夜空,我舒适地骑行在马背上。幸而月光的照射使我能看清这陌生的地方,避免了迷路的危险。到达木吉时已近 8 点,我的帐篷正在那儿准备迎接我哩!

7 日,送来的大量古钱诱使我在木吉作一短暂的停留。这些古钱几乎都是某个时代伊斯兰教统治者的物品,此人在铭文上自称苏来曼可汗。对他们得到这些古钱的遗址,我一早就去进行了检查。废墟位于村北仅 1 英里,称为托古加依。在那里我发现了大量的黄土堤埂,上面覆盖着陶器碎片,跟前一天看到的一样,但受侵蚀的程度不大。现在干涸的沟壑是由初夏的洪水冲刷而成,古钱就发现在那儿。受当地伯克的命令,村子里的许多人前来协助我,他们搜寻不久便给我找到很多陶器碎片,上有装饰图纹,经常有着明亮的彩釉。另外一些人则在沟槽里寻找古钱,他们在我面前从地坑里挖出 6 枚铜钱。毫无疑问,这些铜钱最初是从同样陶器碎片层中冲刷出来的。这样就得到了一条有关年代的线索,对于指导发掘其他遗址时查考年代很有帮助。除了陶器还同时发现许多碎玻璃和小块玉石,我注意到许多碎玻璃闪烁着彩虹般的光亮,这在西方古代玻璃中很常见;在新疆,玻璃生产工艺已被长时期遗忘。

我从托古加依骑行到另一古老的遗址,著名的阿萨,它位于木吉东北 1 英里半处。这地方早就引起了赫定博士的注意。它肯定是一个伊斯兰教徒的墓地,但没有清楚的年代标志。在一个小坟丘上,头盖骨与骨骼露出了地面。我发现许多木板盖着的坟墓,打开其中之一,是一个小孩的遗骸,用农村的棉布包裹着,按照宗教习俗,朝向天方。虽然被认为是殉教者的坟墓,跟随我的人们却毫无顾忌地掘开它们,可见狂热的迷信思想在他们心目中并非根深蒂固。沙漠中的流沙已经侵入这块墓地,使它显得更加凄凉荒芜。天空也充满了同样凄凉的景色,沙土飞扬,尘雾弥漫。虽然桑株仅位于木吉南面约 12 英里处,是去喀喇昆仑大道的起点,却一点也看不到山脉的痕迹。我认为木吉可能就是玄奘所说的勃伽夷城,据说在取经人时期,那里有座从克什米尔带来的著名的佛像,一直受到人们的崇敬。

10 月 8 日,在砾石覆盖并有稀疏的小片灌木丛的荒原上,轻松地行进 14 英里后,到达藏桂雅。在即将进入藏桂雅农田之前跨过了一条河床。河床是完全干涸的,因为在这个季节河水都用于灌溉了。藏桂雅是一个相当大的绿洲,几个村子总计超过 500 户居民。我穿过一座有长天棚的巴扎,发现在它外面,村子东头附近有一块苜蓿田可以作为我舒适的营地。傍晚时分,我参观了一座叫库勒兰干的古城遗址,它在西北大约 2 英里的沙漠边上。除了古陶器等以外,在此还发现了可以分辨清楚的两个大涝坝。

9 日,我向大约距藏桂雅 19 英里的皮牙曼前进。最初,穿过 2 英里的灌溉地。由于水量供应的短缺,每年在 4 大块耕地中轮种一块,因此这里的耕地被分隔成了 4 片。如能以水库或其他方式保证供水,无疑皮牙曼附近的大部分贫瘠荒原是可以耕种的。半途中又再次出现了小沙丘,一直伸向称为贝尔·库姆的带状高地。在几英里之外,我看到了喀喇克尔废丘,是一座古代佛塔的遗迹。虽然坍塌得很厉害,但在四周流沙的高丘当中仍如鹤立鸡群。塔基在完整时约 65 英尺见方,塔砖尺寸与观察过的莫里蒂姆佛塔接近一致。

皮牙曼地方很小,总计仅 100 户人家。这是喀格勒克东面最后的一个绿洲。我的帐篷支在一个小果园里,树上仍挂着鲜美的桃子;房东为随从们提供了足够的地方。毡毯和席子很快铺到农舍正屋周围的土台上。一路上,每次检查随从们的住处,总是为他们谋求舒适的办法而甚感惊奇。天山南部农民不仅在平均生活水平方面,而且在住房设施方面似乎都远远高于印度任一地区的同等阶层。

192

193

12　行抵和阗

　　经过长途跋涉,终于在 10 月 10 日进入和阗境界。走到离皮牙曼约 14 英里的阿克兰干,道路就横贯于完全是胶土与砾石的不毛荒地上了。距皮牙曼几英里的路上竖着两根半腐朽的柱子,是叶城与和阗之间的界标。大约在半路上的塔格吐万,有一口近 200 英尺深的井,阿克兰干也有另一口几乎同样深的井。在平坦的沙漠上经过寂寞漫长的行程后,我惊喜地看到,位于皮牙曼南方的群山越来越清晰,虽然有一层薄薄的轻雾,在这如画的风景中停滞不动。过了阿克兰干沙地,一些半月形的低沙丘出现在眼前。自奥当麻扎以来,这种景色已屡见不鲜。到达库木拉巴特帕德夏依姆麻扎,我们又进入了沙海之中。

　　在这样的环境里,被称作"鸽子麻扎"的圣地旁生机勃勃的景观,令人备加兴奋。几所木屋和小棚作为成千只鸽子的栖息地,由旅行者们以及虔诚信徒们的捐赠,维持着它们的生存。人们相信它们都是一对野鸽子的后代。伊玛目夏克尔帕德夏与异教徒即和阗佛教徒作战殉难于此,这对野鸽子奇迹般地由伊玛目的心中出现。这是照管圣地的谢赫的小儿子告诉我们的故事。当时双方各倒下了几千人,已无法把虔诚的殉教者与异教徒的尸体分辨开来。在一个幸存的穆斯林的祈祷下,那些殉教者的尸体自动聚集在一块,而鸽子飞来指明了首领的遗躯。大概出于感谢,所有旅途中的行人都给这些圣鸟赠献食物。我也从圣地商店买了几口袋玉米,全部撒给那些正在展翅欲飞的鸽群。

　　我注视着这动人的情景,不由想起玄奘记述的类似的发生于和阗地区西境的奇特的祭仪。玄奘记述道:距离都城还有 30 英里的地方,"大沙碛正路中,有堆阜"。堆阜就是老鼠在沙漠中打洞垒起来的小岗。这些老鼠所以受到旅行者们的崇敬信奉,是因为他们相信老鼠古时曾挽救了被匈奴暴力蹂躏的这片土地。据说那时和阗国王已丧失了保卫国土的信心,在他的祈祷下,以鼠王为首的无数老鼠一夜之间就咬坏了侵略者甲胄、鞍具上的皮子等等,侵略军轻易地败于防御者。

玄奘说"鼠大如猬,其毛则金银异色"。不过现今即使最虔诚的人,也看不到栖息在沙漠里的那种大鼠了。但是玄奘所讲的地点确实与古和阗"鸽子麻札"的位置相符。在沙包与覆盖着红柳丛的低矮圆锥形沙丘之间,圣地里的鸽群受到所有旅行者的供养,这种方式明显是佛教传说的残留。现在用圣鸽代替玄奘所说的神鼠,可能是为了重唤人们对一场伟大胜利的记忆。事实上,这是第一个引人注目的坚持地方崇拜的事例。在我以后的考察中,可以看到这类事例几乎遍及信仰佛教的和阗的所有圣地遗址。过去在克什米尔和印度河流域搜寻古老佛教或印度教圣地时,这曾给我不少帮助——只要去找伊斯兰圣陵就行了。这次一进入和阗地区,就遇到一个当地伊斯兰信徒由信佛的祖先那里承袭下来的虔诚习俗,这完全可以看作是个吉兆。

离开奇特的圣地 3 英里以后,道路已由沙漠中出来插入一块沼泽平地。我们在塔尔布噶孜兰干孤独的棚屋附近暂停休息。我来和阗的消息已从皮牙曼事先传来,因此,夜间很晚,我接见了邻村扎瓦的伯克,他是一位慈祥和蔼的老人。在我到达和阗地区的第一夜,我真诚地感谢他对我友好的接待。昨天路程过长使骆驼和驮马非常疲劳,因此我决定把余下的路途分为两个短程。离开塔尔布噶孜,不久便进入一片耕地;再前行 3 英里通过阿古柏时代建立的土堡,结束了去和阗第一大村扎瓦的旅途。

由此向前,两旁都是连绵不断的庭园、村舍和耕作精细的农田。整个大道两侧几乎都遮蔽着白杨、柳树,秋天使得大部分树叶都变成黄色或红色。在经历了单调的土黄色沙漠行程后,见到展示在眼前的这一片秋景,我感到格外高兴。路上的浮土深可没踝。由擦肩而过的繁忙人流,不难看出一个大商业中心已经临近。我看到一列毛驴驮载着和阗出名的羔皮大衣。的确,途中的大多数人都骑着牲口,如马、驴或牛等等。即使一无所有的人,徒步行走也是件难事。难怪这些人没有理由对他们那累赘可笑的高筒靴反感,骑行时不会感觉到任何不适。不过,看到那些傲慢的足蹬长筒靴的人,迈着两腿在大道上摇摇摆摆地行走时,的确感到滑稽可笑。

从扎瓦前行约 7 英里,我跨过河床内铺满石块的喀拉喀什河。这是和阗的第二条大河,其河床足有 3/4 英里宽,表明它在夏季曾带来喀喇昆仑冰川巨量的融水。但目前的季节,河水缩减仅有 30 码宽,1 — 2 英尺深。毫无疑问,由于灌溉所需,水量分流到别的渠道里去了。令人高兴的是来到离河约 1 英里半的第二条河床,它就是大家熟知的喀拉喀什河支流"新河"。不论这个名称始于何时,河床的位置与中国历史记载所述和阗古代首府以西的河流完全相符。虽然知道波拉赞遗址里可能有和阗古都的遗物,但它远离大道,不能直接造访。

在"新河"以东一个叫作锡帕的小村里,我找到一处僻静的花园作为宿营地。我卸下行装时,大吃一惊地看到这样一幅情景:邻屋一名男子的脖子上锁着根与他一般长的沉重铁棍。这个农民,几个月前因为重殴邻居而被处此刑。看到这沉重锁链的酷刑,我不由想到这种刑罚的功效:不把他关起来,而是让罪犯与其家人同住,并可从事一些不需要很快走动的劳役;他身上那个沉重的铁棍则可对其他人起到充分的威慑作用,引起他人经常的警惕。

10 月 13 日晨,我正准备从约卡昆宿营地出发去和阗时,伯克来了。按办听说我快到和阗,派他来迎护我们。伯克穿着中国节日的盛装,带着他的几个随从,我们组成了一支壮观的马队;而当巴德鲁丁汗这位在和阗的阿富汗商人首领,又是与拉达克进行贸易的巨贾,在离和阗镇几英里处带着他的几位同胞迎到我们后,队伍就更壮观了。我骑马绕过中国"新城"方形城堡的雉墙,然后穿过"老城"的外围,到达一位富商托合提阿洪的庭园,这是巴德鲁丁汗提前为我准备的住所。路上经过一处比较肮脏狭窄的巴扎,见到不少受着折磨的病人很令人沮丧。在靠近古栈(Gujan)郊区南边的庭院里,我找到了一间较阴暗的大房子,比起我在叶尔羌的住所,简直没有一点吸引力。迷宫般的小房间都由屋顶采光,通风极差,并不适于作我的居处。室外的园子里是一片景色如画的树木和灌木丛,但不够清静,也缺乏足够的空间支立帐

篷。当天勉强住下后,就立即派人给按办送去了信函与礼物。然后就

利用白天的剩余时间外出勘查,看一看能否在城郊附近找到一处更适宜的宿营地。

这里是个非常随便的地方,不分上下地可随便闯入任何一家住宅;不论你是否曾被邀请,都会受到礼貌的款待。穿过郊外的小巷,沿着一道伸向远方早已崩毁的泥土构筑的防御工事——这是以前最后一次反抗清朝时修建的防御线,穿过郊外的一条小巷,我从托合提阿洪家大约走了半英里,来到另一座围有高墙四周都是田地的庭院,我未向主人通报就毫不犹豫地进去拜访。穿过一连串的院落,进到一个宽敞、凉爽的客厅,再经过大厅进入一个看上去很舒服的大院内。阿洪伯克是一位

慈祥、魁梧的老绅士,像迎接贵客一样接待了我。当他知道我的来意后,很快同意把他的住宅借我使用。我给他读了费尔道西《列王记》的突厥文译文,凭借对伟大波斯叙事诗原作的了解赢得了东道主的好感。我毫不迟疑地接受了他的好意。翌日清晨,我的帐篷支在他林荫下的草坪上,重又享受到宁静而隐蔽的郊外住所的乐趣。

中午,经过一套中国习俗上的见面礼节之后,我第一次拜访了按办潘大人。我觉得他是一位温文尔雅的老人,显出一种深思远虑、忠厚坦

诚的神情。他看上去十分友好而若有所思,言谈举止非常得体,一开始就给我留下了深刻的印象。再加上他学识渊博的声望,很受人们的尊敬,他在省内哪个地方任职,名声就传到那里。潘大人接见我时身着官服,随从们簇拥着他。潘大人殷勤地接待了我。很久之前他就从喀什噶尔听到了我将来拜访的消息,而我则很想知道他对沙漠中的考察以及和阗河源头山地的测绘所抱的态度。

我很高兴,潘大人的言谈间对这两方面的事情没有表示丝毫阻挠的意思。他完全知道在令人畏惧的戈壁沙漠中寻找古代遗址要历尽千难万险,而且当地人有关古址的介绍也不能全部轻信。再者山路崎岖难行,隐藏着艰险,在喀朗古塔格山谷那边,是西藏高原的未知之地,中国当局鞭长莫及。对那里,总理衙门有着严格的指令,不能给旅行者提供任何援助。尽管存在严酷的自然因素和政府的限制,潘大人仍答应

在职权范围内尽可能给我以帮助。按办作风简朴、态度诚挚,而且对科学文化有较高的素养。他以学者的情趣听我讲述玄奘的旅行以及和阗古代佛教文化,这一切都使我相信,他一定会给予帮助。后来的事实证明,他的确兑现了诺言,没有他善意的援助,我既不能进行沙漠中的考查也无法顺利地完成山区的测绘。

　　一到和阗我就开始着手进行对当地的调查,这可以指导我前往古代遗址进行有效的考察,尤其是为考察工作设计一个系统的搜寻古物的最好方案。为防止造假的可能,我没有提前向和阗通知此行的主要目的,如今发现有必要用几天时间来搜集从"寻宝人"经常光顾的那些废址得来的古物。所谓"寻宝",就是碰运气到被遗弃的居住区内去搜寻贵重金属,当时成为整个和阗绿洲的一种时尚,如同淘金和采玉一样,这对那些靠抽奖碰运气而不愿干实际活路的人,具有一种无法预测的诱惑力。近年来,由于从喀什噶尔及其他地方来的欧洲古物收藏家不断的需求,这一小批半职业性的寻宝人已学会定期走访古遗址,以搜寻古文物作为第二职业挣钱。然而这些当地人所有的介绍,即使是似乎可靠的人所说的,都非常含糊。由此我立刻意识到,如果我出发前没有见到明显可追寻到具体遗址的样品,会浪费掉很多宝贵的时间和劳动力。为了寻找这样的古物样品,以前曾为马继业先生效劳过的巴德鲁丁汗提出组织并派出一个小型先遣队,可是无论如何,不能指望他们在一个月内返回。我决定利用这段空隙时间,对和阗以南的山坡进行一次已计划好的有意义的地理作业。

　　昆仑山脉中有玉龙喀什河即和阗河的发源地。迄今为止,这段地域仍未得到实地勘测,有关资料也很贫乏,现只限于1865年约翰逊先生从拉达克下抵和阗的路线草图。特罗特上校于1875年声称他相信玉龙喀什河源头要比草图上所标的还要往东很远,可能就是普鲁南面高原上的那条溪流。迪西上尉于1898年曾从普鲁一边测量,成功地到达海拔16000英尺以上的这条溪流的源头,但未能顺溪而下。因而,玉龙喀什河主流的实际源头以及周围地区的大部分山脉,尚待进一步探查。

冬季即将来临，我急于出发并尽可能减少耽搁去进行这项任务。当时，随行的人和马匹都需要适宜的装备，因为我们将要进入寒冷的高山地区。骆驼在那里毫无用处。虽然要带的行装不多，但我仍需额外的马匹驮运，而当时那些专业马帮的牲口都已上了喀喇昆仑大道，秋季是和拉达克贸易最繁忙的季节。为这次短程旅行去购买马匹很不划算。令我高兴的是，按办第二天回拜时，立即命令附近各村为我解决运输所需的马匹。

巴德鲁丁汗忙于为我的随从和马匹置办皮衣和毡垫，同时，我安排了对约特干村的一次探访。这是和阗古都的遗址，也是一个各种古物的著名发现地。那是很有意思的一天。古都一层层的废弃物深埋在目前地平面的下边，在不断的淘金过程中，同时出土了一些古代陶器、钱币、印章以及类似的遗物。但初次考察匆忙，无须在此细述我的观感，因为通过以后的查证，我已更加熟悉这片重要的古城遗址。

我逗留在和阗短暂的几天时间，大多用于检验当地农民和"寻宝人"带来出售的古钱、赤陶像和其他古物。满袋子装的绝大多数都是破陶片、铜钱，这在约特干非常多见，在以前的收藏物中也相当有名。但此次调查对我来说是一次很好的锻炼，而且我认为应该在开始时大批收购，以便激发专业寻宝人的兴趣。

自然，我也留神搜寻那些用各种不知名文字写成或刻印的"古书"。如上所述，近5—6年内，从和阗出售给喀什噶尔的欧洲收藏家的这种古书数量剧增。有些权威学者以前曾怀疑这种"古书"为伪造品，但尚缺乏证据加以证实。与此同时，学术刊物上仍在发表、研究它们。和阗本地出乎意料地缺乏这种书本，而且足以令人惊奇的是，提供给我的第7本这种"古书"就准确无误地证明是赝品。听说我来到这里，一位来自浩罕的俄国亚美尼亚人拿给我一本桦树皮手稿来检验:10来页破树皮书页，封皮上写着"无名"的文字。他花了40个卢布买下的，无疑属于一种商业投机。现在他很希望他的宝物能得到适当的鉴定和估价。

我立即看出，这些桦树皮从未经过处理，与我在克什米尔常见而熟

203

知的处理过的桦树皮手稿不一样,也没有试图仿造那种用于书写桦树皮的特殊墨水。当我应用"水试法",湿指一触到那奇怪的手写和刻印的"无名文字"时,字迹就立即消失了。显然,这种伪造的"印刷品"与 204 加尔各答收藏的这种"刻印品"极为相似。事实上,我的验证表明,向亚美尼亚人提供这种桦树皮手稿的人与"寻宝人"伊斯拉姆阿洪之间有着密切的关联,伊斯拉姆阿洪曾谎报发现地在皮山而使我徒劳无获。当地传说,伊斯拉姆阿洪经营过一个生产"古书"的小工厂,但目前他已离开了和阗,对他的调查只好暂时搁置下来。

我出发去山中的前一天,凑巧从叶尔羌转来的邮件来到了,我极为高兴。家乡的邮件是由印度转来,都是在 8 月 17 日前寄发的。但昨天傍晚我收到的信函,是通过俄国邮局发往喀什噶尔,再由中国官方驿站邮送的,邮寄日期为 9 月 19 日。无须更多的证据来比较,俄国铁路交通的发展,使通向突厥斯坦这样一个遥远的偏僻角落的路变得更为便捷。1865 年,享利·玉尔爵士曾描述这块地方"是亚洲国家中最难进入、最少人知的"。这句话摘引自这个伟大学者的《古代中国旅行记》一书。我在全部旅程中须臾不离此书,既可作学术向导又能消遣。 205

13　前往玉龙喀什河源头

　　10 月 17 日中午,友好地向白发苍苍的房东阿洪伯克告别之后,我开始了进山的旅程。我把一枚 5 卢布的金币放在一只钢制小钱包内,送给他作为使用庭院的酬金,没费多大周折他就接受下来。我很高兴留下了目前暂不急需用的物品,由巴德鲁丁汗负责照管。尽管如此,我们的行装包括测绘仪器和一个月的食品供应还需 10 匹驮马。所幸的是,第一段路程既短又好走。向南穿过点缀着星罗棋布小村的耕作区前进约 6 英里,到了离玉龙喀什河左岸不远的加木达村。村后光秃的石滩逐渐向上直至山脚。笼罩在薄雾中的山峰,现在清楚地显现出来。

　　在加木达村以南的沙质旷野上,我发现一片留有古代村落遗址的"塔提"。陶器残片遍铺在废墟上,一些村民给我拿来了古钱币、珠子和少量小印章,其中一枚上有丘比特像。然后我们在由河流从山上冲下来的石块与沙砾构成的高岸上骑行 4 英里,最后横渡到了河的右岸。此处的玉龙喀什河床宽 1 英里以上,但河水仅在几条小沟里流淌,其余的水转流入灌渠,养育着和阗绿洲东部的村落。我们夜晚宿营在靠近河床的比孜勒小村,那儿有许多深坑与砾石堆,表明是采玉人挖掘的地方。自古以来,玉石在中国就受到高度的珍视,河流也因此而得名为"白玉",它至今仍是一种重要的矿产。当横渡河床时,我想到远方的那个绿洲就是因它而得名"和阗"的。

　　比孜勒村南方的远处,低矮而起伏不平的风化严重的砾石斜坡一直伸向山脚。10 月 18 日上午,我们旅行队穿过这里。有几道山脊北侧相当陡峭,但在南侧与几乎同高度的台地相连,形成天然的台阶逐步上升。上面尽是砾石与粗砂,几乎没有植被,除了可以看到下边远方的和阗绿洲外,整个都是荒滩野地的景象。沿塔什力克布延山口走过最后一层阶梯时,远方的山脉尽收眼底。玉龙喀什河沿着一道曲折峡谷

206

穿过这些山脉,更高兴的是重新看到了南方远处高高耸立的几座雪峰。长距离下降的沙质的缓坡把我们带到了克赛尔河,前进的道路就依傍在河边。驮马下坡时扬起的尘土弥漫在空中,几乎使人窒息。不久就到达谷底的库马特小村。克赛尔河旁有一条狭窄的平地,靠河水的灌溉,养育着15户人家。夜幕很快降临到深而窄的峡谷里,到今晚的宿营地英兰干还得前进4英里,看上去相当遥远。夜间的天气要比和阗平原地带温暖,晚8时的气温是48 °F。

10月19日,在克赛尔曲折的峡谷中上行18英里,便来到了塔里木冬牧场。整个路上空无人烟,也没有一块平地。崎岖的小径无数次地穿越溪流。溪水流淌在沙质砾岩的高峻山坡间,岩石塞满了狭窄的谷底,不止一处使得驮马难以行进。如此杂乱的群山从未被人勘测过。小径弯弯曲曲钻入石壁之间,没有一个地方能够远望,真叫人着急。必须赶紧向上爬,去观赏一下它的全貌。塔里木冬牧场仅有一间土房,建于几亩青稞地之间。除了斜坡上一小块由溪水灌溉的土地外,周围尽是些风化的石块以及满是沙砾的沟壑。与这些贫瘠的山地相比,罕萨或色勒库尔峡谷的植被要繁茂得多。

10月20日早晨,我发现帐篷边上的小溪一半水面上结了一层薄冰。沸点仪测出的海拔高度近9000英尺;上午7时,室外的气温恰是冰点。我们登上峡谷继续向东南方行进8英里,小径离开了来自白雪覆盖的高山的溪流,向南进入地面干燥的峡谷。山侧表面上的一切岩石痕迹都消失不见了,所能见到的只有松散的泥土和岩屑,还有一些耐寒的灌木丛。到达山口之前,天空转为多云,狂风骤起,我们被掩没在弥漫的尘雾之中。因而,直到下午2点,才到达乌鲁赫达坂。向南透过 云雾,可隐隐约约地望见远景。尽管如此,我还是与助理测绘员一起攀登上了高出山口500英尺的山脊。向东南方向望去,独具光彩的奇观进入眼帘——宏伟、挺拔的山峰为冰川所环绕,这是"K5峰",据印度大地测量局测量为23890英尺高。山峰左右伸展着一串冰山,但其峰顶都掩没在云雾中,我们力图从中辨别出由南插入的其他山峰却徒劳无获。山口上方寒风刺骨,温度接近零度。我们发现沸点测高仪所示高度为 12000 英尺。

　　我很高兴地于下午 4 点离开了这阴郁的山脊,向下进入由东而西插入玉龙喀什河谷的陡峭而沉闷的布亚山谷。荒凉的山坡被狭窄的深谷分割开,小路就在谷中沿山脊而下,景况显得极度荒凉而无生气。我们从山侧突出的岩石上解脱出来,沿着梯状石阶下到谷底时,天已漆黑。向导几经周折才找到了去布雅居民集聚地的道路。由于后面驮运行装的牲口来得太晚,无法扎营和准备晚餐,我只得在被烟熏黑的土屋里一直坐到半夜。

　　第二天早晨起来时,我高兴地发现晴空万里。为了不失时机地做好勘测工作,虽然人和牲畜看来都需休整一天,我还是决定赶往皮夏。布雅山谷在主要村落处宽约 1 英里,30 多口人就依靠生长在这贫瘠土地上的青稞生活。我们的宿营地海拔近8000英尺。山谷向南是高原地带,看上去表面尽是些岩屑和沙砾,间或有一些圆锥形的山丘点缀其上。当我们攀登上最近高原的顶端,终年积雪、连接拉达克以及西藏西境的全部宏伟山脉,巍然耸立在我们眼前,上面提到过的雄伟的昆仑峰顶以及它们的冰川都清晰可见。布雅的十户长是一位粗野的山里人,只知道那山名叫"冰山"。除了南方远处那闪闪发光的冰雪屏障外,看不到其他东西。可是高原的黄土斜坡,说明横断山脉曾一度在那里崛起过。气温的极度寒冷以及气候的极度干燥,加之植被的贫乏,在一定程度上,使地面土壤发生反常的分解。看到近处山脉的色彩与轮廓,我联想起了途经埃及苏伊士湾沿海所见过的山脉景象。高原被宽广的裂沟分隔,沟中细小微咸的水流争相找寻出路,匆匆奔往玉龙喀什河。只有东面远山冰雪消融,才会有水流淌入这些沟壑。

　　我们向西南方向前进了约 10 英里,幸好平整的路面不再为难这些疲惫不堪的驮马。从最后一个高原顶端的山脊上向南望去,我看到了宽广的部分已被耕作过的皮夏山谷,它另一侧的山脊把我们与喀朗古塔格分开,那是昆仑山北麓最后一个有居民的山谷,也是我们此行最近的目的地。下午 5 点,到达了皮夏山谷的主要村庄库勒－多比,有 20 多位山里人正集合在那里欢迎我们。从语言或风尚来看,他们似乎与和阗人相差无几,但他们身披的羊皮大衣与饱经风霜的脸,表明了气候条件的不同。他们中许多人从未见过平原地带,周围只是一片严酷、荒凉。不知他们有否看见过帕米尔草原上的花朵。

10 月 22 日,人和牲畜都需要休整一下。在一个稍有富余住房的地方,我欣然同意休息一天。天空浓云密布,凛冽的寒风时时掠过山谷,阴霾充斥着整个峡谷。写了一上午笔记和信件之后,我沿着小溪漫步。穿过平坦的田野,除了光秃秃的灰色尖坡排列在谷内外,再看不到其他东西。回来时,我发现皮夏所有的成年男子都聚集在安置着我的随从们的土房庭院里,好像皮夏在过去的许多年里,从未发生过使人如此高兴和惊奇的事情。阿奇木夏是当地年纪最大的男人,也是百户长的父亲,明智而健谈,自称已是百岁高龄,他满布皱纹的脸面与苍苍白发证实了这一点。虽然多年的生活重负压弯了他的背脊,但老人的身心却充满了活力,流利地讲述了伊斯兰教徒反叛之前中国早期统治时的情况。他一生中曾去过和阗,在其他人眼里,他显然是一位通晓天下大事的人物。

随从们听说,前面是段艰难的长途跋涉的路程,因此 23 日早晨,他们出发的准备工作做得比往常迅速得多。刚过 6 点我走出帐篷时,愉快地看到天清气朗、寒冷异常。上午 7 时,温度计显示 23 ℉,帐篷边一条小渠里的水冻得硬邦邦的。当我们攀登上比皮夏高出约 500 英尺的高原边缘时,整个冰封山脉的雄伟景观便展现在眼前。K5 峰巍然矗立在东南方,其冰川覆盖的峰顶在清澈无比的大气层里,显得离我们很近。我们在一块宽广贫瘠而带有缓坡伸向南面的高原上,大约骑行 8 英里,然后绕开小径,爬上东面远处的高山脊,选择了一个良好的测绘 点。

这里海拔高度为 13950 英尺。俯瞰全景欣喜无比,给我留下非常深刻的印象。以往站在慕士塔格 - 阿塔峰上看到的任何景色都无法与之媲美。东方高耸着雄伟的昆仑顶峰,奇异成群的山脊被耀眼的冰川分割开来。它的底部为光秃秃而奇特的风蚀山梁所抬高,在它旁边玉龙喀什河主要支流的峡谷中,可以清楚地看到从河流横穿的昆仑雪山主脉向北延伸的一系列奇异的山嘴。昆仑山雄伟的诸峰被河流割断而各个单独地矗立着,这个有趣的奇观与喀喇昆仑和兴都库什在山岳形态学上是一致的。很久以来,都未发现海拔最高点位于实际上的分水岭,而是标在与此分离的其次的山嘴上。

陡深的山谷和锯齿状的山梁从主脉向下延伸,与我们背后贫瘠的平坦高原形成了鲜明的对照。西面玉龙喀什河道隐没于伸向平原逐渐降低的悬崖峭壁之间。在北面我们去布亚的路上,是连绵不断贫瘠而密集的砾岩山脉,顶点是一座宽阔的白雪皑皑的山峰,即乌鲁赫达坂。东面是相当远的铁克里克山。大自然再不能创造一个比我现在站着的山脊更好的测量点了。享受着如此锦绣美景,这一片辽阔、壮丽、诱人、迄今未曾勘测过的山河,突然间如同一幅地图摊在我面前,令人感到畅快无比。这时拉姆·辛格在远处正进行平板仪作业,我则忙于用摄影经纬仪观测整个周围环境。尽管天空蔚蓝明净,但在这样的高度,每当我手指触及操纵的精密仪器时,就觉得酷寒难忍。

212

工作完成之前,已接近3点,我应该赶紧下山。我预先知道我们结束这一天行程的地方喀朗古塔格山谷离此尚很遥远,但来自夏夏、居住在通向那里的险恶小路上的向导却兴奋异常。走过2英里不算陡的下坡路之后,顺着一块很高的台地,在一连串险峻峡谷中,我们踏上了走向玉龙喀什河谷逐渐下降的一条小路。小路起初所沿的一条峡谷极像我在阿斯陶尔所见过的向下伸入印度河的峡谷口,高大的岩壁排列在两侧,与北面横亘的山脉相比,恶劣气候的破坏性影响要少得多。小路在一处高约11000英尺的地点向东越过坚硬的岩石隘口,然后在悬崖峭壁间向下通往3000英尺以下的河流。

当我们开始通过这段难行的下坡路时,天色渐黑。即使在白天,这里也不可能骑行。这里的小路蜿蜒曲折,向下呈"之"字形通过陡峭的悬崖,驮马只能艰难地拖曳行进。铺盖在小径上的松散石块更增添了麻烦,扬起的浓重尘土时时扑向我们,使人几乎喘不过气来。旅程中,从未遇到过如此浓重的尘土紧缠我们。爬行一个半小时之后,我们到达谷底。从旁边的卡朗古塔格峡谷内流出的喀什河,汇入玉龙喀什河的会合处。

当我们跨过约 70 英尺宽的峡谷上用 3 根梁木连在一起架成的摇摇摆摆不牢固的一座桥梁，来到玉龙喀什河左岸时，天已完全黑了下来。河水流经河床深处激起的泡沫浪花，即使在黑暗中也能看清。在白天不怎么劳累的情况下，跨过此桥也会让人神经高度紧张。因此当我看到牲畜安全抵达对岸时，由衷地感到高兴。喀朗古塔格的意思是"黑暗之山"，在我们到达时确实名副其实。当我们最后到达名称古怪的村子之前，大约费了一个小时的时间，与疲惫不堪的牲口，在巨砾铺盖的喀什河岸以及险峻的山坡下摸索前进。耽搁了很长时间，行装才安全抵达，因此直到深夜，我方能安心就寝。

10 月 24 日，我花了一整天的时间，在喀朗古塔格对人员和牦牛做好了妥善的安排，以便向前进入深山。以往几天里的勘测告诉我，可能到达和阗河主要支流源头的唯一路线就躺在河流本身的峡谷里。早上我召集了小村里的老人们和百户长，他们起初坚决否认从我们穿越之处的旁边可以进入玉龙喀什河谷。不久之后，经我启发而引出的事实是，在一些从冰山倾斜而下的峡谷里有夏季牧场，接着又承认了沿玉龙喀什河有小路可达这些牧场。至于 1865 年约翰逊先生越过南面主山脉从列城到和阗的快速旅程中曾走过的路线，却一点儿也打听不到。他们不肯说明真情，显然是山里人惧怕麻烦、不愿去高寒山地做一次旅行。同时我发现，约翰逊先生的路线示意图与皮夏南方山脉的实际形势，存在着令人费解的不小差异。这使我确信，在这里不能没有当地的向导。我的兴趣在东面，那里可以追寻到玉龙喀什河的源头。潘大人派给我的和阗衙门的衙役、年轻能干的伊斯拉木伯克，不久成功地使那些怪僻的山里人明白，必须遵守按办有关协助我的命令。所以，喀朗古塔格的统治者们开始着手为我聚集牦牛驮运行装，并召集随行人员。这并非是一项艰巨的任务。喀朗古塔格虽然隐藏在僻远的荒山野岭之间，却是一个资源富饶的地方。当我早晨四处观察时，惊奇地发现这是一个约有 40 户房屋紧紧地排在一起的正规村庄，上上下下为数不多的青稞田，勉强能维持这些人的生活。但卡朗古塔格也是玉龙喀什河上游山谷牧民们放牧牦牛、羊群的冬季牧场。这些牧民大多隶属于和阗的有钱人(巴依)或商人,他们的光顾似乎是唯一的纽带,把这近乎被遗忘的可怜群落与外界联系在一起。天长日久,喀朗古塔格人口持续增加,接纳了一些从和阗遣送来的流犯。

要找一处真正荒凉的流放地并不容易。一个狭窄的山谷封闭在绝对光秃秃与陡峭的山脉之间,丝毫看不到积雪的山峰,对外界来说,好比一座牢狱。夏季这些山里人在远处的幽谷中过着孤寂的生活。听到他们称喀朗古塔格是自己的"城镇",我不由得惊奇万分。对于大山的这些吃苦耐劳的子民们来说,这一簇土屋棚舍,周围再种植一些柳树和白杨,无疑是一处值得羡慕的居留地。对我而言,这块奇特的流放地比那荒无人烟的深山更使我感到孤寂郁闷。

不久我兴致勃勃地开始向村子东北方的一个陡峭山梁攀登,其位置很适宜做今后的测绘工作。但是白天天气远不如前一天那样晴朗,215 景色也让人沮丧。回来时途经喀朗古塔格墓地,鉴于这里人口很少(仅 200 人),而坟墓的数目很多,可以说明它是一个长期连续有人居住的标志。这里有大量颓废了的小土丘和腐朽的木头围栏标示着墓穴,上面各树立着一支高杆,悬挂着一条牦牛尾。我数了一下,有 2 座清真寺和 6 处简陋的麻扎。麻扎都竖着若干木棒,上面挂着破布条和牦牛尾,作为那些享有盛誉的圣贤陵墓的标记。我完全相信,这些生活在阴郁山谷里的居民,在他们的心田里会把地域环境的沉闷转变向遥远的极乐世界(我愿意相信,地下沉闷的环境,会把这阴郁山谷中居民的心灵带往欢乐的外界)。

大费周折才从喀朗古塔格百户长和村民们那里获得的玉龙喀什河216 主要河谷上的路线资料其实意义不大。他们知道沿河谷上行一日,在欧姆夏山沟有一处小村落,并且有一条只能通行牦牛的道路,通到一眼温泉流入河道的会合点,但再往上就没有可以穿越山脉的道路了。不管是真是假,只有亲自尝试一下才能知道。牦牛驮运着必不可少的行装,同时供我与随从们乘骑。驮马在前面的旅途中已疲惫不堪,留在喀朗古塔格由翻译尼牙孜阿洪负责看管,他不停地抱怨以前途中经历的苦难。我和他分手,比起与我的小狗"尧乐希伯格"分手要轻松得多。小狗一直顽强坚持至今,长途跋涉很明显已影响到它,这次给它休息是让它恢复精力,因为我们前面的路仍然很使人劳累。

10月25日上午10时,牦牛已驮上行装,旅行队也已做好出发准备。每匹牲口都由一位山里人负责引导。牦牛的步伐缓慢而稳健,没有人用绳子穿过它们的鼻孔牵着走,它们前进的速度就会缓慢得令人吃惊。我安排每个人都备好10天的食粮,这就需要有另外的牦牛驮带给养。当我们的旅行队出发上路时,整个村子的人都出来观看这一场面,说明喀朗古塔格人可能从未见过如此庞大的队伍。

向下穿过喀什河谷约2英里后,我们插向东方越过我先前攀登过的山嘴,进入布赛特侧谷。离伸向南面的两条狭窄的峡谷不远,小路攀上了一道很高的十字叉山嘴。从它的海拔高度近12000英尺的顶端,能清楚地看到雄伟的慕士塔格冰川以及所有通往主要河流的诸峡谷,于是我拿出摄影经纬仪又开始工作,虽然天气不如我那天到达喀朗古塔格时那样晴朗。早在过去几天的下午,我就注意到了相同的气候变化,刮起一阵强烈的北风,吹来的浓云和尘霾顿时便遮没了整个天空。

从包依耐克山嘴一条易走的小径下行约3英里便到了欧姆夏山谷口。山谷从冰山西侧下倾伸向玉龙喀什峡谷,由此我们渡到宽约50码的河流东岸。水深没一处超过3英尺,水面泛着可爱的蓝绿色,使我想起清澈见底的克什米尔与阿尔卑斯山脉的溪流。玉龙喀什河一定汇集了冰山和其他山峰的大量冰川融水,不知为什么仍然如此清澈。满布砾石的宽广的带状地面明确地说明,每当夏季这条河就排送出大流量的洪水。

10月26日一觉醒来,又是一个晴朗明媚的早晨。上午7点在太阳升起时的阳光下气温只有24℉。从河边宿营过的提热克阿格孜,有一条险峻的小路引上山腰向北突出的一道长满山草的吉兰山嘴。经过2个半小时的努力,终于登上了它的顶峰,得以领略冰川环绕着冰山以及南面白雪茫茫的崎岖的山路风光。向东南约4英里,在一系列雄伟山峰左侧下倾的巨大岩石山嘴和对面的主脉之间,玉龙喀什峡谷完全隐没不见了。仰望宏伟的 K5 峰南面巨大的支壁状突出部及其顶端呈蹙额状的诸冰峰,说明其顶峰还在它们之上,似乎使人很难相信它们的后面是像帕米尔一样的高原。正如我从迪西上尉探测中所获悉的,玉龙喀什河就发源于那里。从眼前的景象可以清楚地看出,河道穿过冰山时流经的那些岩壁上根本没有道路,但仍存在着可能性,即河床本身会提供所期望的通道。当我从一条仅容牦牛通过的艰难小径下行至河左岸时,这个希望一直盘桓在我的脑海中。这里称为伊斯克布拉克。在宿营地对面高出河床水平面约 300 英尺的陡峭悬崖上,我可以看到流量相当大的温泉水流出来。据说,当冬天容易涉渡时,山里人就来温泉里洗澡。6 个在路上和我相遇的欧姆夏牧民,一致声称他们从未越过这个地方到上面去过,峡谷再往上,让人难以插足。他们的说法是否真实,前方或者是令人生畏的深谷,或者是一条可以通过的路径,只有等待明天探察后才能得知。

10 月 27 日,通过一天在玉龙喀什峡谷内乱石巨砾间的艰苦攀登,证实了山里人的说法。太阳从东方雄伟的山崖升起时,我与拉姆·辛格、提拉拜以及 3 位来自欧姆夏的山里人就开始出发。估计到我们的探察路线要渡过河流,我带了 3 头最大的牦牛一起走。首先我们沿着宿营地左岸的陡峭山腰上行,它的高度可以清楚地看到前方的地面。上行约 1 英里半,继续前进的道路被从很高的地方斜切下来的深谷所阻断,而且两侧全都是无法攀登的悬岩。眼前的景观极端荒凉。现在可以清楚地看到令人望而生畏的高大的悬崖峭壁,以及从同样陡峭处破裂崩落下来的石块和砾石,沿直垂河面的巨大山嘴下排成一线。留给河水的通道无一超过 200 英尺宽,有些地方更窄。由于秋天水量减少,现在河水流量仅充满了河道的 1/2 到 3/4。粗砾石河床内实际的水道并不是一直连续向前的,而是交错地靠向左岸或右岸。如果流动在巨砾与暗礁上的河水呈淡绿色,说明有可能涉渡;但看到那陡崖下呈深蓝色的旋涡,则显然表明水很深。唯一的希望只有沿河岸向上前进了。

从我们所站的地方下去很难,于是往后倒退半英里,发现一处可以

通行的斜坡,攀缘着下到河边。费了好大劲才把牦牛拉下来,然后开始
沿深谷上行。一道不可逾越的岩壁脚下是一条深水溪流,迫使我们不
得不寻找可以涉水而过的地方。不久终于找到了。这要感谢牦牛,它
在冰冷的水中毫无畏惧地趟过急流,使我们安全抵达对岸。即使在最
易行走的路面上,牦牛也是一种很难驾驭的牲畜;在水里,想控制住它
们的行动,那是无能为力的,于是只能放任自流。我注意到,它们总是
本能地谨慎地从一块合适的巨石上跨向另一块,清澈的水流使它们有
可能看清应走的最佳线路。

在河的左岸,我们仅从由上面斜坡滑落下来的大量乱石堆上前进
了几百码,就又被挡在了一道被不祥的蓝色水流冲洗着下部的岩壁前,
再度停了下来。河对岸有一条布满砾石可供通行的地面,但却无法涉
渡。我们先驱赶牦牛下水测试水的深度,然而牦牛立即被迫浮了起来。
要是想过去,那我们就得仿照它们的样子去做了。为了把必须携带的
行装渡过河去,一条船或筏子是不可缺少的工具,但在这样孤寂荒凉的
地方,到哪儿去弄呢?实际上这里连根木料都见不到,同时,这儿的山
里人也从未听说过那种有用的渡河工具——羊皮筏子。

继续前进仅有的希望就是爬向我们上方的悬崖,在前面再找一处
斜坡重新下到可通行的河床。艰难地攀登了约500英尺之后,我和我
的随从们安全抵达狭窄平坦的岩石壁架上,可是牦牛却留在了下面。
我们沿壁架前进几百码,直到一条深谷侧面的尽头。那里任何人都再
也无法前进。我们仔细地搜寻,想找到一处可重新下行到河边的地点,
又遍寻无着。陡峭的铺满卵石的斜坡尽头,都是悬崖峭壁,无处可供立
足。经过多方努力,还是徒劳无益。于是我再爬上沿着走了这么远的
壁架上面的险峻山坡,希望河道能转个弯。但攀登约1000英尺以后,
我确信在那样的地方,负重的人和牦牛都寸步难行。

当我停留在一处突出的小山脊上时,一阵落石的响声把我吸引住
了,我注意到一群野山羊,它们显然是要从对面的悬崖上下来。我早已
注意到山腰上这种动物的足迹,它们是唯一可能曾经进入我们面前荒
芜峡谷里的动物。一条从雪山冰川下来的大的溪流汇入玉龙喀什河的

地方似乎不远,两河交汇点的旁边可能渡河困难较少些,然后我们可沿河而上。然而除非等到河水完全结冻才能到达那里,而完全结冻又是不可能的。我考虑即使能找到一条可通过的途径,但天气变化无常以及可能遇到大量的落石滚下,都是需要料及的。

峡谷里终日寒风凛冽,预示我们在这个季节、处于这样高的高原上,可能会遭到寒流袭击。鉴于我们测量的结果,已经肯定地找到了河流源头,我并不羡慕牦牛浸浴在水中渡回右岸,而从心底高兴的是在薄暮时回到了帐篷。夜间多云而寂静,翌日清晨,白雪正飘落在高出我们宿营地约 3000 英尺的群山上。宿营地的海拔高度在空盒气压计上接近9000英尺。早上7点沿河而下时,气温要比昨天稍高一点(34℉),但当我们登上以前到过的小径时,天气变得奇寒无比,而且寒风刺骨,冬天已在这些地区降临了。

222

返回喀朗古塔格时,我选择了穿过欧姆夏峡谷这条路线。进入山谷,我们没费多大劲就越过海拔高约 11500 英尺的苏阿克－奥黑勒山脊。在欧姆夏中心村,我发现两间位于几亩青稞田中的低矮的小土屋和一些牧羊人的穴居住所。下午天气转晴,温暖的阳光从山那边照过来,我感到心情非常愉快。欧姆夏峡谷虽然只有 1/4 英里宽,在走过了险峻的河流峡谷之后,看起来却显得十分宽敞诱人。尽管海拔高度约10000 英尺,但山上有充足的积雪保障灌溉,据说青稞年年长势喜人。

223

欧姆夏地势较高,加之天气的变化,夜间空气相当寒冷。10 月 29日早上7点,气温只有17℉。天色明净,阳光灿烂,在清新的山间空气中,寒冷近乎起着一种令人振奋的作用。2 小时愉快的行进之后,到达靠近白杨沟的玉龙喀什河右岸。我们没走原路,而是沿着河边的小径继续前进。渡过离上游交汇点以下约 2 英里的玉龙喀什河,然后再沿着左岸陡峭的悬崖绕行 3 英里,上上下下奔波在松散的砾岩斜坡上,感到非常疲劳,但荒野河谷如画般的景色却给了我们一种很好的补偿。有一处河流竟穿过坚固的石壁开辟了它的通路,宽仅 50 英尺,长达几百码。猛烈的洪水在庞大的冲积扇上挖掘着,裂开大口向下滚滚奔流。距喀朗古塔格的喀什河谷与这条峡谷会合处不远,小径越过道道险峻的岩石山嘴。上坡的路沿着悬崖边缘超过500英尺，犹如大自然塑造的一座巨大阶梯。牦牛以令人惊讶的稳健步伐登上了斜坡，但骑着它 224 往下看时，却感到异常忐忑不安。

14 在喀拉喀什山脉上

　　我们前面的勘测，包括在玉龙喀什峡谷上的考察，已经解决了一系列主要问题，诸如和阗河主要支流的真正发源地与河道等等。下一个同样有意义的任务，就是绘出流自喀朗古塔格南面和西南面昆仑山脉诸小河源头的地图。很明显，这些都是比较主要的支流。我向欧姆夏牧民探询能使我重新见到向喀什河供应水源的一系列雄伟冰川的制高点，查明有一条难以行走的小径，刚好能使负重的牦牛通过喀朗古塔格西北的横断山脉，据说可以通向尼萨峡谷，从那里可能找到喀拉喀什河上游的小径。对此结果我非常满意，因为它揭开了喀朗古塔格村民小心隐瞒的秘密，即除了经由皮夏的道路外，还有一条与外界联系的通道，而且这条通道又有可能把我引向一个迄今为止不为外人所知的隐蔽地域。

　　10 月 30 日早晨，我决定向尼萨出发，却被困难所扰。以前证明是一个障碍的喀朗古塔格百户长，显然不愿协助我们上路，不想让外人知

225　道那条道路。因此尽管有以前按办的命令，可早上还是不见有牦牛到来。当百户长看到我着急了，意识到如果再拖延会给他带来比伊斯拉木伯克和翻译尼牙孜阿洪的训斥更为严重的后果，所以不久就从邻近的峡谷里把牦牛拉了出来。可是我们已损失了 2 小时，在狭窄的山谷里，黑夜降临得很早的这个季节，这是一段很长的时间。

　　上午 10 点，我们向喀什河上游进发。大约走了 2 英里之后，转入一个名叫盖孜沟的狭窄山谷。再经过 3 小时艰难的攀登之后，我们到达了海拔近 12400 英尺的波木塔格山口，看到了东南方一片广阔的景色。它包括从极左端冰川覆盖着的"冰山"山脉，直到环绕着喀朗古塔格峡谷的顶端伸向冰川之上的灰白色山峰，那是约占地平线 1/3 的一溜闪烁的雪山，没有一个海拔高度低于 20000 英尺。经三角测量，相当

多的高峰都达到 22000—23000 英尺以上。西南和西方较近处,耸立着令人十分迷惘的陡峭锯齿状的山岭与尖塔形的群峰,位于窄谷内不起眼的尼萨牧场就嵌在它们之间。我们攀上高出山口约 400 英尺的一个在分水岭上的圆丘,在那儿用平板仪和摄影经纬仪忙碌地工作了 2 个小时。这是测绘作业最理想的一天,天边几乎没有云彩,背阴处的气温是 50 ℉,感到既暖和又舒适。

我们的驮马艰难地沿着一条极端陡峭的小路牵引而行。先通过狭窄的沟壑旁一条光秃秃的石脊,然后向下至少走了 3000 英尺才到达喀喇盖孜峡谷。当我们到达它的底部时已 4 点半了,薄暮已降临这高而陡的岩壁之间。我们在这只容一人单行通过的窄道中下行 2 英里左右,到了它与尼萨河谷汇流的地方,熟知的红色的夕阳余晖正照射着前方高耸的山巅。这种耀眼的红光映射在缺乏植被的黄色岩石上,充满着巨大的诱惑力,只有在提洛尔白云石山脉与印度河冲开萨尔特山脉处的隘谷中看到过同样的景观。

我们下一个要攀登的尼萨峡谷同样狭窄,我们的长途骑行全部笼罩在黑暗中。驮马缓慢地在圆砾石河床间或沿着狭窄的山脊边缘摸索着行进,使人备感厌倦。我们经过的隘路转弯处,不时有少量的小块耕地,还有一些只在夏季才居住的低矮土屋。由于胸怀恶意的百户长拖延时间而造成了这次疲劳的夜行,他现在和驮运行装的牦牛走在一道,当我们经过迟到的牦牛群时,他受到了人们的抱怨。但到达行程的终点还有一段相当长的路程。最终到达尼萨时,我很喜欢这个小聚落的巴依为我提供作临时住所的小屋。我的房东因拥有一些牦牛与羊群而获得"巴依"的尊号,可住屋也不过是一所泥筑的茅舍。尽管这样,在阴冷的黑夜里,靠在暖和而有光亮的壁炉旁,的确是件令人愉快的事。

10 月 31 日,我们在尼萨小住一天。随从们都需要休息,拉姆·辛格也需要时间做天文观察。我则利用这天收集资料——关于向西通往喀拉喀什河谷并且通往和阗山路的信息,找到它并非易事。山里人以为我的旅行会惹麻烦,所以愈加闭口无言。尼萨总计只有 20 户人家,冬季住在这里的绝大多数居民,现仍跟牦牛和羊群一起住在更高的牧

226

227 场里。除了很少的几棵柳树与在山谷顶部望得见的陡险山峰外,再没有其他东西打破土灰色的岩石以及它们之间的小平原上的平淡景色。但天空明净蔚蓝,阳光温暖和煦,即使处于这样的环境中,这一天过得也还算相当愉快。

　　从历史地理学的角度看,尼萨这个名称幸好不是指再往西一些的什么地方,否则就会被业余文物考古工作者认为是狄俄尼索斯(希腊酒神)在印度高加索中的神秘住地尼萨。据说,亚历山大大帝曾到过那里。这些使我饶有兴味地感到,给这样极端荒凉的岩石地区披上酒神的葡萄藤,一定要有驰骋的想象力才行。伟大的征服者(亚历山大)征服印度时,就曾自以为是地模仿那位神仙的样子。

　　11月1日早晨,我出发去布林扎克山口,它在北面的峡谷处与尼萨谷相连。我急切地想利用山口高地上广阔的视野,最后测绘一次玉龙喀什河的源头。为了保证次日工作有充裕的时间,我决定尽可能地在靠近山口处宿营。实现这个计划并不那么容易,位于陡峭峡谷里的上行小路异常狭窄。最后到达一处,在空盒气压计上显示出高度大约接近12800英尺。那狭窄的谷底,仅有能容两个帐篷的空地,我下令在此支立帐篷,随后便攀上了山谷南面陡峭的山脊。经过勘察发现,山口东北一个陡峭的山脊上有一处良好的测绘点。刺骨寒风不久便把我赶进了山下的帐篷。从上面看起来,帐篷在窄谷内好似展翅欲飞的蝙蝠,翅膀外侧伸展到两边岩石斜坡上。帐篷里一点也不舒适,在陡峭的斜坡上,既不能安放桌子又不能放椅子,小于25°角的地方也搁不下行军
228 床。或者是由于环境不适宜,或者是由于御寒的毛毯不断滑落到地面,那天晚上我睡得很少。

　　上午7点,气温只有21 ℉,旁边的小河冻得结结实实。经过1小时的艰难攀登,爬上了布林扎克山口,空盒气压计显示其高度大约为14000英尺。先前为测绘工作选择的陡峭山脊,攀登起来很费劲,上面全堆满了杂乱的砾石与片石,充分显示了在这样的高度,大自然风化作用的威力。驮载仪器的牦牛走了几百英尺后再也不能前进了。经纬仪经不起在岩石上颠簸,但山民还是克服困难把它背了上来。山脊逐渐

134

变窄成了悬崖峭壁。大约经过1个半小时的攀登,我们到达了它的最高圆顶上,那里岩石的夹缝里塞满了白雪,冻得非常坚硬。

东北方向高耸着被山脊中一个大坡所隔开的尖塔状的山峰,这就是我们早在波木塔格山口见到的穆达彻塔格山峰。即使时间充裕,攀登它也是一个艰巨任务,其海拔高度为17220英尺,挡住了测量需要利用到的布亚以上第二座三角形山峰。但除此之外,视野就如预料的那样清楚、开阔。"冰山"显得极端威严,在其后方的东南面,远远地可以看到几座以前未曾见过的雪山,守护着附近玉龙喀什主流的源头。假使伊斯克布拉克上方的小径能够穿越,我们在其中的遭遇又会怎样?南面的远方将近100英里的地平线上,绵亘着一系列积雪山脉与冰川。 229

离我们最近的是那些在一个突出的锥形山峰下面的尼萨山谷的顶峰,这个锥形山峰经三角测量查明高度为23070英尺。但更重要的是,还可看到流入喀朗古塔格山谷上面一个宽广的圆形洼地的各条冰河。西方和西南方远处的强库勒的陡峭悬崖及其邻近的其他山峰挡住了我们远望的视野。山上的新雪闪闪发亮,可能这就是我们在伊斯克布拉克所见到的降雪。不过环绕在这些山峰中填满伊斯库然木山谷沟壑内的雪层,看起来时间很久,像是早期的冰川。

碧空明净,强烈的阳光使得南方的冰川闪着耀眼的亮光。虽然正午的阳光辐射力相当强,荫凉处的温度仍保持在25 ℉。幸亏风很小, 230
我的摄影经纬仪作业没遇到什么麻烦。令人高兴的是,经过一个半小时的野外作业,又能重新温暖一下我冻僵了的手指。那时空盒气压计显示的海拔高度为15300英尺。

下午一点半我们工作完成。在最近的10天里,拉姆·辛格用平板仪十字交叉法对各项数据进行了核实。返回的路上,我们又用牦牛驮运行装。向北下行进入伊斯库然木群峰泄水的河谷,但一件意想不到的困难阻止了我们行进。大约离山口半英里处,小径转入狭窄的沟壑,我们突然走在覆盖着岩屑尘土硬壳的坚冰上。几小时前,新雪在阳光下融化,刚刚冻成的冰层,使牦牛滑行在这种不坚实的路面上很不自在,同时小径向下的斜坡也极为险峻,更有滑倒的危险。同伴们羊皮制的软靴在这里比我已磨平了的带登山钉的长筒靴更为安全,在最难走的地方可以帮我一把。

我觉得,冰和尘土就是和阗地区这陌生、难行的山地的特征。感到欣慰的是,大约经过一小时的谨慎行进后,摆脱了这块难以行走的地面。再往下行峡谷变宽了。当我们到达因山谷而得名的恰什小牧场时,天已渐渐黑了下来。帐篷支在一小块枯草地上;在它背后一块突出的岩壁下的隐蔽处,随从们安排好了自己的住处。附近,在岩洞侧面的紧下方,我发现有两个小毡房,是山里人冬夏居住的。他们仅有少量绵羊,据说主要是靠夏季赶着羊群来自波拉赞地区的牧民们慈善的施舍以维持生活。谷内生长着的丰富的灌木丛,使这些可怜的人们能顶得住冬天的严寒。在这海拔高度 10100 英尺的地方,冬天肯定是很冷的。

231

傍晚时分,4 名山里人受伯克的差遣从北面最近的米塔孜小村来到这儿,他们明确地告诉我,供应品已送到了前方的中间停留地。这真是一个令人高兴的消息,我们从尼萨带来的供应品马上就要用光了。但从靠不住的山里人那儿,却没有希望得到穿越山脉前往喀拉喀什河谷的路线资料,每提出一个关于地点的问题,回答千篇一律,都是“我不知道”。甚至那些从尼萨来的呆头呆脑的牧民都在嘲笑他们这种愚蠢的谎话。很明显,我们这些初来乍到的陌生人,对他们来说,从未见过又未听说过,各种各样的疑惧充满了这些善良人们的头脑。

经过前一天的艰苦工作,11 月 3 日我们可以晚点上路,让阳光照得更暖和些。我们沿恰什河谷下行约 3 英里,水流转而向东,穿过不能通行的岩石隧道,直奔玉龙喀什河。我们继续向北走,爬上两侧全是砾岩悬崖的一个狭窄侧谷。在入口处,我们给驮马饮了水,因为峡谷再向上荒凉无水,只有一个不能饮用的碱泉。又走了 8 英里,我们抵达牙干达坂下,在通向山口险峻深谷里的最高处,我们扎营宿夜。从恰什带来了 3 大袋冰块供我们饮水。

感谢这个隐蔽的宿营地,我们相当舒适地度过了这一夜。翌日清晨,阳光明媚,吸引着我和拉姆·辛格在准备行装出发之前爬上了谷口。几个尼萨人在夜间逃跑了,给我们造成了不少麻烦。牦牛是种倔

232

强的牲畜,每头牦牛驮运行装都需一个人专门照料。那天每个人必须负责照管 3—4 头牦牛,落在后面的可怜家伙,显然要费更多的事。牙干达坂是一个极狭窄、东西两侧山峰很陡的鞍状山口。我们登上西部山脊以观全貌,到达其海拔高达 12000 英尺的山顶。这是一个相当不错的测绘点,完全可以居高临下地看到杂乱的网状岩石山岭与伸展在玉龙喀什和喀拉喀什河中游之间刀削一般的深谷。现在我们就站在两河之间的分水岭上。但是我们从尼萨翻越过来的锯齿状的高山,遮住了南望雄伟雪山景色的视线,即使是高耸的"冰山",我们也只能见到它冰川覆盖着的北面的侧壁。因此又一次令人失望,无法进行三角测量。向西视野豁然开朗,遥远的平原地带隐约可见,开阔的景色令我终生难忘。一行又一行光秃秃的岩石尖坡密集在一起,多半的走向都是由南向北;它们之间被不可攀登的岩坡封闭着,是深不见底的贫瘠峡谷。这好似波浪翻滚的大海,停滞的波纹激荡而杂乱。远处地平线上,石质荒原渐渐隐没在黄色的尘雾中,那就是我们熟知的另一个无生命世界——瀚海的标志。

　　3 小时的繁忙工作之后,当我们从山口下行进入通往西北面的山谷时,刚才那幅全景给我们留下的印象变得更加深刻。我们到达了比山口低约 1500 英尺的谷底,开始穿越以往从未见过的奇石隧道。近 3 个小时我们行走在密集的岩壁和向上高耸数千英尺的近似白垩岩的狭窄裂隙之间。对于完全缺乏地质学方面经验的我来说,出现在面前的,只能解释是因水流的侵蚀、气候的特殊影响以及岩石剧烈崩解因而产生了这样不寻常的裂隙结构。但却没有一丝水的痕迹,只有没踝深的粉尘铺在岩屑上面。在这荒芜的峡谷里,最初 4—5 英里,仅有少量灌木生长,似乎完全没有动物的生存迹象。我的身体对水的需求并不十分迫切,只是苦了我们的驮马与牦牛,它们已 24 小时滴水未进。而我的注意力始终在另一方面:眼前那些突出的悬崖、洞穴、孤峰看上去都像是水的作用所形成的。

233

234

　　头顶仍是一片蔚蓝色的天空,高高的悬崖反射着耀眼的阳光,而这些阴暗的深谷与荒凉的景色,令人感到十分沮丧。我也知道,这次行装的驮运是一场艰难的任务,这么几个人是难以管理好牦牛的。每当它们看到方便的凸出的岩石时,就碰掉背上的驮载。因此,从山口大约前进了 8 英里,来到了宽阔的米塔孜山谷时,我感到兴奋无比。这里阳光和煦,溪水潺潺,久渴的牲畜畅饮不止。在穿越死寂的深谷之后,我欣赏着水花的飞溅与汩汩的响声。直到暮色降临,我的行装运到,我一直欢快地呆坐在溪旁,阅读 17 世纪出版的霍勒斯诗集。旅途中这本书一直藏在我的马鞍袋里,描写的是远在西方的另一个山区的泉水。随后,疑问打开了我的心扉:与萨比纳山地相比,这广阔的山区对于人类有何意义?它并没有悠久的人类活动的历史,而它的将来又将如何?除非命运已为和阗的产金之河储备了另一个财富之源的矿藏。

11 月 5 日,因尼萨人要在此结账离去,并让米塔孜人准备好牲畜,装载好行装,我们推迟了出发的时间。米塔孜是一个很小的村子,八九间房屋分散在山谷的高处。山谷比起昨天的路线显得相当开阔,可是仅有的一条可行的小路紧紧地靠着河床或就在河床之中。河水清澈见底,没有一处超过 2 英尺深。我们不得不顺着突出的岩嘴继续跨渡,除了小狗"尧乐希伯格"之外,没有更多的麻烦。每次渡河小狗都在马背上狂吠,这个小家伙对此总不适应。

235 　　这一天,我们沿河而下向北前进约 16 英里,但没有见到一个成年人,只看见居住在一个小山洞里的一家牧民的孩子们。小山洞就在从西面延伸下来的苏考沙依山谷附近。4 个孩子中最大的一个 7 岁,双目失明,天花夺去了他的视力,但他熟知山谷里他要走的路线。不像往常那样费劲,我从他那儿知道了附近的一些地名。我以手头一枚银币作为仅有的报酬,他说要交给他的母亲。我们把营地安扎在从米塔孜经库那特山口向东通往平原的另一条路口。据说那条路马匹不能通行,入口是岩石围成的咽喉,看来非常令人生畏。

在库那特山口,沸点测高仪上显示的海拔高度仅 6890 英尺。早晨 7 点时,气温恰好为零度,我觉得已接近平原了,但仍须越过乌鲁嘎特山口。11 月 7 日,我们沿米塔孜河下行 8 英里,展现在我们右侧的是宽广的沙质山坡,向上直伸到一座高高的山岭。与四周山脉的锯齿状峭壁形成鲜明的对照,在这匀称的山坡上没有一块凸出的岩石,因此看起来它要比实际矮得多。我知道错觉使拉姆·辛格以前估计的高度只有 1000 英尺,不过我还没有打算攀登面前等待着我们的高山。我们的驮马费了两个半小时沿着似乎任何地方都不小于 25 度角的斜坡向上爬。地面是砂砾和松散的泥土,最后遗留下来的岩石不知在什么年代已风化了。不停地攀登,越上越高,这几乎使我放弃了登高观察整个山脉全景的愿望,那会最后给我一个观察几个已从拉达克方向用三角测量考察过的山峰的机会,从而可以绝对准确地确定我们的位置,同时将和阗本身与印度的三角测量成果连接起来。以前我曾一再见过的"冰 236 山"如今显得特别壮丽挺拔,但它单独无法满足我的这种要求,而且主要分水岭中已经三角测量过的其他诸峰又因为靠得太近而无法确定其位置。

我们以急切的心情向前赶路,当山坡逐渐延伸为一连串不险峻的山岭时,已能看到山背伸展很远而形成的乌鲁嘎特达坂,但令我不安的是一座突起的尖坡遮住了南面的视野。其他人都落在后面约一小时路程,只有拉姆·辛格紧跟着我。最后,我们爬上了主脉的鞍状小山口。只要登上南边宽大的圆丘,立即就可知道是否能实现我的期望。于是我留下马匹加快步伐,到达山顶时,壮观的全景,突然展现在面前,非常令人振奋。3 星期以来横穿过的整个山的世界以及近山曾遮掩了的远方半圆形雪峰展现在我们面前。"冰山"的远方,我们能看到玉龙喀什河源头方向闪闪发亮的雪山。我们曾路过的伊斯克布拉克和尼萨之间山谷顶上的冰川,现在看来遮盖在形态不一或为半球形,或为金字塔形以及如同刀削般的尖锥形的冰峰之下。西面升起一系列雄伟的雪山环绕着喀拉喀什河源头,没有一个欧洲人从南方目睹过它们。北面只有一条很窄的风化岩石山岭,把我们与广阔的沙漠平原及其边缘的和阗绿洲分隔开。

天空一片明净,但平原上空却永远弥漫着尘雾,用它如同沙漠般的赭黄色笼罩着大地,使得河流、田野黯然失色。远远地连接着塔克拉玛 237 干的地平线,以天际为背景的轮廓则透出闪闪的淡绿色。但满是尘埃的大气层弥漫的高度极少超过1000英尺,因而能清楚地看到喀拉喀什河床上面的山脊。河流蜿蜒向前流经低洼缓坡一样的高原,奔向北方。

下午3点我们才到达最高处,已没有时间在这天然的测绘点进行经纬仪作业,必须在这儿过夜。主坡上的山口很适宜驻扎宿营,但用水却成了一个严重问题。幸亏我早有预料,提前派伊斯拉木伯克去喀拉喀什河上的小村普加,并让他带着新雇的驮马与所需的水在山口处与我们会合。行装在日落前到达,我们把帐篷支在靠近测绘点的下方。在此之前平板仪已经到达,我们急于找出南面的地平线上先前三角测量的点,并标示在我们的图纸上。

这一次没有让我失望。再一次用平板仪确定了我们的位置后,不难辨认出喀拉喀什冰川之上那个雄伟的金字塔形冰峰,就是印度测量图上的昆仑山一号峰,其位置与我们地图标明的方向完全相符。东面另一个高大的山头也证实就是駃騠二号峰。为了打消存在的疑虑,对在伊斯库然木山脉一个隘口出现的非常远的白雪闪烁的山峰进行了测量,那就是平板图上标为接近22000英尺的喀拉喀什二号峰。快速的测量得出了肯定的答案,完全可能对周围直到和阗地区进行精确的测量定位。以往将和阗与印度测绘图直接联系起来以确定确切经度的长期探索都遇到了失败,如今在这个离和阗只有几天路程的地方,好运气或者一点地形学本能的指引,给了我们这个期望的机遇。现在只祈求明天赐给我们一个晴朗天气。

南面雄伟山脉的落日奇观简直美妙极了。太阳西沉之后很久,交叉山脉的锯齿状顶端,渐渐沉没于蓝色的阴影之中。哺育着玉龙喀什西部支流的冰川,其后的冰峰顶端承受着灿烂阳光的抚摸,使它们一个接一个地由玫瑰色渐渐转为越来越深的红色,最后变为紫色乃至一片黑暗。只剩下雄伟的"冰山"圆顶,它的最高顶峰就像是弗里吉亚人的帽子一样。太阳落山之前,我们新近发现的昆仑山一号峰长时间地向我们反射着阳光的余晖。

平原上黄色雾霾的奇妙变化也很诱人,但不久,渐冷的寒气与突然袭来的东风就把我赶进了下面的帐篷。不见伊斯拉木伯克的踪影和他

238

带来的饮水,我用水瓶带来的水煮了杯茶,这就是几个小时内唯一可以下肚的东西了。但想到今天的工作卓有成效,我毫无怨言地放弃了明晨之前能有饭果腹的期望。不久,一轮圆月升起,洒下银色的光辉,把我引到了帐篷外。如此高度,使得月光清亮无比,就像我曾在印度所见到的一样,把东面密集的光秃秃山脉的每一峰峦与山窝都映照得清清楚楚。当它第一次从笼罩平原的尘雾中冒出时,好似刚从海面升起,给尘雾缀上了银色的光辉。但它一升到高空就不那么柔和地照亮下面的平原了。我仿佛在凝视浩瀚无边的平原上庞大城市里的灯光,难道那真是没有生命与人存在的可怖的沙漠吗? 我意识到不能再待在这迷人的光辉下了,要赶紧处理一些耽搁已久准备寄出祝贺远方朋友圣诞佳节的信件。当我坐在帐篷里冷得打颤时,仍难以抹去那种心旷神怡的心境。大约在晚上 10 点,营地上传来一阵快乐的骚动,说是伊斯拉木伯克来到了,并带来了几个葫芦的水。不过水太少了,一人只能有一杯。沙迪克阿洪总算给我做好了简单的晚餐。最后看了一眼下面那迷幻的城市之后,我进到帐篷休息时已接近午夜了。

239

　　第二天早晨 7 点我刚起身,太阳就从东方低矮的山上冉冉升起。明亮的阳光射进了我的帐篷,空中飘浮着轻薄的云絮。所幸的是南方地平线上的山脉很清晰,我不失时机地立即在附近山上的测量点进行三角测量。在辽阔无际数不清的山脉中,在看得见的群峰中,选择最好的而且从其他位置也可能辨认出来的地标并非易事。但经过 5 小时的认真作业,对 26 个突出点都做了可靠的三角测量。云絮渐渐聚集,幸运的是山脉仍保持着清晰的轮廓,但接踵而来的东北风,却将野外高地作业的人冻得发抖。这块高地三角测量的结果是海拔 9890 英尺高。

　　我用摄影经纬仪环视一周,然后开始建立一个标志,以便从下一个三角测量点精确地辨认出我们现在所处的方位。哪里都找不到岩石,因此从普加来的劳工只得收集低矮枯萎的灌木丛和松散的泥土混在一起堆起来,作为标志。我乘机到帐篷里去舒适地喝了一杯茶,最高兴的还是有足够的水洗手洗脸。新的给养已从喀拉喀什河岸北边第二个村子波普那送了上来,所以随从们在这个荒凉的达坂上停止了埋怨,并且

240

为有可能早一点下到平原地带而情绪高涨。

11月8日早晨,碧空如洗,我们离开了乌鲁嘎特达坂。尽管在这样的高度,上午7点半的气温也只是略高于冰点,说明已受到平原气流的影响。在岩石结构的山脉斜坡上,有一条很陡的小径,上面覆盖着风化的泥沙。我们大约行进了一个半小时,当接近狭窄的山谷顶端时,才见到云母地层的岩石露出来。下行至仅有2—3码宽的谷底,一条小溪弯弯曲曲向前流淌,溪水咸得连驮马都不敢喝。1—2英里后,溪水消失在地层中。在高耸密集的悬崖峭壁之间,足足走了3个小时,绕过一个凸起的岩壁,便进入了恰好在波普那下方的开阔的喀拉喀什河谷。又见到了小块的平地与一行行披挂着鲜明秋季色彩的树木,这令我非常高兴。喀拉喀什河谷宽约半英里,北边以高约200英尺的沙砾岩壁为界,倾斜得如同一个天然阶梯伸向平原。我们再一次渡过喀拉喀什河,美丽清澄的绿色河水,宽约40码,2—3英尺深。波普那下面3英里就是朗如。虽然村里只有60户人家,但经过荒凉山区的漫游之后,在我看来这地方已相当大,只能让随从们留下来享受一个舒适的夜晚。鉴于大风扬起的尘雾将无情地妨碍我们前面的测绘工作,我觉得应立即赶往另一个叫作乌鲁克库孜的高山脊,它是在乌鲁嘎特达坂早就发现的附近唯一理想的观测点,以其优势的高度成了第二个三角测绘点,同时也很适宜安放仪器。为了到达那里,我于11月9日早晨经由通向库那特山口的山谷返回南面的干旱山脉。出乎意料,山谷头9英里很开阔,然后在库奇卡奇泉水处开始变狭。那儿有一条带咸味的小溪流,从岩石缝间向下流淌。水底沉淀的一层盐就像冰一样。我们越往深谷内挺进,两边的山崖就越高越宽。我开始疑惑不安:是否有一条道路可以通行,让我走出乱石迷津,到达我在乌鲁嘎特早就见过的高山脊?当我们到达驮马所能上去的最高点时,已下午4点,天渐渐黑了下来。在我看来,左面高耸的一座碎石陡坡轮廓分明,很像是通向乌鲁嘎特的那道山坡,显然也是可望通向卡乌鲁克库孜山脊的道路。营地设在狭窄的深谷里,空盒气压计上显示的高度大约为8000英尺。在那里,我刚到就遇见了一伙从尼萨来的人,这好像是一个吉兆。他们带了4头牦

241

牛越过库那特山口,现在正等待从和阗给他们运来食粮。牦牛已有两天滴水未进,但同样可以为我们效力。

第二天的攀登很艰难。我们所选择作测绘点的山脊在营地以上约3000英尺,山坡异常陡峭。牦牛驮着我们安全地走过了艰险的道路,3小时后爬到了顶端。拉姆·辛格和我立即开始工作,从几个方位看到的视野比从乌鲁嘎特看到的要开阔。但天空不很明净,一开始我就注意到一片不祥的尘雾,催我赶紧去观测。不久,我的担心成了事实,一阵强风向南穿过平原刮来,它携裹着沙土一步步地侵入山区。大漠的风沙威胁着我们的工作。幸而我们抓紧时间,已经认出了先前测量过的山峰。我们好像在跟持续加大的尘雾展开竞赛,竭尽全力使得经纬仪的观测更加精确。远方山脉中最靠近和阗的群峰(我们以后可以依据它们来确定城镇的经度),首先有从地平线上消失的危险。但是我们仍有时间。2小时后,当尘雾把喀拉喀什河谷上一段距离内的高山视野弄得模糊不清时,除了3座以外,所有26座需要进行三角测量的山峰,都已顺利地完成了测量工作,看到这个结果我感到很宽慰,因为我知道这个地区的风沙会很长时间妨碍测绘工作,而只要我耽搁一天的时间(我得承认,这确实很有诱惑力),我们就会完全丧失这次三角测量的机会。这座山脊三角测量的高度为10820英尺。

1小时后,我们爬下了陡坡,重进深谷,那儿驮马正在等候。营地周围没有水,水要用毛驴从朗如运上来,我已捎信让随从们尽早赶回村子去。留着等待我们的驮马似乎也非常需要水,加快步伐沿山谷而下。但是不久天黑了下来,我们不得不放慢了步伐。最后我们的向导迷失了路,为了不致使事态更糟,取道于巨砾铺盖的干河床,这对驮马来说,行走极为艰难。此时我们都已疲惫不堪,直到在深夜里出现一大堆营火,才把我们引导到建立于朗如附近田野里的营地。

15　在和阗做搜集古物的准备

11 月 11 日,经过一个短途行程,下行约 8 英里,到达喀拉喀什河左岸的乌加特村。灰暗的天气笼罩着一层厚重的霾雾,我感觉仿佛置身于多雾的伦敦之秋。附近的山脉,隐隐约约似如一幅图画,对岸陡峭的山嘴,从帐篷处远望,虽然距离只有 1 英里远,但尘雾弥漫,仅现出模糊的线条。山嘴名叫科马利,是乌鲁嘎特山脉伸向平原的最后支脉。那天我们的营地就设在乌加特。

根据地形的特征(此处无须细说),我相信杜特依·德·兰斯和格瑞纳尔认为科马利就是玄奘所记述的著名的和阗佛教圣地瞿室陵伽山是正确的。据《西域记》记载,山上建有一座佛寺,表明这里是释迦牟尼"为诸天、人略说法要"的地方。近旁有一个受到膜拜的"大石室",人们确信并广为流传有一位真正的阿罗汉,住在洞里"入灭心定,待慈氏佛"。现在这里是圣人马赫布霍加的麻扎。它位于右岸高耸的砾岩峭壁的顶端,承袭了古老的佛教圣地的声誉,成为和阗穆斯林们特别崇拜的朝觐地。当农民因水位低落担心粮食歉收时,他们特别相信圣人会保佑他们。据说按办潘大人最近已代表官方以开明献礼的形式承认此处为圣地。

中国求法高僧所见到的山洞仍旧保存在离山顶约 55 英尺的悬崖边上,可以沿着突出的悬崖走上去。岩石上建有半隐居的照看麻扎的谢赫的居室。洞穴本身深约 40 英尺,大约高 8 — 10 英尺。人们认为它曾是圣徒的隐居地,后被异教徒用烟熏死在里面,这就解释了洞壁上的黑垢。虔诚的朝觐者们都习惯于跪坐在洞穴里祈祷,冬天则点起火来御寒,因而洞壁自然留下了烟熏的痕迹。上面有一间小屋可从下面缘梯而至上层,从阶梯看上去像是岩石裂开的一道窄缝。玄奘据传闻说裂缝像是一条通道,后来被突然落下的岩石封闭,以隐蔽阿罗汉。

除了与玄奘的旅行有关外,科马利石窟本身对我也就有一种奇特的诱惑力。石窟里发现过古代印度佉卢文桦树皮书页手稿残片(现称杜特依·德·兰斯手稿)。据格瑞纳尔先生介绍,这些文稿是他和他的同伴连续两次访问科马利时,当地人卖给他的。当地人声称,这是他们在石窟中和其他遗物一块儿找到的。很明白,他们两人均未亲眼看见出土过程,甚至不知确切的出土地点。那些将这种珍贵的文稿卖给法国旅行家的人们,似乎曾以所谓宗教禁忌为借口阻止法国旅行家亲自对石窟进行调查。但我却没碰到什么困难。我发现性情达观、面容丰润的毛拉就像我在印度蒂尔萨斯的普罗希塔老朋友们一样,都已一致地准备好向我介绍这个石窟以及它的神秘的壁龛。认真仔细地检查,使我有充分理由怀疑这些手稿是从石窟里发现的,虽然谢赫们清楚地记得那些来访的法国探险家,但他们或村里人都对石窟里所谓的文书一无所知。考虑到其他同样的手稿已在喀什噶尔分散卖给了俄国人,看来可能是本地的"寻宝人"为了掩饰真正的发现地点而扯上了石窟。

考察这个神圣石窟时,我曾有机会欣赏和阗地方宗教戒律的松弛。没有一个人,无论他是多么虔诚的穆斯林,在进入圣地时脱掉自己的靴子。那些穿套鞋的人确实把套鞋脱在了外边,但平民百姓没有如此精制的鞋,于是一直穿着他们用羊皮制成的高统软靴或用长布带子扎紧的便鞋。这个地区冬季特别寒冷,我很怀疑和阗人在冬季会有多少次真的脱去鞋子。我经常和印度寺庙的印度教或伊斯兰教的教徒们交朋友,我总是设法避免脱去皮鞋的麻烦(对欧洲人来说,衣着不整既不方便又不礼貌),每次都少不了进行一番宗教上的调和工作。但在和阗,要想躲过这种着凉的机会,甚至连别处必不可免的小小礼貌也用不着。

乌加特是一个大村子,分散的房舍四周环绕着葡萄园,并以此而闻名。据说葡萄干和无核小葡萄干远销阿克苏、喀什、吐鲁番等地。葡萄藤都循着一个方向生长,沿着低矮的篱栅,排列成一行行平行线,在整个新疆南部都如此,现在刚开始进入冬前为根茎埋土的工作。在伊斯兰教传入后,乌加特村民信仰程度淡薄,似乎还长期沉溺于异教的方式。我奇怪地联想到,或许是普遍地栽培葡萄而致如此。我对当地考察的工作,以及我盼望已久的从喀什噶尔转来的邮件——这是整整一个月以来从家乡和印度寄出的信件,要及时进行处理,因而我不得不在乌加特住了下来。11 月 15 日,我抄近路返回和阗。穿越从科马利山脊伸向耕作区南边的克萨村附近荒凉的砾石滩时,我惊异地发现,伸向城镇的肥沃的土地已如此迅速地披上了冬装,长长的夹道两旁白杨和柳树的叶子都已凋谢,迫使我们终止了在山上的测绘工作的风暴,同时也卷走了当初我来喀拉喀什时一片明亮的秋色。

在一个月疲惫的旅行之后,随从们和牲畜都需要在和阗进行一次短暂的休整,同时,我也需要时间去检验第一次探访后买到的那些古文物,它们都是在各地发现而落入我委托的代理商手中的。在我逗留的这一星期内,派到沙漠古遗址去探察的小分队也带着收获回来了。小组是在吐尔地的带领下出发的。吐尔地年龄较大、经验丰富,来自玉龙

247 喀什镇,是可以信赖的"寻宝人"。他去过当地出名的古代遗址丹丹乌里克。他们带回的物品中,我感到最满意的是几片上面写着印度婆罗谜文字的壁画和象征佛教崇拜的灰泥浮雕碎片,还有一小块毫无疑问是真正的中亚婆罗谜文草写体文书碎片。

"寻宝人"深入探查发现这些遗物的那个遗址,据他们说要穿过沙漠再向东北前进 9 — 10 站(站,指驿站,历史上,驿站的距离,各地不同,多以 30—50 里相间。——译者)之后才可到达。它非常像是赫定博士在去克里雅河的途中所见到的遗址,即他游记中所谓的"塔克拉玛干古城"。他曾从绿洲北边塔瓦库勒的另一条路到达那里。我向潘大人转告了探察结果,他遂令塔瓦库勒伯克寻派两名曾为赫定博士做过向导的猎手。11 月 20 日,两名猎人艾合买德·摩根和喀斯木阿洪

248 由伯克亲自把他们带来和阗,我准备向这两名猎手进行调查。在先遣小分队负责人在场的情况下,经对他们进行询问,证明那个地方就是丹丹乌里克。同时,鉴于吐尔地获得的样品似乎可以说明它是开始系统发掘的最好地点,这样也就可以放心地安排考察这个遗址的行动计划了。

回来后,我紧接着就拜访了和善的朋友按办大人,感谢他对我的全力协助,使我在山区的勘察测量工作得以顺利进行;同时我又借助于伟大唐僧的事例,向潘大人阐明了我沙漠之行的目的。两天之后,他回访时,我给他看了吐尔地带回来的古物样品。经过潘大人的亲自审视,他确信,我是怀着一个美好的愿望在著名的古代取经者的路线上旅行。他答应我,在今后的探察中,尽其所能使我的考察工作更深入些。我无法用更恰当的言辞来表达对他的感谢之情,只能希望玄奘的圣灵能够使我报答按办对我的帮助。对我这一番诚挚的敬意,翻译尼牙孜阿洪要比所期望的更好地完成了这次翻译任务,因为按办极为严肃地问我,是否相信"唐僧"的灵魂仍然存在。看起来在中国佛教徒的心目中,玄奘如同一位光辉不灭的阿罗汉或菩萨,果真如此,印度考古学家应更明确地宣称玄奘是他们自己的保护神。

我再次把帐篷支在前次的房东、亲切的老人阿洪伯克的庭院里。虽然这地方十分清静,很合我意,但却不能抗御日渐增强的寒冷。在刚结束山地天朗气清的长途旅行后,托合提阿洪的房子显得太阴暗而闷人,我宁愿住宿在寒冷的室外,把我的小帐篷安扎在庭院里。许多有待修理的装备、马具等需要我的关照,这都是"黑山"的崎岖小径以及难以驾驭的牦牛在旅途中所造成的各种损害,使得鞍具工、铁匠、裁缝在我眼前忙碌了好一阵子。古物贩子们带着绝大部分来自约特干的印章、古钱、古陶器和类似的小物件,但并没有所谓的"古书",看来,我要找的那个有古书的特殊"寻宝人"已看出我对他及他的工厂不像过去那些人那么信任。

但我在和阗的那些天里,着手准备的并不仅仅是这些项目。自从我回和阗后,不断增加的一大批人要从我的医药箱内得到施舍。身为当地伯克和中国官员的病人,都是不容拒之门外的。虽然我的药片还未能达到病人们所期望的那样神奇的治疗效果,但我的名声却被他们说得像一位"巫医"一样传遍全县各地。据我所见所闻,和阗像是一个各种疾病传播的温床。虽然我带的药仅能治好极少数病人,但无数各种疾病的患者天天都被带到我这里来。一个医务工作者在这里能找到

249

250

147

广阔的工作天地,但我担心他的收入是否能抵得上对那些祈求解除病痛的一大批人的施舍。中国乞丐与无业游民也是我病人中的常客,他们的情况充分表明,对于治疗营养不良的疾病,需要的是一些经济上的恩赐,因此每次都要施舍一回。那些中国官员们是否知道这些贫困、靠乞讨无疑有时还靠抢劫为生的同胞对他们的统治存在着多么大的威胁。

很明显我的沙漠旅程必然长期远离绿洲,因而在出发之前,对绿洲本身的古老地区有必要做一次彻底的调查,以了解它的古代地形。同时,我决定派出拉姆·辛格去昆仑山五号峰以东的高大山脉进行测绘,籍此填补我们最近的测绘与迪西上尉在普鲁地域测绘间的空白。估计在一个月内能完成该项任务,然后拉姆·辛格前往克里雅河,在丹丹乌里克与我会合。

11月23日,我们一起离开和阗,同路行至玉龙喀什河畔的加木达村,我们以前去喀朗古塔格时曾经过此处。晚上在那儿宿营,并受到了以前拜访过的中国老朋友王大老爷的款待。这位矮小的中国人已住在此地10年,专营玉石交易。玉石是从附近的玉龙喀什河内冲洗出来的。有时他还偶尔冒险做些开采玉石矿的投机生意,但老天却从未使他交过好运。我的翻译告诉我,他想返回北京,但所需的路费还远远没有积攒够。显然,这是一个离乡背井的人最大的生活愿望。我发现王大老爷是一位聪明的向导,他到过加木达沿河左岸向南的每一个古代遗址,他也是我的亲密伙伴,能讲几句突厥语。第二天早晨,我穿过了一片风蚀了的古代遗址,它仅以通常所谓的"古城"而知名,是一块散盖着陶器碎片大约有1平方英里的地面。在这里还发现了唐代的中国铜钱,但却不见建筑物的遗迹。

约行6英里后,我们进入开采玉石的地带,在开阔的平原上,宽约半英里至1英里,伸展在河的左岸和西面山脉的缓坡砾石之间。这种珍贵的石头就是在河床早期冲积的乱石中找到的。自古以来,和阗就以产玉闻名于东方各地,在中国它比任何其他地方所产的玉石都要珍贵得多。汉文历史有关古代和阗的大量记载,应主要归功在它的玉石

251

的价值上。

我兴致勃勃地对遍布这个荒芜平原上的各个坑穴进行考查,在开始的 1 英里或 2 英里地面上,玉石矿坑似乎已被废弃很久,部分大坑已填满了沙土。再往上,我们来到叫作恰勒玛卡赞古遗址不远处,有很多新近挖出的坑洞,到处都是大量的碎陶片,掺杂在一些碎玻璃与碎矿渣中,散盖在平原上。从河边到山脚约有 1 英里半。这个地区的中心有一座低矮的土岗,上面盖着从河床运来的大石块,引起了我的注意。它的浑圆外形使人联想到可能是佛教的浮屠塔,仔细检查证明确如所想。不幸的是,在我之前已有别人猜测过这个建筑的性质,并且挖了一条大深沟直通土岗中心。看来"寻宝人"已在这里挖掘过。目前土岗直径大约 98 英尺,从地面隆起的高度约 15 英尺。由发掘可见,其结构为以 252 粗糙的石块紧密结实地砌成地基,又以类似材料在上面建筑围墙。中心部位有一填满松散泥土的深坑,里面可能是遗物。

有一点无可怀疑,即这些遗物所表明的古代居民区遗址与附近的玉石矿区有关。遗址南部边缘的玉石矿坑仍在开采。我们大约在其中穿越了 1 英里半,到达矿区小营地赛利克·托合拉克,在那儿支起了帐篷。矿坑很大,通常是正方形或长方形,都是穿过砾石层和河中沙层挖成的。向下挖 10 英尺便达到碎石层,在这些石层中可以找到由河水冲下来的玉石碎块。价值可观的玉石块出现得很少,但总会有获得意外 253 财富的机会,这足以吸引富人们——即从和阗及突厥斯坦其他城镇来的小资本家们的垂涎。他们从农村雇佣 10—30 名贫困的壮劳力,让他们根据需要去挖掘。他们的报酬是食物、衣服和每个月 6 枚和阗天罡(约合 2 个印度卢比)。他们分不到玉石,但赚大钱时可得到额外的报酬。王大老爷承认,好多人投入挖矿的资金,从未见到收回来。然而偶然也能碰上鸿运。有位喀什噶尔富人,我在一个矿区找到他时,他正在指挥 20 名工人挖掘。他承认最近 3 年里共支出 30 个银元宝,现已净得价值 100 个银元宝(合 13000 卢比)的玉石。

虽然中国当局对玉石开采未加任何控制,但矿业"所有权"一旦被宣布,其他探矿者便须尊重。我见到一些半开采的矿坑已搁置多年,但人们告诉我,最初那些开采者的权利从未受到怀疑。没有一个矿坑从地表掘下去的深度超过 20 英尺。我想,如果再深下去,河里的水就可能渗进矿坑而迫使停工。平坦的堆积区沿河岸向上伸延至河谷,大约有一天的路程,至此河谷成了狭窄的峡谷。采玉人曾到那儿探访过,可是仅是小规模挖掘,而且是断断续续地到处都挖,这就诞生了称作库马提的矿区。目前冬季只有雇佣工 200 名在开采。即便在夏天,这一地区生活也较为艰苦,人也很少,或许不会超过此数的两倍。

254 这种采玉方法与采矿完全不同。夏季洪水流过后,在河床内捞玉的古老作业,仍在沿着加木达上游的河谷中进行,正如中国古代史书上记述的一样。这样搜寻玉石的办法没有一个资本家愿意干,因而在这每年一度的短暂时期,吸引了一大批绿洲上的贫困农民像买彩票一样地来到这里碰碰运气,但所得无几。可是在贫困的和阗人心目中,从砾石中找到一块有价值的玉石,可以说是许多世纪以来他们一直抱有的愿望。

汉代以来中国史书都记述了许多有关玉石的资料与轶事,这就使得小小的于阗(和阗)闻名于清朝。法国汉学家雷慕沙在他的《和阗城史》(巴黎,1820 年版)一书中,收集并翻译了许多有关玉的记载,这是欧洲有关和阗的最早记述。能在该书详尽讨论过的玉石矿坑旁阅读
255 它,真是人生一大快事。

16 古都遗址——约特干

11 月 25 日,我前往古代和阗首府约特干。经过的地面,以前我曾部分地看过,但也碰到有点烦恼的新事。由南向北行在离目的地不足 2 英里处,穿过了两条被洪水冲刷而成的黄土深沟,当地人叫做"雅尔"。尽管沟岸很陡,但驮马过去并不困难,甚至我也没有担心驮着行装的骆驼将如何跨过这些障碍。大约日落时分,我才到达早在 10 月间就预先访问过的约特干。在百户长的住宅附近,选了一块适当的地面支立帐篷,远远可以看见经"寻宝人"挖掘出来露在外边的古代首府遗址的土地。富有的村民们最好的房间温暖而舒适,里面铺挂着地毯与彩色的和阗毡毯,炉里燃烧着的柴火欢跃不已。等待行李的时间过得很快。这时,百户长红脸蛋的小儿子跟我交上了朋友,并不时和我那忠实的伙伴"尧乐希伯格"逗乐。

天黑了很久,一名驼夫来了,他没有带来我们盼望的牲口,却带来了一个坏消息:牲口被陷阻在第一道深沟中,无法通过。因此村长命令派出一支营救小队。我有理由怀疑那懒散的年轻人甚至没有离开附近的房屋,而让他的手下走错了地方,根本没能帮上忙。又过了一个小时,再连夜派出了伊斯拉木伯克与提拉拜,可是直到 10 点,那些倒霉的骆驼才终于回来了。驼夫们在深沟里曾试图先送出一匹牲口驮载我的帐篷和行李,结果在渡过一条水渠时滑倒了,行装全部浸湿。把它从水里拉出来后,这峰骆驼只得跟其他牲口一起从两条深沟前端绕了一个大弯子。他们迟到的原因大概就在于此。但看着半湿的帐篷和尚待烘干的行装,即使这样的解释也无法让我心安。做好晚饭时已近半夜,几条毛毯凑合着度过一夜。

深沟阻碍笨拙的骆驼算不了什么大事,从考古学方面着想还应该感谢它们;如果没有其中一条条"约特干雅尔"正好横穿约特干村的田地,那么和阗古都的遗址将还会被埋没若干年。那几天里,经过认真听取老村民的陈述,查明了直到阿古柏手下,和阗第一任行政长官尼牙孜·阿奇木伯克以前,没有发现任何有关古代遗址埋没在此的资料。此人 1866 年上任,两三年后,有条从喀拉喀什河引水灌溉约特干农田的小渠将松软的黄土冲刷成为很深的渠床即所谓的"雅尔"。就这样形成了开始于约特干西约 1 英里半的查尔巴什村的深沟,它在遗址东面约 1 英里处与喀舍沟相会合,在哈勒彻东边一点洼地构成了一个小沼泽湖。哈勒彻是约特干的一部分,位于挖掘区域北面,在那里村民们偶尔穿过时,发现有小金片混杂在古代陶器和其他小碎片当中。自然他们对陶片并不感兴趣,金子却吸引了那些贪财的村民们。他们就像很多贫困的村民在河床上搜寻玉石和黄金来试自己的运气一样,开始在深沟附近淘洗金沙,收益颇丰。这事很快就被官府发觉了。

尼牙孜·阿奇木伯克是一位很有事业心的统治者,他从喀拉喀什镇派了一大批挖掘工到约特干,像采玉工一样雇佣他们劳作。日渐被冲刷的土地的主人获得了报偿。后来私有的业主继续挖掘,通常收益为土地所有者与挖掘者平均分配。从两岸挖掘的泥土受到冲洗,恰像河水的冲积层。由于需要很大的水流冲洗,致使约特干水渠日渐冲深,形成了现在的深沟,其底部在地平面以下 20 — 30 英尺。最后水渠又转移到更高处,而沟底则出现泉眼,这就是挖掘区形成沼泽地的缘由。年长的村民们记得,约特干曾是平坦的地面,没有泉水和沼泽,也没有任何地下"古城"的信息与传说。

以前的旅行家们来到约特干不过是走马观花,把村民们说成是"对土地进行着可怕的掠夺",并把一些离奇的洪水灾难归咎于他们,当然这些旅行家们未能找到任何有关洪水的回忆。实际上,据我认真考察,这一大片挖掘区呈不规则的长方形,有半平方英里多些,几乎完全是由有计划的挖掘和洗金所形成,直到今天其西、北两面仍在继续进行挖掘淘金。堤岸提供了作为报偿的少量金子,近几年出土的古物如陶器的装饰碎片、石雕和古钱等,都算是一种额外收入。找到的金子通常是呈小薄片的金叶,我弄到了这种金叶的样品。村民们很容易将它

257

258

们与从河床里淘出的金砂区别开来。没有发现金币或纯金银制的装饰品,对此我感到可疑,可能村民与劳工们对这种发现都保持沉默。各种情况说明,第一年在靠近最初开挖的地方,曾挖到大量的金子。我自己后来在约特干买到一个精致的小猴子的金像,它是在这年淘洗中发现的。毫无疑问,诸如此类的较大的艺术品在发现后立即就被熔化了。

起初似乎有点难以解释,金片为何如此流行并且遍及这样广大的 259
地域?金叶(金箔)在装饰塑像及建筑方面应用较广,也许可能作为一种解释。古代中国旅行者法显对此有过详尽的描述,大约在公元400年他访问和阗时,曾见到过金光灿烂的庙宇和寺院。可以肯定的是,不 260
仅在塑像上,而且在许多神圣的建筑物上都包裹着大量的金叶。当这些建筑物塌毁时,碎裂的金叶与泥土混杂在了一起。直到现在沿用淘洗泥土的办法之前一直未被发现。

从中淘出金子的地层还含有分解的垃圾和腐殖土,里面埋藏着的古代陶器碎片有素色的,也有装饰花纹的,还有动物骨骼、腐朽木质残片和灰烬等。所有这些我们在这里见到的碎片,说明它们是若干世纪以来有着大量建筑物的某个遗址堆积起来的遗物。此地发现了大量的铜钱,既有本地统治者的(汉佉)二体钱,刻着中文和印度早期的佉卢文,也有唐代(公元 618 — 907 年)方孔钱币。这些积存物的地层也可能时代较早,一律都是棕褐色,唯厚度不一。西、南两面平均深度为5 — 8 英尺,但在挖掘区的北面,被挖掘的沟岸紧靠着哈勒彻的房屋下 261
方,那里出土的古物,如赤陶小塑像、印章等等,极为丰富,显然是一处13 — 14 英尺厚的“文化层”。很明显,厚度不一是由于各个独特的地区、居住时间的长短不一,而且如所揭示的,它们使用的情况也不同。那些特定的居住者,在那里居住的时间长短不同,陶器碎片以及骨头出现的多少,各个地点也不尽相同。

但是从某一方面来说,对于“文化层”的所有部分,一致感到遗憾的是:任何地方都没有发现建筑物的遗迹,也没有听说以前曾找到过。事实上这也很容易说明,因为缺乏合用的石块,古老的建筑只能用晒干的土坯和木栅泥墙,就像现今和阗地区建造的房屋一样。建筑物的土墙没有完全碎成尘土的部分，由于经历了若干世纪的遗址不断地被耕作，长时间灌溉水的渗透而泥土潮湿，也会完全遭到侵蚀。如果建筑物内的木料没有取出，或者后来土地被所有者利用，也同样会遭到厄运。但也可能曾有过另外不同的遭遇，即古城被某种突然的灾祸所毁，其遗址渐被荒弃，那就有希望在废墟下面找到保存得可以辨认出其原来的结构形式的材料，但没有发现任何可以支持所谓灾祸毁灭城市的根据。

埋藏着古代遗物的地层，在不同地点，都覆盖着一层 9—20 英尺厚的冲积层。这一层颜色较淡，很容易与下面的"文化层"相区别，而且它里面绝对没有表明人类活动的遗物。我对此极感兴趣。一些早期来约特干的欧洲旅行家随便地设想，说下面掩埋着古城遗物的厚土层是由于特大洪水泛滥造成的，他们把城市的毁灭归咎于这假定的大灾难。经过数小时对挖掘过的堤岸进行详尽的考查，可以完全排除以上的贸然见解。没有什么地方可以见到一场洪水或接连不断的洪水泛滥后在泥土里留下的清晰的不同层次的痕迹。每一个地方，覆盖在文化层上的泥土无论从土质还是颜色上来看，均确凿无疑地与今天约特干农民耕种的土地一样。

那么，如何解释这座古城遗址长眠于下的这深厚的地层呢？我想，说明这个问题也并不难。和阗的耕作就跟突厥斯坦其他地方一样，田地里需要不断充足的灌溉。春夏两季从山上把河水引向约特干农田时，随之冲来大量风化崩解的泥土，迅速地沉积成为田地的冲积层，这样，绿洲耕区的地平面便很快升高。而且考虑到这些农田靠近河流穿越山前地带沿途汇集大量泥沙的地区，在 1000 年内冲积了这样的厚度，不会使我们感到惊奇。

第一次访问约特干之后，我曾有机会对它又做了反复多次的考察，充分证实了以上的解说。我注意到，无论在绿洲的哪个地方，所有穿过耕地的主要道路都大大低于周围的田地的水平面，而在其他地方，如荒地或村落里的道路就与附近的大地水平面一致。经过观察，道路的低凹是如此的明显一致，清楚地表明不可能不是自然因素所造成。是灌溉使农田的地平面不断地升高，而道路却无明显变动。这种观察促使

262

我注意到另一件特别类似的事实：四周环绕着农田的低凹古墓地。各个年代的古墓地都很容易与麻扎和圣陵四周的广阔农田区别开。我发现情况总是如此，即古墓地都比附近农田的地平面不同程度地低得多。如果我们想到田地经常接纳由灌溉带来的淤泥沉积，而墓地自然不会，对这种奇怪的现象就很容易理解了。

深沟自西向东穿过约特干，淘金者在沟南面挖掘，使我们对古城的位置与范围有个大致的了解。哈勒彻房屋群下方约200码处，沟的两岸已发掘不到任何古物，淘金业到那里也就停止了。南面接近阿拉迈处，也产不出人们所渴望的数量的金子；只有沟的西面和西北面，淘金业仍持续不衰。古城遗址很有可能存在于那个方向的田地下面。那条横穿约特干南面和东面的沟渠，没有一处通过含有古遗物的地层，事实排除了古城在东、南方向展现的假设。

毫无疑问，正如格瑞纳尔所认为，在约特干地下发现的古代遗址就是和阗的古都。然而它的证据并非来自村民们的传说（假如它真有的话，也仅是现代的产物），而是这个遗址的位置确实和中国史书中的记述非常一致，而且以此为起点，我很容易就找到了玄奘游记中记述的曾访问过的古都附近的那些最有名的佛寺。

11月28日早晨，我开始勘测约特干以西的各村，这是为了寻找这些佛寺可能存在的位置。最近的就是玄奘访问过的婆摩若僧伽蓝和佛塔，它大约在城西5—6里（1英里多），这是为了向一尊阿罗汉表示崇敬而建立的寺院。这尊阿罗汉以种种神通赢得了这个国家第一位佛教国王的特别敬仰。佛塔大约100英尺高，塔下面藏着一大堆神圣的舍利。比玄奘早两个半世纪的法显曾见到过建在佛塔后面的庙宇，并把佛殿描绘为"庄严妙好"。以前的经历告诉我，在绿洲耕地范围内的一切古代建筑都已毁坏，我不想花更多精力去搜寻仅是一堆极易朽坏的土坯遗物。令我高兴的是，我在西面村子里听人提到索米亚这个名称。这种相似的语音证明这个村名是直接从古时原来的地名衍生而来。古时中国人把它译作婆摩若，使佛寺的地理位置又加上了名称上的证据。

离开古城西北角的挖掘区，我首先来到西面半英里的小村艾斯肯

263

264

特。人们告诉我,靠近索米亚坟地有一个土岗。我发现村子位于西面3/4英里处,大约有30户分散的住房。随后,我走向当地的麻扎,它四周围绕着广阔的坟地。我在靠近东北角的田地里找到了一个矮小的土岗,它只比周围的地面高出5英尺,为村民们以一种迷信的恐惧心理所崇敬,并以非正统的形式分享着附近麻扎和坟地神圣的名声。不久,我把村里年龄最大的老人们召集到土岗前,根据他们的记述,我认为已找到了有关使这个地方由之得名的那个圣地的最后的回忆。夏米苏普,

265 一位枯瘦的年约90岁的老人回忆说,他曾从年事很高而故去的父亲和祖父那儿听说过这个名称。索米亚村民曾十分崇敬那座小土岗,是一个不许耕犁碰一碰的圣地。人们猜想有位不知名的圣人埋在这里,谁要是碰一碰它,就会大祸临头。至于圣人的名字早已被人们忘记,村民们也并不肯定圣人是否长眠于这个土岗内,不过索米亚村民经过那里时,都要口念祈祷词,并且按照夏米苏普和他祖先的告诫,在最近两个世纪内一直墨守这种习俗。

传说中没有圣人的名字,说明传说已很古老。反之,作为麻扎圣人的3位毛拉的名字却在村里老幼皆知。似乎再没有人知道附近还有什么类似的迷信圣地。考虑到索米亚在名称和地点方面的明显一致,我认为人们所崇拜的无名土岗很可能是佛教时代"婆摩若"佛塔留下的

266 最后一点痕迹。如果这个假设是正确的,我们在这里又找到一个和阗坚守当地传统信仰的证据,就像东方其他各地一样,它也经过了所有的宗教信仰的变迁而幸存下来。

这天的仔细考查,使我完全有可能确定另一个为中国求法高僧提到过的神圣遗址。玄奘所见到的地伽婆缚那伽蓝在都城西南10里(2英里),以拥有一尊非凡的佛像而闻名。这个名称已无从查考,可是在所说的方位,确实有座通称为"康巴尔爷爷"的圣陵,和阗地区各处的人们都来此朝拜。圣陵由一个正方形的墓地环绕着很高的土墓,它被定为崇高的阿力帕得夏的王陵。墓地低于周围农田地平面约12英尺。根据我以前的观测经验,它确实很古老。有一片秀丽的古树面对着东面的入口,而且有一排小摊位,证明朝拜日时此处有个热闹的市场。

我从圣陵返回时,天色已黑,否则我还想拜访另一座更有名的位于克萨的伊玛目穆萨哈斯木的圣地。它是我从乌加特来时曾经过的地方,位于约特干正南方,我猜想那里是毗卢折那大伽蓝所在地,它以和阗最早的佛寺之一而在玄奘时代扬名。它距离约特干3英里多,略大于玄奘指出的其位于都城正南10里的距离。我们当时不能确切地知道古都的范围,但无论如何,在约特干正南再没有其他更近的寺院遗迹。

11月29日,我离开约特干重返和阗城,在那里沙漠旅行的各项准备工作迫切地需要我做。那是一个薄雾笼罩的寒冷的早晨,我辞别东道主——百户长,沿着约特干深沟向东骑行。离村大约2英里后,我跨过一座由约特干沟与喀舍沟泉水汇合而成的深河上的桥梁,到达深谷对岸的阿拉勒巴格的地面。这是一个我急于再次要看到的诸多大村庄的集合体,因为有个传说把它与伊斯兰教以前的统治者联系在一起。接近中心村庄,有一个叫艾丁湖的沼泽,占地约1平方英里,上面长满了芦苇,大量泉水流入沼泽,在北面顶端汇成一条细小的溪流,将沼泽里的水排向玉龙喀什河。

伊斯拉木伯克给我介绍了一位当地聪明的向导伊不拉音毛拉,这位毛拉以博学和虔诚而闻名。我拜访时,他虽已86岁高龄,却仍很机敏。其人富态,身着带有毛皮滚边的丝绸服装,素净大方,看上去平易近人,尽管他读《古兰经》并朝拜圣地,却也领略了世俗的美好生活。伊不拉音毛拉掌握着有关和阗著名麻扎的各伊玛目的突厥文传说。随后,他给我看了其中的韵文章节,从而断言在异教徒统治和阗时,在阿拉勒巴格曾存在过一个"秦和马秦城",是传说中和阗异教徒统治者的城市。按照这些文书中记载的广为流行的传说,如今安息在哈萨有名的麻扎里的4位伊玛目,杀死了那些伊斯兰教的敌人,而且使其城市变成了废墟。库木-依-夏依丹圣地在沼泽西面约半英里处,据说是伊玛目们在最后一次战斗中成为殉难者的360名忠实随从的墓地。据伊不拉音毛拉说,16世纪早期,喀什噶尔与和阗的统治者米儿咱·阿巴乩乞儿曾挖掘过这个古代遗址的宝藏,他把河水引到这里,以便让工人

267

·欧·亚·历·史·文·化·文·库·

157

们冲洗泥土——就像目前约特干所做的那样,挖掘后留下的坑穴就成了现在的阿拉勒巴格沼泽。现在已找不到任何古代的遗物,而且也很难断定是否存在过故事传说中的历史建筑。有关米儿咱·阿巴乩乞儿的所作所为,他的侄儿米儿咱·海达儿的编年史《拉失德史》曾有详细的介绍,其内容记载着在他统治时期,确实在不少古遗址上进行过大规模的探宝活动。不管阿拉勒巴格是否真正曾被开采挖掘,还是它的名声引起本地文人把它与艾丁湖沼泽地的起源联系起来,只有在遗址上找到古代遗物或更早的传说根据,才能做出肯定的解释。靠近沼泽地南缘,有一个名叫纳格拉·哈奈的土岗,其高度约 27 英尺,当地人认为是古代城墙的残迹,但经过严密仔细的考察,证明是自然形成的黄土堤,没有一块土坯或其他人工建造的痕迹。

目前,严冬已迅速来临,因而我很高兴能在和阗做一次短期休整,做好沙漠旅程的准备工作。托合提阿洪把他郊区的住宅供给我们住宿,房间虽光线很暗却温暖舒适。我忙于书写有关地理、考古的材料,以便发往欧洲,并仔细地整理和重新捆扎行装。我尽可能地减轻骆驼的负载,因为将要完全依靠它们克服穿越沙漠旅途的困难,一切目前暂不急需的食品与物资都暂时留在仓库中,托付给阿富汗绅士巴德鲁丁负责照看。这个挑选剔除工作并非容易,一方面不可能准确估计我的考察工作需要离开和阗多长时间;另一方面,显然我们要在荒凉的沙漠中度过寒冬,缺乏任何必需的供应和装备都会严重影响我们的身体健康,制约我们的工作。因此,在运输和供应方面都需要大量的储备,以保证今后我能在离开和阗比原来预计更远的地方顺利地进行考察工作。

17 前往丹丹乌里克遗址

12月7日,冒着迷茫的薄雾和严酷的寒冷,我们登上了冬季沙漠的旅程,目的地是丹丹乌里克。这是我决定首先考察的古代遗址。去那里,我选择的是经过塔瓦库勒的路程,虽然这比我的"寻宝"向导吐尔地惯常走的、径直插入和阗东北沙漠的路线要远一些,但却可以缩短在沙漠中的旅程,减少人、畜必需品的供应。第一天,我们来到英艾日克,这里是和阗城郊农耕区北面的边沿。以后的两天,我们沿着玉龙喀什河荒凉的左岸,跨过了一段沉闷的旅程。在这里,我们的眼前只有西边的沙包群和靠近干涸河道生长的窄长条形芦苇带,除此别无他物。

第三天黄昏,当我们跨过河道来到右岸,接近塔瓦库勒小绿洲的南沿时,天已黑了下来。这块绿洲是大约60年前从南面几英里外挖了一条渠道引水灌溉而形成的,日后发展为约有几千户人家的富庶的新居民区。由于潘大人衙门的通知,绿洲里的伯克事先已在路口等待我们,并让他的随从们列队迎候,以庄严的仪式陪同我们来到最南边的小村庄。一堆堆大篝火照耀着我们行进的道路。房屋结构也普遍使用木材,说明附近贯穿于大漠之中的和阗河两岸的森林带,给这个边远的居民区供应着充足的木料。

次日,我把营地搬到北边大约6英里外的位于阿特巴什村的伯克的住处。在这里,将组织好为我服务的劳工队伍并准备给养。鉴于前已详述过的和阗老耕作区地平面升高的情况,我特别注意到在这块较新的绿洲里,所有的道路和荒原都只比其附近的农田地平面低约1英尺多。这明显地说明:这里灌溉和淤泥沉积的时间还不长,农田地平面的升高因此并不显著。据说可以用增挖新渠道的办法使这块居民区的面积大量地向荒漠延伸,这也不使人惊奇。春夏季节有充沛的河水,可以将如今的大片低沙丘地变成肥田沃土。可是,这里和沿着突厥斯坦

270

大漠南缘的其他地区一样,缺乏劳动力来扩大耕地,也缺乏能干的行政机构来管理大规模的灌溉工程。

感谢潘大人发出的严格指令,使我能够在阿特巴什为我预期的发掘工作,组成了有30个人的挖掘劳工队伍,还备足了4个星期的口粮。虽然我付给他们的报酬提高到了非技术工人平均工资的两倍以上,即每昼夜一个半铜币,但是由于迷信方面的恐惧心理以及冬季的严寒已经逼近,这些农民对进入深远的荒漠,自然还是很勉强的。可庆幸的是,按办的权威是不可违抗的,况且又有两个塔瓦库勒猎人艾合买德·摩根和喀斯木阿洪可以为他们壮胆。

从和阗开始,这两个猎人就是我的向导,随后又发现他们在管理劳工方面也颇能胜任。他们的确很能干,把在荒漠中以及河边丛林中的艰苦漂泊生活当作家常便饭,而且他们的阅历见识和聪明才智远胜过村民。他们尽力说服劳工们,在这个季节里旅行既无沙漠风暴之险,也无酷热干渴之苦。实际上这是一个是最适于从事我所筹划的工作的季节:如此壮大的旅行队伍,不必去害怕荒漠中所谓的精灵和魔怪;而且一路上都有干枯的树木,不会使他们受冻致死。

我负责从找来的人中挑出体格健壮的,并让各村村长为这些人备足了每人4个星期的一切保暖衣物和充饥的食物。我很大方地事先亲自把"应征者"们的工钱交到各人的手里,让他们安排好家庭生活。为了保证深入荒漠后作业的顺利进行,我的劳工中包括一个曾在伊斯兰经文学校学过突厥文书写的青年农民,虽然谈不上多么高的水平,但书写还算清晰。还有一个业余干过缝纫活。第三个则精于皮匠手艺,可以修补皮靴。每个人都要带上砍土镘即新疆通用的一种铁制阔锄,是沙地上进行发掘的优良工具。我从喀什噶尔带来一些德国造的钢锹,但很快就发现其有可能破坏地下的遗物,而当地人惯用的砍土镘却效果甚佳。

为运输人们的食粮、用具和其他行装,我雇到的几峰骆驼不够用,于是又雇用了12头毛驴,其优点是需要的饲草饲料很少。至于骆驼,只需带上一定数量的菜籽油就行了,即使在路上不给它们饲喂任何草

271

272

料,甚至几天不给饮水,只要每天给每峰骆驼喝半磅气味难闻的菜籽油,即可在艰苦的沙漠旅行中神奇般地保持它们的耐力。对于驮马,由于将穿越的荒漠中既无足够的饮水,又缺乏饲用草料,只好打发它们回和阗,由翻译尼牙孜阿洪照管。跟随我的人,当他们弄清了在沙漠中要和我一样徒步跋涉时,气馁的表情实在令人好笑。

严寒已经降临,为做好各项准备工作,我很高兴在塔瓦库勒停留一天。它是我在比较舒适的环境中度过的最后时日。这期间,我曾试图通过当地的一位理发师来拔掉一颗病牙,结果却是惨痛的失败。这位知名的大师傅首先用一把最原始的镊子徒劳地折腾了我一阵子,随后他变得紧张不安起来,最后恳求我别再让他干了。或许他对自己的双手和器械已经失去信心,因为我曾坚持亲眼看着他在手术前用肥皂和热水仔细清洗它们。

最后于 12 月 12 日上午,骆驼已经装载好新备的行装,我的劳工队伍也已集合完毕,塔瓦库勒的几乎半数居民都出来为我们送行,为亲属送行祝福的人尾随我们一直走到最北端的村庄。当耕地消失、进入河边灌木丛生的矮沙包群时,驾着显示尊贵的雄鹰为我们送行的塔瓦库勒伯克和两名标致的随从也就此告别。我送给他几个 10 卢布的俄国金币作为礼物,以酬谢为我提供的帮助和服务,同时确保在沙漠期间他能与我们保持联系。第一段路程很短,是到河边上一个牧羊人住的芦苇窝棚。这是接受向导的劝告,以便在向东进入荒漠之前,晚上能让牲畜全都喝足水。次日清晨,我们向东挺进,不久就发现了两天前我派出的由向导喀斯木带领的先遣小分队的前进足迹。他曾受命在每个适合扎营的地点挖好水井,而且在到达丹丹乌里克遗址之后,再向前推进到克里雅河。在那里,拉姆·辛格将和我会合。

最初两天通过的地区虽然沙包都很矮,高出地面只有 6 — 10 英尺,可是在流沙中前进却非常缓慢。人和牲畜的脚每前进一步都深深地陷入细沙中,负担沉重的骆驼每小时平均只能前进 1.25 英里。由于缺乏饲草和饮水,决不能让人、畜过于疲劳,因此我很快就发现,每天前进的直线距离不应超过 9 — 10 英里。在第一段行程里,红柳和芦苇丛还很丰茂;第二段行程就显得稀少了,活着的胡杨树也完全消失。好在光秃秃的沙包之间,还有覆盖着茂密红柳丛的圆锥形小丘兀立着。干枯了的红柳根是很好的燃料。靠近这些小丘,常常可以看到凹下去的黄土坑,显然这是风的侵蚀作用形成的。这些黄土坑至少低于沙包群之间的谷地地面 10—15 英尺,自然它们是距地下水最近之处。根据这个自然规律,喀斯木先遣小分队挖好了一些井,我们也就选择在那里扎营。井的出水深度平均在 5—7 英尺之间。最初两个宿营地的井水非常苦咸,只能供人们洗洗手脸。可是当我们前进到离和阗河较远的地方时,井水却变得比较甘甜。我深信地质学家们会对观察到的这种现象做出一个令人满意的解释。我的向导们早已知道得很清楚,这种现象普遍适用于塔克拉玛干一带地方。斯文赫定博士也早已注意到了这一点。这些水井供应我们如此庞大的一支队伍显然是不够的,当夜晚湿土结冻后,井水就会没有了。于是我就派人夜晚轮流找水并存放于我的两个铁水箱中,结冰后可供第二天使用。

荒漠里的冬天如今充满了生命力,白天行进时没有什么可抱怨。荫影下的气温虽然总是在冰点以下,可是晴天风静,空气清爽、纯净,没有任何生物的干扰,真是一种宁静、舒适的享受。可是到了夜晚,气温最低降到 0—10 ℉。我的喀布尔小帐篷,尽管配有哔叽呢的里子,里面仍然寒冷不堪。斯托蒙特默菲式的小北极火炉,点燃伦敦制的浸过石蜡又经压缩的小燃料饼,倒是很实用,可惜热力不够大,使我不敢卸掉笨重的冬装——在露天里用以保暖的皮大衣和靴子。我现在穿着这套服装,加上长得很长的胡子,即使我在欧洲最要好的朋友见了面也会不敢相认。在气温下降到 -6 ℉ 的帐篷里,无法读书写字,只得上床裹着厚厚的毛毯和小地毯睡觉。小狗"尧乐希伯格"虽有件克什米尔制造的暖和皮袄,从 12 月到 3 月一直裹在身上,但也早就常常钻到床上来避寒了。

夜间保暖头部而又不妨碍鼻孔顺畅地呼吸,是件日常生活内的小事,可是在荒漠旅行时,一开始就会遇到这个问题。绒线织的设得兰式小帽,戴在头上却遮不住面部,只得再套上克什米尔产的内有毛皮的巴拉克拉瓦式帽子，拉下它的帽耳和帽檐，就可以护住除鼻子和面额之外的整个头部。但是这样仍不够随意自在，呼出来的气会把胡须冻成硬冰而使人惊醒。最后，我只得把毛皮大衣的一端拉上来盖住头部，通过大衣袖子呼吸。同样，其他人在荒漠中初次宿营时，也会摸索出各自的防寒办法。在塔瓦库勒经受了一次痛苦折磨而未能拔掉的牙齿，仍然烦恼着我，夜里疼得特别厉害，只有使用止疼药治疗，才能让我得到安稳的休息。使用止痛药滴剂离不开水，用药之前必须先在铝杯中融化一块冰。在烛上化一点冰虽只需几分钟，可是我的手指都被冻麻木了。

进入沙漠后的第四天晚上，当我们在覆盖着干枯红柳丛的荒凉的沙包之间搭起帐篷时，先遣小分队的两个人回来报告说，喀斯木阿洪没有找到我要去的遗址。现在该轮到我的"寻宝"向导兼总管吐尔地老人来显示他在沙漠地区的学识了。他一生之中只有一次从这个方向到过丹丹乌里克。显而易见，出于职业上的礼貌或者自豪感，他一直忍着不去发表与两个塔瓦库勒猎人相左的意见，但在旅途中曾不止一次地告诉我，他认为我们所走的路线太偏北了。现在当事实证明先行人员没有到达目的地时，从他满布皱纹的脸上，我看到了一丝得意的光彩。经过与回来的人简短的交谈，弄清了喀斯木小分队已经到达的地点后，第二天清早即打发他们再回去，并且详细地讲明了怎样走才能使喀斯木回到正确的路线上来。我们自己出发得晚一点。现在是老吐尔地当向导了。或许是漂泊漫游了30年而练成的本领，也或许是继承了他父亲以前从事探宝生涯所留给他的秉性，使他能在毫无生命气息的沉寂的沙包群中在毫无路标的情况下找到前进的方向。

我们绕过几座照例为西北—东南方向的沙脊或者"达万"前行，傍晚走上一片厚沙中埋着很多枯树的地带。这些树都已干枯、变白，吐尔地和其他人认出了它们是白杨、柳树和别的栽植树种，明确无误地肯定我们已经来到了古代耕作区。向东南大约一英里半远，我们到达了光秃秃的黄土地带，其中一条洼地很像是干河道，然而这无疑是风蚀的杰作。我们在洼地的一处陡峭的边坡下，顺利地挖了一眼水井，不必在黑暗中寻觅吐尔地所知的在废址近旁的一个有水的地方。次日即12月

8日早晨,翻过一座"达坂"后,吐尔地带领我们来到那个有水的地方。再向南行两英里,我已置身于丹丹乌里克遗址的残墙颓壁之间。

低矮的沙丘之间,分布着一群群规模不大但显然十分古老的建筑遗迹,其范围经测量南北长约1英里半、东西宽约3/4英里。沙土已被吹走的地方,露出来的断垣残壁都是木料框架上抹上了一层厚厚的灰泥所构成,断墙都只有几英尺高。有些被矮沙丘埋没的废墟,仍可从立于沙面上的一排排木柱分辨出来。凡暴露在外的遗址都有被"寻宝者"挖过的痕迹,而因挖掘受到损坏的迹象也很明显。即使如此,一经初步粗略的观察,即已准确无误地弄清它们的特点和大致的年代。在几间较大的屋室内,从装饰于损坏严重的墙壁上的壁画残片,不难辨认出佛像和菩萨像,这清楚地说明我是站在崇拜佛像的寺院遗址里。从壁画的特色看,这些寺院、屋宇的废弃时代可能是伊斯兰教传入前的最

278 后几个世纪,这个判断恰好为开元年间(公元713—741年)铸造的中国铜钱所证实。这些铜钱是第一天我在这些房屋附近撒满碎片的地面上,亲眼所见而拣到的。

老吐尔地在这荒凉的环境中完全像是到了家一样。从童年开始他即经常访问这些荒漠地带,那些地下的财宝构成了迷人的梦想,吸引着他和他的亲属,一次又一次地到这里来。虽然他们艰苦的旅行所获甚微,可是由于十分熟悉这些沉寂的古代遗址,以致他对这里一切生命的痕迹都很有兴趣。当他引导我来到这些幽灵般的残损的遗址当中,并回答许多我所提出的关于他本人考察所见的问题时,我发现这个怕羞的老人变得越来越活跃了。他在谈话中明白地指出这个遗址附近的沙包群没有多大变化,因此吐尔地很容易就认出了他和他的亲属以前曾经访问过的地方。幸亏由于物力有限,使他们无法克服各种困难载运物资供应其长期逗留所需,也不可能带来人数较多的队伍。

由于上述原因,凡埋入沙土中很深的建筑物均未被挖开过。选择这些地方首先发掘是很重要的。我感谢吐尔地惊人的记忆力和有关地形学的才能,他毫不困难地指出这类建筑物的位置。经过初步的勘查,我把宿营地选择在很容易到达要考察的主要遗址的地方。实际情况迫

使我慎重选择,为了使劳工们有尽可能多的劳动时间,必须减轻他们穿过流沙的劳累。更重要的是让这个宿营地能得到充足的燃料,因为我预期将在这里长期停留。古代果园的枯树就可以满足供应,但它们在 279
遗址中分布得很不均衡。当把行装卸在条件最适合的地方之后,我立即打发艾合买德·摩根率领驼队出发,经 3 天的旅程东去克里雅河畔。在那里顺着河边的丛林,去寻找骆驼非常需要的饲草,以恢复它们的体力从事以后的沙漠旅行。为人们驮运粮食的毛驴,也因饲草非常短缺
而被送回塔瓦库勒,交给两个村民照料。 280

·欧·亚·历·史·文·化·文·库·

18　佛教寺庙的发掘

　　12月19日早晨,开始了我的发掘工作,清理靠近宿营地南面的一间方形小建筑物的废墟。吐尔地知道这是一座佛殿或"偶像庙",且清楚地记得他曾用自己的办法搜索过一次。虽然这里沙土只埋了2—3英尺厚,可是它却从未被移动过。将房基和地面清理干净,我就可以对这种庙宇的一般结构和布局,得出一个实用的初步认识。这点我没有失望。对废墟的墙壁我做了一番仔细的勘察,北面和西面清理出来的残墙说明此系一座方形内殿,为四边均长20英尺的外墙所环绕,形成一条走廊或过道。内外墙都是把硬灰泥抹在用木头和芦苇把构成的框架上,并借等距的粗木方柱固定起来。

281　　当数十块泥雕碎片从沙土覆盖着的内殿里被挖出来以后,我对倒塌很久被装饰过的内殿墙壁上端那部分浮雕的风格就清楚无疑了,这些浮雕原本是很规整的图案式的装饰片。在反复出现的建筑装饰画中间,夹杂着墙下部的佛像浮雕。佛像的姿容都很正统,或举手说教,或跌坐沉思,其他的小浮雕都是佛的供奉侍者。例如坐在莲花座上、戴着美丽花环的端庄妇女,可能是乾闼婆神。这些常见的艺术品,曾再现于书的封面上。它们显然出自一种系列的模坯,但无疑地表现了受古典艺术影响而发展起来的印度佛教艺术风格。它们立刻引起了我的兴趣。同样使我高兴的是,这些小浮雕本来的鲜艳色彩大都仍然保持得非常完好。画在屋顶柱子和房梁上的精致的佛教圣贤画像,色彩也保持得很鲜明,这也证明了沙土的可靠保护力。

　　清理这座孤立的小佛庙,不仅获得了大约150片适合于运往欧洲的灰泥浮雕,也为我以后对埋得更深的废墟做系统的发掘工作提供了借鉴。由此,第二天我就把发掘工作推进到埋在一个高大沙包斜坡下面、在沙土中有6—8英尺深的小建筑群,其位置在我的宿营地南面仅有半英里。虽然从沙土上面仅仅可以看到断裂的木柱顶端,但我可以准确地断定它们的结构和特征。很快就发现,这些木柱是佛庙内两座殿(编号 D. II)的墙壁里的,墙上装饰着大量的壁画和灰泥神像。

由于这个废墟的结构特征和装饰品对以后发掘的其他佛庙很有典型意义,在这里我对它们做些简要叙述。较大的一间佛殿内有 10 英尺见方,门开在北面。墙是以木料为框架,两面用硬灰泥抹平,厚度一律是 6 英寸半。佛殿四周环绕着一条宽约 4.5 英尺的过道,外墙以同样的材料构成,这个过道是为了让人们举行绕行仪式用的,是印度佛庙的传统形式,进口也在北墙的正中。佛殿内曾有过一尊用灰泥塑造并涂有色彩的大塑像,很可能是一尊佛像。可是只有双脚尚残留至今,约 13 英寸长,安放在一个精致的高约 3 英尺的长方形基座上。塑像的其他部分很久以前就碎裂了,从基座上面拣到的可以拼凑成小腿和下部服饰的碎片,轻轻一捏就酥了。曾经支撑这尊厚重塑像的木质支架,只有下面固定在左脚中的部分尚完整。佛殿的四角,每个角上都有一尊站在莲花座上斜披袈裟的灰泥塑像,但是只有西北角上的一尊腰部以下是完整的。

根据大塑像判断,佛殿的墙相当高,内壁壁画上画着带光环的佛或菩萨像。由于这些神像都比真人还要高大,所以残墙上只能看见他们的双脚和脚下宽大饰带上的莲花和供奉者小像,色彩已经脱落或减退。似乎在起保护作用的沙尘侵入这座房屋之前,壁画已经裸露在外面很长时间。可是,大多数用赤陶土绘在精研细磨的灰泥表面上的壁画轮廓,仍然清晰鲜明。画在佛殿外墙上的壁画,主要是成排的沉思跌坐的佛徒像,只是袈裟和光环的色彩已经褪落。在这些一般的画像中,我发现了一幅画,马上引起了兴趣,虽然大部分已被磨损,但可看出它表现的是神话传说,也许就是当地的人物。它画着几排骑在马上或骆驼上的青年人,每人伸出右手拿着一只杯子,一名骑者上方有一只很像鹰的鸟,猛然扑向供物。这个题材的普遍性,为我以后在另一个庙宇废墟中发现的保存完好的画板上所描绘的同样情景所证实。

佛殿内部那种比真人高大的佛徒壁画,在过道外墙内侧上也有发

282

284

·欧·亚·历·史·文·化·文·库·

现。在他们的下面是一排装饰图案,画着漂在水面上的莲花和小人像。小人可能即龙王或者水神,支撑着上面大像的脚,这些都还可以看清。从过道的南墙面我顺利地剥下了一块灰泥壁画,现在完整地保存在大英博物馆里。上面画的是一尊佛或菩萨坐像,位于两个大壁画之间三角形空白处。写在下面的黑色题铭是手写草书的婆罗谜文,所用语言和丹丹乌里克遗址有壁画的墙上所发现的一些简短题字一样,不是印度语,但是可能和我在这个遗址发现的非梵语的婆罗谜文书上的语言是相同的。

12 月 21 日,发掘工作进展到刚刚说到的庙宇西墙旁边的遗址,又出土了另外一座佛殿,虽然它的面积较小,却有丰富动人的艺术遗物。我们可以将之称为小佛堂的这个遗址,从北到南只有 12 英尺 8 英寸,宽只有 8 英尺 8 英寸,并且没有环绕四周的方形过道。它的墙也像通常一样系土木结构,只有4英寸厚,由于坍塌而离地面只剩1—2英尺高。不过东、南两侧例外。东边紧挨着较大佛殿的外墙已受到保护,南边靠墙筑有长平台,上面有一个主要神像的大基座。曾站在基座上的灰泥塑像,仅留下了一些零散稀落的碎块。因为有个高出地面近 4 英尺的底座,所以它肯定长期没能受到流沙的掩护。这个塑像的一些复原的彩色灰泥碎块非常酥脆的状况,可以说明这一点。在近 3 英尺宽的底座两侧,各有一个狮子的浮雕塑像,显然代表雄狮宝座,系传说中古代印度管天辖地的统治者的座位。两个狮头都朽毁已久,但是垂在身体前部的卷缩的毛仍然可以清晰地辨认出来。

在覆盖佛殿东南角的沙土层表面,发现了大量的灰泥小浮雕,高 5 — 8 英寸,雕塑的都是抬起右手的呈说法式的佛像或者菩萨像。像的袈裟都染成红棕色,这是印度僧侣服装的正统颜色,而他们头上环绕着的光环则是明暗不同的绿色。一些样品仍旧黏附在部分坚硬的灰泥地上,都装饰着精致的花环、玫瑰花饰浮雕以及鲜艳的彩色。这些碎片原为一些装饰块,可能以巨大光环的形式装饰着这个墙角的上部。在前述平台上面几英尺的松散沙土里发现这些碎片,清楚地说明早在墙壁还相当高的时候,流沙已侵入了佛殿内部。

286

287

保留得比较好的这个佛殿的东南部分和其他3个房角的情况一样,毁坏倒塌至1英尺高。立在这个角落的泥塑像也已毁坏。尽管如此,它们以及精致的圆形莲花座仍然能从照片上辨认出来。幸运的是,这个角落还提供了一些保留较好的其他一些装饰物。在清理位于房角底座和主要神像底座之间的平台时,我找到了一个独立的小灰泥塑像,高3/4英尺,除头部和手臂之外保存较好。从它精细刻画的服装看,这个坐像显然是一尊佛像或菩萨像。袈裟的颜色是红棕色,仍很好地保留着。安放神像的小木板亦很完整。很明显,这块木板是为方便搬动而设的。造像的灰泥也相当结实,我可以冒着风险去搬动它,小心谨慎288地,用我在和阗准备的棉絮和大量柔软的土造纸,将它包装好,放入我的一只驮箱里。这个小塑像比我所预期的更安全顺利地走过它的长途旅程到达伦敦。

5块带有彩画的木板斜靠着主要基座的底部,都是长方形,但大小各异。最大的一块长11英寸,高5又1/2英寸,厚1/4英寸。由于紧贴地面,它们明显地受过潮湿,致使木质和薄薄的水彩层损坏严重。同样的原因,清除黏附在木板表面的泥土硬壳和砂粒,也是一件很棘手细致的任务。但仅根据当时我所做的未完全清理的遗物,已足以辨认清楚这些小画板所画的是佛教神话故事中的人物或佛教传说中的情景。其中一块画的两个显然是菩萨的神像,坐在莲花上,身后是彩色的背光和光环。另一块木板上,虽然画的轮廓已大部分模糊不清,我还是认出了印度众神之中常见的智慧神即象头神的古怪形象。第三块木板上画着一个跳舞的妇女,姿态活泼潇洒,从仰向后面的头上垂下浓密的黑发,左手举着的彩带或面纱在头顶呈优美的弧形。

这些画板和以后在丹丹乌里克各荒废寺庙神像底座旁发现的其他画板一样,无疑都还放在作为供奉者的还愿奉献品的原来的位置上。很神奇的是,似乎为了表明这些寺庙的最后看护人曾尽力不让沙土侵染各种圣物,在主要底座附近以及佛殿的其他地方,我找到了几把古代扫帚。其长度约16英寸,用一种硬草的茎秆巧妙地捆扎而成。茎秆的290末端被连续编为辫状,然后用搓好的草绳捆扎成圆把;披散开的一端则组合成羽毛般的条状,自成一束似为简便的桦木扫帚。这种原始简陋的工具本用以扫除尘土,而沙层却使它们得到几乎完好的保护。另一件同样使人好奇的遗物,是一个装满骨殖碎块和人牙齿的小布袋,它是在东南角靠近前述小坐像处挖出来的。这些骨殖是高僧的珍贵遗物,还是信徒们为还某种大愿而奉上的供品呢?

当清理工作沿着佛殿东墙向前推进时,露出了一系列非常引人注目的壁画,还有一个风格独特的灰泥雕像,是一个男士,除头部和左臂外都是完整的,站立在上面提到的平台附近,踏在一个倒在地上的敌人身上。这个雕像从脚跟到腋窝高 3 英尺余,披着遮住膝盖的铠甲和精致的装饰品。铠甲上连缀成排的小金属片,红绿相间,色彩仍很鲜艳。胸前、衣服下缘和腰带上的装饰品,色彩同样鲜明。甚至连结铠甲上小金属片的铆钉和下垂的衣裙都雕画得清晰准确。毫无疑问,匠人所精心雕画的这些铠甲和服饰,都是他当时非常熟悉的物件的再现。脚上穿着的宽头皮靴,正和现在塔里木盆地居民仍然穿着的皮靴一样。一只脚正踩着一个显然是被征服的恶魔的斜扭着的身躯。恶魔的头从地面上略微抬起,眼睛睁圆,龇牙咧嘴,表示着骇怕的神态。头上精心雕塑的螺旋形的卷发,强烈地提醒我,这种发型是在拉合尔博物馆所常见的希腊化佛教雕塑发型。他的身体原被塑成深蓝色,可是由于这个浮雕处于低处,灰泥上所保留的色彩已经很少。这个站着的塑像可能是佛教传说故事中的一位夜叉(守护神)。

佛殿紧挨着这个浮雕的墙上,画着一系列彩色壁画,其不落俗套的主题和生动活泼的画面立刻吸引了我的注意。其中,位于穿着铠甲的雕像的左边,画着一个在方形水池中沐浴的妇女,环绕着水池的地面上铺着棋盘格状的纹路,水面上到处飘浮着莲花。女人全身裸露,只有头上有一块形似印度的纱巾,颈部、两臂和腰上束有饰物。画面轮廓简练,以优美的线条勾画出了颇具活力的神韵。右手的纤指抚着胸口,左臂以曲线形弯至腰部;4 条系着小铃的带子系在臀部周围,酷似早期印度雕塑艺术中的舞女。但奇特的是,描绘精致的葡萄叶子出现在古典后期艺术品本应绘有无花果叶的地方。浴女的脸侧向她自己的右方,

291

向下看着一个小男孩,男孩似乎是想从水中爬起来靠拢在她身边。

　　画面中的莲花描绘得十分逼真自然,以各种姿态浮现水面,有的含苞待放,有的半开;色彩也从深蓝到暗紫不等。说明这些圣洁的莲花是画师长期观察而非常熟悉的。我记起了在喀什噶尔道台衙门看到过的莲花池,花种是从中原运来培育的。对照这幅图画,我肯定古代和阗早已知道这种印度神佛所喜爱的雅致植物。想到克什米尔与和阗之间的紧密的历史联系,在玄奘记载的当地传说里也曾表明了这种联系,使人不难相信,在现已埋没于荒沙中的居民庭园里种植过这种莲花,它最初是来自雄伟的喜马拉雅山谷,在那里的湖泊上我曾多次观赏过它。

　　水池前面画着一匹没有骑者的马和其他一些人物,使人联想到它的主题可能表述的是一个荒诞的神话,即玄奘所记和阗东边河流中的龙女向人间求婚的故事。只是画得很含糊,只能揣摩其大意。

　　可是紧接下来的壁画就不会弄错它们的含义了。虽然很多地方已被磨损,但仍可看出这是一幅画得很好、面貌很年轻的男子像。他盘腿端坐,披一件深蓝色斗篷,裸露右肩,表明是一位佛教学者。右手持着一束菩提书页即印度传统形式的手抄书卷,正在专心致志地攻读研学。画像旁边,描绘着一位侧转向右、正在说教的老人。他的袈裟好像是由各种深浅不同的棕色布块连缀而成,准确表现出印度化缘僧(行脚僧)的典型模样。他伸出右手第二和第三个手指,以说法式样高抬着,左手掌托着闭合起来的菩提书卷。夹着书页的两块薄版也画得很清楚。这种书卷形式,至今仍常见于梵文抄本。老人的面部特征刻画精巧,表现出了他的聪慧和充分自信的教习神态。在他的面前也有一个水池,水面浮现着绽开的莲花。两只像是野天鹅的禽鸟在水中嬉戏,颈部呈深蓝色和绿色,昂着头注视这位老教习。

　　由于绘有壁画的灰泥层很容易碎裂,所以想剥取这些壁画的任何部分都几乎是不可能的;同样可惜的是由于色彩褪损得很厉害,我熟练的照相技术都没有可能借助于机械的帮助拍下较满意的照片,但我的好友艺术家安德鲁斯先生临摹了所有丹丹乌里克壁画的照片,希望有了这些将刊印在我详细报告中的画片,能够更容易地看出它们与印度阿旃陀壁画在技法和人物形象上是多么相似。的确,早期的印度绘画在印度本土上保存下来的极少。因此,丹丹乌里克寺庙壁画与画版中保存下来的那些移植到和阗佛教地区的真正印度艺术,就具有了更加重大的意义。

294

19 初次发现的古代手稿

　　并非是"菩提"绘画的发现，才引起我寻找古代手稿的渴求。最初3天的发掘一无所获。但似乎是为了振奋我低落的情绪，在清理最后一间佛殿时找到了一块画板，已经因腐朽和砂粒的积蚀而严重损坏。上面有一个窄长的纸条，写着3行印度婆罗谜文字。纸条粘在木板顶端边沿横贯整个木板。由于它遮盖了部分画面，明显是以后附加上的。它比木板腐朽得还要厉害。画板上有两个女人像，每人抱着一个包裹着的婴儿，勉强能辨认出来。朽纸上的文字，每行都只能辨认出个别字母，但是这些文字粗重、整齐，与在一些壁画下部看到的草书字体迥然不同，而且清楚地表明是一纸梵文文书。

　　在发掘过的小庙群里，我曾见到一些祭祀品和艺术品，都是这个沙埋居民区废弃以前的东西。但为了找到关于日常生活状况的证据和其他文字资料，显然我应该转向一些不同性质的废墟。于是，在12月22日，我分派人员去发掘附近的建筑物。从它们的位置并根据露出沙土的木柱判断出来的建筑轮廓，说明那是一处古代住宅。它大约位于最后提到的佛殿西北20码处，正在一个沙包的北头。沙包隆起高出原来的地平面足有16英尺。沙层较薄处，已经枯干发白的果树树干露在外面，说明这座房屋及已经发掘过的佛殿群，都是位于果园或花园之中。发掘从西侧开始，很快发现了保存完好、厚实高大的土木结构墙壁的顶部，而且明显地看出是住宅的最下面一层。由这些墙所组成的是一间23英尺×20英尺的长方形房屋，高度大约10英尺。

　　中午，在塞满这间房屋的松散沙土表面以下2英尺深处，发现了一张上面写着婆罗谜文字的小纸片。我以异常兴奋的心情，把它看作是一个大量发现遗物的先兆。可是从相连的沙包边坡上不断滑下来的大量沙土，使发掘工作非常艰难。为了鼓舞我的劳工们，我拿出少量的银

295

两作为奖品,奖励有幸找到第一份手稿的人。仅仅在一小时后,有个人发出了高兴的叫喊声,他在这个房间最西北边的一块小范围的底层劳作,声称挖出了一张字纸。

296

我亲手把纸片拣出来,清除附着在上面的沙土。这是一张保存非常完好的长方形纸条,长13英寸,高4英寸,无疑是一部大"菩提"书卷手稿的一页。纸页的左侧有个洞眼,通过这个圆洞穿绳,可以把单独的书页按顺序装订在一起。中国新疆出土的大多数古代抄本都曾使用这种装订方法。纸页两面各写有6行美观、清晰的文字,系所谓婆罗谜文芨多体,但用的却非印度语言。当人们围拢来看我清理这件珍贵的出土物时,我不止一次地听到诙谐的议论,赞叹初次发现字纸和获得奖赏的好运气,恰恰落到了伙伴中唯一能读能写的青年人头上。关于他,我前已介绍过,从塔瓦库勒带他来,就是因为他能写能读,并因而获得"尼牙孜毛拉"的骄傲的绰号。他自己则因幸运而现出了一副喜气洋洋的孩子气。此后,为了证明自己值得获奖,他在发掘工作以及抄写我的突厥文"文告"时更加仔细、努力。

刚才介绍的使人兴奋的发现物,得自沙土表面以下5英尺深处。在房屋左边靠近粗糙而直立的木柱旁,随即又找到了一系列其他手稿:其中有些是散页,或多或少地比较完整;有的则只是一小堆一小堆的碎片。它们都写着早期的婆罗谜文字。根据纸张的大小和书写的字迹,说明它们原来至少分属于3本各不相同的"菩提"手稿或书卷。其内容很快被我认出是梵文佛教经典。所有这些文件被发现的位置,都是

297 在高出房屋原地面数英尺深的松散沙土中。毫无疑问,它们只能是由于某次偶发的事件而被放到那里的。分布在不同的深度和位置,表明它们是在底层逐渐被流沙埋没的期间,从上面的某个存放处飘落下来的。这种判断被从相同的沙层中挖掘出的一些小毡片、皮子、油渣和其他类似的物品所充分证实。在一些页片的边沿上,我找到了书页的编码,其中一页的编号是132,清楚地表明这些保存下来的零散书页,只是一本较大经卷的残页。经卷或许是随着上层楼板的塌毁而损散殆尽了。

这些纸片开始时会落到最安全的地方即被沙土覆盖的房屋地面，应该是比较完整的。因此，在 12 月 23 日清理接近地面的沙土时，我密切地注视着劳工们掘进的情况。掘进并非易事，因为南面沙包斜坡上的沙土不断地滑落下来，再度填满了已费力清除的地方，而且那边的墙很早以前即已坍塌颓毁，因此就更加费事了。当清理工作推进到房屋中间时，露出了一根近 1 英尺粗的杨木大梁，长度近 19 英尺。其所处的位置说明它曾横贯这间房上，无疑曾支撑过房顶。两根曾支撑着中央大梁的雕刻精致的八角形木柱，装饰着钟形圆顶。显而易见，它是以前曾发现过的印度建筑物所装饰的阿玛拉卡[1]风格。

　　在木梁近旁，劳工们正向东清理接近地面的沙土时，意外地遇见了一捆绑扎得很紧的手稿书页，很明显，它们仍保持着原来"菩提"书卷的顺序。一会儿，又发现了两束很完整的属于同一书卷的书页。由于它们所处的位置接近地面，使之受到潮湿，所以紧紧粘连在一起，极易破碎。若要很成功地将它们分开，只有得到伦敦不列颠博物馆手稿部专家的帮助才能办到。书页的一侧已经卷曲到用以穿绳的洞眼附近。许多页已因这种多少个世纪的折痕而断裂，但复原它们并不困难。

　　完整的书页长 14 英寸，每一面各有 6 行粗大的芨多体婆罗谜文字。这部梵文佛经内容是佛教达摩即教规。保存完好的部分经文完全可能被鲁道夫·赫恩勒博士准确地识别出来。他是一位杰出的印度学专家，负责译解并出版我所发现的全部婆罗谜手稿材料（当本书页印刷时，赫恩勒博士告诉我，他已从这些手稿中找到了几乎完整的佛教大乘著名经典《金刚经》）。从文字的书写特点（此处没有必要详细论述）看，这个废址出土的这部以及其他一些梵文抄本的年代不可能晚于公元 7 世纪；而从其他一些特征看来，某些文书的年代则可能还要晚一两个世纪。

　　手稿内容的宗教特色，显示出它们极可能是佛教寺庙藏书的一部分，无疑曾供邻近寺院的僧人使用。我发掘的底层房间，仅仅是这些佛

299

---

〔1〕装饰在中世纪印度寺庙顶端的饰物——译者。

教文献残留品的偶然的庇护所,而它原来是极平常的小庙的厨房。当清理工作推进到东墙时,这一点就清楚地表现出来。靠东墙发现了一个大炉子,用硬灰泥建成,装饰着美观的条纹,高出地平面6英尺多。

炉子旁有张安放在墙龛里的长木案,这种设置在今天的新疆南部仍然可以看到。木案下面发现了破陶器,说明它是可能用来置放储存食品的器皿。它的前面,离炉子不远立着一个粗糙的三腿木架,这是如今在所有乡村仍然用来支撑厨房里的大水瓮的。在我发现第一份手稿处的附近,找到一根头上分岔的木桩栽在地上,肯定是用来挂水壶等物品的。残留下来的兽骨、油渣和小片木灰层,散布在地面各处,充分证明前面所做的论断。

12月23日中午,当听到从东面远处沙包顶上传来一声枪响时,我正全神贯注在这座被流沙埋没的住宅深处相继出现的手稿残卷上。和我一块儿机敏地注视着发掘工作的老人吐尔地立刻断定,这个不太响亮的声音,是拉姆·辛格从克里雅河返回已经接近的信号。一小时后,助理测绘员及忠实可靠的拉其普特厨师兼随从贾斯范脱·辛格,一块儿来到我的身边。他们同我一样都对顺利会合而感到高兴。漫长的距离及各种偶然事故,使我们各自的日程都不可能限得太死,考虑到这些,我计划的这次会合应该说是相当准时。

拉姆·辛格的汇报,说明他已全部完成了我安排的地形测绘任务。沿途无论中国政府还是当地头人都没找什么麻烦,我也就放了心。他沿着我们从前的路线往回走,越过皮夏山谷有效地完成了玉龙喀什河河源上面雄伟山峰的补充三角测量。随后经K5峰即慕士塔格–阿塔峰北面来到大冰川覆盖的山脉斜坡上,无数河流水溪从这山脉流向克里雅西面沙漠边缘各小绿洲。凭借平板仪作业和三角测量勘测了这条山脉隆起的巅峰,他成功地将我们的测量与迪西上尉在普鲁周围的测绘工作衔接起来。接着按照我的指令向克里雅河推进,当地按办给他派了一个"差役"作为向导和护送人员,带领他们穿越克里雅河畔的丛林,与我先前派出的由猎人喀斯木带领的小分队会合。

沉默寡言的拉姆·辛格,无论在会合当天和以后,都对他穿越高山峻岭的旅途经历讲得很少,只谈些与他本专业有关的地形测量的详细说明,都是已正式记录在其平板作业项目之内的东西。他的小分队无论在防寒方面还是在必需品的供应方面,都克服了相当大的困难,这一点据我的亲身体验完全可以坚信无疑。但使他印象最深,让他一时间突然变得很爱说话的,却是自他离开冰河后穿行在高大沙浪之间,所感受到的沙漠的空寂荒凉、毫无任何生命的迹象。可以看出,我发掘出的雕塑品和壁画上鲜明的印度特点所引起的兴趣,远不足以抵销充满死亡和孤寂、神秘荒凉的环境,在我这些原本十分坚强的印度同伴心里所造成的可怕感觉。我尽力去鼓励他们,当他们支好了帐篷时,我送给他们一些受欢迎的、有点奢华的礼品,比如我自己准备享用的小包茶叶、冻蛋、葡萄干、杏仁等等。

傍晚,当暮色笼罩住发掘地时,我只好步行回到我的住处小帐篷。我立即找拉姆·辛格检查他的平面图,将它上面记录的方位与我亲自测定的丹丹乌里克遗址的位置加以核对,以检验我们各自测量的精确性。考虑到这情况多变、路途遥远的沙漠地带,我对结果真有点忐忑不安。使我最高兴的是,结果是我们各自完全独立测出的帐篷所在的位置与其真实位置之间的差别,其经度只差大约半英里,纬度相差不足 1 英里。如果从我们离开和阗总营地开始算起,拉姆·辛格所走过的测绘路程已接近 500 英里(最后 130 英里由于找不到明显地标而没有得出明确的坐标),我亲自走过的路程大约 120 英里,而且穿越的几乎完全是沙漠地带,那么上述测量中只有这么一点微小的误差,实际上表现了非常惊人的准确性。这使我对大漠深处测绘工作的精确性放了心,那里经常尘沙弥漫,加之远离高地,根本不可能用三角测量法来进行验证。

从一开始,拉姆·辛格和贾斯范脱·辛格就不喜欢沙漠中的生活,他们抱怨我们所挖唯一水井中的水苦咸,并且怀着对于"派因—卡潘"[1]万能神力真正印度式的虔诚,把由于沙漠中恶劣的气候及先前

302

---

[1]PINE—KAPANI,人身羊足,头上有角的畜牧神——译者。

旅途的劳累所造成的种种不适全都归因于此。由于长期缺乏新鲜蔬菜,贾斯范脱·辛格出现了坏血病的征兆,但很快就被我用从吉尔吉特带来的橙汁治好。尽管服用之前须用苦咸的水将其溶解,但并没有影响疗效的发挥。

至于拉姆·辛格,他可能是风湿病复发了,以前他受雇于迪西上尉测绘队时就得了此病。我给他安排了可以经常运动的工作,即准备进行废址区域的全面测量和为已发掘的建筑绘制详尽的平面图。事实证明,这是最有效的治疗方法。后来,我们在沙漠勘察的征程中,他担负起异常艰苦的任务,比我所预期的干得更好。他虽也勇敢地与老病敌所带给他的痛苦做斗争,可是病魔到了春季还是更严重地折磨他。我从喀什噶尔和叶尔羌带来的随从们,虽然对沙漠里的严寒曾做了较好的准备工作,仍逃不脱病痛的袭扰,而且一直接连不断。在以后的两个月里,他们的腿肿胀疼痛,最后竟成了大的疮口,这种病痛任何治疗都未能奏效。

吐尔地老人,由于他以前的许多"寻宝"冒险活动使他习惯于承受酷热严寒和各种艰难困苦的生活,没有进入病号之列。当我戏谑地称这里是他的故乡和庙宇时,他呈现出异常的兴奋和高兴;当我求助于他的准古物研究者的本能以及在沙漠中的经验时,他皱纹遍布的脸上显出了淳朴的自豪感,但总是很快又为一片阴云所掩盖。到达废址的头几天里,我并未理解其真实心情。当我被初次发掘所获得的有趣的出土物所激奋而高兴时,可怜的吐尔地霍加、"塔克拉玛干的长者"(我们很快就这样称呼他)正由于在商业上冒险失败濒临破产而陷于窘迫的景况,非常愁闷忧伤。或许是"寻宝"人天然所具有的冒险精神所驱使,他把我离开和阗前预付给他的钱中的绝大部分——即使不是全部,买了一匹老马,打算用这匹马驮着口粮食品和少量的行装去丹丹乌里克,随后在那里将马杀掉,把肉卖给我的劳工们赚钱。

无疑,吐尔地从这个"运输与供应"相结合的巧妙安排中,本来可以得到一定的好处。可是我从塔瓦库勒带来的人们,也并非丝毫没有考虑到他们自身的利益。他们合伙带来了一头母牛,并且在我们到达

303

废址之后,就在其帐篷附近及时地宰掉了。在旅途中,他们的主人使这两头老牲畜巧妙地避开了我的视线,即使我在核查所带饲料以保证牲畜不致受饿而倒毙时,也未发现。到达目的地好几天后,我才了解这件事。当时,吐尔地为挽救他的马,采取了不可思议的不顾一切的权宜之计。吐尔地既没能和塔瓦库勒的劳工们谈妥卖马的交易,也未及时把马送回他的绿洲或者送往克里雅河边。为了救活这匹马,吐尔地让自己手下一个类似于助手的年轻人,把马带到很远的南方,在那里马可以得到干桎柳叶和芦苇作为饲草。正当这匹可怜的牲畜已经无力游荡去寻找极端贫乏的食物时,吐尔地有了一个惊人的发现,至少可以使他的魂灵得到神奇的慰藉。大约在我帐篷以南 100 码一座荒废住宅的旁边,吐尔地在他多年前搜寻过的一道风蚀洼地的沙盖边坡上,找到了一堆被压实的麦草。这堆草显然是存放在有围篱的庭院的角上,和围篱一样被保留得很好,不过变黑了,而且由于被沙土覆盖了漫长的岁月,已完全干枯。

对这个发现,吐尔地非常兴奋,立即将他的忍饥挨饿的马牵来(其存在已不能再对我保密),用这些幸运地存留下来的干麦草去喂它。我从一开始就怀疑这些从没有任何马匹吃过的"脱水"干草的营养价值。但这匹饿极了的牲畜开始贪婪地吞食,似乎是想让吐尔地期待的心情得到一些安慰。然而一天的实际情况表明,吐尔地大大过份估计了他那些陈旧麦草的饲养价值,确切地说,或许是我应该让忠诚的"寻宝人"明白,他养活牲畜的本事,可比不上处理埋在沙子底下的那些死东西。一天以后,拉姆·辛格带着驮运他的行装的驼队从克里雅河来到时,我尽可能地将他们带来的少量芦苇储备分给了这匹挨饿的矮马。吐尔地仍然没有找到买主,如今急于把马送回塔瓦库勒。当喀斯木分队回来后,事情比较好办了,工作上有了富余的人员,我立即安排两个劳工将它送回去,并且把我的邮袋带回以转运至和阗。我非常担心吐尔地的这个多灾多难的实验品能否穿越 60 英里的沙漠旅程到达河边。因此,以后当第一批的两个人带着友善的按办给我的信息来到,告诉我这匹马从丹丹乌里克出去两站路即痛苦地死去时,我丝毫没有感到惊奇。我听到关于这匹多灾多难的牲畜的最后信息,是吐尔地托人带给我的一份请求书,这是我在最后离开丹丹乌里克废址之前收到的。这说明一个多么稀奇的事实:地方当局的统治权伸到了远在沙漠中的物主。吐尔地要求我,至少要让同伴将他的马皮带回塔瓦库勒,并在那里卖掉。为了免除在这次马皮买卖中应该付给当地伯克的税款,我答应保证以适当的形式、委婉的语句、巧妙的笔法,把吐尔地全部的不幸遭遇和请求,让尼牙孜——我们的毛拉恳切地写出来。我想,当两千年后,一位考古学家幸运地从沙漠中发现这份文稿时,将会如何的困惑不解。

306

20 发现有年代的文书

圣诞节是在清理我帐篷东北约半英里的一组坍塌的建筑物时度过的。在这里,我毫不费力地认出了一座四方形的佛殿和相连的一间住室。这些废墟受到严重侵蚀,其东侧和北侧没有遮盖的土地上,形成了很宽的洼地,比原来的地平面低约20英尺。这个废墟由于周围地面凹下去了,如今似乎是坐落在突起的地上,很像一些沙包。上面掩盖的沙土没有一处超过2或3英尺深。废墟上面竖着裂成尖片的短木桩,它们以前曾是土木结构墙壁的框架。木桩的排列清楚地标明了原来房屋的分布。这些废墟暴露在外面的情况,无疑会引起"寻宝"团体的造访,其中包括吐尔地早年引领来的人们在内。散布在地表上的灰泥碎块和木头、古陶片,明显地告诉我们这里曾被探查过。

尽管这些探查造成了破坏,我的细致的清理工作,还是获得了一些奇特的遗物。在环绕着内殿的四方形回廊西部,我们找到了两块画着神像的木版画,无疑这是信徒们的贡献品。其中较大保存较好的一块 307 长和宽各为18英寸和4英寸,上面画着一个鼠头半身人像,坐在两个侍者中间,头戴一项王冠。只是在很久以后,在不列颠博物馆清除了黏附在上面的沙土后,经我的朋友安德鲁斯先生富有经验的眼睛辨认后,我才认清了这个神像的独特形象及真实意义。这显然画的是众神鼠之王,系在谈到神鸽墓时已介绍过的玄奘记述的地方传说中的故事。此神供奉于和阗绿洲西缘,曾在匈奴人侵袭时拯救过和阗王国。这个鼠头像的神圣特征,鲜明地表现在环绕他的椭圆形光环或晕光上,也表现在他左方一个手持叶形长扇的侍者的敬仰姿态上。

在佛殿一角紧连地面处,挖出了两块有水印横条的破纸片,只在一面写着字,我一眼就认出它们是草体婆罗谜文字,已因赫恩勒博士在和阗购买收藏的非梵语古文书而为人们所熟知。在清理连着佛庙的住室

·欧·亚·历·史·文·化·文·库·

废墟中最大的一间房屋时,我找到一些同样粗糙的纸上写着相似的文字,或者被揉皱了,或者被卷成细纸卷。后来在这个遗址里出土的汉文文书状况也同样如此。我的冻麻了的手指难以展开这些薄脆的纸片,只有仰赖不列颠博物馆才能完成这项任务。但是在这里经粗略地检验还是可以看出,这些或多或少已破碎的纸片,不可能是属于手抄的书本或"菩提"书,而显然是一些各不相干的单独文书。

我从这些文书和丹丹乌里克其他废墟里找到的类似的草书体婆罗谜文书的外观上得到的印象,完全为赫恩勒博士的辛勤研究成果所证实。这一点可参看他后来出版的《关于英国所藏中亚古文物的报告》(1902 年版)一书的第二部分。这位著名的学者所研究的材料,相当一部分是保留较完好的这类文书。它们是在 1895 — 1897 年间由马继业先生和戈弗雷上尉从和阗的阿富汗老人巴德鲁丁处买到的。根据我自己得到的信息,很可能是吐尔地早年探访丹丹乌里克时发现的。对其的详细分析,使赫恩勒博士确定了一系列极有趣的语言学事实,同时具有重要的意义。他成功地确定了一些词语,有的是名字,有的是术语名称,有的是数字。这些词语明确地证明,这些文书所用的语言,是印度– 伊朗语的一种方言,与波斯和印度的土语都有联系,自然又加上了它本身的特点,并且和帕米尔地区的吉尔采方言很相近。他同时也肯定了一个重要的事实,即这些比较完整的文书,大多数都有年代,虽然这把年代学的钥匙尚未掌握到手。

还有许多细心精明的观察研究,比如在某种文书的末尾发现了一系列名字,并有清楚的证人标记,从而证明赫恩勒博士的看法不错,即这些是官府的或私人的供货契约及申请书之类的文件。以后将介绍的来自丹丹乌里克的汉文文书中也有这类文书。赫恩勒博士好意地担负起对于我发现的这类文书的精心研究,但是对由此而引出的一些重要问题,尚未更深入地探讨下去。然而,我找到文书时的周围环境,已有助于我们断定这些草体婆罗谜文书的书写年代。

赫恩勒博士根据古代文字的字体判断,认为这些文书的年代应是公元 8 世纪。至于它们的确切年代则可以由下面的事实充分予以证

308

309

实，即我在同一地点、相同条件下发现的和这种婆罗谜文书混在一起的一些汉文文书，它们标明的准确年代是公元781—787年。如果我们对这些草体婆罗谜文书的上述推断是正确的，那么由此可知，这些文书所使用的语言，极有可能正是这个遗址上的居民在废址被废弃前实际使用的语言。但这里仍然有一个待定的问题，即这种语言是否和上面介绍过的从丹丹乌里克发现的一些婆罗谜文手抄本或"菩提"书上的无名语言是同一种语言。由于从"菩提"书页上找到的一些零散的梵文词语，可见它们与一道发现的梵文"菩提"一样，都是有关佛教内容的。它们可能是梵文佛经的中亚语言译本，即在这个地区佛教寺院中所使用的一种书面语言。

找到草体婆罗谜文古纸的这间房屋里，所盖沙土没有一处超过3英尺，然而薄薄的沙层却把这些重要的残存物保护得很好。它们主要是从西南角地面上找到的。有两块小薄板，长方形，右端完整，并有一个用于穿绳的洞眼，木板上有几行前述那种手写草体婆罗谜文字。另一块较大的木板长约14英寸，宽3英寸，它的形状和手柄马上引起了我的注意。它非常像一块"写板"。这种传统的木板在印度北部学校中当作石板用。这块木板发现时是空白的，可是上面大量的擦痕，说明曾经写过字。因为以后这样的发现物很少，我们重视这几块正像印度"书写板"的木板，将之视为古代的幸存者。但是，在发现它们的时候，我深信会有更多同样的古代书写工具在其他地方等待着我。

一只精心描绘着花朵图案的油漆彩绘木碗，是在同一个房角找到的，显然是中国货。此后不久，证实了我的这一猜测。好像是要证实我的有关该房屋居民的猜测，首次发现了汉文文书。那是根红木棍，长约14英寸，宽约1英寸，两面都削平了一部分，各有几竖行大约12个汉字，大部分墨迹已很模糊。根据仅有的几个较清晰的字，无法解释它们的含意，但看来或许这个木棍曾被用作符木，用来记述确定的数量。从历史观点看更重要的是第二份文献，是一张有水线横纹的薄纸，原来被卷成狭窄的纸卷，展开后很完整。

根据马继业先生在喀什噶尔热心支持为我所做的临时翻译，而后

310

又为法兰西学院的沙畹教授所完全肯定,这张纸所写的主要内容是关于要求归还一头毛驴的申请。这头毛驴曾雇给两人,由于失信而在 10 个月后尚未归还。申请书标明的日期是大历十六年二月六日,即公元 781 年。提出申请的地点是傑[1]谢,但语音难以肯定,可以不同地读为"离谢""列谢"或"离查"。现在这个发现物的特殊价值,不仅在于它提供了一个确切的年代,还在于把它和 3 份汉文文书联系起来[2],就很有可能确定丹丹乌里克废址所在居住区的名称以及其所属的中国行政区域的名称。

我提到的那 3 件文书,在总的外观和字体方面,和我从丹丹乌里克废墟中发掘出来的非常类似,都是当局的公私文书。经马继业先生在喀什噶尔的翻译,其中第一件年代写明是大历三年即公元 786 年,内容是傑谢的行政当局有关当地居民的一份申请报告的草稿,陈述由于盗匪的抢劫,居民处于悲惨境地,申请免除各种税款。另一件文书仅具有月份和日期,是从傑谢军营发给当地行政部门的申请,要求拨给一张皮革蒙鼓和若干羽毛做箭。第三件文书的年代是建中七年即公元 786 年,记录着发放给某一村庄(村名已认不出)维修房屋的 15000 枚铜钱的贷款,村庄属于傑谢。

鉴于这些文书在年代和内容方面和我从丹丹乌里克的不同废墟中发现的汉文文书极为近似,从而使我深信,它们就是吐尔地清楚地记得的、他在前些年探访这个遗址时找到的那几份文书。他曾把它们连同一些其他的古物卖给了他在和阗的经常买主巴德鲁丁。可能这些特殊的文书是从 D. V. 废墟(指丹丹乌里克遗址——译者)中的一间房子里找到的。这一间我发现以前曾被人粗略地探查过,但也许是从曾被吐尔地小组以前探查过的另外某个废墟中找到的。不过无论如何,和前面提到的我在这个遗址发现的第一件汉文文书相对照,没有理由怀疑,傑谢是这个居民区或者是丹丹乌里克寺庙、居民所属的某个小区的

---

〔1〕译者按:原文上面一个例字,下面一个木字,现学者多认为系傑或杰字。

〔2〕这 3 份文书是马继业先生从巴德鲁丁手中得到的,并且被赫恩勒博士已经出版的第二份报告所引用。

名称。

非常清楚,包括这个居民区在内的行政区划有着一个中国的名称傑谢意即"六城"。同样的名称在马继业先生收藏的第一份文书中曾提到,该报告署名"六城质逻刺史",而这个官衔在我第一次发现的文书中,紧连在傑谢这个名称之后也曾出现过。根据马继业先生的中国文书孙先生的介绍,并从其他方面证实,"六城"这个名词,仍然被当作现今和阗地区的古老称号而为中国新疆的行政当局所知晓。它被推断包括6个城镇(伊里齐或和阗、玉龙喀什、喀拉喀什、策勒、克里雅和可疑待定的第六城)相当于现代行政区划中和阗和于阗的按办们的辖区。

这几件有趣的发现物,伴着阳光灿烂的时刻,驱散了夜晚的酷寒,使我愉快地度过了圣诞节。傍晚时分,在离开发掘过的废墟时,有机会使我体验到了为什么人们在单调的沙浪中那么容易迷路。拣了一枚保存得很好的中国铜钱,铜钱上铸有开元(713 — 741 年)年号,是我从废墟南面一个沙丘脚下拣到的。因想要得到更多的遗物,使我落在匆忙赶回住地的人们之后。记得帐篷离得很近,我没有留下一个人做伴。顷刻,我在昏暗的暮色中,返回时迷失了方向。当步行穿过低矮的沙包大约1英里之后,仍没有找到帐篷所在地。万籁无声,也没有别的标志来引导我。当我意识到完全迷失方向时,天又暗了下来(很不幸,那天我把袖珍指南针留在了帐篷里),无奈,我想折回去寻找尚能辨别出来的脚印时,突然认出了兀立在沙土之上的一片断墙,这是几天前我曾经注意到的,它距我帐篷东南有一大段路程。

靠我的记忆确定了它们相对的位置后,我转而向右,顺着已熟知的自西北向东南的沙包顶峰线缓缓前行,直到听见了同伴们对我叫喊的回应声。老吐尔地和我忠诚的差役伊斯拉木伯克,在我失踪期间感到心神不安,曾把人们分成两人一组派出去找我。我的庇护所帐篷和热茶在小的意外事件后加倍地欢迎我。没有人分享我的圣诞节正餐,只有我友爱的小狗"尧乐希伯格",它总是让自己的正餐在帐篷外面冻硬,而坐在我床上小毯子中间,从我的桌上一块一块地挑着吃。我有时不敢相信,远在南方和西方关怀着我的朋友们如何能明白,当我回忆起在那荒凉寒冷的沙漠中度过圣诞节的情景时,心情是多么欢快。

　　那天晚上为我指明方向的颓毁了的建筑物,正是下一个发掘的目标。非常奇怪,从这里找到的古物,对于前几天的发现作了最完美的补充。这个废址的一间以惯用的方法建筑的小佛庙,环绕着回廊的方形佛殿,是首先掘开的。它提供了许多饶有兴趣的壁画,还有一些画板和草体婆罗谜文手稿残片。随后挖开了庙宇最北边的一座房屋(D. VI-II)的底层居室,清除了埋得很深的沙土,我们来到了当中一间房子,面积是18英尺×13英尺。地面上有相当数量的一堆汉文文书,都被卷成了狭窄的纸卷,正如从 D. V. 废墟找到的一份一样。它们散布在一个保存完好的炉子附近的地面上,有的是单页,有的粘在一起。纸页展开后平均 11 英寸长。

314

　　由于地面潮湿一度浸蚀了它们,有一些纸卷已经碎成小片,其他或多或少的还较完好。其中 4 件通过沙畹教授和道格拉斯的友好帮助,得到了初步的翻译,足以解除我对这些文书的年代和特征方面的疑问。其中两件为建中三年即公元 782 年,是关于铜钱和谷物的有息借贷契约,系护国寺僧人虔英借给两个不同债户的。为了借贷的保险,借债人除写有姓名和年龄外,还附具可靠亲属作为保人(母亲、姐妹、妻子和女儿),并且以他们的全部财产和牛(不论价值高低)作为担保。第三件文书年代相当于公元 787 年,是一张用于同样目的的协议书,没有写明出借人的姓名。这位不知名的债主可能也与护国寺有关,这从第四件文书可以看出(已复印在我的初步报告中)。这件无年代的文书,传达了主管护国寺的 3 个僧侣发给僧人或家人的指示,要他管好远离寺院的地产,告诉他怎样在接到指示后立即集中全部可抽出的人去割 3 天草,只留 1 人负责浇地等等。

　　从这件文书看来,可以肯定地归结出,发现这些文书的住室以及相连的寺庙,可能是护国寺或者是该寺附属的僧侣住宅。这个寺庙的中国名称和主管人员的汉人姓名,都记录在最后一份有姓名的文书中,毫无疑问地说明了这座寺庙及僧侣的民族属性。但是翻译出来的借债人

315

和担保人的姓名,却明显地说明是当地的居民且不是汉人,这一点也为寺庙壁画下面的简短题字所证实。比较有学问的僧侣应该通晓梵文,这是印度北部佛教寺院中通用的宗教语言。事实上,从这个废墟中找到的手抄本中,有一枚梵文"菩提"书卷的小残片。

这座小庙出土的汉语文书所记录的事务琐碎,但是从年代学的观点来看价值却不小。它们内容凡俗,纸张既小质地又很差,因此极有可能这些文书的年代离这座建筑物最后被遗弃的年代不会很远。现在应该注意的是,从这个废墟找到的所有文书纸片上的年代,都确切地标明是公元782—787年,连同从废墟 D. V. 发现第一份处于相同条件下的汉文文书一道考虑,其年代也标明是公元781年。因此,我们必然被导向这样的结论:这些庙宇和住宅所属的居民区,大约是在公元8世纪末被废弃的。各种情况说明,这些纸片都发现于贴近地面处,即它们刚刚散落,沙子就开始进入了房屋。因为它们质轻而容易损坏,这种小纸卷(片)不可能抗拒每年春夏季吹过这片大地的风暴。

在同一建筑中,发现了保存完好、非常有趣的同时代绘画,提供了无可怀疑的年代证据,这是个非常幸运的情况。上面我提到的3块画板,是从地面上几英寸厚的松散沙土中找到的,离中间屋子的东墙不远。从它们的位置和从其中两块背面清晰的木钉印迹来看,明显地说明它们曾被悬挂在高墙上。当流沙逐渐填埋小僧房时,从墙上掉了下来。这就是画板的色彩及其本身保留得很好的原因。词语的描述无法充分说明其色彩的鲜艳,目前的印刷条件也无法复制出它,在我的"详细报告"能够完成上述任务之前,至少应先介绍其中一幅图画。它的主题思想表现得非常有趣(我的"初步报告"的彩页上可以看到它的缩印件)。

这块长方形的画板,顶部呈半圆形,高15英寸,宽7英寸;画着两个人像,都骑在牲畜上,地位高贵,一个人在另一个人的上方。上方的人骑在一匹蹄子高抬的马上,马为白色并有大黑斑,使人想到了奇特的黑白色的"叶尔羌"花马。这种马直到近代仍为印度北部的居民所喜爱。年轻英俊的骑者脸部,是一副有趣的印度人和中国人的混合型相

317

貌。他的长而黑的头发在头冠上打成一个松散的花结。一条黄色的带子缠在头上,前额装饰着一颗椭圆形大宝石。粉红色的束腰长外衣。窄而轻的头巾垂于脑后,其两头飘浮在两臂后面,以示在快速运动,轮廓线条正像其他部分一样,画得同样地精细流畅。踏在蹬内的双脚穿着毡底长筒黑靴,非常类似今中国新疆地区平民所穿。左手执缰绳,右手高举一只奠酒碟,一只飞鸟直对着它全速冲下。腰带上悬挂着一把几乎是笔直的长剑,表现着一种早期伊朗和东方其他伊斯兰国家的模式。

318   这匹马连腿和蹄子都画得非常好,备有一具深而窄的鞍子,安放在一大块纳木达(印度和波斯的一种厚毯)或毡子上。并且装佩着精致的装饰品,它们包括马勒、肚带、马鞯和连在马鞍上而后兜在马尾巴下面的皮带。还有一块装饰在前额中央鼻子上的大金属牌,两只角从牌上突出,在前额的一只带着三叉戟,另一只在鼻羁上佩有红丝线制成的芒果形流苏。马饰其他部分也饰有流苏。我们未曾想到过会有如此精致的关于马的装饰的绘画,这种马饰在公元 8 世纪像现今一样,普遍流行于整个新疆地区。下方第二个人也非常有趣,骑在双峰驼上,形象全是栩栩如生的动态。

骑驼人的面部,部分已模糊不清。卷曲的短发上戴着一顶奇怪的圆锥形帽子,宽边向上卷成锯齿形。帽子是由带斑点的皮料制成。骑者穿着长而宽大的长袍,膝盖以下收拢在宽大靴子或无硬底软鞋的鞋筒上端。这种类似"丘如克"的鞋,至今仍为整个塔里木盆地居民所穿着,特别是在冬季的月份里。左手用一根鼻圈绳驾驭骆驼,右手和上方的骑者一样举着一只贝壳形杯子。驼鞍和铁镫上的装饰表明,这头被人横骑着的牲畜是一峰骑驼。现今这个地区已很少见。骆驼后面顺手画出的清晰的轮廓线,表明是一块高地或高大的沙脊。每个骑者头上都画着光环,象征着他们的神圣身份。他们的神态特征,无疑明显地牵连到一个神奇的传说。但是这种传说,如前所述,也曾出现在丹丹乌里克佛庙发现的其他遗物中,目前还毫无踪影可寻。

319   这里无法再现或详述其他画板。其中一块两面有画,它的发现地,我们可以简称为"护国寺"。上面画的佛像或菩萨像,研究中亚佛教艺术史的学者必定很感兴趣。除掉高度评价它们的优美画艺、巧妙结构和精湛手法外,还使我们弄清了印度艺术移植到和阗的轨迹。这些画也说明了复杂的传统艺术特征和人物姿态等细节的早期发展,即西藏的佛教艺术中最具特色的那些东西。关于西藏艺术,我们迄今为止只是从较晚的样品中得知一二,而印度北方佛教或称大乘教派的早期绘画的遗物更是屈指可数,因而这些保存较好并且年代相近的描绘大乘佛教主题的绘画,其价值怎么估计也绝不会过高。

但还有更使我惊奇的,因为我确实没有想到,在这里会发现受波斯艺术影响的作品,这是从这些绘画以及后来找到的绘画的面部和服饰方面的内容中清楚地发现的。这个明显的事实依据,将在我的科学出版物中正式专门介绍。同时,我应该指出,除了与晚期伊朗艺术的联系外,另外还存在遥远西方的古典艺术的影响。关于这一点,我以后的发现提供了更早年代的这方面的明确证据。

迄今为止,关于我在丹丹乌里克发掘的第一部分建筑废墟的描述,已足以说明这个遗址的一般特征和内容。对于其他分散在沙包之间孤立的庙宇和住室的调查和发掘,是我又一个星期从早到晚的工作。经我彻底清理和检查过的房屋,总数达 14 间。虽然通过这些发掘进一步证实并且补充了我以前的勘察所得,却并没有发现什么新的特点值得在这里详细论述。鉴于所有建筑物的用材和模式都非常相似,很明显地说明它们的修建年代或被遗弃的年代也都是相近的。然而,它们的保存情况却差别很大,这是由于它们被暴露在风暴的侵袭中,以后被"寻宝人"挖掘破坏的程度不同而造成的。我遇到的许多事例都明白无误地表明,不少建筑废墟被人挖掘探查后,又被深厚的沙层掩埋住。

例如,一个小佛殿内砌得很好的主神像的八角形底座,曾被从后面挖进去寻找臆想的财宝。可是曾斜靠在底座前面底下的一块信徒奉献的木板却没有被移动过;同样,一厚扎完好的大约比一本"菩提"书还多的手写抄本,也未被触动过。但可惜的是,流进附近地方的水使湿气从地面升起,在这里发生作用,使这些纸页完全腐朽粘连在一起,不能从被湿土浸渍而形成的硬外壳上剥离下来。这些文书由此而受到的损坏,远远超过了"寻宝人"所能做到的。最后,连同它们所附着的土块一起从地面上切了下来,再小心谨慎地剥掉干泥,露出了薄纸片,但却成了一堆婆罗谜文的碎纸片。曾遮盖在这些书本之上的一片木板,呈现半腐烂状态,但还能够移动。它的躯体如今作为一件有参考价值的古代遗物而归入我的古代手抄本和书写工具的收藏物中。

321　　观察有趣的古物的机会,绝不仅仅限于挖掘广阔的废墟,从它们所在的环境也可以学到很多东西,可以帮助我们再现曾流行于此的一般生活情景和条件。如我曾提到过的古代果园和道路的奇异情景,半埋在土中,至今仍然可见的干枯而断裂的白杨和各种果树的树干,紧连着大多数建筑物,而位于沙包之间露出原来地面的小片土地上;古代灌溉渠道的遗迹伸延在不高的土堤之间,很容易被认出来,其修建方式仍然明显地展现在我们眼前这块土地上,但是由于沙包和其他的侵蚀,已不可能追踪它们至远处。

　　在分散的废墟之间的许多地方,地面上铺着一厚层粗陶碎片、生锈的小金属片和其他类似的碎片。这些碎片散布之处,现在已没有幸存的建筑物痕迹,但或许它标示着此处曾有过平常的住宅。它们正像现今和阗普遍存在的农民住房一样,完全是用太阳晒干的土坯建成,或用泥土堆垒而成。这种房屋要比用木结构加硬灰泥建成的房屋容易破碎得多。木架涂泥的建筑方式至今仍在和阗城乡使用,但是造价却贵得多,因为木料需要从远处购买运来,因而只能限于较奢华的房屋、清真寺、旅店等类建筑物的建造。这种观点至少部分地有助于说明,为什么在像丹丹乌里克这样有种种原因可以相信曾占有很大区域的遗址,其建筑遗迹数目却不太多,而且分布较广阔。

　　但是,在丹丹乌里克遗址中,宗教建筑占引人注目的优势。它提供了这样的可能性,即在居民点被遗弃一段时间之后,这些寺庙和僧侣的住房,仍然继续存在并受到朝拜造访,或许成了朝觐地。这种情况,与现今在绿洲耕作区边缘常可找到穆斯林圣徒陵墓的情况一样,有着切实的共同点。这种情况也说明了,整个被遗弃的农村房屋颓毁速度的加快,是由于寺庙的僧侣和朝拜进贡的人对遗留在这些房屋里的木料和其他物资的需求而进行的拆除破坏。

无论如何,这一点必须认可是真实的,即这个居住区的遗弃是逐步进行的,而并非像一些欧洲旅行家早已相信的那样,是由于突然发生的自然界大灾难所造成,这是因为他们听到了关于所谓塔克拉玛干“古城”的传说。其实,这个流行于天山南部的所谓“罪恶之地”或“罪恶之城”的“古代城镇”,被埋没在沙漠之下的传说,其年代比丹丹乌里克本身要早得多。与玄奘所听到的多少有点相似而现今仍流行的传说,例如“曷劳落迦”城镇的故事,将连同媲摩遗址一同来介绍。这些故事无疑都是有趣的民间传说,但是我在丹丹乌里克遗址的实际考察却得出了完全相反的证据,而且这个地区的每个遗址都用事实来支持我。科学的探索与传说无缘。

我对丹丹乌里克的考察和对这个及其他遗址的半地形学、半考古学的考察成果积累起来,提供了极大的可能性,即丹丹乌里克这块土地,是由一批一直存在到很晚年代的渠道引进来的水灌溉的,它们将策勒、固拉合玛、达玛沟诸河的水,引入这个遗址正南方的沙漠。我从沙包群之间发现的散布着碎片的乌宗塔提遗址(相当于玄奘的“媲摩”、马可·波罗的“培因”)可以毫无疑问地证明,它至少要比丹丹乌里克多存在 5 个世纪。许多历史学的和地形学的思考只能在我的科学论著上予以详细论述,但由它们得出的结论是:丹丹乌里克和媲摩双双被逐次遗弃的原因,同样都是难以维修通往这些边远居民区的灌溉渠道。

在这里,我无法去调查研究耕作区逐步缩小究竟有多少是因为忽视了灌溉工程,或者由于政治动乱而致人口逐渐减少,或者是由于自然条件的变化而影响了那些河流的供水量。但以后对于固拉合玛和达玛沟某些村庄的考察,使我有所理解。这些村庄原来的耕作区由于供水困难而被迫转移。据活着的许多老人的记忆,向南迁移了大约6—8英里之遥。我在那里看到的被遗弃了的农村宅地上的断垣残壁中,有用的木料都已被拆光;过去曾被耕种而今已被沙土埋起来的几英里长的土地上,仍然可以看清干涸的渠道、灌溉渠系的堤岸等等。这些都很生动地说明了丹丹乌里克的耕地最后被埋进沙土的进程。

联系到这些情况,我发现我的考察收获中,找不到证据来符合斯文赫定博士关于克里雅河在历史上曾流经丹丹乌里克附近的设想,他并且说这个遗址的废弃和河水后来迁移到东边直线距离大约有 28 英里之遥的现今河道有关。这位卓越的探险家主要根据沙丘移动的速度,推算出遗址为二千年前的,但他如果知道该遗址仅废弃于约 8 世纪末,那么他在得出上述设想之前也许会有所犹疑。

21　穿过沙漠去克里雅

　　1901年1月3日,在丹丹乌里克的作业已经结束。前一天傍晚,我盼望已久的邮件从喀什噶尔送来了,是6个星期积攒起来的一大包邮件,最晚的信和报纸是10月初经印度从欧洲发出的;最令人兴奋的一封信是由印度外交部发来的,它通知我,约在9个月前,我于加尔各答提出的要求最后经俄属中亚回去的申请,已被俄国政府批准。为妥善地包装发掘出来的易碎的古代文物,准备好要发出的邮件,我在帐篷里足足忙了一整天。驼队已按照原来的计划从河边按时到达。在冬季饲草缺乏的情况下,它们曾被安排在河边丛林里恢复体力。在十分愉快的心情下,我们完成了出发前的准备工作。显而易见,自拉姆·辛格起所有的人都急于向这恼人的营地说声再见。但是当他们知道了在我们真正离开之前,还打算去探访一些废址——据吐尔地说它们位于北边,被寻宝人称作热瓦克,又有点扫兴。

　　1月4日清晨,我付给报酬,打发走了曾为我辛勤劳动的来自塔瓦库勒的一部分劳工,带着余下的人们出发向北,跨越大约有7英里的逐渐升高的沙脊,重又来到一片平地。那里散布在沙包间的陶片说明以前曾是居民区域。我们驻足于侵蚀严重的两道土坡之间,18天前喀斯木小队在这里曾安营并找到了水源。这口井由于地层冻得十分坚硬,现在已不见水了。经过再次深挖,最后见到了水,但是比我在丹丹乌里克喝过的水要咸得多。

　　虽然吐尔地已有9年没有到过这里,但第二天却毫不犹豫地领我来到一条伸延很长高约60英尺的沙梁后面。展现在眼前的废墟主要是两座毗连的严重颓毁的土岗,由很坚硬的土坯建成,可能是小佛塔的遗迹。很明显,它们曾被一再挖掘,受到过严重的破坏,但较大的一座仍然可以认出是个圆形底座,直径约32英尺。从散布在土岗附近地面上的破碎的陶片、琉璃中,我拣到一块相当坚硬的镘灰泥残片。吐尔地敏锐的眼睛立刻发现上面曾有过一层薄金的痕迹。从其形状判断,这块灰泥碎片很像是属于一尊全身涂着金粉的神像的。

没有铭文的汉代中国铜钱也从沙丘间低地上的碎片中找到了。这里的沙包比较高大,超过了 25 英尺,因此只找到一座木屋的废墟,它的墙壁已被风蚀损毁得只剩离地面几英尺的部分,而且高大的沙包紧紧地靠立其上,很难再清理出第二间房屋。在它的里面靠近地面处,我找到两块长方形木板,一面写着婆罗谜文字。其中一块的背面有一个洼窝,以后从别处发现的同样木板证实在这种窝中曾打过泥印记。

从这里发现的汉代铜钱以及其他的迹象,可以断定热瓦克的废弃应比丹丹乌里克更早。但是在没有对塔克拉玛干各个地区特殊的自然条件,特别是与沙包移动有关的情况进行长期系统研究时,还无法得出有关沙包逐渐向南推移速度的结论。即便有人做了这种研究,尽管就我个人说非常尊敬今后那些在这个条件严峻的地区献身于考古事业的人们,但仍怀疑是否能够根据他们的结论来认识这里古代的情况。

在热瓦克进行了不多的几个遗迹的考察,完成了一个月前我离开和阗时确定的工作任务。于是在 1 月 6 日清晨,付酬遣退了艾合买德·摩根及最后一批塔瓦库勒的劳工。当我们向克里雅河行进前,他们愉快地和我道别,对这次劳动所得的报酬显得非常满意。很显然,他们在荒漠露宿中并没有遭遇到什么特殊的不幸。将这些人管理得很好的伊斯拉木伯克,也离开我回和阗去了。他也为将要重新得到温馨的家庭幸福而高兴。我请他把我的信息和谢意带给和阗按办,感谢他使考察丹丹乌里克成为可能,同时还委托他把我的包裹邮递到遥远的西方。

我以复杂的心情向最近 3 星期在其间工作过的沙包群告别,对由其帮助保护的奇特的废墟所引发出来的许多疑问,它们给了我充分的答案。当我以轻快的步伐跨过突起的沙山巅峰时,涌起了喜爱其单调景色的情感。我的这次造访,使丹丹乌里克千百年来的寂静,受到了或许是从未有过的长时间的骚扰。对这个迷人的遗址的回忆,将永远使我想到那寒冷的天气、毫无声息的平静和冬季沙漠里的纯净。

当我的旅行驼队慢慢地前行时,天上布满了云层,约在上午 11 时许,微微细风自东北方向吹拂着我们。从热瓦克营地大约走出 2 英里,我们穿过了一条宽阔的黄土地带,陶片和琉璃片又出现在那里的沙包之间的土坡上。走不多远,古代居民点的痕迹消失了。不久我又看到了竖立着的枯萎而死的小树,其景象和这几个星期所见到的极为相似。白昼渐尽,吹拂我们的微风逐渐增强,成为不太强烈的尘暴,大气中充满了灰色尘雾。风刮来的阵阵尘土预示着的危险,是将会掩盖掉走在前面作为向导的喀斯木和吐尔地的脚印,因此,我现已缩小很多的队伍,紧挨着走在一起。当我们继续向东前进时,沙包越来越高,同时我也意识到,吐尔地担心以前骆驼从河边返回的路线以北难以找到水,并非没有根据。在由许多沙包合并而成的大沙梁下,我们停下来过夜,虽然那里无水可寻。一些干枯的红柳根可以充作燃料,但是没有活着的树丛,说明那里不能够挖一眼井。幸运的是,水箱里还剩余着少量的水——不如说是冰,这是为了解救像这样的紧急情况而在丹丹乌里克早已储备好的。

最初,我打算向正东直奔葛利甫——恰克玛,这是助理测绘师的地图上标明的离河边最近的地点。但是考虑到这样做我们要离开能够找到水的那条路线,因此第二天即改变路线转向东南,因为以前喀斯木就是沿此方向带着骆驼到达河边,又循此路线由河边回来的。风在夜间平息了下来,满天的尘雾到白天也消散了。我们经过的稀稀落落的沙包,高度都在 30 — 50 英尺之间,可是前进的路线还是引领我们跨越了 3 道很大的从南向北伸展的达坂,它们的高度都超过一般沙包之间的谷地达 150 英尺以上。当我们沿直线走过大约 11 英里到达第三个达坂时,我们看到那边是比较好走的平坦地面,不多的几个圆锥形沙包上生长着活的红柳,心情不由得轻松起来。喀斯木立即宣称,在它们的下面可以找到水。事实证明他的推断是正确的,向下挖了 6 英尺,大约穿过了 2 英尺冻土层,我们得到了水。水虽很咸,但是人们都很欢快,我特别高兴的是洗了一番。上次宿营时,为节省水箱里的水,我曾连洗脸都免了。骆驼也高兴地饮了又饮,因为它们驮负重载且又翻越可怕的沙梁,长途劳累已非常干渴了。

寒夜之后,温度计降到了 – 5 ℉。我们早早地起程了,每个人都盼望着走尽沙漠到达河边。前行了大约 2 英里,喀斯木锐利的眼睛,发现了驼队回丹丹乌里克接我们时,留在沙土上的模糊印迹。沿着这些印迹,我们很快来到喀斯木小分队上次挖的水井旁边。以后的行程又越过了 4 道达坂,每道都是由台地一样的沙包组成,高度都在 120—150 英尺之间。宽广谷地间的沙包,如今降到仅约 20 – 30 英尺高,但是仍没有其他迹象说明我们已接近河边,直到我们来到了最后一道大沙梁 **329** 顶上时,才看见了克里雅河两岸黑黑的林带线。

我们又走了 4 英里多路,越过了背脊宽大而高度逐渐降低的沙包群,到达了生长着茂密的红柳和芦苇的长条形地带。当走过了最后一道低矮的沙垄时,猛然间我看到了前面河中闪光的冰层。当我轻松地坐在河岸上,以缓解步行了大约 14 英里的疲乏时,喀斯木走去寻找在这里等待我们的助理测绘师小分队的马队。半小时后,他们在克里雅按办派出照管我宿营地的差役伊不拉欣的陪同下回来了。随后,在河岸边排列成行的胡杨树下,燃起了一堆令人振奋的篝火,我心满意足地坐在火堆旁,直至薄暮时驼队到来。几个星期人们的眼中所见,只是黄沙和其高低起伏、一望无垠的瀚海之后,面对这里稠密的灌木丛、河中宽阔的冰带,以及高大树干上的叶片,在黄昏暮霭中呈现出的犹如秋天的红叶,此情此景,怎不令人精神为之振奋。

第二天早晨,当喀斯木带着一位同伴离开我们出发返回和阗河时,我也再度跨上马鞍奔赴去克里雅的尚余的路程。沿途的河道,处处结着坚冰。河水径流相当深,蜿蜒曲折。河床最窄处的跨距只有 50 – 60 码宽,但偶尔在跨度大的转弯处则可达 3 倍以上。白天我们沿着左岸走过的地面上,长着宽约 1 英里的林带和芦苇丛带,再向西面伸展着望不到边的沙包群。右岸沿河有一条界线分明的沙梁,名叫克孜勒库姆,大约高出地面 300 英尺。生长在两岸的柳树和白杨树看来同样的繁茂。

我经过了一些牧人的窝棚,都是用粗糙的木头作支架、用扎紧的蒲草作墙建成的,可是没有遇到一个人,直到骑行约 16 英里之后,到达当晚的宿营地赛义德·鲍尔汗努丁·帕德沙依姆麻扎。似乎在克里雅及和阗地区的人民中,它是很有声望的朝觐地。舒适的居室和 5 位照管圣徒安息地的谢赫的外表,证实了该圣地所受到的崇敬。谢赫未能告诉我关于这位圣徒的任何特殊的故事,只讲到他与更加神圣的、供奉在尼雅河尽头的一个著名沙漠圣地中的伊玛目·加帕尔·沙迪克有关系。

每年接待成百上千朝觐者的谢赫,很知道如何舒适地安排"付报酬的客人"。我发现在圣墓旁的一间洁净的小屋中,铺着地毡、架着炉火准备着接待我。在等待落在后面的、直到傍晚才到达的我的行装的同时,我有足够的时间来思考发生在荒凉沙漠中这个圣地上的严重的文化侵蚀。经常活动在克里雅河边孤寂荒凉牧场的牧人们,不会不从每年春天和秋天到圣墓朝觐的人流中得到他们所渴望的外界知识。很有可能,我在丹丹乌里克所挖掘的佛教寺庙,也曾像这里一样是一个朝拜的对象。

整整 3 天的长途跋涉,把我从"麻扎"带到了克里雅。行程中沿克里雅河所见的景象,与我刚到达河边第一天所见的非常类似。每天我们都见到一些牧人的芦苇棚,但是它们的居住者似乎已转离河边。我们越往南走,植被带越宽广,可是树木的密度却逐渐稀少,大部分地面上只长着红柳丛和芦苇,只有这些植物能生长在得不到丰富水分的松散沙土中。晚上我们宿营于布拉克和乔盖玛,看不出有人居住的样子,只表明我们还得穿过丛林地带。但是,我们的差役向导熟知牧人们的宿营地,并经常安排一些人帮助收集燃料。这里雾蒙蒙阴沉沉的天气,使我非常怀念沙漠中晴朗、凉爽的天气。

1 月 12 日中午,我到达波斯塘兰干。这是位于一块宽广沼泽平原的小村落,那里的溪流汇集了从许多泉眼中溢出来的水。如今被水浸透的地面都已冻得坚硬,行路不必再拐弯抹角地躲避沼泽水坑。在波斯塘兰干,我碰到了来自比欣的阿富汗商人阿布都拉汗,他在克里雅已居住了 15 年,是一个眉目清秀的老人。他显然渴望着使自己成为对绅士们有用的人。他像所有在突厥斯坦的同胞一样,极力表现自己的效忠之情。不幸的是,疾病似乎已经严重损害了他的体质。他的作用被他奇特混杂的口语削弱了,波斯语早已被他忘光,突厥语他没有学通,印地语如今他很少听到过,很难用于会话。我对普什图语的知识缺乏,无法断定他对他的本国语言还能记得多少。但是,他还是看懂了提前带给他的信,遵命为我在克里雅停留期间安排好了住处。

遇到这个"寻求主人保护者"后不久,我受到了以按办的名义由伯克们及其随从组成的马队的欢迎。伯克都是肥头大耳、心情舒畅的模样。当发现我能够用他们自己的语言准确地交谈时,在骑马走回城镇的途中,我们十分活跃地聊了起来。按照礼节规定,他们在会见我时,必须穿半中国式的官服:用毛皮做的中国式小马褂,轻松地套在他们朴实暖和的袷袢外面。可是那顶有红顶子的黑丝绒小官帽,对一个习惯于在寒冷的气候条件下将修刮过的头脸遮盖在真皮帽子下面的、优雅的穆斯林是一件多么可怜的头饰。所以不久之后,伯克们为了舒适,就让他们的一名随从戴着中国政府规定的帽子出现,而他们自己则戴上了大皮帽。

从波斯塘兰干走了大约 4 英里,到达了绿洲耕作区的边缘。我再次来到了沟渠纵横并有白杨树林荫道的村庄之间,这种景色遍及整个突厥斯坦。在一个月孤寂的荒漠生活之后,这种家园的喧闹是一种使人愉悦的景象。我的小狗"尧乐希伯格"也再一次为见到同类而感到激动,我们为保护它免受那些恣意挑斗的农村大狗伤害的行为,颇惹了些麻烦。即使是从野外来的漫游者也看不出克里雅城与乡村有多大差别。在郊区低矮土房之间走了好久,我才意识到自己已进入一块横跨纬度 5° 的宽广地域的首府。

我很高兴地找到了阿布都拉汗为我安排的住所,那是离街市很远的一处郊野小别墅。这房屋是他的一个亲戚的,房主是一位有名的毛拉。房子通风良好。不过穿过一排半敞开的走廊和厅堂,我走进了一个有套间的屋子,仅房顶有个透进暗淡光线的小天窗,在这个季节里使人感觉安适。其中一间屋内铺着毡子,烧着一堆火,这就是我的下榻地。早在我的行装来到之前,按办的首席翻译兼总管就亲自来传达他主人的致意并送来了欢迎的礼物。礼品都是很实惠的,包括木柴、马匹饲料,还有给我本人的绵羊和鸡鸭。这样过于丰富的礼品使我难以准备一份相应的回礼。不管怎样,我确实感觉到,按办的友善已被充分说明,而且我感到即使回礼分量略轻也不会有很大关系。对送来这类礼物的人照例要给赏钱,我当然要借此向翻译表示我的满意之情。我告诉他第二天我正式前往衙门去拜访。 333

对按办黄大老爷的访问自始至终都非常融洽愉快。下午一时我骑马穿过了简陋的新城巴扎,但绕道城根外侧的土坡而躲开了破烂老城内弯弯曲曲的小巷道。克里雅的衙门,与我在叶尔羌、喀格勒克、和阗见到的同类建筑非常相似,建筑也显然都是按照规定的。例如大门的方向、庭院的设置,甚至接待室桌椅的陈设位置。当我穿过官衙大门时,砰、砰、砰 3 声枪响,表示了按办的礼遇。他本人则站在内门以明显 334 的热情欢迎我。黄大老爷看来约有 45 岁,身体健壮,面色红润而和善、幽默,穿着精致的中国绸服,黄色织锦箭衣和精工刺绣装饰着胸口的朝服马褂,特别引我注意。我看到安放在坑上的小桌,位于主人和客人分坐的两个座位之间。桌上摆放着干净卫生的糖果,欧洲造的小酒杯代替了习惯用的茶碗,马得拉岛出产的白葡萄酒用来代替了传统的中国酒。这样的款待,不知是为了迎合欧洲人口味,还是出于按办自己的爱 335 好。

虽然我的翻译、幽默的尼牙孜阿洪没有从和阗赶到——他是在我进入沙漠时和我的马匹一块儿留在后方的,我和按办的交谈还算比较顺当。按办的确很有学问,完全能理解他的"通事"对我的突厥语作的翻译。我向他叙述了我在丹丹乌里克的全部遭遇,同时也顺便讲到了我亲眼所见的一切,它与唐僧玄奘所述当年这个地区的佛教信仰完全符合。我一直在盘算如何通过一个普通中国穆斯林翻译来谈论佛教的事,这种人往往对于其异教徒主人当中流行的宗教体系十分模糊。当我告诉按办我打算去探访一个我听说位于尼雅北面、玄奘称作尼壤的

·欧·亚·历·史·文·化·文·库·

古代遗址时,他立即同意发出全部必要的命令来帮助我。对于向他表示的感谢和敬意,他总是报之以真诚而亲切的微笑。这种态度会令最好的外交家都自愧弗如。当我告辞时,按办依礼陪同我来到我的乘马前。我发现他的全部下属甚至连衣着簇新而整洁的穿红衣服的刽子手,都整队站在通向内门的路边。所有这些都表现出一种整齐严肃而有秩序的气氛,似乎是按办个人严格规定的一种积习。

我离开衙门不久就得到通知,按办马上就要出发来回拜我。于是我快马加鞭赶回去,赶紧准备茶水,整理好自己的居室。我帐篷小桌上的桌布很不适用,因为它的白颜色在中国表示哀丧,一时又找不到合用的台布,应急之下只好用床上的一条薄毛毯来替代。要是再到中国来,我要带条红桌布才是。我想,当我不得不招待几分钟前的主人时,一定

336

就像是在玩欧洲宫廷里的礼节游戏。但是,我们很容易地将刚刚中断的交谈继续下去。我的旅行书箱里的斯坦尼斯拉斯·朱利安所辑玄奘的书,为我们助了谈兴。我请黄大老爷观看了从丹丹乌里克找到的一些中文手抄本,并请他读了我搜集到的以前各朝代铜钱上的铭文。他也很有礼貌地表示对这些及我帐篷中桌子、椅子和床等都很感兴趣。那些东西他也曾仔细地察看过。

我本来打算在克里雅停留3天,可是因为等待没有赶到的从和阗来的马匹而多耽搁了两天。老实说,我们所有的人对这次耽搁都并不特别惋惜,我的人员包括拉姆·辛格在内,都乐意在经过艰苦和露宿的沙漠生活之后,有一个短暂的休息;而我自己,在再一次会见了按办后,发现还有许多事情需要做,如有些记录要写出来,有些说明材料要准备等。就这样,我每天用于散步的时间还不到一小时。在丹丹乌里克时,没有地方做室内工作,只有现在我才可以为皇家亚洲学会的刊物,写一些简要的记述。在克里雅的最后4天,天气寒冷阴沉。1月14日和15日下了一点小雪,每天都不足一英寸深,但已使河边的荒地呈现出一片冬景。在炉火旁忙碌固然可喜,但是现在我在这间小屋里,却失去了明亮而洁净的帐篷生活。和阗及其周围地区所有家庭的内室,冬季只有屋顶上留着的一个四方形小天窗能透进微弱而稀疏的光线。

我通过阿布都拉汗和其他人探询古物的情况，但所获甚微，没有弄到多少有意思的古物。克里雅本身并不是一个古老的地方，"寻宝"这个行当也不像和阗那样兴盛。但我到达后的第一天，就听到有关尼雅北面沙漠中古代遗址的报告，于是决定将我的勘察路线向这个方向伸337展。一名受尊重的克里雅农民阿不都拉告诉我，他10多年前曾在那里清清楚楚地看到了像丹丹乌里克一样类型的房屋遗迹，半埋在沙土里，距著名的伊玛目·加帕尔·沙迪克麻扎有几站。其他人也曾听说过关于这个"古城"的故事。不知由于什么原因，我殷切期待着的马匹仍未来到。但是在这样一个既无电讯、又无正式邮局的农村城镇，人们只能静静地等待。不过按办却帮着提供了必需的交通工具。338

22　去尼雅和
伊玛目·加帕尔·沙迪克墓地

在结束了最后几天的室内工作之后,1 月 18 日清晨,我迎着绚丽的阳光,心情愉快地出发了。与往常一样,我的骆驼队在休息几天后,出发时总要多费些时间,因此有充裕的时间让"古老的克里雅"半数以上的老幼闲人集聚在路边和四周的屋顶上,观看出发的热闹情景。那些肥胖的来自克里雅和尼雅的快乐的伯克们(后者此时未在任上),及时赶来为我们送行。跨越过一条宽 1/4 英里、目前只剩下一些浅水迹的干河道后,又经过了拜什托格拉克和喀特肯两个小村庄,走出村外仅有两英里,我们就又走入了荒凉的沙漠之中。这里是向北方延伸的大沙漠的边缘。在路的右边,光秃秃的戈壁荒滩,犹如一个逐渐升高的大斜坡,向南直伸展到山脚下,这是普鲁以东的昆仑山支脉的北侧。沿着这条古道前往罗布淖尔地区或清朝真正的边界去的那些旅行者们,往往由于云雾弥漫而看不清这条山脉的山峰。拉姆·辛格在他的皮夏以东的旅途中曾利用三角测量测绘过的一两个山峰,再次被我们明确地认了出来,而且为今后的测量工作提供了准确的基点。这条支脉全部被新落下的雪遮盖着,从而看上去比平时更为壮丽。普鲁附近和它后面的高大山峰,海拔都在 21000 英尺以上,远远地闪烁着朦胧的雪光。

大约走过了 14 英里轻松的行程,我们来到了奥依托格拉克。这是一片小小的绿洲,几个村庄里分布着大约 200 户人家。在树荫下和其他阴暗处,仍有一层厚厚的积雪,终日寒风刺骨。但是令我高兴的是,在当地一个巴依的宽敞房屋里,为我的随行人员准备好了休息处所。洁净的土墙和色彩鲜艳的和阗毛毡,把一间空荡荡的小屋在冬天的夜晚装扮得那么令人感到亲切和欣慰。

339

夜晚,天空布满阴云,妨碍了我们通过天文观测确定这一地区的纬度。1月19日早晨起床时,已是大雪纷飞,屋子后面果园的树枝上,挂满了洁白的雪花,看起来好像是在令人欢欣的欧洲。早上8点时的气温是9 ℉。直到我带着驼队离开这里时,雪才停止,但整天都是乌云沉沉,遮蔽了山脉。我们走过的沙石地面上,遍布着卵石块,与通往和阗的路面完全相似。路的左边是向北伸延的高大沙丘。大约走过了16英里,我们跨过了一道宽浅干涸的小河床,随后就到了称作也斯尤勒滚的一片小小的绿洲。路两边有10多家土屋,为那些路过此地去尼雅的苏喀克采金地的旅客们提供住处。很少的一点耕地在夏季才有水灌溉,因而这里的居民很难以此养家糊口,主要是依靠提供行人食宿来维持生计。这里的用水据说是从一口有40"乌拉奇"[1]深的井中汲上来的。水的供应方式严重地影响着这个小村子的发展。在突厥斯坦的农村里,房屋经常是修建在农田和果园之间,而亦斯尤勒滚的居民们则把房屋修建在环绕水井的平地上,正像一个小市场。一丛丛茂盛的古老的白杨树,生长在涝坝边上,把这里装点得风景如画。

夜间乌云散尽,最低气温到了-1 ℉。南面近处的山脉清晰可见,甚至我还能辨认出苏喀克采金地所在的峡谷口。前面的路程要跨越一段布满石头的戈壁滩,但行程较短,仅有大约11英里。可是我们的差役向导却认为,驼队无法在一天内走完到尼雅的全部路程,因为再往前走的24英里路途中既无饮水,也没有住宿的处所。我想他大概是对的,只得接受了他的意见。奥拉孜兰干只有一间供看守人住的孤零零的土房子。我们的食物和冰块都是从奥依托格拉克运来的,因而可以舒适的住下来。我住的屋子很低矮,炉子里浓烟熏人,可是总比在刺骨寒冷的东风中住帐篷要舒适得多。

340

第二天早晨出发去尼雅时,尼牙孜阿洪的到来使我欣喜万分。他在我离开奥拉孜兰干之前赶了上来,给我带来了马匹和阗的邮件。他带给我的家信,是经过费尔干纳的邮路到达喀什噶尔,再由中国邮政

---

〔1〕相当于寻,当地维吾尔人的量度,即两臂左右伸开所及的长度,约合5市尺——译者。

送到的。其中最近的一封是 12 月 7 日出自我哥哥之手的。鉴于从欧洲经吉尔吉特转送给我的邮件上的日期都是 10 月第二个星期,看来这封信的投送速度是很快的。虽然横穿里海地区的铁路已经通车,给在中亚的欧洲人在邮件运送方面带来了便利的条件,但是为了稳妥起见,我还是宁愿依靠印度邮政部门经过罕萨的驿站。

从奥拉孜兰干再往前走的 24 英里路程,到处都是砾石沙地,这是从南边高山上被水冲下来的风化沙砾。沙丘从沙漠中伸展出来越过坚硬的砂石到处蔓延扩张。一路上都见不到绿色植物的踪迹,直到走进尼雅绿洲 6 英里之后,才看见了一些小片田野里生长着红柳和耐旱的灌木丛。尼雅绿洲是由沿着从苏喀克附近山上流下来的小河两旁一系列小村庄和乡镇组成的,小河的上游叫作乌鲁克沙依峡谷河。下午 3 时以后,我来到了耕作区西部边缘的康沙利小村庄。再行 2 英里远,就进入了尼雅巴扎所在的中心村镇,受到了当地伯克代表的热情接待,并且在街口附近一家巴依的房子里为我们准备了满意的宿处。正赶上尼雅巴扎每周一次的集日,虽然已近黄昏,可是在这长约 1/8 英里的狭窄街道两侧,棚舍前仍显出一派热闹景象。巴扎上摆着很多从和阗运来的干果和糖果、葡萄干,还有中原出产的茶叶及各种调味品,优质核桃和一种淡红色的葡萄则是当地出产的。人们似乎都正忙于为了过好开斋节而选购这些奢侈品。

我的那些随行人员,作为出门在外的人,按伊斯兰教规的规定,可以不必封斋,可是他们也希望能像虔诚的穆斯林一样,用适当的方式度过这一节日。因此,他们要求 1 月 22 日休息一天,对此我很难拒绝,况且我还要组织好前往沙漠遗址的劳工们,准备好所需要的食品供应等。整个尼雅都沉浸在一片节日的气氛中,清真寺洪亮的祈祷声阵阵传进我的房间,而我却忙于准备发往印度和家乡的信件,只有在中午阳光明媚时才出去为人们拍些照片。这里有许多面目清秀、花白胡须的老人,还有天真烂漫衣着整洁的小孩可供选择拍照。他们开始时很拘束羞怯,可是孩子们很容易地就被几个铜板引诱到照相机前了。身穿钉着各色补丁的破烂衣衫的乞丐们也是一样,只要给一点布施,他们就可以

341

站下来供你拍照。这里的农民们也和和阗的人们一样,具有一种值得注意的独特外貌,就像当地的说法那样是些"白人"。鉴于这些突厥人中很多人的样子很像欧洲人,令我不禁要怀疑关于西突厥人及其在欧洲的同胞中这种现象的种种解释。

尼雅是一个古老的地方,唐玄奘在经过楼兰返回中原的途中,曾提到尼壤(即尼雅),说其系于阗"以为东境之关防也"。地处这一片绿洲最东部的尼雅,一直保留在和阗地区管辖之内,直至现代于阗建制成为一个独立的行政单位之后。玄奘的叙述表明,当时与现在一样,沙漠一直紧紧地环绕着这个小绿洲。我在尼雅最初见到的唯一古代文物,是几年前在这里的古代遗址中发现的一个直径 3 英尺的古代大陶坛。但是就在当天下午,我收到了证明我将去访问的这个废址古老年代的物证。好奇心很重的、年青的骆驼夫哈桑阿洪,偶然发现一位村民从遗址带回来的上面有字的两块木板。当这些木板摆到我面前时,我惊喜地发现,它们上面所写的是印度最西北部叫作佉卢文的古代文字,其字体则和公元 1 世纪时流行于贵霜王朝统治时期的文字非常相似。

给我这些木板的人,是从去伊玛目·加帕尔坟墓的路上拣到它们的。但是很快我就弄清楚了最初找到它们的人是年轻有为的村民伊不拉欣,他是在深入沙漠之中的"古城的房屋"里找出它们来的。为了寻找财宝,他在一年前去到那里,可是只找到这种对他无用的木板。他带出来了 6 块,回来的路上扔掉了几块,余下的给他的孩子们作了玩具,不久前就被毁坏了。当看到拣起了他丢弃的东西的聪明人得到了我的重赏时,伊不拉欣如今真是后悔莫及。我极力按捺住自己的喜悦心情,并不失时机地邀请伊不拉欣当我的向导,还向他保证,如果他能把我带到那所他发现过的被埋没了的房屋去,就可以得到一笔很优厚的报酬。佉卢文字以前在中亚仅从早期和阗的硬币上发现过,大致标明的时间是公元 1—2 世纪。那个不幸的法国旅行者杜特依·德·兰斯先生于1892 年在和阗得到的那些手写在桦树皮上的引人注意的残片上的,也是这种文字。在灯下仔细查看这些充满了希望的发现品,使我愉快地度过了这一夜晚。上面非常潦草的字迹和模糊的墨色,使我不可能立即对它们做出任何的说明。从语言学的某些特点看,我手中的这些木板,似乎是一份用早期印度文字写的文件,而且上面的文字足以使我确信,那个挖掘出这些文物的古代遗址,年代是很悠久的。尽管我对这个遗址充满了希望,但此时却难以预料会有多么丰富的收获在那里等待着我。

经过 3 天的旅程,我从尼雅来到伊玛目·加帕尔·沙迪克的陵墓,这里是我重新进入沙漠的起点。天公作美,这几天的自然景色令人赏心悦目。我离开尼雅时,是一个阳光明媚的早晨,一路上晴空万里,可是仍然天寒地冻,有时夜间的气温降到 - 8 ℉,白天的气温也从未超过 22 ℉。

344　　我们行进的路线自然是沿着尼雅河的。河流的尽头消失在沙漠深处,即我现在要去探访的"古城"。尼雅河像克里雅河一样是曲曲弯弯的,但是它的水流量却少得多。正像克里雅河一样,尼雅河的河水也是汇聚了城镇以下近处的泉水和沼泽水。很明显,水流是通过灌溉渠道引至较高的地方,而后才进入较低的平地。随着耕地从眼前消失,我们很快来到生长着茂密的芦苇杂草的宽阔的条形丛林地带。沙漠退居河两岸约 2 英里之外。这条道路由于每年秋季去朝拜伊玛目·加帕尔麻扎的人络绎不绝,被踩成了一条大路。第一天所走的路,一次又一次地踏上了现在正结着冰层的河道的堤岸。河道宽度一般是 30—35 码;河水的深度,从在各处凿开的冰洞看,没有一处超过 3 英尺;河岸高出冰面也只有 2 — 3 英尺。由此可见,在冰雪融化的季节里,很有可能会造成河水泛滥,这可以说明河岸上的丛林带为什么生长得如此茂密。因此,这一个小绿洲下面不远处就有牧人的牧场,显然放牧着大量的羊群,据说被划分成 10 个放牧区,全都为尼雅的巴依们所有。

一路上我都在想着,这片肥沃的土地,一旦耕种也许会有很好的收成。因此在头一晚的宿处,纳格拉哈纳牧羊点下面不远的地方,见到两年前根据按办命令开挖的一条渠道的渠首时,我很是高兴。这里距尼雅巴扎有 19 英里远,由此开始,两岸植物带大大加宽,沙漠中的沙丘也从眼界中消失了。河流蜿蜒曲折地在东边流过,道路横穿过这块看来

像是灌木林的中央地带。紧傍着道路的是那条完工不久的新渠,仅有
6—8 英尺宽,只是个不大的工程,却很可能为这片孤寂的林地带来人
烟和财富。这儿的土壤是肥沃的黄土,地势相当平坦,只要清除灌木,
浇水并不困难。

我们沿着引水渠走了 8 英里多路,我脑子里尽是即将降临这片空
寂之地的变化。毫无疑问,古代在流经沙漠的河流沿岸,依靠把河水仔
细贮存起来,都曾进行灌溉。如今已被流沙覆盖的大片地方曾经能够
耕种。不论是在欧洲或是东方的边境地区,比如土库曼的干旱草原和
旁遮普的陀勃斯某些天然干旱地区,都有一个强有力的行政管理机构,
终日不懈地同沙漠进行着斗争,并且成功地把人类居住区的边界不断
向前推进。但是其动力又是来自何处呢?

在足够大的林间空地上,我甚至能看到在遥远的尼雅南部突兀的
雪山。天气如此晴朗,甚至在奥特拉栏杆(那里有几个供朝拜者作为
中途休息处所的芦苇棚)以上,我们所在的位置仍能由高大山脉上突
出的基点来交叉确定。考虑到我们和这些山峰之间的距离最近的差不
多也有 70 英里之遥,所以充分证明了冬季沙漠中天气的明朗晴好。

但是走出不远,当胡杨树和柳树变得茂密而深厚时,这些遥远的景
象也就逐渐消失了。这一片看来相当宽广的林地,残留着许多河流改
道曾一度流经这里的痕迹。当向导的牧民认为这一片丛林地有 8 —
10 英里宽,一路上我们在几个较高的地点观察所见,似乎也证实了这
一判断。树下及地面上的低洼处,残留着一层薄薄的积雪,很明显这是
上个星期刚下的。光秃秃的树木枝干和茂密的灌木丛相映如画,是我
多年来所见最类似于北欧冬景的景色。

我们骑行穿过这片林地走了 12 英里多路,浓密的丛林使人无法看
到河流的踪影和河边牧人的草棚。最后在日落前不久,我们才来到了
第二个宿营地多比波斯塘,只有一些废弃了的芦苇棚。从这里向西又
可以看见荒漠边缘的沙丘,河流也在东面一英里远处再次映入眼帘。
驮载行装的驼队,直至下午 7 时才来到这里。我的随从人员用倒在地
上的枯树,燃起了熊熊篝火,使我摆脱了夜晚刺骨的寒冷,尽情地欣赏

着晴朗怡人的夜空。不过最后到我的帐篷搭好后,气温只有 10 ℉。

我在 1 月 26 日的行程估计比较短,大约只有 13 英里。我们到了著名的麻扎,那里将是我们前往沙漠的出发地。我们在早晨又一次遇到了河,看上去就像一条超过 20 英尺宽的狭窄的冰川带。它还有一些小的分支。看上去这条快断流的河渠试探着在哪里能把自己尽快地埋掉。就在这儿,其尽头附近,水流显示着自己充沛的力量。我们越靠近圣地,树林和灌木越高大。尽管在裸露着的单调的冬天里,后面的景色看上去仍然很美。在果园当中分散竖立着许多为朝圣者提供休息的白杨木小屋。在土岗上,可以看到零乱地遍插着各式各样的木杆和小旗,标示着殉道王公的墓地。正是为了纪念他,才使这里神圣化了。最后,我们来到了由清真寺、宗教学校和修整麻扎的世袭仆从们的住室所组成的麻扎前。它们给人留下深刻印象,因为近两个月来在克里雅和尼雅除了沙漠外只见过些泥土小棚。在这个建筑群和顶上修建有麻扎的
347 小土岗之间,散布着由河流形成的小水泊,更增添了周围景色如画的情调。

浏览之后,只觉得其中一座由尼牙孜阿奇木伯克修建的较大的四方形砖砌的学校建筑值得注目。随后我们又继续向前穿过最北边的结冰的小水泊,来到对面的小土岗。它的脚下是一片林地,树木古老苍劲。林中散布着为虔诚的捐赠者设立的祈祷台和供朝拜者以及学校的学者们住宿的各式小客栈。树枝上全都挂着小旗、牦牛尾或小布条,这些都是朝觐者的供奉品。登上岗顶的路上,修建着许多粗糙的木头牌坊,上面也同样挂着朝拜者们表示虔诚的标志。第一座牌坊上可以看
348 到杂乱无章的小布条,各种颜色的和各种质料的应有尽有,有上等的印度细棉布,有伯明翰纯棉布,有中国绸布,有俄国印花棉布,还有当地农村织造的粗糙土布。虔诚的朝圣者留下这种纪念物的习俗,和遍及印度各地的伊斯兰教及印度教圣地的习俗完全一模一样。我不禁在想,这些五颜六色的纺织样品,如果被完好地埋在沙漠之下,几个世纪以后重见天日,又将会是一种多么奇特的考古发现啊!

朝拜者上圣墓踏出的曲径,蜿蜒盘绕着土岗。土岗的内侧遍地排

列着坟墓般的土堆,它们大概象征着殉教者的安息地。在关于这座圣祠的传说故事中,这些忠诚的穆斯林信徒,曾追随着他们的卓越领袖伊玛目·加帕尔·沙迪克在与"秦马秦"亦即和阗的异教徒的战斗中,一同战死于此地。然而,更使我惊异的是,这座高出水泊表面约 170 英尺的土岗,可以看出它并非由沙土堆积而成,而是在盐礁上遮盖着一层岩石般的风化土砾。在一些地方可以明显地看到白里带灰的岩盐。这些岩盐和由它遮盖着的小土岗在这一地区特别引人注目。靠近河边的植被带的东西两边,除沙漠之外别无他物。由这个地区其他圣地的情况看来,此处也很可能追溯到伊斯兰教传入以前。如果真的如此,其独特的自然景观已足以解释小土岗这种神圣性的由来。

从山顶上向北望去是一片广袤无垠的沙漠。受河流供水能力限制的森林,似乎消失在距麻扎约六七英里的地方。河流在被沙漠淹没之前曾转向西北。我的向导说,那个方向上也有古代遗址。

1 月 26 日早晨,费了很大的周折,才使我的驼队做好出发前的准备。人们先是折回去向土岗上的圣墓表示敬意,随后又费了些时间检查并装满了携带的水箱,以备在"古城"使用。我要去探访的这个遗址附近挖不出水来,因此我知道,在一段较长的时间里,我们不得不依靠这些水箱来供水。两个从加尔各答一路带来的坚固的白铁皮打制的水箱,在丹丹乌里克使用期间,已经证明了它们完全能够承受因水冻结成冰而产生的膨胀力。我应该承认,在温暖的加尔各答时,不论是制造人(汤姆逊先生)还是我自己,都没有想到过会遇到像昨天夜晚那样的寒冷天气——温度计上显示的最低温度达到了 - 12 ℉,这是我们迄今记录到的最低温度。其他的水箱,尽管也曾采取过预防措施,但却不能承受膨胀力,当冰再度融化成水时便发现有了裂缝。幸运的是,肆虐的严寒,使我们可以临时赶制一些大包和网袋来驮运所需的冰块。这种很实用的辅助手段,保证了在进入沙漠腹地后,在我们大约 40 — 50 人的临时营地里,可以经常随时得到必不可少的最低限度的供水量。

天气晴朗,阳光灿烂,景色鲜明,我们心情愉快地穿行林地,河流在那里最终被沙土吞没。在麻扎以下 3 英里处,细窄的河道分散成几处浅水的沼泽地,然后就不见了,至少在冬季看到的是这样。下面几英里处,我们多次跨过很深的冲沟,说明夏季的洪水会流得更远。吐尔库奇库勒沼泽边上,修建着几个茅棚和为清真寺放牧羊群的奴尔阿拉的羊圈。据说这里有 4000 多只绵羊。至于引导我们走出牧地的奴尔阿拉,从他的起居和仪态看来,他不是一个普通放羊人。他在他的棚屋附近耕种了一块地,收获的小麦和玉米足够供给他全家而有余。在我们逗留在沙漠中时,就把马匹留在他的小庄园里。

在这块水分充足的地带,树木生长得很茂密,驼群时常停留下来等待为它们清理出一条小路。遍地都可看到鹿、野兔和其他动物的足迹。丛林地带逐渐被越来越多的流沙侵入,一丛丛枯萎和死去的树木,我们越走看到的越多。最后,在麻扎以下大约 8 英里处,树林变成了一片分布很宽的低矮沙丘,上面长着浓密的红柳丛和一种称作白蒺藜的小草,其间还有一株株干枯的胡杨和其他树木,粗大的枝干早已枯槁并被无情的岁月所扭曲。这显然说明河水曾一度为这沙漠深处带来过生机。从我的帐篷附近的一个高大的沙岗上,可以看到沙岗之间低矮的丛林,而这些沙岗正标示着东西两面真正沙漠的起点。这一地带的宽度足有 4 英里,在好几处犬牙交错延伸入浩瀚的大漠。河道从前的流向应该是向西北方向的,因为在这个方向可以看到丛林伸展得相当远,并无高大的沙脊横亘其间。

我揣测,沿着古河道就能到达"古城",第二天的行程证实了这个想法。同时,这也在我的沙漠经历中第一次证实了向导们所说的距离往往是夸大的。他们告诉我,从伊玛目·加帕尔麻扎到我要去探查的古址需要走 3 站路,实际上走过了一段 14 英里的轻松路程后,我们于1 月 27 日就到了遗址区的南部边缘。它位于前一天晚上我所观察到的古河道伸展下去的方向上——确切地说是西北偏北。在最初的 5 英里行程中,浓密的枯树林使我们不得不常常要小心仔细地为骆驼开辟道路。红柳仍然在枯死的树木——主要是胡杨树间茂密地生长着。这些枯树生长茂盛的年代距今不会太远,许多已无生机的枝杈仍然保留在树干上,并不像在其他地方所见的那样,整个树干都如同干枯的木架

350

一般。一条大约 4 英尺深的干水渠从这片枯林的东部边缘穿过,伸延一段相当长的距离。人们说它是"古城"的引水渠,可是我却找不到一点人工开凿的迹象。

往下穿过一段陡峭的坡地,四周便是些 15—30 英尺高的锥形沙丘,顶上都生长着缠结在一起的活的和死了的红柳。在北坡上仍积存着一星期前所降的约有 1 英寸深的残雪。这条带状地带南北长约 3 英里,在其中部我发现了一些破碎陶片和一道用蒲草厚厚地捆扎而成的篱笆,在里面我们可以辨认出一些果树和人工种植的白杨树的树干,显然我们所经过的是某个古时候的村庄。再往前走,沙丘渐渐变得低矮,不过荒芜依旧。在一片低矮的沙丘中,间或可以看到一些孤零零的突起的锥形沙丘上,生长着红柳丛。陶片零零落落散布在沙土上,从一些炉渣块和类似的硬物判断,向导们肯定距离目的地已经不远了。

很快,我就看到了最先出现的两间"房屋",乍看起来似乎坐落在稍稍突起的小台地上,仔细观察却原来是地面未遭侵蚀的部分。那些木头柱子伸出沙面的部分,比在丹丹乌里克所见到的要高得多。粗略观察一下便发现,它们在建筑式样上十分相似,只是这里的房间较大些,木质构架也较为精致结实。在这些房屋的其中一间,很快就发现了一些表面上雕刻着精致花纹的木片,它们所显示的雕刻风格与犍陀罗早期的雕刻品相类似。由此显而易见,这些房屋的年代是比较久远的。向北走了大约两英里远,越过一些相当高的沙包,我来到一个用土坯修建的建筑废墟,这是阿不都拉在克里雅作为一座"炮台"早已介绍给我的。不出所料,这是一座小佛塔的遗迹,大部分都埋在一个高沙岗的斜坡下面,从而保存得比较完好。

在它附近,我搭起了帐篷,这里的位置几乎处于中心,便于考察分散的废墟。佛塔附近的地面,似乎风蚀严重,因而凡未被流沙掩埋的地面上,露出了大量的大块陶器碎片。白杨树和果园树木枯死的树干,以及严重腐朽的古代木料的残骸,搬动时会立即断裂成碎块。光秃秃的黄土地上,到处都是碎石块。很明显,较大的石块是从山脚下河滩里作为建筑材料运来的。这一切都证明了沙漠风暴的侵蚀力和气候的恶劣。当我第一夜在这些古代居民区默默无言的见证人中间躺下就寝时,心情颇为不安,不知伊不拉欣所讲的故事是否真实,也不知还有多少他声称在"探查"后遗留下来的木牍在等待我去发现。

353

23　首次发掘佉卢文木牍

1月28日早晨,我的第一件工作就是派出拉姆·辛格和大胆的差役伊不拉欣阿洪向西去做一次侦探性的考察,去察看在这个方向需要走多远才能找到燃料和负重的骆驼容易通行的地方。我的目的是想摸清楚,在这个遗址的工作结束之后,是否能够让我的探察队直接安全地穿过沙漠到达我将去探察的克里雅下游的废墟阿克提肯即喀拉墩遗址。在东面远处没有考察目标的情况下,我们直接穿过沙漠大约50英里的旅程,可以避免绕过尼雅和克里雅多走的一个大弯。

刚刚目送这个小分队骑着骆驼、带着充裕的水和食物安全地离去,我就急匆匆地动身奔向伊不拉欣在一年前曾捡到过佉卢文木牍的那座废弃的房屋。在尼雅时,他曾宣称还有大量的木牍遗留在这里。我无法对他隐瞒这些木牍的价值,而他后来又曾后悔自己没有留下一些,因而我在路上一直监视着他,到这里后更注意防止他逃跑或对这个地点做出任何可能的干扰。我那种期望兼有疑虑的复杂心情,当到达废墟时,马上就变得轻松愉快起来。从帐篷向东走了大约1英里,我就看到了伊不拉欣指引给我的那个废墟。它就像一块高高的小台地一样矗立在风蚀的低洼地上。当我爬上斜坡时,立刻就从象征着这个废墟坍塌物的全部的粗大木头碎块中,找到了3块有字的木牍;当我爬上顶端,在其中一间仍能看出墙壁遗迹的屋子里,又发现在里面散布着很多木牍。

伊不拉欣把它们扔在这里仅仅一年,积沙层甚薄,只能护住上面的简牍不受积雪的侵蚀。伊不拉欣马上给我指出他挖出这些不知其价的古物的地方,那是在一间小屋子的西南角,它位于这座建筑北侧其他房屋中间(N.Ⅰ.)[1]。沙土上面清晰可见的西墙与一个用砖修建的大壁炉间,有一个宽约 4 英尺的壁龛。就是在这里,他用手挖出了沙土,发现了一堆木牍。但那里没有他要寻找的"财宝",于是他把那些发现物仍按某种顺序摆放成几排的古文书扔到了隔壁房间。我真是交了好运,在那次发现之后这么快就来到了遗址。这些木牍很多世纪以来因掩埋在流沙下面而保存下来了清晰的字迹,如果完全暴露在风雨和阳光之下,可能就不会再存在多久了。仅仅一年的日晒和或许是最近落下的雪,已使顶上暴露在外的木牍字迹褪色和部分模糊。

355

我首要的工作是在伊不拉欣扔掉这些宝贵古物的地方安置一个岗哨,以防止它们被损坏或散失。接着,人们就开始去清理他最初找到木牍的房间。这是一件很轻松的工作,因为屋子只有 14 英尺 × 16 英尺大小,而且地面上埋的沙土并不深。在北边靠近风蚀斜坡处,沙土只有 2 英尺深,到南墙根也只增加到大约 4 英尺深。当清理工作正在进行时,我有时间对这整个建筑的特点作了仔细的观察。它基本上是用木料建成的,河边的森林以及古代遗址里许多白杨的陈迹,说明木料供应是非常充裕的。用作屋基的粗大横木,其厚度和完好的程度令劳工们十分吃惊。它的上面安置着 4 英寸见方的木柱,既支撑着房顶,也作为墙的支架。这些支柱与有规律的间隔大约 1 英尺的较小木柱之间,又用小木条横着连结起来,其中有些还可以在它们原来的位置上找到。这个木头框架绑上用红柳条呈对角线编成的结实的笆子,再在两面抹上厚度不等的白色硬灰泥。未被沙土埋住的墙壁全部都塌毁了,原来支撑它们的木柱虽已朽裂,但仍有许多矗立在沙土上。

当这间屋子逐渐被清理出来时,在原来地面各处和西边与壁炉两侧相连的墙台上,发现了大约两打写着文字的木牍。没有任何迹象说明它们是否是从伊不拉欣在屋子西南角壁龛里挖掘出文书的主要存放处分散出来的。继而,我亲自对其抛散的发现品进行仔细搜寻,结果发现了 85 块木牍,而且在清理北侧其他房屋时,这个数字又大大增多起

357

---

〔1〕指出土佉卢文书的尼雅遗址编号——译者。

来。我发现自己在这一天的工作中所找到的文物资料,比我原先所希望的要丰富得多。

找到了大量保存完好的木牍,因而尽管只作了初步粗略的检查,我已掌握了它们主要的使用特点和形制。除了少量系长方形外,那天找到的都是楔形的,长度在7—10英寸之间,而且明显地看出原来是成对的,用绳子绕过一般宽1—2英寸的方头,并穿过尖头两面钻通的小圆孔扎在一起。许多这样成对的木牍,即使两片已经分开,部分古绳仍然完好,而且一些木牍特制的方形槽内还留有嵌住绳子的泥印。可是只有在以后发现了真正保存完好的样品后,我才能完全确定这种木牍文书所采用的巧妙的捆扎方式。因此,我将这一点以及和它的使用相关联的技术问题,留待下一章再充分介绍。

正文一律用佉卢文书写,自右向左横书至较长的一侧;字都写在木牍的里面,即当这些木牍捆扎成双时相对的一面。向外有泥印记的一面,旋即证明是用作封套的,上面常以同样的文体,成单行写着简短的条文。从其位置和形式上,立刻使人感到或者是内容摘要,或者是发送者的姓名或地址。当木牍从沙土中取出时,我以强烈的好奇心检查了每一块上的字迹。这些成对捆在一起的木牍,互相保护着,写在内面的佉卢文黑色墨迹,就像昨天刚写上的一样鲜明;另外一些则必须用刷子清除掉黏附在表面的沙土。相对而言,只有少数木牍的字迹褪色而模糊不清。

这些木牍的字迹虽然出于很多人之手,但并不难看出都是在印度普遍应用在贵霜朝诸王的碑文上的那种佉卢文字体。这些国王在公元初的3个世纪内统治着旁遮普以及印度河以西地区。和阗最早的钱币以及杜特侬·德·兰斯的桦树皮文书残片,是中亚已知仅存的佉卢文遗物,也有充分的理由划入这同一年代。即使在忙于收集出土的、数量如此惊人的不平常的文书,远未能做仔细的检查之前,我就绝对地肯定了它们非常古老和稀有的价值。

在这一天的紧张劳作中,以及在昏暗的暮色中走回帐篷时,总有一种想法,使我不能过于乐观。的确,这些即将包好、打上标签作为第一天成果而运走的上百件木牍,恐怕已超过了以前印度国内外所有可供佉卢文研究的资料总数,但这些奇特的文书外形显著相似,而且前言格式完全一致,因此会不会仅仅是同一文献的复制品,或者会不会是某份祈祷词或佛经的摘录呢?大部分木牍上仔细地做了封印,似乎确实说明其内容具有更多的实用性,很可能是书信,也可能是契约或者是一些官方文件。从历史的和考古的意义上讲,我知道如果它们确实提供了这样的记录,则其价值将无限增加。这种猜测似乎过于完美,叫人难以相信。

回到我相当暖和的帐篷里,刚刚写好关于第一次发掘的详细记录后,即急切地去对比和研究那些保存完好的不寻常的木牍。根据从杜特依·德·兰斯的残片和许多旁遮普石刻上所获得的经验,我知道即使由研究碑铭的专家来译解这些文献,也是一件非常困难的工作,因此我已准备好碰到诸如草体文字以及不能肯定的语言和内容等。但那天夜里我坐下来裹在皮大衣里工作,一直到逐渐加剧的严寒把我逼进被窝为止——温度计表明第二天早晨最低气温是 -9 ℉,已确定了两点重要之处。

对能够准确读出的单个或复合字母及反复出现的特殊变音词尾的一系列音值分析,使我肯定其使用的语言为一种早期的印度俗语,可能与和阗最古老的钱币上的铭文以及杜特依·德·兰斯的残片上所用的方言非常相近。在对这些木牍做粗略的对比后可以肯定,尽管它们开头的简短程式完全一致,但正文在内容与题材方面差别很大。仅在几天之后,我就成功地准确地译解了开头的程式。凡上面写着"大王陛下敕书"者,均明显是传达行政命令的特别文书。同时,根据前几天的研究及其他一些观察,如木牍上的数字等,我已足以解除怀疑,不再担心这些铭文式的发现物在全部译解之后会是一些千篇一律的、在所有佛教社会中为虔诚的信徒们所喜爱的佛经。

虽然我还未能弄清楚这些木牍内容的真实性质,可是这一天的发现已得出了一个正确的结论,即随着佉卢文从印度西北端传来,印度的一种古代方言大概也从同一地区被移植通用于古代和阗地区。这种情况只能是产生于一些影响广泛的重大历史事件,而这些事件如今我们已完全茫然无知。使这些事件重见天日的前景,令我以极大的兴趣去寻找这个遗址中可能保存着的更多的发现物。

当第二天早上,我开始清理废墟南侧的房屋时,我在这个方面的愿望的确切根据得到了证明。南侧的房屋右角与头天发掘的那排房屋的东端有道门相连,进去首先是间小房子,只有 10 平方英尺大小,可能是个前室,内有约 3 英尺高的大土台,其长度几乎和房间一样,似乎是供随从们用的。这种设置和现今在突厥斯坦房屋中所见到的确实相似。在这里找到的古物仅有一块长方形木牍,一头有把手,非常像是印度的木制书写板,这是在丹丹乌里克发现物中早已介绍过的。上面也很吸引人的是两面都有窄行竖写的文字,或者是韵文,或者是某种清单。

当开始清理南边紧靠着的一间大屋子(N. IV.)时,就再没有时间再去顾及那些个别的发现品了,因为立即就开始从覆盖地面的薄薄的沙土中挖出了意外数量各种样式大小不同的写着文字的木牍。这间屋子 26 英尺见方,灰泥土台环绕着 3 面,8 根残留的木柱在地中央排成方形,可能曾支撑着一隆起的屋顶,以利通风透光。其形式仍可见于突厥斯坦大建筑的厅堂。保护性的沙土层在这里只有 2 英尺深,因而除一排断柱外,墙壁毫无所存。发掘出来的第一批写字的木牍也靠近沙土层的表面,损坏严重,它们的扭曲和裂开了的木片清楚地表明是暴露在外受到可怕的夏天日晒所造成,这是因为原来保护它们的沙土大部分被风吹走了。

使我更加高兴的是,我找到了在沙土保护下面或多或少清晰可辨的 60 块木牍,它们是在这间屋子的南边土台上找到的。在一些地方,特别是靠近墙的中间处,它们被扎成小捆立在灰泥台面上,好像最后的居民把它们放在那里时一样。但是其他写有文字的木牍,从其位置上看,有相当一部分曾在过去显然是这间屋子被废弃后不久被扰动过,因为除了南边和东边土台正前面覆盖地面的松散沙土中散布着约 20 块木牍外,我还在前面曾介绍过的排列有木柱的这间屋子中央的南部,发现了两打以上的木牍。

362

当这些木牍被拿开后,看到它们是放在一张很结实的正方形席子上,席子必定是中间屋顶上的材料,曾支撑着它的细木椽也在它的底下被发现。这张席子躺在离原地面 1 英尺高的位置,这说明屋顶坍塌下来之前,刮进来的沙土已积聚的深度。在席子上找到的木牍只能是后来才放在那里的。它们很可能是被急于寻找遗物而来探访这座废弃了的住室的人——类似现代的"寻宝人"扔下的。那人对这些被最后的主人当作"废纸"一样丢弃的古代记录,不会比伊不拉欣更为重视,他曾把从另一间房屋里有幸挖出来的一堆木牍扔掉了。

从这张席子下面我找到了更多的木牍,它们由于席子的妥善掩护而保存得特别好。接着,我们来到了一个椭圆形的抹灰的土台前,从绕其周围隆起的边缘看来,它定是一种敞开的火炉。但是比这些结构细节更有趣、更迷人的还是那铭文式的文书,其形状和大小都很不相同。与第一天发现的同样的楔形木牍再次出现了,但是在数量上远远少于写板。这些写板尽管在细部和比例上有很大的不同,但普遍是长方形的,通常都有一个圆形或五角形的把手,两面都写着佉卢文字,类似于印度的书写板,而其用途则由此可知。

其他的写板长度有的竟达到了 30 英寸,但是相对地较窄,它们的形象和靠近一头有规律的小孔,使我好奇地联想到非常早的时候印度手抄本用过的棕榈叶的形状。写板上的小孔肯定是为了便于携带和保存,然而并不是像棕榈叶手抄本一样用根绳串结许多块成为"菩提"书形式。这些写板不仅大小完全不同,并且大部分(近 30 块)清楚地表明书写形式很不规则,有的行间夹有小行,有的经常向不同的方向书写,有的结尾则用数字符号。从不同的手迹、涂抹的痕迹以及类似的迹象来看,它们不会是文书或有规律有联系的陈述,而可能全都是备忘录、带表格的报告、账单和其他琐碎的记录。

在 N.IV. 发现的长方形写板可分为两类。一类书写得非常工整细心,做工也特别精致,发现时马上引起了不小的疑问。这些长方形写板长度不同,在 4 — 16 英寸之间,它们立刻吸引了我的注意力,因其写字那面较窄的两侧有突起的边缘,好像是饰边一样。两道边缘中间与长边平行地写着 5 — 13 行文字, 通常在开头处有一个佉卢文数字, 其前面还有一个梵文或印度方言的字, 意思是"在……年", 接着在正文里同样有规律地出现前面带有"在……月""在……日"字样的数字。这些无疑说明在我手中的写板是标有年代的文件或各种记录。然而, 我对于这些写板独特的样式和它们使用的方式却一无所知。

由于忙于指导发掘和对每样发现物的清理、登记工作, 我当时没能去了解这些写板和在这同一废墟里大量发现的另一类写板之间的关系。那一类长方形写板通常很小, 没有超过长 8 英寸、宽 5 英寸的, 在它们平整的反面很少有字, 而正面凸起的中心一律有一个方形或长方形的槽, 显然是供嵌入一个封印所用, 边上同时还有一行或两行横写的佉卢文字。只是到后来, 当下面将要述及的大垃圾堆献出其所藏的古物时, 我才获得了一个简单而又确实的解释, 即这些特别的有印记的写板, 曾被当作封套安在大写板凸起的边缘之间。

头两天给了我丰裕的劳动报酬的建筑物, 损坏得非常厉害, 以致无法对它们真正的特征做出肯定的结论。埋在其下未遭损毁的文献记载, 无疑会提供某种线索, 但我知道要全部译解它们还需要付出多年的辛勤劳动。不管挖掘的这些房屋曾是地方行政机构所在地, 还是僧侣们的居室, 有一点是很清楚的, 在这里找到的文件只能是逐渐积聚起来的, 而且在此地被废弃时留下。

在这里有一个考古学上很有意义的事实, 所有这些发现的文献中, 没有找到一片真正的纸张; 在挖掘过的其他房屋混杂的垃圾中, 也没有发现一点纸张的痕迹。因此很明显, 不管这种比木头更方便的书写材料在中国的历史有多么久远, 但在根据我的发现物所做的古文书学研究所指明的那个时候, 它还没有传到突厥斯坦。用木板作为书写材料, 确曾见于很古老的印度文献, 特别是佛教经文。这很容易理解, 像突厥斯坦这样一个不出产印度古代使用的棕榈叶、桦树皮等书写材料的地区, 只有广泛使用写板。当我在遥远的古代和阗地区东部边界的这座埋在沙漠下面的遗址里, 发现自己拥有了第一批用印度文字写在写板上的标本, 该是多么惊奇而兴奋啊!

那一天,整天都从东北方向刮着小风。风力虽然不大,但在天寒地冻的情况下,也足以使人感到阴冷异常,而且流沙也被刮得四处飞扬。当风吹拂着按照发现时的样子摆放着的古代写板时,几乎抹掉了我用半冻僵的手写在通常较软写板的表面用以表明顺序的铅笔字。其实用

367 不着如此提醒我沙漠风沙的侵蚀力量,因为眼前就是颓废的建筑物,由它及遗址中其他废建筑所显示的侵蚀程度,是不会被忽视的。这座废墟现在所占据的这块小台地,较之四周地面高出 12 — 15 英尺,这明白无误地是由于周围逐渐被风蚀所致。堆积着建筑物碎块的地方仍保留着原来的地平面,而附近只有泥土的开阔地面,则由于风蚀作用不断地洼下去、再洼下去。在这块曾被尼雅河水灌溉过的地方,涌来的流沙已无法填满低洼地或者保护这些废墟,深 15 — 30 英尺的广阔沟壑在很多地方都可以看到。在那光秃秃的黄土地上,风可以随便地显示它自己的挖掘力。那些仍然存留着古代建筑的地面也慢慢地被切割或从底下被掏空,就像被流水冲刷的一样。斜坡前面所看到的粗重的木料碎块,表明是全部坍塌下来的原来房屋的一部分,它们的坍塌是由于屋子下面的泥土被风剥蚀所致。在我帐篷附近不止一处,找到了大梁和木柱的碎块,这是仅存的古代建筑的遗物。最后木头由于长期暴露在外而变得酥脆,裂成碎块很容易被风刮跑,只有铁锅破片、石头和金属小

368 碎块遗留在原地,说明那里曾是古代的居住区域。

24　古代住宅的发掘

　　风沙侵蚀对废墟的威胁为一大群古代住宅的情况所充分证实,它们位于我发掘的第一间建筑物的西北半英里,也是我接着要勘察的地方。这里有一块大约 500 平方英尺的地面稠密地堆聚着古代房屋的木料碎块。但是这里的沙包只有几英尺高,各处的地面都风蚀得很厉害,遗留下来的墙壁很少,屋子里的东西留存的更少。然而,我还是从一片保存得较好的房屋南头的一间孤立的屋子里,找到了有趣的写着字的木板。

　　盖着这间孤房地面上的沙土只有半英尺到一英尺深。用这样可怜的保护层抗拒气候的影响显然是不够的,致使我们捡到的 50 块单面的木牍中的大部分,都已枯朽、褪色乃至字迹全部消失。其余的大都扭曲而且腐朽,但表面上仍可看出佉卢文字迹。这些发现品中特别常见的是相当长而形状不规则的长方形木板,字迹相当清楚,字行窄而密集,其中似乎有人的名单和账单,再一次说明它们是些办公室中保存的记录。抄写工作的劳动量,可以由这些木板的大小来衡量,其中一块,不幸已全部褪色,其尺寸是长 7 英尺 6 英寸,宽 4 英寸。

　　这个地段只掩盖着薄薄的沙土层,使我有可能在两天内,清理了相当多的废弃的小屋。它们让我了解到了房屋、棚圈等的典型布局。相对而言,这些屋舍结构由于很早以前就已颓毁,值得注意的发现也就不足道了。其中可以提一下的是,在此西部边缘一座普通住宅的外室里发现了一个冰窖。在这间小屋里,我的劳工们看到两根未经砍削的胡杨树干并排地放在一起。从克里雅来的向导阿不都拉立即指明,我们找到了一个冰窖,正如现今一样,树干是用来防止冰块碰到地面的。不久,在两根树干中间大约两英尺空隙处挖出了厚厚一层古代杨树叶,证明阿不都拉的判断是正确的,这样成堆的树叶,至今仍然被有些富裕农民在夏季经常用来掩盖保存冰块。

1月30日,我的差役完成了在沙漠中的勘察任务,平安地回来了。他向西大约走了3天的路程(3站),发现这条路是可通行的。在这一带沙漠中偶然可遇见生长茂盛的红柳和芦苇,可解决燃料问题。即使伊不拉欣阿洪所说的20厘米厚的积雪到时将全部融化完了,这条通向

370 克里雅河的捷径,最后我们也可以采用。已经有征兆表明,过不了多少星期,沙漠的严冬将不再能帮助我们。1月30日的最低气温虽仍在 −4 ℉,但中午阴凉处的气温已上升到了42 ℉。我现在非常习惯于寒冷的生活,觉得26 ℉是最舒适的写作温度。那天当我步行走向尚待考察的几座废墟时,感到太暖和了。因此,我考虑到3月份以后在沙漠中的生活将难以度过,气候迫使我不得不加快工作进度。

我下一个发掘的对象,是我第一次来到时路过的两间大住宅的遗址,大约在佛塔以南2英里。它们坐落在台地一样的孤立的黄土堤岸上,由于近旁的土壤被风剥蚀,这两座废墟特别突出。一排排倒下来的高大的胡杨树,标明古代的果园和林荫道就在附近。东面的一座建筑物由它的大小和房间的数目来判断,是一座有地位的人的邸宅,比前面考察过的任何房屋埋在沙土里都深,因而保存得更好。对它的发掘工作,虽然我在伊玛目·加帕尔·沙迪克麻扎增加了一批身强力壮的人,但还是占用了我这一伙劳工整整4天的时间。我仓促招来这批增援力量,是因为在第一次勘查时,发现了这个遗址范围很大而且很重要。

这座建筑物最引人注意的特点是中间的一个大厅,大小是40英尺×26英尺,可能是一个作接待用的客厅。4根厚重的杨木大梁,足有40英尺长,曾支撑着房顶。固定在中间两根大梁下面的梁托,也是一根很好的木料,近8英尺长,10英寸厚,上面有粗大的凸纹。顶着梁托

372 的木柱早已倒下;然而,当发掘工作开始时,几根大梁仍保留在原来的地方,躺在当时就填满了这间大厅的深厚的沙土上。当清理工作正在进行时,灰墁的墙面上露出了精心绘制的以壁画作为装饰品的遗迹。它由乳白色的底面上用暗红色和黑色勾画出来的水平彩带组成。顶上的宽边画着巨大的漩涡形莲花装饰;下面是一条黑色窄带,上画着像是

蕨类植物的白色叶子;再往下又是优美雅致的含苞待放的莲花彩饰。　

　　另一件远古日常生活的纪念品,是在大厅中央由地面高出来的灰泥平台上找到的余烬,这显然是用来接待客人的敞开式烤火台。

　　这间大厅被它最后的主人或探访者彻底清理过,本来应有的东西已荡然无存。但是北面相连的较小的房屋里发现了一系列很有趣的古物,说明了那个年代的工艺和美术水平。纺织业方面的样品特别多,除毛毡和不同于现代农村土布的彩色棉布衣服破片外,还发现了工艺精细的织毯,类似印度的毛织品,上面织有精致的几何形图案,色调和谐,只要用刷子轻轻一刷,它们原来鲜明的色彩就会重现出来。这块毯子的部分彩色复制品已收入我的"初步报告"的插图中,它可以说明古代中亚手工业的发展情况。还有手杖、象牙柄上的小块牙雕,显示了古代工匠的技艺。

　　许多写着佉卢文字的小木板,有的是楔形的,也有的像是标牌,在外室和似曾作过厨房的房间地面上的垃圾堆里挖了出来。正像现今的突厥斯坦的屋子一样,这个厨房里有一个用来放水罐或其他容器的土平台,也有一个大木槽。更吸引人的是,在显然作为贮藏室的一间小密室中的发现品。在那里我找到了一张红柳木做的弓,仍很强劲有力而能使用。我还找到一些精工制成的细杨木圆杆,虽已折断,仍有 6 英尺长,肯定是支矛柄;一块大约 3 英尺 6 英寸高的木(柳木)质牌断片,以及锭子和其他家用小工具,都是木制的;还有一根苹果木的手杖,我觉得很轻巧适用。　

　　在这间屋子里发现的装饰着木雕的物品中,在艺术上没有一件能够和一把古代椅子相比。它的零件一块块地堆在一间外室的地面上,但很容易重新安装起来。令人更为惊奇的是,虽然逐步的侵蚀无疑已使原来覆盖、保护它的沙子所剩无几,但它的精致的雕纹保存得非常好。这些雕刻艺术的主题,很像我们在尤素甫赞和斯瓦特佛寺的浮雕上见到过的古代犍陀罗艺术。当时我非常高兴地注意到,这种艺术形　式所表明的年代和佉卢文木牍的年代非常近似。当这个古代的椅子在人们惊奇的目光下安装起来时,它的艺术形象同样吸引了他们的注意力。

　　占地面积长 100 英尺、宽 80 英尺的这间大房子,也提醒我们这是一个有钱人的住宅,或许还很有权势,所以我的劳工们果断地把这地方称作"衙门"。然而他们却没有在此找到所期望的马蹄银,只在近旁的沙土中拾到一些古代中国铜币。实际上,这些铜币和以后在这个遗址上拾到的,都是东汉时期发行流通的,这就进一步肯定地证实了木牍的年代。

　　清理另一座大住宅(N. IV.)时也得出了同样奇特的结果,它在西南方向 300 码处,占用了 1 月 4 日和 5 日两天时间。它奇妙地使我回想到,我曾观察过的现今和阗一些高档住宅的房室布局。在一间似乎是用作办公室的屋子里找到了许多写着字的各种样式的木板,显然写着命令和备忘录;还有几块未曾用过的空白木板,被最后的主人丢在那儿;有书写用的红柳木笔;有现今中国人仍在使用的木筷子;以及用红柳和蒲草编织的睡垫或吊床。在横跨这所房屋的一条窄而长的过道里,我碰见了一个保存得很好的六弦琴的上半截,很像仍流行于整个突厥斯坦的"热瓦甫",还有遗留的几节古代琴弦;也见到了许多地毯材料的样品。

377　　最有趣的遗物,是一把装饰精致的扶手木椅,它也在当地做了复原。它的腿被雕成站立着的狮子,显然是模仿印度的狮子座形式,而且保存着部分红色和黑色的原始色彩。扶手上的臂托精细地雕刻成一对雌雄怪物,头和胸部像人,腰以下明显地像鸟,腿像马而蹄子强壮有力。红褐色的底色仍保存完好,上面有标示羽毛和蹄子的黑色和深蓝色的痕迹。这对怪物到底是印度传说中普贤菩萨的坐骑,抑或是更远地方希腊的半人半马怪物?

　　这座废墟一个奇妙的特征,是与之相连的果园的设置清晰可见。白杨树的树干仍然高出原来的地面 8 — 10 英尺,而且很显著地矗立在流沙之上,排列成小的正方形或圈成长方形的林荫道,这种景象在喀什噶尔和克里雅每个人工培植的"小绿洲"上都可以看到。树木都按等距栽种。环绕着果园的灌木篱笆或者蒲草栅栏,虽然被沙土埋了半截,也大都比较完整。当我漫步于两条平行的蒲草栅栏之间,就好像是走在整整 1600 年以前的乡间小路上,使我产生了一种消失了时间观念的奇怪感觉。风吹过它们之间的地面,扫净了各处,展现出了陶片、木炭块以及最后的居民曾经踩过的腐朽的树叶。在篱栅底部搜寻时,我那根古老的手杖翻动的干死的白杨和果树的枯叶,或许就是从附近一簇簇散立的枯树干上落下来的。在这些古代果园的腐朽遗物中,像在这个遗址其他地点一样,我的挖掘者们能毫不困难地认出各种果树,比如桃树、李树、杏树、桑树,这些都是他们在自己的家中所熟知的。

这些天里,对已经流逝的往昔遗留下来的古代文物的迷恋,使我忽视了身边的生活事务。为了防止可能发生的任何不测事件,我从喀什噶尔来的忠实随从提醒我注意人员中有的生活行为失于检点,而且几个人之间还发生了争吵。回想起来,这次发生的事件虽然颇有一些有趣之处,可是在当时,我个人还是很不乐意它出现的。事情肇因于我的翻译尼牙孜阿洪。我知道他很少考虑如何做好在沙漠中的工作,也没有耐心忍受艰难困苦,因而把他留在伊玛目·加帕尔·沙迪克坟墓旁的放羊人奴尔阿拉的小土屋里,看管我的马匹,等待我们回去。那里没有人和他赌博,也没有任何人会和他打架斗殴,因而我认为这个讨厌的随从在那里不会受到什么坏影响。然而,驮运冰块的人开始给我带来了难听的汇报,清真寺派来增援的人也向我报告此事,从而我确信我低估了尼牙孜阿洪的恶劣品性。

事情发生的主要原因是:清真寺的管事人尽力满足了他的生活供应,生活条件的优裕使他产生淫欲。他肆无忌惮地对居住在麻扎的妇女提出色情要求,甚至越过了这里好客的、在道德意识上并不苛求的人们的承受限度。结果他们向远在沙漠中的我提出请求,但愿这块神圣土地上的居民区迅速解脱我的这个随从所造成的灾难。有足够的理由使我相信所控告的事实真相,而且最好的办法是把尼牙孜阿洪调到我眼前来。我发出严厉的命令叫他把照料牲畜的任务交给另外一个人,马上到营地来。当这个无赖经过他不习惯的两天沙漠中的跋涉而来到时,他的疲惫不堪的样子确实是一个滑稽的场面,然而他却用沮丧的神

381 情把自己假装成清白无辜的样子。按照他自己的说法,他是被我的随从和寺院的乞讨者中他的对头们同谋陷害的。他穿着的舒适的外衣上缀以表示悲痛的白布条,为了使他对于"正义"的要求更给人以深刻的印象。他假装刚刚收到远在阿克苏的母亲去世的消息,但他无法解释这个噩耗为何来得这样及时。开头他声称要自杀,为了表示他的清白和免得我在他的事件上增加更多的麻烦。渐渐地,他的心情平静了下来,而且处处表现得更顺从。我开始希望他能以正确的态度适应沙漠生活的艰苦,这是我能给予的最严厉的惩罚。可是第二天就爆发了一场冲突。

尼牙孜阿洪将自己在麻扎寻欢作乐的可鄙生活的暴露,归因于我的年轻的骆驼夫哈桑阿洪,因而十分仇视他。所以断然地密告哈桑违反了我的"一切寻获物都必须向我报告"以让我有机会买下来的规定,私自藏匿了他在废墟附近捡到的一枚金戒指。当哈桑阿洪再一次运冰块回来时,已乐意地交了出来,证明这枚戒指是黄铜的,他拿到了我给他的酬金。但是,这使尼牙孜阿洪和我的穆斯林随从们之间的矛盾进一步激化起来。在傍晚往回走向营地时,他被好斗的小骆驼夫当众揍了一顿。如果我能让那翻译平静下来,这场遭遇战就像是霍瑞斯去布隆迪西阿姆旅行时所描述的另一场英勇的战斗一样,被作为娱乐来观赏。但自己的丢脸和别人的漫骂使他变成了半疯狂状态,当我严肃地用那根正好在手中的古手杖分开两个斗殴者时,他似乎正打算用刀子来进行一场悲剧式的报复。正当我在拉姆·辛格的帮助下顺利地分开他们时,厨师沙迪克阿洪挥舞着自诩为喀什噶尔英国外交机构的老驿

382 站人员的佩剑粗野地奔了上来。当时我认为他可能会乱砍乱杀一阵,因为在过去几个星期里,沙迪克因吸毒而表现得有些精神失常,而且在冬季艰苦单调的野外生活中愈演愈烈。幸亏他的脑神经还没有失控,所以未曾演成意外的祸乱。他所以极力反对尼牙孜,既是为自己出气,也是为了伊斯兰教而向叛教者尼牙孜复仇。他最后终于放下了武器并且被带走。但就在我因沙迪克阿洪的出现而分散了注意力时,尼牙孜却抓紧时机上演了自杀的戏剧性一幕。他以惊人的速度解开了自己的

腰带,一圈一圈地紧紧勒住脖子,想以迅猛的力气勒死自己。我们迅速成功地解开了他的痉挛性的紧握的双手时,他的脸色已变得非常难看,而且彻底筋疲力尽了。这使我确信,他绝不是以假装的表演来对待我们。

　　为了防止再发生更严重的争吵,尼牙孜必须和其他穆斯林随从分开。我非常高兴地是,我的两名印度随从拉姆·辛格和贾斯范脱·辛格同意让他分享营火,并对他进行全面的监视。哈桑阿洪,由于他无缘无故的闹事,被罚鞭挞若干下,第二天早晨由克里雅来的优秀的差役伊不拉欣(执行这种惩罚也是带他来的目的之一)执行。处罚对哈桑阿洪产生了很好的效果。这里剩下的只有沙迪克阿洪使我烦恼,因为他对自己的疯狂行为的沮丧情绪,以及为怕受到我的责罚暗暗产生的对抗心理,他再三地要求辞职。我不可能接受,因为他和别人一样也是全程雇用的,况且营地里也没有人能代替他来做欧洲膳食。他在其他人面前曾放出晚上要逃走的风声,但他又害怕迷了路,同时他也知道我有 383 能力随便把他拘留在克里雅或和阗按办的衙门里,直到我回去。当我带着沙迪克阿洪最后平安地回到喀什噶尔时,我有理由对我成功的管理感到满意。重新回到了愉快的巴扎生活之后,他把积存下来的财物,全部花费在他心爱的人身上。他并没有把这次骚乱的责任归咎于他自己,也没有自责他天生容易激动的性格以及所受到的毒品影响,却把责任推卸给"精灵"或恶魔,说在漫长的沙漠废墟的日日夜夜,魔鬼迷住了他的心窍。我希望他今后能对此保持清醒的头脑! 384

25 古垃圾堆里的发现

前面讲到的发掘情况清楚地告诉我,这个遗址的古代房屋内,所有有价值的东西,都已被它们最后的主人或者在他们离开后不久被清扫过了。很明显,我今后的考古发现必须寄希望于遗留下来的垃圾废物。这个希望在营地北面废墟的勘察过程中得到了充分的证实。当时,我发现有半打以上的古代建筑群,散布在南北大约 3.5 英里、东西超过 2 英里以上的地区。在一个倒塌严重而且很不起眼的废墟内,我碰见几块暴露在外已经发白的木板,而且稍微一挖,在半小时内就发现了近 30 块有字的碎片。其中有两块很新奇,虽然很小,但并不能减弱我的兴趣。一块是一个窄木板的碎块,上面有汉文;另一块是一小片精致的皮革,也是碎块,上面有一行记着日期的佉卢文字。这些出土物预示有
385 一处丰富的宝藏。由于这个废址在北面将近 2 英里处,我决定把营地搬往那里。

2 月 6 日早晨,当人们正忙着转移时,我抽空去详细考察营地上方的小佛塔。初看起来它坐落在一层底座上,半圆形的顶部高约 7 英尺;底座 13 英尺 6 英寸见方,高 6 英尺 6 英寸。但是仔细地观察原来的地面,我觉得在长着红柳的大沙包南面斜坡上现在所见到的部分,并不是佛塔的全部。事实上,在清理掉被强劲的风力堆在东边表面的沙土时,我发现了下面的第二层平台,也是正方形,每边比上一层伸出 3 英尺、
386 高 6 英尺。这样,整个佛塔的高度约 20 英尺。使我非常感兴趣的是,见到了这个佛塔的顶盖同底座的安排比例和汗诺依、木吉、皮雅曼所见到的佛塔废墟非常一致。砖块的大小(约 22 英寸 × 17 英寸 × 4 英寸)也和那些建筑用的几乎相同。塔顶中央的塔尖已经缺损,它只有一英尺见方,且因西面的土坯被挖掉而敞开着。这种"寻宝人"所干的业迹,也表现在上层底座被挖开的两个大洞上。在这个玄奘所谓朴素的

228

"纪念塔"里,如果有什么舍利之类遗物也早已被取走了。

我以前所期望找到的东西终于找到了。在往下发掘的下一座废墟里,找到了出乎意料非常丰富的古代文献资料的宝库。从表面上看,这间墙壁半倒塌了的屋子里,没有一点藏有古物财宝的迹象,它的面积是23英尺×18英尺,是这个朴素住宅的西头一间屋子。但是当循序渐进的发掘工作从这个房屋的西北角开始时,掩藏于各种废物里并与之混杂在一起的一层又一层木牍立即向我露出了真相。我已挖开一个似乎是多年积聚起来的垃圾堆,而如果用现在的话说,其内容我们也可称之为古代的"废纸"库。

在原地面上堆积约4英尺高的不仅是沙子,还有结了块的垃圾,从其中发掘出了一块又一块的木牍。这些文献都是木头的,总数最后达到200块以上。发现它们时都零散地混杂在破陶片、麦草、毡片、毛织品和皮革碎片以及其他废物层中。很明显,这些厚实的各种残留物在许多世纪的岁月中已经硬化,为自己提供了最好的保护,从而避过了风暴的侵蚀。但这个废墟的其他部分却遭到了严重的风蚀。因此,为这些珍贵的文献资料提供的非凡保护作用,我们应主要归功于这个令人 387
讨厌的混杂的垃圾堆。

在清理这间房屋(N.XV.)的辛勤劳作中,我有充分的理由用以上的想法慰藉自己。一当理解到屋中堆积物的独特性,将各种物品被发现时的相对位置精确地记录下来就变得十分重要了,它将有助于今后确定年代顺序,而且可能有助于弄清各种文献之间的内在联系。因此,这些有文字的木板在运走和打扫干净之前,要细心地排列登记下来。在手指半冻僵以及挖掘废物堆时扬起的灰尘被东北风吹得满天飘扬的情况下,做这件工作并非是轻而易举的事。3个漫长的工作日,我闻够了许多世纪之后仍然刺鼻的臭气,也吞进了大量的幸亏如今已死掉的古代细菌。可是大量的古文物给了我足够的乐趣,使我不去理会这点 388
小小的不适。

这些古代文献都是从古代的干杂草和脏东西中找到的,其形状、质料不同的程度,绝不亚于其保存完好的状况。最初几个小时的劳动报酬,是发现了写在皮革上的完整的佉卢文文书,在这里一共发现了两打刮制平整光滑的长方形山羊皮,大小各不相同,最长的有 15 英寸,都被卷成小细卷,但很容易打开。写在里边的佉卢文字,书法工整,黑色墨迹仍很鲜明。每件文书的开端都有我现在已可以准确读出来的套话,与以前不大清楚地写在许多楔形木牍上的一样——"遵照大王陛下的谕令而写"。这些都是官方文件,现已无可怀疑。其中大多数我可以看到日期,但只有月和日;而在暗色的背面上的单行文字,则写明地址,从中我可以认出一再出现的两个人名或者官衔。然而谁是这些和另外许多文件的接受者?他是行政管理人员,或仅仅是这古代住宅区的办事人员却不得而知。

丢开它们的内容不提,这些文书之所以引起人们极大的兴趣,在于它们是首次发现的一个通行印度语言和文化的居民区中使用皮革作为书写工具的。不论在宗教信仰方面会出现怎么样的反对,但显然它们对这个地区虔诚的佛教徒与对克什米尔正统婆罗门一样,都没有什么影响。在过去的若干世纪中,婆罗门教徒就一直用皮革封面保护他们珍贵的梵文经典。这种古代文书所使用的皮革都经过抛光,说明了制革技术的广泛应用。那些空白的小碎块,肯定是切割整张羊皮剩下来的,随后就扫出了办公室,这在垃圾堆里找出很多。发现的一支古笔,是用红柳木制成的,也是在同一个废物堆中找到,它有助于了解那个年代办公的条件。骨头做的圆笔头或许是用作摩擦抛光器的。

这些有趣的小工具,在重要性方面不能和大量佉卢文木牍提供的信息相比。从 N.XV. 出土的许多保存完好的木板上面都还保留着泥封印和捆绑它们的绳子。在这里肯定是用木头作为普遍的书写材料,而且特别幸运的是我能够在这里十分肯定它们的使用方法。楔形木牍看来很适合传达简短的信息,总是由大小相同的成对的木板组成。这些成双的木板一头被切成方形,另一头则是尖的。靠近尖端有一个穿绳的圆洞透过两层木板。文字写在下面一块的里面,上面的一块作为盖板保护着它们。如果信息长而需要接着写下去,则可以继续写在盖板的里面。盖板方头的一端较厚,在鼓起来的部分,表面上匀称地刻着一个正方形的窝,是供安置泥印记用的。一条麻绳穿过尖头的绳孔然后在近乎方形的一端即右端扎紧,有几条绳槽与盖印记的泥窝相通,绳子经槽扎成规则的十字交叉,随后在窝内填上泥土,将十字交叉的绳子压住。当发信人的印记盖在泥巴上后,不弄破封泥或不割断绳子,就不可能分开这一对木板。

这里简单介绍的这种巧妙的办法,可防止擅自拆阅而保证写在两块板里的信息绝对安全。如果收信人想在读完内容后继续保留好泥封印而且使两块木板照原样扣紧以便作为记录保存下来,只需将靠近绳孔的绳子剪断,下面的木板就可很容易地从泥封印下面绑好的绳子里 393 抽出来。看完后再照原样插进它原来的位置,这正像我们现在仍能做到的一样。通常上面木板的正面,泥印记的右边出现收件人的名字,下面木板的反面,则可以见到一些不同笔迹的记录,可能是收信官员所做的摘要。

在 N. XV. 找到的长方形木板使用的扎紧的方法,也都是很巧妙的。我在这里发现的成对木板,很清楚的在下面的木板上每一个较短的边上都有凸出来的棱边,棱边之间恰好放上一块盖板,盖板正面中央臌起来的部分,有一个用于盖泥印信的正方形或长方形的窝,在这里也有一根绳子横绕过两块木板,位于泥印下面,以有效地防止任何非法的 394 拆封和阅读写在两块板内的文书。

我不可能抽出大量篇幅在这里即使是简短地介绍与这些古代木制文具有关系的全部奇特发现。但是对于在一些木板上发现的仍很完整的一系列奇特的泥印记,以及其中一些被我的朋友安德鲁斯先生精确地画出来的内容,应该给予一些注释。从历史的观点看,它们值得格外地重视,因为它们为古典的西方艺术对遥远的和阗的影响提供了有说服力的证据。使我格外惊喜的是,在清扫整理发现的第一颗泥印记时,我认出了上面的智慧女神雅典娜像,她拿着盾和闪电,是一幅古老的艺术形象。这种特殊的印记,以后屡有发现,虽然没有像这块盖板上的一 396 样清晰。它可能属于直接管理这个居住区的某位官员所有。还有一颗较大的印记是一个形象完整的纯古典素描的裸体像,可能是古希腊爱神伊洛斯。另一个雅典娜,一个站着的伊洛斯,和一个可能是主神宙斯之子的赫拉克里斯像,也作为希腊诸神像的象征发现了。在另外的印记上,还出现了有立体感的、像是野蛮人的古典男、女头像等等。

正如在约特干废物层中找到的类似的石雕一样,同样也无法确定这些泥印信中,哪些是在和阗地区雕刻的,而哪些是从西方或者亚洲其他受到古典艺术影响的地区输入的。尽管我们还没有弄清使用这些印记的人的职务和住地,但无疑这些盖有印记的文件是来自这座古代遗址的周围地区,或者至少也在和阗王国领域之内。由于文书的年代能够精确判定,因此这些印记对我们来说,其价值远远超过那些有机会得以幸存的原始印章。展现在我们面前的是一幅广阔的历史画卷。我们早已知道,这种古典艺术曾传到大夏(巴克特里亚)以及印度西北部的边缘,但却从来也没有料到它会传播到如此遥远的东方,几乎到了西欧与北京的正中间。似乎是为了象征西方与东方影响的奇妙结合,有块木牍上在一枚带汉文篆字的印记旁边,就是一个带着明确无误的西方形式的头像的印记。

397

26 古代木牍和皮革文书的
译解

　　我时刻铭记着这些古代文献记录的重要历史意义,从上述那个废物堆里陆续找到的每一块新的佉卢文文书,都有助于进一步研究其文字和内容。从一开始我就认识到,要译解这些文化财富需要很多的时间和辛勤的劳动,但自从我回来以后,有许多繁忙的事务需要料理,再没有时间去对发现时以及后来在旅途短暂休息时所做的初步研究进行补充。然而,多亏我的朋友、大英博物馆的拉普逊先生的热情关怀,我曾暂时把全部古代的收集品委托给他,他欣然同意担负起研究所有古代佉卢文文书的责任。对这些文书的研究工作,去年他即以学者的热忱和智慧开始着手,但短时间内恐怕无法完成。不过这项工作目前所取得的进展,已足够让我(经他的允许)对某些主要成果做出粗线条的概略描述,并介绍其中一些奇特的细节。 398

　　令人十分兴奋的是,我对这些文书所用的语言和一般特征所做的初步结论,经拉普逊先生的辛勤劳动已得到完全肯定。他在对大量的木板和皮革佉卢文书进行精确的分析研究后,现已可以正式确定,它们所使用的语言是印度中部和北部的一种古代方言,且混杂着大量的梵文语词。这些梵文语词尤其常见于开端的引言以及信件和报告的其他套语中。的确,即使在现代,印度方言书信中的这类地方,也常使用大量的古典语言的词语。至于这大量文件的内容,正像初步推测的那样,都是公函之类,其中发给地方官员有关行政治安事务、申诉、传唤、安全措施的命令、报告及其他类似的文件占很大一部分,其他也许是支付和申请的记录、协议和契约等。写在单块形状不规则木板上的内容或许是账目和劳动者的名单等,通常在字行末尾有数目字。

详细的译解工作格外艰辛困难。佉卢文文书字迹非常潦草,其使用的古代方言的发音令人迷惑费解,但我们已从那些可以确切译解出来的部分得到许多有趣的发现,如以其名义发出命令的统治者的称号(Maharaja,Devapatra"天之子"),再如那些比较精致的文件的署明日期方式等等,全都纯粹是印度式的。很明显,它们与公元 1 世纪统治着印度西北部和阿富汗的贵霜王朝或印度－塞人诸王时代的术语是一致的。大多数发出和接受这些文件的人,都是纯粹的印度人名字,其中发现了一个名叫"贵霜－耆那"的人,似乎是突出表明与西南远方印度－塞人领地有着一定的联系。

与姓名大不相同,有一些官衔显然是非印度的,如 Chodho、Shodhoga、Kala 等;但我们也见到了与古代印度命名法相似的头衔,如 rajadvara-purasthita(皇家法庭庭长)、dibira(秘书)等。lekhaharaka,驿差,经常用的是梵文名称。函件中常见的开场白及其老一套的祝词和尊称如 priyadarshana,devamanushya-sampujita,priyadeva-manushya(神人共敬的)等等,以及在问候收件人身心俱佳后彬彬有礼的请求,全都保持着优雅独特的古风,就像我那些克什米尔的梵学家朋友信中的用法一样。但在另外一些函件中却发现一种十分粗鲁、专横的语言,如某些官员的"指令"中,下令按照某个特别的清单呈交宣誓书、提出可靠的证人、拘捕某些人等等。

有些小文书具有特殊的意义,如一块年代注明是 Jitroghavarshman 王第九年的木牍,讲的是佛僧 Anandasena 的奴仆 Buddhagosha 典当或抵押一些家庭用品的事。其中详细列出了物品清单,并以一种目前尚待确定的钱币标明了其价值。有意思的是,清单中除绵羊、器皿、羊毛织物及其他一些用品外,还列有一种 Namadis。看来,这很可能就是有关如今在英属印度常用的"Numdahs"小毡毯的最早记录了。直到今日,这种毡毯仍是和阗家庭手工业的一种专门产品,每年大量出口到拉达克和克什米尔。另一份文书记载了这个地区所有的 Shodhogas 和 Drangadharas(显然均为地方官)都在抱怨缺水。许多木牍似乎都与灌溉用水的争议有关。

在木牍文书中屡次出现"Khotana"一名及其行政官员,不仅说明和阗按照现今发音的名称有多么古老,而且说明此居民点所在地区是古于阗王国的一部分。很有趣的是,除了这个古代的通用名称,我们还从玄奘的记述中找到了完全相当的 Kustana(ka,瞿萨旦那)一名,这完全有可能是哪位有学问的高僧根据梵文词源,对当地地名的不同译法。这位虔诚的朝拜者在提到这个名称时,还谈到了有关的神奇传说(瞿萨旦那即梵文"地乳"),似乎是提醒我们这个废址位于耕作区的边缘。木牍中反复出现梵文词 Dranga(边防站),这个词的正确意义是多年前我在克什米尔初次阐明的。许多文书段落都证明佛教信仰在当地人民中广泛传播,有一块木牍清楚地列出了佛陀、阿罗汉以及其他佛教诸神的名称;而另一块木牍上,收件人被有礼貌地尊称为"菩萨的化身"。

与译解工作中发现的一些事实同样有趣的是,发现了各类木牍都有其正式的名称:楔形木牍一律称为 kila-mudra,意即"封楔";有柄的"写板"用作档案卷宗称为 stovana;长方形木函称 lihitaka,意即信函;皮革文书称为 anadilekha,意即谕令。很明显,古代行政机关的文书与现今的印度绅士们一样,对官僚政治的区分法有着很强的识别力,他们绝不会弄错要用"八开笔记本"记医疗帐,用"大张纸"记"采购账",而用小条子做"公务备忘录"。

这里提供的简要叙述足以说明,这些佉卢文书使我们发现了早期中亚历史上几乎已完全从我们视野中消失了的许多生活和文化方面的情况。很自然,由于内容本身的性质,以及在印度本土完全失去了类似的古代文献的情况下,全部译解它们势必是件缓慢而艰巨的工作。尽管许多有价值的情节我们还没有发现,可是有一个重要的历史事实已经清楚地显现出来。绝大部分文书使用的都是一种印度语言,再加上其非宗教性的特征,明显地证实了玄奘所记及藏文经典所载但至今很少有人相信的当地古代传说,即和阗这块领土在公元前的两个世纪内,曾被旁遮普极西北部坦叉始罗即希腊语中的塔克西拉人征服统治。这肯定是一个非常有意义的事实,因为在印度境内,只有过去曾以坦叉始罗为中心的那片地区使用过木牍上的这种佉卢文字。仅用佛教的传播并不能充分解释木牍上的语言和文字,因为根据现有资料看来,佛教带到中亚作为宗教语言的是梵语,而文字则是婆罗谜文。

这似乎很奇怪,这些废墟地处遥远北方的蛮荒之地即印度民间传说中含糊提及的"广阔的沙海",却竟然提供了用一种印度语言写成,比印度本土任何文字资料(如碑铭)都要古老的有关日常生活的记载,

403　看上去十分奇怪。但从一开始,就有大量证据证明有关其年代的推断是正确的。如前所述,这些写在木板上和皮革上的佉卢文字,与贵霜诸王碑上的古字体非常相似,其在印度西北部的统治,无疑主要是在纪元之初的两个世纪里。这个论据被另一个废墟 N. VIII. 中的发现所充分证实。那是一块古代木板,在佉卢文旁边有几行婆罗谜文字,它独特的书写特征明显地说明是贵霜时期的字体。铜钱也是具有同等说服力的证据。我在那里发现了很多中国铜钱,都是东汉时期(公元 220 年止)铸造的。最后,除皮革外木板是唯一的书写材料,又是一个有关年代古老的证据。虽然在中国新疆使用纸张最迟是从公元 4 世纪开始的,可是我从所有的房屋废墟中以及废物堆中并没有找到一小片纸张。

然而使我特别满意的是,除掌握了手头这些资料之外,又从一个新发现中找到了我久已盼望的年代方面的确切证据。这个证据来自一些写着单行汉文的小木板,在 N. XV. 最后共发掘出 40 多块。通过在喀什噶尔以及在不列颠博物馆的初步研究检验,说明它们的内容似乎包含有简短的命令,主要是有关某些特定人物的活动、逮捕他们或允许他们通过某某驿站等等。文书中提到古代地名库车、鄯善、疏勒或喀什噶尔,还谈到两个大月氏即印度 – 塞人,是具有相当重要历史价值之处。然而,只有在著名的汉学家布歇尔博士抽时间研究了这些中文木版文

404　书时,才在其中一块上面发现了准确完整的年代(也被我的朋友沙畹教授所证实),明确无误地指出是晋武帝泰始五年即公元 269 年。

将佉卢文书所记年代与文书所在垃圾堆的相关层次认真对照,可以推断出许多重要的时代情节。因篇幅所限,此处无法对此进行讨论,但应指出具有较普遍历史意义的一点:从中国史书上我们得知,清朝对天山南部的统治在东汉时期(公元 24 — 220 年)具有很大的威慑力,以

后遭到撼动,在一些比较衰弱的朝代更曾长期被严重削弱,直到公元618年唐朝卷土重来。不过说到西晋第一个皇帝武帝(公元265—290年),史书明确地记载他曾胜利地在中国西部边远省份重建统治地位,而前述发现充分地证实了这一记载,表明中国驿站当时曾存在于这个古老的居民区,而且还可能也存在于和阗属地的其他部分。由于这些废址绝不可能在西晋武帝之后许多年仍有人居住,因此我们揣测这里之所以被遗弃,必定与中国统治势力的撤退而在这个地区造成的政治和经济巨变有关。

然而,无论发生过怎样的历史事变,在这个废物堆里却有与中国商业交往的充分证据。混杂在废物中的精致的漆器碎片以及织造精美的丝绸,只能来源于帝国遥远的东方地区。破裂的绿色和黄色的琉璃碎片,有很大的透明性,与从其他遗址中找到的粗糙物品大不相同,它们也是外来品,来源尚未确定。但一枚用中国瓷器制成的印章,明显地说明它不是本地产品。

405

当然,绝大部分物品都是当地手工业制造的。混杂在各种破陶片中的物品有棉布和毛织品残片,有的上面还有精美的图案和色彩;皮鞋和红色女便鞋的遗存,很像现今当地人仍爱穿的软皮便鞋;还有木制的筷子和锭子、马形木梳、骨制汤勺和其他家庭用品。很多羊膝关节骨被染成红色和黄色,说明骰子这种简单的娱乐品在当地很受欢迎。除此之外,还发现了一枚现今印度仍流行的特殊的长方形象牙骰子,四面刻着圆形的窝。

当这个废物堆全部被清理出来后,在屋子的一角发现了圆形的泥土平台,直径5英尺,高3英尺,中间凹有10英寸深。尼雅来的人立即肯定这是一个花床,现今富有人家仍这样用水和湿叶来保存鲜花。如果这种设置确实是用于这个目的,那么在这些废物围绕着它堆积的全过程中,它应该都在继续使用着,因为在凹槽里只发现了流沙。

这个建筑物的其他屋子显然早已被人清理过,然而在这儿的寻查并非完全没有收获。在与 N. XV. 相连的一间房子被沙掩埋着的墙角里,我看到一堆麦草,下面有一片草席,应是从屋顶落下来的。有的麦草秆上还保留着完好的麦粒。可惜现在身边没有了在丹丹乌里克时吐尔地的那匹马，不能验证这古代麦草的饲用价值。而我的不寻常的老向导、在营地里被称为"塔克拉玛干的长老"的人，正好此时从和阗来到了营房。他的到来受到了我的欢迎，因为他并非是来抢掠古物，而是给我带来了久已盼望的已在邮局压了一个多月的邮件和各种必需品。

这里不可能详细叙述后来在这个遗址上探察的各个废墟，它们分散成各个孤立的小聚落，分布在一个半圆形的区域，延伸到第二个营地北面一英里半处。这些发掘虽都很有趣，只是手写文书数量较少，但不管怎样两打木牍总算是一份重要发现。在最北边的一群住宅中的一间屋子里，我找到的小木板上写着前述那种婆罗谜文字。在同一所住宅里，还发现了粗糙的梁托上雕有木刻花纹，其花样、装饰风格和古代犍陀罗的希腊佛教雕刻有着十分近似的联系。艺术性较差而具有显著特色的遗物，是在同一间屋子里发现的木头靴楦，还有一个被最后的主人遗留下来的碗橱。向东数百英尺，靠近一些大沙包处，可以明显地看出围绕着一个 48 英尺见方的涝坝的破堤岸，曾以树荫遮蔽过水面的一棵白杨，其干枯变白的 12 英尺高的树干仍矗立在堤旁。

2 月 13 日，我完成了对埋在沙漠下面有迹可循的每一个废墟的探察工作。从废址北端 3 英里外的高沙梁上，用望远镜向远处的沙漠中搜索，再没有发现建筑物的遗迹，只有光秃秃的沙包夹杂着一些黄土坡。我现在可以满意地离开这个迷人的遗址了，它已向我献出了极其丰富的古代文物。

我在此停留的绝大部分时间天气都很好，夜里和早晨清冷，最低气温通常都在 6 — 9 ℉。2 月 11 日，天气特别晴朗，助理测绘师锐利的眼睛清晰地看到了尼雅南面大约 120 英里处的雪山。但是我很清楚，沙漠中的工作能有如此良好的条件，是不可能持久的。我想，在风暴季节到来之前，还有许多遗址尚待探察，因此，应该尽早出发前往新的工作场所。

27 安迪尔废址

2月13日,我的骆驼队再次出发回伊玛目·加帕尔·沙迪克麻扎。路经一个又一个近几个星期来曾紧张工作过的废墟时,我趁机从树木已经干枯的古代果园中采集了各种标本,一时思绪万千:在哪里,我再能在凯撒大帝仍统治罗马帝国和希腊文字刚开始逐渐在印度河流域消失时,种下的白杨和果树丛中散步呢!

在尼雅时,我早就听说去车尔臣(今且末县)的路上靠近安迪尔河沙漠中的古代遗址的情况,加上后来一些人的报告,我决定选择它们作为下一个考察的目标。我很难把我的全部劳工带到那里去,因为路途太远,而且在最近的3个星期里他们的体力已消耗殆尽。因而去新址的人,只能从尼雅征集补充。那天晚上当我刚到宿营地时,就高兴地看到了尼雅伯克的代表,他带给我的不仅是考虑周到的按办送来的喀什噶尔的新邮件,而且保证已为下一个旅行队的按时出发做好了一切准备。第二天去伊玛目·加帕尔·沙迪克麻扎的行程很轻松,在尼雅河的尽头,我再次兴奋地听到了茂密的丛林中树叶的沙沙声。这里还看不到春天即将来临的任何信息,然而在我们于寂静的沙漠和废墟中生活了一段时间之后,现有的这些冬季休眠的树林已叫人耳目一新。在麻扎的客房里,我度过了一个愉快而短暂的下午,享受着温暖的壁炉以及盼望已久的沐浴。但是我还有许多工作要做,比如要从这里往欧洲和印度发出新近发现物的初步介绍,也要和劳工们以及谢赫们结清一切账目。

我早就考虑过,可以从伊玛目·加帕尔麻扎直接向东穿过沙漠去安迪尔废址,不必先回尼雅再沿去车尔臣的大路东行。开头,所有人都说不知道这条捷径,可是后来麻扎上的一个牧羊人承认曾多次去过牙通古斯河畔的牧群,这条河在尼雅河东边流入沙漠。因此,他和曾去过那个遗址的有些狂热的圣地献身者阿不都热合曼一块儿被我雇为向导。2月15日,我们再次在沙丘中行进。从麻扎走出2英里之外,所有的植物都落在了后面,然后,翻过两座高约150英尺的陡峭的达坂,又艰难地越过高大的沙山前行6英里,才踏上了一大片骆驼和马匹容易通过的沙砾戈壁。从麻扎带来的冰块,足可供我们在去牙通古斯河410 的半路上夜晚住宿之用,这里的矮红柳丛和一些芦苇可供作燃料。

第二天向东南方前进,越过了沙砾戈壁和矮沙包群,又是一条很宽的红柳和芦苇地带。据说有一条叫作苏久吉的小河经常流到这里。现今牙通古斯河西边3英里处有它的一条古河床,已完全干涸。河流很快被一条高大的沙梁所接替,这种沙梁经常伴随着沙漠中的河流。后至傍晚时分,河中闪闪发亮的冰层进入了我们的视线,使我从内心感到高兴,疲劳的畜群也有了救星,这对它们来说意味着饮水和休息。

2月17日,我们沿着在宿营地处宽约30码的牙通古斯河一直走到河水完全被沙土吸收的地方,这段路大约走了18英里,一路全是宽约3—4英里的林带。到处都是羊群的足迹,可是没有碰见任何活着的生物。直到一片空地,进入肥沃土地上的一个小居民点。这个居民点标志着夏季洪水所能到达的最远之处。这里有宽广的土地,也有或许能供几个村子的灌溉用水,但是只有4户农家在尼牙孜阿奇木伯克时代在这里定居下来。虽然他们有钱雇人干活,可是只开垦出够10—15人耕作的土地。但即使如此,重新骑行于田地和渠系之间,仍使我有种新奇之感。优秀的"差役"前往通报,这个小聚落的老农阿不都克里木,一位和善的老人出来接待我们。他的父亲来自巴达克商的费萨巴德,是前来朝拜伊玛目·加帕尔·沙迪克麻扎时定居于此并得到了土地的。阿不都克里木为他懂得一些波斯语而自豪,现在又为承担了这个荒漠小村的接待任务而感到光荣。

411 最近五六年中,由于牙通古斯河向西移迁,因而河道现在消失于这个小聚落以西4英里处的沙漠之中,灌溉用水全靠一条大坝将水拦入老河道。这条坝我曾穿越过,在河的上游大约7英里处。即使这样,所需的水量还是得不到满足,可是现有的劳动力要想改变这条古怪的河流,却感到非常不足。因此,牙通古斯塔里木人只好在新河道的出水口处重新开垦耕地,以备老河道完全枯竭时用。如果能有充足的劳动力去维修堤坝和渠道,那么这里的耕地就可以大量扩展。如果占地25平方英里的丛林全部开垦出来,牙通古斯河下游终端的绿洲就会展现出必定曾存在于伊玛目·加帕尔·沙迪克麻扎下面古代遗址周围的美好景色。

在这里,我还是打听不到将要去的古代遗址的准确消息。可是精明能干的差役终于成功地找到了前往安迪尔牧场的可靠向导。我们的粮食和饲料可以从这个小村落的库存储备中得到补充。骆驼队穿越大漠走了两天才到了安迪尔河林带。刚离开牙通古斯塔里木就是一道可怕的沙漠达坂,高度近180英尺,给骆驼和马匹增加了不少麻烦。可是和往常一样,离河边较远的沙梁都较低,而且它们之间广阔的洼地上盖着一层风化的盐碱,很容易通过。从牙通古斯带来的冰块和水箱里的水,足够我们在中途宿营而不必掘井,然而近在手边的干枯红柳和芦苇却不足营火之用。我们离开牙通古斯后,从北方或东北方刮来了一阵大风,刮起的尘雾预示着一个不祥的征兆。

在2月19日下午,我们越过了沿着安迪尔河左岸的一连串高大沙包,然后顺着向导所说的安迪尔老河道前进。河流近年来已同样向西迁移,因此我们发现在从前那条曾干枯了的老河道里覆盖着10—20码宽的薄冰。另一方面,河水重回原先的河道,导致东边几英里处现正逐渐干枯的"新河"边上,小村遭到废弃。我们自从离开伊玛目·加帕尔·沙迪克麻扎以来所见到的许多干涸了的洼地,都是河道(在消失于沙漠之前)不断迁移所造成的。

第二天,我们沿安迪尔河上行10英里,到达一些废弃了的草棚,这就是喀喇奥驰欧台昆放牧点。第二天上午,向导引着我们插进东南方的沙漠,又在沙丘群中走了10英里就到达了所谓"炮台"的"古城"。这是一座土坯砌的佛塔,正如在麻扎初次听人大致讲述其特征时推测的一样。当我发现它曾被人挖掘过时,并不觉得奇怪,无疑这是为了从中寻找财宝。此时,我急切地奔向南面,据说那里有古代房屋。佛塔四

412

周风蚀了的地面上,散布着厚厚一层破陶片,其中很多是彩色的,可是并没有发现建筑物的遗迹。最后我才在附近低矮沙丘围绕的空隙中,发现了废墟群。竖立在流沙上的一排排木柱是已熟悉的景象,而一些大房子的高高的土坯墙,以及环绕着废墟群的厚实的残余壁垒,则显示出一种新奇的面貌。

当我正走近佛塔时,从尼雅来的劳工们正好赶到了。他们经过艰苦的跋涉,穿越了毫无人烟的荒漠,来自远在 120 英里之外的地方。对这样的妥善安排和及时的集中人力,我感到非常高兴。于是马上开始了工作。用围墙圈起来的这块地方,直径大约 425 英尺。我注意到其中央附近覆盖这地方的沙丘顶上露出的木柱群,排列组成两个同心的方框,当即回想到在丹丹乌里克发掘时发现的带回廊的寺庙佛殿,于是在方框内的一角做了一次小型试验性的挖掘,马上发现一尊大神像的灰泥碎块。因此,我的这支小队包括 20 多名短工以及牧羊人、向导和其他人,即在这里劲头十足地投入了工作。

在一小时之内,发掘的事实,就证明了我的估计是正确的。越来越多的灰泥雕塑碎块从填满了松散沙土的屋子里挖了出来,其制作和着色的材料和丹丹乌里克的塑像相似。我所估计的这座寺庙的大致年代,很快就被发现的纸质手抄本的残卷所证实。它们包括几页从当中断裂了的用婆罗谜文字书写的梵文文书,还有一些碎纸片,写着在丹丹乌里克非印度文书上常见到的潦草婆罗谜文字。同样,这些文书所使用的语言显然亦非来自印度。这首批发现所激发起来的希望没有落空。清理这座寺庙里曾掩盖并保护过它的沙土,占用了将近两天的时间。这座寺庙有一个佛殿,20 英尺见方,各边都有一条 5 英尺宽的回廊。佛殿中央曾建有一个大底座,上面原来有 4 尊坐着的灰泥塑像,可以断定是佛像,不过这些塑像只有腿部和衣服的下部尚残留着。用同样材料塑成的、位于 4 角上的如人体大小的神像,腰部以上都已破碎,可是外衣残留部分的色彩却很鲜明。

在这些塑像的脚部和中央六角形底座台基的周围,我们很快连续挖出纸质手抄本,显然是以前的朝拜者放在这里的供奉品。靠近中央底座前面的发现中,以梵文佛经残页数量最多,很明显是大乘教派的;从非常清楚的婆罗谜字迹判断,这些抄本很可能是早在 5 世纪时写成的。这种常见的印度"菩提"书卷式的手抄本从中间断裂,或许是由于折叠,也或许是由于"寻宝者"挖断的。因此,找到的一捆捆散开的书页中,左半页和右半页数量大致相等,书页的编码,我读到了 46,大概可复原出原书的一半。

另一个奇特的发现是一个卷得很紧的纸卷,约 4 英寸高、半英寸厚。经过不列颠博物馆专家的妥善处理后打开,这 4 大张文书(复印在我的"初步报告"中),文字是熟知的中亚婆罗谜字体,而语言则用的 非印度语,也许和在丹丹乌里克发现的各种手抄本使用的是同一种语言。

在佛殿其他各处的发掘,证明该庙宇曾受到若干不同民族的朝拜。从几座塑像的底座旁找到了写着一些汉字的并有小的彩画的薄纸片,最有历史价值的是发现了许多藏文纸页,它们用的都是一种特别坚韧的淡黄色纸张,特别容易识别而且一律只写了一面。除其中单独的 3 页字迹非常潦草、后来证明写的是佛教祈祷词和宗教诗的纸页外,当时发现的全部藏文纸页和残片,都好像是一部"菩提"书的一部分。从这些手抄本的页片找到时都积聚在各尊不同的塑像前以及中央剩下的底座前看来,无疑它们是特意分放在那些地方的。为了尽可能求得神灵的保佑,虔诚的朝拜者在朝觐这座寺庙时,似乎是先将手抄本从中间切割成两半,然后将书页绕着佛殿撒开。

后来不列颠博物馆的巴尼特先生对这些文书作了仔细的研究,证明它们属于早期大乘舍利婆坦摩经的藏文译本,是一本佛教哲学论著,其梵文原文仅见于引文。这部非常重要的藏文经典,只寻回了大约一半左右。关于这些经典,巴尼特先生已在他发表于皇家亚洲学会 1903 年会刊的"初步诠释"中,作了明晰的论述。这里只能作点简短概括的介绍。这些残页的特殊意义,不仅在于可将它们与存于《甘珠尔》的该经现版本进行比较研究,并据此分析、研究那部藏文佛教文献总汇,而且在于它们作为最古老的藏文书写样品,提供了研究藏文书法和正音法方面的新资料。但是更大的价值,还在于掩埋它们的地点和环境所赋予它们的历史意义。

从这个寺庙的废墟里找到的藏文文书以及几处泥墙上的藏文题字,与当时的政治环境之间毫无疑问存在着一定的联系。我们从中国唐朝史书上得知,在 8 世纪下半叶至 8 世纪末,吐蕃的侵占严重地威胁并最终摧毁了帝国在天山南部的统治。沙畹教授送给我的一本有趣的史料摘编上讲得很清楚,虽然吐蕃的侵袭(大约在公元 766 年)使得这些边远省区已经陷于孤立无援的地步,可是当地的中国统治者至少在部分地域内,还曾一度成功地延续了他们的权威。在公元 781 年,他们设法向唐朝廷乞求救援,然而得到的并非实际上的援助,而仅仅是赐予颂扬的名号和对于行政功绩的充分表彰。公元 784 年,他们的境况非常险恶,中央政权考虑将他们召回。最后,从公元 791 年开始,吐蕃占据了吐鲁番及其邻近地区,再也听不到天山南部或当时中国所称"四镇"即库车、和阗、焉耆和喀什噶尔所属地区的消息。

有幸在佛殿西北角靠近塑像的墙上,看到了一篇刻写的汉文题字,更说明应该按照刚刚说到的汉文记载所反映的情况,来考察那些与吐蕃有关的发现。从我拍摄下来的奇特的刻写粗糙的题字,沙畹教授已解读出了大部分内容,这或许是这些稀稀落落、潦草刻写的文字所有能够认清的部分。上面提到中国一个负责祭祀事务的官员秦嘉兴,在接到了他的同僚、一位军事官员的死亡消息后,返回自己的任所。上面两次提到"大蕃"即吐蕃,而且也提到"四镇",写明的年代是某年号的 7 年。因为第一个字模糊不清,弄不清到底是"开元"还是"贞元"即公元 719 年或 791 年。

以我们现有的水平来确定这两个年代哪个正确,看来很难做到。晚一点的 791 年和史书记载的中国统治势力在这里最后的倾覆非常一致。从丹丹乌里克发现的一些汉文文书的最后年代是 790 年这个事实,看来也有助于这种说法。支持早一点的 719 年的事实依据,似乎可以提到从这些废墟里只发现了汉代铜钱,同时还有安迪尔寺庙里的雕塑残迹,依我看来似乎比丹丹乌里克佛庙里的要古老一些。然而应该考虑到,这个稀稀落落刻写在墙上的潦草的汉文题词,其年代不可能比放在那里的各种奉献文书以及后来这个庙宇被遗弃的年代早很多年。这些粗糙且不坚硬的佛殿墙上的灰泥,不是一种不经补修而能保持很长年代的材料;对墙壁的补修更新会使朝拜者刻写的字迹消失不见。因此,在这里发现的藏文和其他文字的文书,估计最晚应是 8 世纪下半叶。这个估计也适用于藏文的信笔涂鸦,其字迹非常潦草,至今尚未全部译解出来。散布在各个塑像底座前的大量小旗子——各种纺织品的布条,无疑是一种较低级的奉献品,从精致的中国丝绸、染色棉布直至简朴的大布(当地纺织的一种土布,玄奘关于和阗的记述中曾提到过,现今这个地区的平民仍在穿用)。如此各色各样织物的大荟萃,使我清晰地想起在伊玛目·加帕尔麻扎以及整个新疆其他圣徒坟地上的进口处,所展现的许多的奇特的小旗子。这说明伊斯兰教很少改变以前佛教流传下来的奉献礼仪,从而留下了具有考古学价值的纺织品样本。

以后几天都用在了围墙以内已清除沙土的各个建筑物上。这些发 419 掘工作使我得到了关于建筑方法的有价值的数据,但是却没有弄清整个废弃的聚落原来修建的真正目的。庙宇东西大土坯房部分露在沙土外面,连同它厚实的 3 面土坯墙占地超过 100 平方英尺以上。其中的房屋面积说明它们是公用的,但除一两个壁炉外全都空无一物,没有实物来说明其特征。它们是用厚墙和壁垒保护起来的富裕僧侣的住房?还是这道围墙原系一个内有寺庙的边防要塞?

在一排用木料和灰泥建造的位于庙宇北面的小屋子中,有一间似乎是小佛堂。它的一面墙上画着一幅优美的壁画,好像是一尊佛像,四周画着他的各种化身。墙从地面以上 5 英尺处倒塌了,可是留存下来的部分壁画,其色彩和轮廓都很鲜明。在这间小屋里,发现了一块优美的木板画,画着一幅我们熟悉的印度智慧之神——象头神。在庙宇南面,挖出了一座小的双层建筑,然而只有下层的几间屋子还残留着。它们没有门,显然是冬季使用的地下室,其中一间有一个造型美观的壁炉。

围墙原是一道坚实的土墙,地基宽 30 英尺、高 17 英尺,只有部分

·欧·亚·历·史·文·化·文库·

南墙残存。侧面有一大门,但各处都一块一块地塌毁了。围墙顶上修着高5英尺的墙,它后面的一块平台,似乎用成束的灌木填塞加固过。

420　没有证据告诉我们它曾抵抗过吐蕃或者其他敌人的侵袭,然而它的墙壁确实有助于阻挡沙漠地区对古代遗存最厉害的威胁——风和流沙的侵蚀。从塌毁的围墙上环顾四周,不难看出周围的地面至少已被侵蚀下去 10 英尺。墙里面已经积存下来的流沙,很少再有可能被风吹走,为这些废墟形成了一个保护层。

　　对早已留意到的佛塔的详细检查,使我深刻地认识到这整个地区曾经受到的侵蚀的严重程度。经过测量,我发现塔基最下一层土坯的

421　地平线,比邻近的地面高出大约 10 英尺。佛塔下面被基石压着的黄土层,经久地抗拒了侵蚀,现在好像成了一座后来加上去的基座,使建筑物看上去比真实的高度高出很多。虽然外层的土坯块受到了很大损坏,可是我稍动脑筋还是成功地查明了这座"纪念塔"的原来规模。方形的基座每边宽23 英尺,高约 7 英尺;上面立着一坚实的圆顶,直径16英尺,高度几乎与直径相同。其整个规模和尼雅河上的佛塔大致一样,虽然那里在设计上安置了双层底座,显示了部分细节的不同。印度的佛塔,其高度和相关的直径的增加,一般认为是年代较晚的标志,因此对比两个佛塔,其年代先后大致可以肯定下来。这种认识,看来也适用于北方地区。

　　2 月 26 日,我完成了对这个遗址的考察工作,感谢努力勤奋的发掘劳工们,从清早一直干到营火照耀下的夜幕降临以后。这些有价值的发现物清楚地说明,我已来到了印度影响让位给中国势力的边界线上。我的考古工作如果再向东迁移,就会把我带到了原先打算进行考古考察的地区之外。另一方面,我可以安排的剩余时间,对计划去考察克里雅与和阗北面的遗址,似乎已不太富裕了。因此,我不得不决定赶快掉头向西。对此可以自慰的是,掉头向西就意味着踏上了返回欧洲、

422　去会见多年不见的亲人们的旅程。

28　探察喀拉墩废墟

　　2月26日,我们离开安迪尔废墟,快速赶回尼雅。在古遗址西南大约10英里处跨过河流,由于最近几天温暖阳光的照晒,在较浅处薄薄的冰层已经消失,不过在大约15码宽的主河道里,冰层仍坚硬得足以负担重载。我们的驼队依次安全地横渡过了河道,然后为穿越广阔的沙漠地带奔向牙通古斯河,再次装满了水箱。沿着安迪尔河的一条古河床向南走,穿过茂密的胡杨林又走了10英里,天黑时到了托古孜库勒牧羊人废弃了的草棚,地名意为"九个湖",却不见一点儿水。

　　27日晨,我们直向正南,穿过一块长满芦苇的平地,真正沙漠荒凉的迹象一时皆不见了。变化显著的景观是遥远的昆仑山的轮廓在早晨清晰可见,虽然这里离山脉有60—80英里之遥,可是能清晰地看到一系列突兀的山峰和四周垂下来的冰川。它们被及时地录绘在平面图上。幸好在当时完成此事,因为午后当我们踏上克里雅至车尔臣(且末)的大路时,一阵强烈的北风刮起了沙土尘雾,立即使山脉的景象犹如幻影一般消失了。在这里我辞退了当向导的安迪尔牧羊人,还送给他的孩子们一点小礼物。我曾在路上碰到过那两个壮实的小男孩,但当时除了马褡子里有一些朱古力糖块外别无他物。这种糖开始时他们不敢吃,我请小狗作了一次示范后,他们才高兴地吃了几块。希望这次从行李中取出一些俄罗斯塔糖作为礼物,他们会更乐于接受。

　　到达通往车尔臣的大路之后,看到这条曾是通往中国内地的交通要道,如今实际上已成为很少有人来往的荒漠小路。当天还要走很长一段路程。我骑着马一直在坚硬的砂石地上向西南走了20多英里,没有沙包,也没有植被,直到约克托格拉克为止。这里的一小块地上有红柳和胡杨,勉强可充燃料;同时在有6英尺深的井里,找到了发黑的水。骆驼队直到将近午夜才赶到,清晨才用毕正餐。然而第二天却很轻松地就到了牙通古斯河。在那里,人和牲畜都很舒服。途中,我高兴地遇到了忠实的马夫提拉拜,他给我带来了邮件和储备在和阗的必需用品。收到装满"家信"的邮袋总是很愉快的,但当它们突然来到时则格外激动,那时我会坐在路边,静静地加以阅读,而这一次就是如此。浏览近3个月前的《时代周报》,使我重新了解到东西方的各种动态。

经过两天的长途跋涉,我又再次回到尼雅。当我们经过小湖泊和沼泽地时,激起了我的欢快的心情:泉水顺着在阳光下刚刚解冻的小水沟汩汩地流进长着芦苇的咸水湖里。我们停歇在如此形成的希达拉小河沟旁,从这里一条连绵不断的丛林带在尼雅河边延伸出几英里。正像和阗以东流入沙漠中的所有河流一样,尼雅河的东岸依傍着一道沙包群组成的高大沙梁。在希达拉麻扎附近跨过尼雅河,那里不多的几根木杆上挂着牦牛尾、飘动着小布条。最后骑马穿过众多的沼泽地之后,我又进入了小绿洲,在暮色中好像是回到了文明世界。自从1月23日从尼雅出发以来,我绕了一个300英里的椭圆形大圈,在平面绘图板上记下来的起始位置与实际对照,经度相差只有3/4英里,纬度相差只有一英里多点。

把骆驼队甩在后面,我用两天就赶完了从尼雅到克里雅约80英里的路程。在克里雅我赶快写报告和信件,并重新整理我的行装。天气很快转暖,因此在出发考察远处的克里雅河下游古遗址之前,要把笨重的冬装全部留在后方,还要重新组建从事发掘工作的劳工队伍,准备人和牲畜所需的口粮供应。在两天的时间内,我和精明能干的差役伊不拉欣抽不出一点休息的时间。

和蔼可亲的按办黄大老爷,在我来到后的第二天刚好办案归来,因此我有机会对他从远方给我的帮助表示一下个人的谢意。从和阗带来的储备品中,我尽量挑选了最好的罐头食品送给他。每件东西似乎都很合他的心意,他也以多得多的物品如饲料、羊只等等送给我作为回礼。在我离开他那里几分钟之后,按办就来回访,我用木牍等等满足了他对我的发现的好奇心。似乎所有受过教育的中国人都具有历史知识,他立刻就准确地判断出用木板作为书写工具的时代,与中国内地纸张发明前使用竹简的时代相当。无稽的谣言如说我发现了装满金子的箱子等等，这时传遍了各个巴扎，甚至传到和阗以及更远的地方。但是我看得出黄大老爷对我要找的和已经找到的东西有一个清醒明智的理解，因此，我们在友好和相互信任的气氛中再次告别。

感谢按办的大力帮助，我才能于3月7日出发前往下一个目的地，那就是位于克里雅以北大约150英里沙漠中的喀拉墩。这里，赫定博士在1896年沿克里雅河顺流而下的有意义的旅行中曾短暂地访问过。从曾两次到该地寻宝的吐尔地的介绍中，我得知这个"古城"的遗物十分贫乏，然而我觉得有责任对该遗址做一次个人的考察。因其距离远所要损失的时间，我决定用更艰苦地加快进程来补偿。

行装减轻了，一部分骆驼用新雇来的牲畜进行替换，这样我就可以加速前进，3天之内就赶到了上次从丹丹乌里克来时到达的克里雅河边地点。河岸的景色仍和两个月前一样的荒凉静寂，可是河中有些地方原来闪光的薄冰，现在已淌着的浑浊水流，是克里雅附近沼泽地冰层融化造成的每年春汛"喀喇苏"（黑水），而山雪融化形成的"阿克苏"（白水）还得过几个月。在鲍尔汗努丁麻扎，我受到谢赫们的热情招待，他们还记得上次得到的重酬。在那里，我一直在清真寺的廊檐下忙于写作，当我离去追赶驼队时，喀孜谢赫一定要陪伴送我。他是一位豁达的老人，也是一个"巴依"或富翁。据当地人说他至少也有1000只羊牧放在河边，当然熟悉这个小牧场上的每一个牧羊人以及每块草地的名称。因此，我的差役很容易地就从牧羊人中补充并加强了我从克里雅带来的劳工队伍。这些人都欣然同意随我前往。他们外貌比较粗笨，穿着粗糙的皮衣和山羊皮鞋，然而却非常活跃，想找机会挣一点硬币，以作为按期去克里雅赶巴扎（集市）的花销。因此，这伙人在路上一直情绪高涨，激动若狂。

我们3天中走过了从考什葛尔奥欧勒往下的一段路程。这段路对我是陌生的，可是时间不允许我欣赏景色的变化，只能走马观花地一晃而过。这里的河床深而狭窄，有许多急转弯，而后又伸展变宽。虽然河道在当时实际上的宽度只有80—100码，可是有明显的痕迹说明夏季洪水暴发时,河床足可达到半英里。河道两旁的植被带穿过沙漠,伸展的面积宽窄不等,但胡杨树高大、芦苇丛茂密,说明水分充裕。

3月12日,我们翻过了一道恰如其名的“高大沙梁”,它横向延伸直插河床,对面东岸也是同样高大的沙梁。一过这道障碍物,河水又变动不定地流淌在开阔地上。从高大的沙梁顶上,我至少看到了3条干河床,像手指一样伸向不同的方向。我们沿着中间那条河床——一道宽大平坦的沟壑前进,里面枯黄了的芦苇被风吹动,好像是农田里成熟了的奇特的庄稼。河沟往下又在通古斯巴斯特牧点附近会合于真正的河道。喀孜谢赫的羊群当时正好在这里牧放,因此,那天晚上受到了羊
427 肉和乳食的款待。通常废弃的河道尾都有一股潜流形成泻湖和现在实际上的河道沟通,而且使浊水变清,水流清澈。这里似乎经常有野鸭出没,它们成百上千地在水面上嬉戏。我的营地扎在200码之内,看来不会惊扰这些野鸭。在经过了空旷静寂的沙漠营地后,它们响亮的叫声对我很是陌生。

从斯文·赫定博士的记述中得知,我要去探察的这个沙漠中的遗址,在通古斯巴斯特西北不到一天的路程。一位有经验的牧民毛拉夏,作为我们的向导夜晚才来到。开始他一直说不知道路,后来才承认曾两次到过喀拉墩。和他同来的另一个牧羊人穆罕默德夏,是一个猎人,这位活泼的青年人也曾到过那个地方,他是来协助其师傅毛拉夏找路的。这任务并不简单。清晨有大雾,水箱早已灌满,暂不需要的物品也已存放好。这时刮起了一阵强烈的北风,按级别看是这个季节的首次风暴。我们几乎是朝正北方向顺着一条路走了大约7英里,在洪水形成的妥勒达玛小湖旁,穿过前述一条最西边的旧河床,而后向导就直奔西北方。

在滚滚沙尘中,我们走了很远一段路。现在,逐渐增强的风暴使天空更加昏暗,即使在100码之内也很难看得清楚。即使如此,毛拉夏和他年轻的徒弟仍很有把握地引导我们继续行进,自然我们欣然跟上。沙土扑面积聚在睫毛下,瞪着双眼也难看清面前的路,不过我注意到走出两英里之后稀稀落落的胡杨树便落在了后面,而且沙包越来越高。

在连绵不断的沙包间艰难缓慢地又走了一小时,向导宣布,我们已经走近了长满红柳的沙包群,遗址就是因它们而得名"喀拉墩"。但是在这迷茫的尘雾中,他们辨不出正确的方向。我让他们先走,我们则掩蔽在一个长着红柳的沙包后面。这种景象非常奇妙,刮起的厚厚的沙尘一阵阵从沙包顶端上飘过,恰如暴风激起的波涛。半小时后,穆罕默德夏带着使我们欣慰的消息回来:这个遗址就在我们正西不远处。他还捡来了一块古陶片作为证明。于是我们趁风力减弱时,又走了两英里半路,绕过了高高的沙包群来到了废址前。 428

喀拉墩遗址主要为一个四边形的废墟,它由 235 英尺见方的泥土围墙构成,上面有一排木料建成的房屋。在这个四方形内,有两个高出原地平面 20 英尺的沙包横亘其间,我恰好认出了从深沙土中突出来的毁坏严重的建筑物的破木头。过分的风蚀使建筑在围墙顶上的房屋毁坏殆尽,很难看出墙壁的界限,只有陶器碎片、琉璃和金属碎片、破毡片以及其他零碎的小废物,说明了它们以前所处的位置。 429

在如此艰难的情况下来到这个遗址,使我奇怪地想起了玄奘告诉我们的沙埋曷劳落迦城的故事,这是他在媲摩听到的一个当地传说。曷劳落迦位于和阗北面大沙漠中,据说曾有一位罗汉来访,国王无礼对待而冒犯了这位罗汉,因而降祸于他,一阵沙雨把这个古城埋没。罗汉曾经预言,7 日后这座城将毁灭,只有一位虔诚的信徒听信了他的忠告,从地道里逃至媲摩城。取经人玄奘告诉我们"第七日夜,宵分之后,雨沙土满城中"。"今曷劳落迦城为大堆阜(大沙岗),诸国君王,异方豪右,多欲发掘,取其宝物,适至其侧,猛风暴发,烟云四合,道路迷失。"

我不像玄奘长老所说的"异方豪右"一样去喀拉墩寻找财宝,也未曾因来的那天迎接我们的暴风而迷失道路,但若以发现的古代文物来衡量,其结果与传说相差不大。不久我了解到,除了已经简要介绍过的那些遗址之外,在附近再找不到任何种类的其他废址,甚至连破碎的陶片也很稀少,而且局限于很小的地域。当地人也许确实称呼这些遗址 430
为"古城",在这整个地区任何古代遗址都叫这个名字,但在此处却只是出于想象,不值得考古学家认真对待。

对这个四方大院里废墟结构的发掘,消耗了我这个小小挖掘队的两天艰苦工作的时间,可是只得到很少的劳动报偿。掩埋于堆积沙土之前,这些建筑物曾长期完全暴露在风力侵蚀之下。墙上的灰泥不见了,它们的木构架也都腐朽成了松散的碎块,然而仍能看得出这些房屋的一般规划,很明显它们似曾作为住房使用。

这些建筑物和围墙结构所使用的木料只见到了胡杨木。所有流入沙漠中的河流其附近丛林都有充裕的胡杨树,可是它们扭曲不直的枝干,并不像白杨树、沙枣树以及其他人工种植的树木那样是优良的建筑材料。在丹丹乌里克和伊玛目·加帕尔·沙迪克麻扎那边的古遗址里,只有后述那些木料用于房屋的建筑,因而要比喀拉墩的光滑美观得多,而且那些遗址上死的沙枣树和其他种植的树干形成了明显的特色。可是在喀拉墩四周却见不到它们。矗立在沙包中的死树很多,然而都是古老的胡杨,正如东面几英里以外沿着现今河床仍在生长着的茂密丛林一样。由这种情况可得出的结论是,在这些建筑物修建的年代,喀拉墩遗址周围未曾有过任何规模的耕作区。

在这明显处于河流与沙漠之间的窄长地带,修建些房屋是为什么呢?从它的位置以及废墟结构的独特规划看来,我不成熟的想法是,这个遗址曾是一个边防站或者是路边的旅店。从蒙兀儿一位领导人和历史学家米儿咱·海达儿的说法看来,克里雅河流入塔里木河的年代最迟可能延续到 16 世纪,如今仍不难找到那条穿越沙漠的古河道。这肯定是古代从于阗到库车古城乃至更远的东北方之间的一条非常便捷的通道。喀拉墩大约恰正处于塔里木河与和阗往东伸展的绿洲线正中间,这个小哨所修建在这里,其目的在于守卫这条通道并防范从北方来的侵袭。废墟的年代大致可以由我在附近地区捡到的铜钱来断定,这些铜钱都是东汉时代的,显得很破旧。

这个旅店或哨所保留得最好的部分,是我后来发掘出来的一个22英尺呈正方形的巨大的木门道,位于围墙东边的一面。其门楣完好无损,仍保持在围墙的顶端。除由两扇木门封闭的中央门道外,两侧还各

431

432

有一个狭窄的便门,这和我拜访过的衙门的大门完全一样。整个大门都被沙土埋至距地面 14 英尺高的顶端,花费了两天的时间才把它挖掘清理出来。大门顶上曾经还有一层建筑,可是只留下了一些木柱和厚厚的地面。从它上面的垃圾堆里,我们发现了一个保存得很好的小仓库,里边埋着两磅豆子(这种豆子克里雅一带仍有种植),还有少量的麦子、稻子和另一种豆子,也有一些用作调料的植物根和干得发硬的红葡萄干。我煮熟了少量的豆子,发现它的汁渣可以用来粘信封。

当发掘工作继续进行时,刚来时迎接我们的风暴又回来了。虽然这时来自西南方向的风力有一点减弱,可是刮起来的沙子使人在帐篷内外都不得安宁。水的供应对我这个规模较大的队伍来说也很困难。令我内心感到高兴的是,在这个荒凉处所的工作终于在 3 月 17 日傍晚结束了。第二天早上我离开了喀拉墩。正如来时一样,浓厚的沙尘使天气变得灰雾蒙蒙。眼前沙漠的景象,和我那天在半路上收到的一封从克里雅送来的短信中的信息一样,很令人沮丧。这封短信是从家乡通过撒马尔罕和奥什转来的,马继业先生根据俄罗斯的情报通知我,女皇逝世了。我向两位印度随员转告了这一不幸的信息,我知道他们也以自己的方式分担了我的沉痛哀思。没有其他的琐碎的事务能够分散我对这个重大要闻的注意力,那位自海外扩张开始即已举世闻名的大英帝国最伟大的统治者从世界舞台上消失了。 433

29　探寻玄奘所说的媲摩

　　我的注意力再次转向南方,那里居民区附近有许多考古工作在等待着我,其中首先要去探寻的是媲摩古城遗址。玄奘从和阗去尼雅的路上曾访问过它,而它可能就是马可·波罗所提到的"培因",我急于想查明它的位置。中国的朝圣者玄奘所提到的媲摩的方位,在和阗王国首府以东 300 里(或约 60 英里),因而很早以前我就认为它应在克里雅西北的某地。我很高兴,当我在克里雅进行最后一次访问时,我从按办那里听说"古城"就在固拉合玛旁边的沙漠中。固拉合玛是在去和阗的大路上的一个绿洲,位于克里雅以西约 30 英里。拉姆·辛格也听说过这个遗址。为了节省时间,我决定向西南方向通过沙漠前往那里。
434　我力图快速前进,以最短的时间到达目的地。
　　在我们顺着克里雅河催促马匹和驼队尽速赶路的 4 天里,河流两岸的丛林里仍看不出春天即将来临的信息。令人稍感惊异的是,在喀拉墩刮风之后,气温有了明显的下降,3 月 19 日的最低气温下降到冰点以下的 14 ℉。在熟悉的鲍尔汗努丁清真寺,我遇见了受按办之命由固拉合玛伯克派来的两名向导。看来他们异乎寻常地迟钝和沉默寡言。他们对我要走的路线一无所知,但我们发现得太晚了。他们不敢承认不认识路,以为最好是引着我们不断向南,这样至少可能避开干旱的塔克拉玛干。我们离开河左岸之后,穿过了一个高大沙包林立的地带。3 月 23 日我发现我们走进了由克里雅以西由西窝沼泽地供水的宽广而松散的丛林地带。在这里,向导已束手无策。我们克服了极大的困难,才把牲畜从西窝河尾表面虚盖着一层轻沙的潮湿沼泽地里解脱了出来。虽然这里遍地都是冬季放牧羊群的足迹,但是却找不到一个可以帮助我们的带路人。幸亏后来我们走到了硬地上,西窝河水在这里清澈见底,河床弯曲而且有着明显的界限,大约宽 15 英尺,它再次为我们的"向导"指引了方向。最后在薄暮中我们走过了一段长得令人疲惫的路程后,到达了孤零零的阿利什麻扎小圣地。虽然住在圣墓附近土里土气的谢赫最初对这样一大帮人的到来很惊讶,但还是立即将饲草送来喂马,并燃起大火指引迟到的驼队。

从实践中我摸清了向导的真实意图,只好无可奈何地听任他们在进入沙漠之前再回到绿洲中熟悉的地区。因此,我们取道西南,经过由另一块沼泽地供水的、最后没入沙漠的喀喇克衣河两岸的丛林。我们所走的路线穿过了一大片红柳沙包。沙包一个紧靠一个,比真正的大沙漠边上还要密集。我们在其间行进,出乎意料地来到了无疑是一些古代居住区的废址。差役找到的几位牧羊人称其为阿克塔孜或称为"塔提力"。在几小块开阔的地面上,有着明显的风蚀痕迹,可以看到遗弃的破陶片和土墙房基,但是房基只剩下了地面以上的几英寸。附近只拣到黄铜手镯等几件小东西,没有年代方面的证据。

最后我们来到了小村玛拉卡兰干的耕作区,它是 15 年前由和阗至克里雅大道正南方主要绿洲达玛沟迁来的人建成的。这里垦荒是颇有可喜成效的,在尚未铲平的生长着红柳的沙丘之间,挖开了弯弯曲曲的小灌渠,灌渠之间是严密防护着的农田。这里和那里到处都生长着沙漠中的丛林胡杨树,尤其是在居民土屋附近。但是很明显,它们不久就会消失,让位于沿着灌渠迅速生长起来的白杨树、沙枣树以及其他果树。

我事先就查明了要探寻的遗址位于力济－阿特麻扎地域之内,就近询问玛拉卡拉干的人们,他们并不否认曾听说过这个受人敬仰的沙漠圣地,但是没有人承认曾探访过它附近的"古城"。前两天的游荡,使我已对两位可敬的向导不抱任何幻想,但因没有更好的办法而且时间越来越宝贵,我决定带着他们于 3 月 25 日一起出发。为了送取邮件而长期不在跟前的吐尔地老人,刚好从和阗回来遇见了我,我可以依靠这位老"寻宝人"的本能和经验,来辅助达玛沟向导所具有的乡土知识。吐尔地带来了以前留在和阗的另外两个水箱,而且在出发前给 6 个水箱都灌满了水,当前是不会有断水危险了。沿着弯弯曲曲的道路

435

436 "远征"了3天,使我非常担忧,然而却获得了补偿烦恼和劳累的有益经验。

最初向北偏西的两英里路,把我们带到了新垦区的边缘,当时使我很惊讶的是,在那边远处清楚地看到了以前耕种过的痕迹。旧农田里长满了红柳和带刺的荆棘丛,可以清楚地看清条条田垄,也可以看清曾经为农田灌水的小毛渠。向导解释说,这是"老彭纳克村",在他祖父时遗弃,也就是说距今已废弃了大约有40—50年。沿着一条大路,越过如今仍有人沿之拜访荒村公墓的道路,我们来到了西北方大约有3英里路的"老达玛沟"区的南头。这里土房废墟的结构,和现今这一带的住房非常相似,其范围连同分散的果园和公墓,从东到西足有3英里。用直立的芦苇把加固的泥土墙,仍兀立在地面上4—5英尺高,较完整的结实的壁炉往往还要高些。这些废弃屋基上的木料都已拆走另作他用,诸如大梁、木门框等等,只有少量沙土堆积在这些塌毁的废墟里,因而它们的全部消失只是时间问题。

伴随着我的村民们以及后来回到这个绿洲接受调查提供情况的人,都一致肯定地说,因为管理这条很长的灌溉渠道困难逐渐增加,致使归属达玛沟和固拉合玛伯克们所管辖的这些和其他一些村庄的耕地,在当今这代人期间向南迁移了6—8英里。诚然,当地传说中确曾谈到,这种耕地向前或向后搬迁的做法,在沿着克里雅至策勒大路上的

437 小绿洲里是经常不断发生的。此处不能详述有关证据,这些证据似乎能够证明这种传说是具有实际根据的。我倾向于认为:由于灌溉沉积的结果致使耕地地面逐渐升高,是对这种连续搬迁的一种可能的解释。这需要对当地实际情况做一次较长时间的调查,尤其是对灌溉用水的供应进行了解后,才能得出比较可靠的结论。这里大部分的灌溉用水是依靠泉水供应的。但是不管怎样,我在这里所看到的这些废墟,无疑可以作为这种衰微过程的最好说明,而且西去和阗的大道附近以及在绿洲边缘找到的各个"古城"也曾经历过同样的过程。另外,也有些村庄由于这样或那样的原因断绝了灌溉用水而荒废,可是它们离沙漠中心远得多,并不像丹丹乌里克以及尼雅河尾上的遗址一样,大量的流沙

不可能及时到达并且将这些废墟掩埋保护起来。

我们横穿这个废弃了的遗址走了近 3 英里路,而后又向北走了几英里,才进入了一座规模不大的僵化了的坟墓附近的矮沙包区,人们把这里作为力济 - 阿特的一个助手的墓地来崇敬。力济 - 阿特的麻扎我们并没有见到,我们的向导也说不清楚上面提到在其附近的那些古代遗址究竟在什么地方。当我们在逐渐变高的沙包群中缓慢行进时,我带来从事发掘工作的村民们打开了话匣子,他们说从没见到过这些遗址,只是常听到关于它的传说。

正是这些村民们,以前曾对导致其老耕地废弃的真正原因提出过非常实事求是的看法。因此我很奇怪,发现他们一再告诉我的这个在沙漠深处的"古城"的传说,全部实际情况和早在 12 个世纪前玄奘在媲摩听到的沙埋曷劳落迦城的故事一样(已引述于喀拉墩一章中)。一位罗汉因宣称有罪的城民会受到惩罚而遭到人们的污辱,于是他诅咒该城,预告其即将毁灭。当那些人仍在嘲笑不信时,沙雨从天而降,一连 7 天 7 夜,直到整个城被埋没。只有 7 位虔诚的信徒对罗汉表示崇敬,使用一种与玄奘所述不同而且更加神奇的办法拯救了自己。据说这 7 个聪明人紧紧握着绳子,像旋转的木马一样绑在一根结实的高杆上,随着暴风的吹动越转越高,始终在逐渐堆积起来的沙土之上,终于逃脱了这场灾难。

无疑,整个新疆到处都流传着关于埋没在塔克拉玛干大沙漠中的古城的类似传说,但是特别有趣的是在这个例子中,看到了地方传说的继承性是如何把玄奘在媲摩听到的关于某个更古老地方的事情搬到了媲摩遗址本身。对于这个遗址,我能根据宽广的散布着碎片的地区准确地辨认出来,并且第二天就找到了其中的一部分。前一天傍晚,倒霉的向导把我们无目的地带进沙漠很远,直到后来由于人和牲畜都很疲劳以及越来越高的沙包使骆驼在黑暗中前进更加困难,才不得不扎下营来。夜里向导之一开了小差,或许是因为不认得路使他很为难。另一位年轻胆怯的小伙子,由于我的沙漠中的总管吐尔地的监视和鼓励,并以他的"探宝"经验加以劝告,才终于找到了方向,于天亮以前顺利地向西南出发去寻找遗址所在。

这个遗址按当地习惯被恰当地命名为乌宗塔提即"远方古城"。它包括几处小块土地，每一块近半平方英里。地面上盖着一层厚厚的破陶片和其他的碎片。由于长时间的风蚀和"寻宝人"的破坏，这些泥土建筑的房屋遗迹损坏得特别严重，难以发掘或者确切地说明它们的年代。然而，只有在找到年代方面的证据之后，由种种地形情况所表明的这些遗址与媲摩之间的关联才能得以肯定。如亨利·玉尔爵士认为，媲摩和马可·波罗在和阗地区旅行时所访问的"培因"的确是同一个地方。这样算来，人们在这里居留的年代至少要到 13 世纪末叶。从乌宗塔提找到的大量的陶器、琉璃、瓷器小碎片以及黄铜、石头等小什物看来，完全符合这种年代的推断。然而只有在我自己亲自捡到了南宋时代（公元 1127—1279 年）的铜钱，才算得到了确切的证据，说明这个遗址直到中世纪仍有居民。

我的向导曾提到第二座"古城"，由于有几个圣徒的坟墓，他们称之为乌鲁赫孜亚热提。虽然他们听说这些遗迹在乌宗塔提附近，而且后来证明确实在其东南方直线距离只有 3 英里处，而我们却在沙漠中艰难地、来回游荡了将近两天总共转悠了 25 英里路，弄得十分疲劳才找到那里。第二个遗址比乌宗塔提的范围小一些，地面上散布的碎片说明它们属同一时代。另外，在不远处我还找到了一个保存比较完好的小堡垒，它修建成 480 英尺×348 英尺的椭圆形，墙底部大约 11 英尺厚，包括垛墙高约 14 英尺。在围墙周围和内部没有发现任何一种遗物，因而我对它的年代难作任何肯定的判断。

在沙漠中这几天的奔波无疑地说明，如果没有合适的向导，在迷宫般的沙包群中寻找隐藏着的为数不多的废址，往往会遇到严重的困难。在耀眼的阳光下，气温上升很快，3 月 27 日和 28 日中午，荫凉处的温度都达到了 88 ℉，不过夜间的最低气温仍是 28 ℉—30 ℉。这使得在沙漠中徒步旅行非常吃力，而且感到水箱里的水不够用了。当令人满意地结束了我的工作，向南返回居民区时，大家都很高兴。沿途经过力济–阿特小圣地和沙漠边缘的新彭纳克村，3 月 29 日我回到了固拉合玛绿洲,在这里首次看到了农田以及果园中的嫩绿色。

固拉合玛的各个村庄总共约 900 户的人家,连同邻近的达玛沟伯克所管辖的地区,无疑整个区域相当于古代的媲摩绿洲。要不是时间紧迫,我真想让队伍稍作休息。3 月 30 日我打发拉姆·辛格带着主要的帐篷装备返回和阗,自己则带着极少量的行装快速赶回克里雅向和善的按办辞行。途中各地匆匆所见的葱茏春色,令人愉悦。大路经过的各耕作区,一排排杨树和柳树吐出了深绿色的嫩叶,春色似乎以惊人的速度铺满了大地。在阿恰兰干由尼牙孜阿奇木伯克修建的半倒塌旅店的花园里,我度过了一个夜晚。我把小帐篷支在正开花的杏树下,温和的夜间天气和花园里如画的景色,使人奇妙地回想起在旁遮普时营地周围的景色。

在抽枝发芽的绿树的装点下,克里雅看来鲜明而秀丽。所有的居民都穿着节日盛装,正庆祝印度伊斯兰教徒称为拜克利的节日。在我安置帐篷的当地大巴依的花园里,一派融融春意和节日景象。第二天4 月 1 日早晨,我给黄大老爷送去了最后一批礼品,其中包括一些个人的纪念品,随后又作了辞行的拜访。在闲聊中,我特别强调了精明能干的差役伊不拉欣的功劳,因此按办当众表扬了他,并答应给他一个舒适的职位和高薪。在克里雅人人皆知,伊斯拉木伯克因在和阗地区的服务,经我的推荐,已被潘大人委以墨玉伯克的肥缺。黄大老爷很可能会追随其同僚的榜样。我内心深感惆怅惭愧,力量微薄,无法报答按办各方面的支持,而且很难再有见面的机会。在我的小帐篷外面,我们互道再见时,他似乎理解了我对他永志不忘的谢忱和惜别的心情。

4 月 2 日,我加速赶回和阗。第一站到达的是达玛沟东面路边的一个被废弃了的巴扎——喀喇克依兰干,它本身就足以说明这里耕作区迁移所造成的影响。据说,大约 10 年前,在它南面几英里处的沙漠丛林中,意外地出现了大量的泉水。无疑这些泉水来源于奴尔和其他山上的小河,它们在平缓的山坡脚下,潜入卵石沙砾戈壁滩后又流出地面。泉水非常丰富,于是在喀喇克衣兰干以北的沙漠中开垦出可供七八百户人家用的耕地,结果行路人都改走新村子阿奇玛了。我骑行的

441

442

· 欧 · 亚 · 历 · 史 · 文 · 化 · 文 · 库 ·

第二天到达策勒,这是一个约有 3500 农户的较大绿洲,用的是从阿萨流下来的山水,它是由慕士塔格北面和东北面的冰川供给的。这天晚上我住在一个迷人的营地里。那是一片果园,白色的杏花落满一地,犹如新降的雪片,空气中飘浮着阵阵清香。

可是第二天早晨我们就遇到了西面刮来的大尘暴。当越过这 40 英里沉闷的砂石戈壁前往山普拉绿洲时,浓密的沙尘整天笼罩着我们,万分感激沿着大路的电线杆为我们指引了道路。山普拉或按其主要村庄而称洛浦,是一个人口稠密的地区,仍属克里雅按办管辖,用水则是通过水渠引自玉龙喀什河或称和阗河。我被这些村庄的繁荣景象所吸引。这里是欣欣向荣的织毯业中心,产品虽然由于使用了苯胶染料而使质量降低,但仍为整个新疆所称誉。我有点怀疑,这种丝质织毯手工业连同和阗的其他工业,都是从古代流传下来的。

443　　我赶往和阗的第四天也是最后一天,趁机访问了伸延到沙漠外缘的山普拉最北边的大村庄巷沟牙旁边散布着碎片的广阔地区。它是一个像吐尔地所说的、我盼望已久的典型的"古城",占地面积有几平方英里。感谢他熟练地指引,我很容易就找到了位于中心而损坏严重的一座佛塔遗迹,巷沟牙的人们称它为阿尔卡库都克提木。废墟本身没有值得注意的特点,但由于四周地面风蚀很深,佛塔废墟现今立在一块足有 20 英尺高的黄土台上。很明显,最下面的一层土坯才实际上表明原来的地平面,而现今佛塔立于其上的小丘只不过是一个物证,说明了逐渐被风力刮走了的黄土层的深度。这里经常可拣到古钱、印章以及其他小东西。我从吐尔地的一个伙伴手里得到的样品,既说明了废址的古老,也说明了风蚀的严重。

孤寂广阔的古代遗址在黄色沙尘的笼罩下,显得格外凄凉。傍晚,我感到十分轻松愉快,骑行经过了长距离的沙土荒原夹杂着的小块新444　垦区后,我到达了玉龙喀什的边界。佩戴着新任官职标志的诚恳的伊斯拉木伯克、阿富汗长者巴德鲁丁以及当地的一群伯克和百户长们,迎候我回到和阗境内,举行了一次令人振奋的欢迎仪式。在老朋友们和一支隆重的欢迎队伍簇拥下,我骑马穿过飘满花香的果树和垂柳的林荫道。当我到达玉龙喀什镇穆斯林学校附近一座令人愉快的古老花园内,重又回到营地时,我的小狗"尧乐希伯格"大声吠叫,表达它愉快的心情。 445

30　阿克色皮力和热瓦克佛塔的
雕塑

　　4月6日我在玉龙喀什耽搁了一天,必须在那里获得新的食品供应和劳工班子,还要维修各种装备。白天上升的气温和再次出现的尘暴警告我,能够在沙漠中工作的季节已近尾声,因而放弃了迫切需要的休息,就急忙出发前往和阗东北沙漠中尚待探查的几个古代遗址。在这里我辞退了可敬的差役伊不拉欣阿洪,用闪闪发亮的金卢布作为优厚的报酬付给了他,并托他把大量实用的药品带给按办。随后,骆驼队在4月7日早晨再次踏上了旅途。

446　　　"寻宝人"称之为阿克色皮力的废址,是我下一个探查的目标。它位于和阗对岸离玉龙喀什河右岸将近15英里的高大沙包群中。在靠近耕作区边缘前进的途中,我兴致勃勃地观察了遗址塔木奥欧勒。在和它相连的小村落有古代的"文化层",发现过一些金叶子,还发现过一些古钱、红陶片等等。这里挖金子的工作条件和上面提到过的约特干十分相似,但由于供水量缺乏,加上经营获利甚微,因而发掘的范围很小,只雇用了12个人从事发掘,一年只能干一个半到两个月。据说大约20年前,在水渠溢出来的水冲成的小沟里,偶然发现了金沙,从那以后就开始了这种挖金行当。我注意到"文化层"两侧的沃土要高出10—18英尺,挖去沉积的淤泥,可以明显看出清晰的层次。该遗址距现玉龙喀什河右岸不到3英里,因此这些仅有1—1又1/2英寸厚的薄层,可能是由于河水偶然的泛滥所造成。当地农民将挖掘出的这种肥沃泥土用来改善沙质土壤。

　　我们刚跨过耕作区的边缘,古代陶器碎片就出现在光秃秃的黄土地上,沙丘中间的大片土地上也有出现。穿过这些沙包,我们又走了4

英里,充分说明古时候这里的村庄和农田曾向北延伸很远。再往前走,沙包显得高大而陡峭,高度达到 60 英尺以上,粗大的砂粒说明其是由河中的沙砾冲积而成。这里沙包的走向也表现得很有规律,一般都是西北偏北至东南偏南。穿过这些崎岖难行的沙包群又走了 5 英里之后,我们到达了风蚀得很严重的邻近阿克色皮力的开阔地带,在那里我可以辨认出划分古代田块的小地埂和农田中的毛渠。阿克色皮力最突出的遗迹是一道古代城堡的城墙和垛墙,以前曾有一些欧洲的旅行家们探访过。格瑞纳尔先生已根据杜特依·德·兰斯的笔记发表了关于它们的一些确凿的资料,因此我只作些简要介绍。经实地测量,原围墙的现在遗址呈弓形,长 360 英尺,说明它原来圈起来的这块地面直径应该是 1000 英尺。这里和安迪尔一样,城墙的下半截为一道用泥土夯起来的结实的护墙,高出原来的地面 11 英尺,这在堆积着散沙未受风蚀的各处仍看得很清楚。城墙上面有一道 8 英尺厚的垛墙。坚硬的大土坯(平均约 20 英寸 × 15 英寸 × 4 英寸)和坚实的结构说明它相当古老。保留得较完好的部分垛墙,瞭望孔安排了两种高度,一种是 16 英寸高,另一种则高出城墙顶 5 英尺,可是间距很不规则。在弓形部分的垛墙有两处用坚固的土坯砌成的平台,各边都突出 3 英尺,修有台阶,可能是做瞭望台之用。

除了正北面的这个小的弓形部分以外,古城堡的城墙连同内部曾经有过的所有建筑物,由于风蚀已全部不见了。附近被矮沙包环绕着的开阔地上,散布着各种碎片,"寻宝人"捡到过汉代铜钱和大量的如印章等小遗物。我所得到的这个遗址的全部物品,都说明这地方早已废弃。

大约在西南 1.2 英里处,吐尔地领着我来到了一个矮土岗,发掘证明这是一座古庙的遗址。由于"寻宝人"的破坏,它的结构已经全部塌毁,在分散的灰泥碎块以及碎木头中,找到了大量的相当坚硬的灰泥制成的小浮雕碎片。这些精致的雕像以及服饰上的碎块,大多表现出在造型风格和技巧上远优于丹丹乌里克和安迪尔庙宇中的雕塑,从而使人联想到犍陀罗的希腊佛教艺术最优美的雕塑像。除了坚硬,这些小

448

的灰墁浮雕的另一个特点是表面有好像是烧焦了的裂缝和裂纹。如果断定这些小的灰墁浮雕碎块是由于一场火灾而变成这样,那庙宇本身自然也是因此而毁灭的。但是它们格外的坚硬是否由于偶然的火灾造成,这个问题尚需陶瓷专家来确定。"寻宝人"称这块地方为克格黑里克,是因为遗址附近有一个主要是畜粪堆积起来的大岗。这个大废物堆露在地面的部分,范围约 20 英尺 × 50 英尺,至少有 16 英尺深,就连它也没有逃脱"寻宝人"的眼睛。他们穿过废物堆挖掘的地下通道,使我能够了解到其内部除了畜粪(显然是马粪)之外,仅有一些小骨片、木炭和燃料。

　　4 月 10 日,我们离开了阿克色皮力,向正北走了大约 14 英里,其中一段路是越过粗粒堆成的灰色沙包,另一段路则显然是古河床的砾石河滩。傍晚时分到达了吐尔地和他的同行们称作热瓦克的废墟,这里有许多意想不到的、令人高兴的发现在等待着我。我的忠实的老向导曾告诉我,那里只见到过一座半埋在沙土中的"古老的房屋",然而实际上我第一眼就看出,这是一座大佛塔和它的四方形围墙,是我在和阗地区见到的最吸引人的建筑物。粗沙堆积成超过 25 英尺高的大沙包,掩埋着四方大院和佛塔厚大的四方形底座的西北部和东北部;南面的流沙较薄,那里佛塔底座的大部分和围绕佛塔大院墙的墙坯基线,可

449　以真切地看出来。靠近围墙南面的墙角,有巨大的灰泥的头部塑像碎块,是"寻宝人"胡乱挖掘出来丢在沙土上面的废品。我马上意识到这里有广阔的发掘余地,因而立即派人送回关于征集增援劳工的紧急指令。

　　幸亏这个废墟离绿洲的距离不到一天路程,使我有可能在吉亚地域最近的村庄里征集到大量自愿的劳工。另一个有利条件是,这么一大群人的用水供应问题也轻而易举地得到了解决。虽然包围着我们的

450　高大沙包群比以前考察过的任何遗址更令人生畏,然而在离佛塔 2 英里范围之内的低洼地区可以挖出一口井来,而且那里也很适合安排劳工们的宿营地。从地图上看,热瓦克遗址离玉龙喀什河岸的距离只有 7 英里,实际上正是由于距现今河床较近,所以出现两方面的情况:沙

包的高度令人生畏,同时地下水较浅。

风暴的季节已经正式到来,大风每天不停地刮,虽然风向不同,风力的强度也不同,而吹来的细沙尘雾,弥漫空间,遮蔽了所有的东西。我注意到风向天天不同,有时早上和晚上的风向都会转移。靠近塔克拉玛干的居民,都很清楚风暴的这种规律性特征,以前的旅行家们也观察到了这一点。经常刮来刮去的沙土给我们造成了很大的不便,白天发掘时,耀眼灼人的阳光和炎热的高温,自然会使我们心情烦躁。强烈的阳光通过黄色沙尘,又被沙粒中的晶体反射向四面八方,使天气好像比实际上更热。炙热的阳光一旦消失后,急剧的辐射又使气温发生迅速而惊人的变化。看来,从玉龙喀什出发以来,我的所有伙伴们生病、发烧,都是由于这种忽冷忽热的气候。当然我也不能避免这些不利气温的影响,所幸我感受到的冷热病,可以用加大剂量的奎宁来控制,直到我在这个诱惑人的废墟上的工作结束之后。

发掘工作于4月11日早晨从四方大院南墙角内开始,很快就发现围墙上曾整个装饰着几排灰泥雕塑巨像,内侧的都埋在深度约 7 英尺以上的沙土里,所以保存得较好。越靠近西墙角和东墙角,沙土埋得越深,从而我意识到,在有系统地把这些塑像挖掘出来并安全地加以检查之前,必须先将大量的沙土移开。这件工作所带来的繁重的土方活,必须等待已经征集的增援劳工的到来。与此同时,我可以利用已在身边的十几个劳工,对这些建筑遗迹做些必要的初步探测性清理。 451

探测的结果表明,这个佛塔大院是个很大的四方形,从西北向东南长 164 英尺、宽 143 英尺,四周围绕着的 3 英尺多厚的坚实的墙是用土坯修成的。大院南角露在外面的墙高 11 英尺有余,以前可能还高些。大院中央是这座堂皇的佛塔底座,高出地面 20 英尺,修成双层。由于每面都有醒目的突出部分,原来支撑着对称的阶梯,所以底座平面呈十字架形,四边最下面的底线每边宽 50 英尺。

立在一个圆鼓形台上的佛塔圆顶,其结构和其他部分一样,也是用土坯修成的,直径 32 英尺稍多一点,里面好像曾有一个直径 7 英尺的内室,但不敢肯定。圆顶西面曾被挖开一个洞口。佛塔的顶部很早以前即已损坏,现存的建筑物高出院子的地面 33 英尺。这个圆顶曾常受到"寻宝人"的破坏和风蚀,因而无法判断它原有的高度。修建在底座四面中间很宽的台阶,从院子的地面一直通到圆顶的脚下,显得富丽堂皇。东南方对着大院入口大门的一道台阶单独地被清理了出来,底座台阶两侧的部分,曾抹过一层很厚的白灰泥,而且或许整个佛塔都曾抹过。就在底座根部引人注目的粗大棱角下面的灰泥地上,我发现了 4 枚保存得很完整、极少磨损的汉代铜钱,和以后发现的铜钱一样,这都是信徒们的贡献品。它们首先向我说明了这座佛塔近似的年代。

然而,这个废墟的巨大考古学价值并非在于佛塔本身,而在于佛塔院墙上装饰着的一系列丰富多彩的雕塑像。它们是在玉龙喀什伯克很快征集并派来的劳工队伍来到宿营地后,于 4 月 12 日清晨开始的有系统的发掘工作中清理出来的。为了避免损坏很容易破裂的灰泥塑像。而且为了有充裕的余地来为它们拍摄照片,必须在高墙不远处先开一条宽沟,然后再挖向院墙仔细地清理沙土。从里面的南角开始,挖掘工作逐渐向西南和东南墙延伸,直到最远处东面和西面角上的可以清除的高沙包。

当清理工作正在进行时,我即发现墙上内、外两侧的主要装饰全都是成排的巨大灰泥雕塑像。全部浮雕都塑的是佛陀和菩萨,但从不同的姿态上可以辨认出几类,而且显然大体上呈对称排列。在大佛像之

间每个空隙处的小浮雕,都是侍神和圣人像。许多实例还说明,墙上还塑有彩色的灰泥线条,在主要佛像的头顶和周围形成光环;也有一些彩色小壁画。全部浮雕像原来都是彩色的,由于日久天长色彩已都脱落,只有遮蔽在衣裙等处下面的仍保留着,因此绝大部分泥像只剩下了泥土的本色。

开始我就发现,挖掘这些宝贵的塑像是极端困难的。可能由于附近地下水浸上来的潮气,塑像内支撑灰泥重量的粗大木架以及后面插进墙上固定它们的横木杠,已全部腐朽。横木杠留下来的墙洞,显然是 5 英寸见方,而高度一律都在地面以上 8 英尺。大塑像手臂上的圆洞是内部支架所支撑的部位。

没有这些支架，一旦挖走护托它们的沙土，这些沉重的灰泥塑像即会动摇而倒塌下来。风暴更增加了很大的危险性，一旦吹走填在塑像之间以及后面靠墙的细沙土，便把这些易碎的灰泥塑像置于滑落的危险之中，而由于它们自身的重量，随即就会摔毁。我们很快就总结出，排除这种危险性只能靠清理这些塑像时极端的谨慎小心。当照片拍完之后，立即重新将它们的下部用沙土掩埋起来，但即使这样，损坏的情况仍不能完全避免。有些时候，即使在拍照的几秒钟内，人们也必须用绳子拉住塑像的上部。 455

以上简要说明的这些使发掘工作如此困难和危险的情况，也可以充分地解释为什么这些巨大的塑像都没有头部。它们的头部连同顶上光环的弧形线条，可能是较长期未曾受到沙土的掩护，而从曾支撑它们的墙上掉落下来。较小的塑像头部一律都保留完整。应该指出，佛塔 456院内的所有塑像上都没有人为故意破坏的迹象，而围墙外侧大量暴露在外的几处，曾受到"寻宝人"不断的探查而造成意外的损坏。这种观察有助于支持我的信念，别的证据也说明它是正确的：这个宏伟的庙宇废弃的时间已经很长，其庭院的废墟为流沙掩盖，时间系当穆斯林最后兼并了和阗之时。

很有可能，原来在围墙顶上曾盖有一道廊檐或类似的建筑，以遮蔽塑像。然而即使真有过，在沙土填塞了这个佛塔大院之前，也已被人故意地拆掉搬走了，因为在我发掘时，只在靠近东南面内侧的一个地方，发现了一些大约 4 英寸厚的碎木头，它们可能是用于这种建筑的。鉴于现今在新疆大城镇附近木料是如此昂贵，因此对这些剩留在荒废寺庙的有用材料早早就被搬走，一点儿也用不着奇怪。

顺着西南墙和东南墙挖出来的大型塑像计 91 尊，另外还发现了组成部分光环的及供奉在主要塑像前面的许多小像。所有塑像的位置都已详细地标明在平面图上，每一尊塑像连同它们的尺寸大小都有详细的记录；此外，我还拍摄了一系列附在挖出的墙面上的全部塑像的照片，综合起来的长度共计有 300 多英尺。在使眼睛、喉咙及肺部困扰难忍的气候条件下，收集这些并加以全部必要的精确记录，同时指挥连续

不断的发掘工作,并非一件容易的事。虽然拉姆·辛格和吐尔地尽他
们自己的能力给了我很大的帮助,实际上我每天从日出到日落整天都
坚持在壕沟里。我可以从人们满面灰尘的面孔上想象出在那些日子
里,我是怎样的一副相貌。无须说,当时在这个遗址上使用的笔记本,
至今摸起来都有沙土。

在这里不可能对挖掘所得到的大量文物都加以叙述,对于古代和
圆雕塑艺术的研究,尚待我的专门学术报告来完成。但现在对插图上
那些塑像作些简短介绍还是有益的。在这些雕塑遗物中,位于西南墙
内侧紧靠南墙角造型优美的坐佛像,以及后面站着的十足表现说教姿
态的巨大塑像的光环,都特别引人注目。一尊穿着富丽长袍的菩萨像,
如人体一样大小。它的价值一方面在于长袍下半部精美的服饰,也在
于挂在胸前和手臂上的仔细雕出的串珠。其风格和形式两方面都和印
度西北部边境上的佛塔和寺庙废墟里希腊式的佛教塑像非常相似。

在东南外墙上的浮雕像,富丽的服饰、精心的雕塑和手及头部的柔
和而匀称的比例,特别值得注意。外墙南角上的一组巨大塑像中,最右
边的塑像双肩有 8 英尺高,惜不能全部从沙土中清理出来。如果清除
包围着下肢支撑它的大量沙土,完好的上部立即就会倾毁。在遗迹的
前面有一条两侧都有着装饰像的外墙,但只在这个墙角才明显存在。
顶屏上成形的浮雕可能是佛塔大院后期的装饰品,光环的饰板也雕塑
得十分精巧优美。但因墙薄而且所处的位置暴露在外边,因而损坏得
很厉害。以说教或沉思姿态雕塑的单个的灰泥小佛像处于大塑像的脚
下,很多都是相互重复的。

这道墙上通塔院的进口两侧,每边各有两尊真人大小的塑像,使我
很感兴趣的是,这是我发现的仅有的非宗教性质的人像。虽然它们的
上半身已经破损,只保留了些碎块,可是毫无疑问它们是门神。印度人
习惯在公共场所的大门口,无论是真实的或是象征性的,都有这种类似
的设置或装饰。很可能热瓦克佛塔大院的守门神与印度许多神圣的佛
庙中的这类塑像一样,都是属于夜叉之类。可是佛教徒肖像绘画总是
描绘成一种普通人的形象,这里的塑像也同样雕塑成当时本地流行的

服饰。站在大门里面右侧的二位门神,双脚上的靴头很宽,留有深红色痕迹,上面装饰着滚边;靴子的里面塞着裤腿,内外两层大衣从腰部垂下,遮着裤腿的大部分。外衣边缘有一道绣花镶边,精巧的图案上绣着环形纹和钩织的编织品。这些和其他古代精巧的装饰工艺,如褶边、瓣状饰边等在原照片上都仍能看得很清楚。

限于篇幅,不可能进一步详细介绍其他一些奇妙的塑像,但是我应该简要地说一下原先发现贴在大塑像左膝上的小方块金箔,这是对玄奘所记奇特风俗的最好说明。他在媲摩见到的巨大佛像的奇迹"凡有疾病,随其痛处,金簿贴像,即时痊复。虚心请愿,多亦遂求"。从热瓦克佛像上贴过许多金箔片的痕迹看来,它们曾经享受有灵验的"神"的声誉,帮助人们治好膝关节的疾患。

但是比这些细微的装饰工艺更重要而吸引人的是每尊塑像的艺术风格和表现手法与白沙瓦及其附近地区的希腊式佛教雕塑的密切关系。无论这种主要为古典风格的雕塑艺术是否直接源自印度河流域和巴克特里亚,从这些发现看已毫无疑问:它很早以前就已在和阗安家落户并发扬光大。对这些雕塑进一步的研究,具有历史和艺术方面的重大意义,希望我的全部照片的出版会有助于推进这方面的研究。

关于印度希腊式佛教艺术分期的资料还很缺乏,因而无法断定热瓦克雕塑像的年代。在这个废墟没有清理出任何一件带有铭文的发现品,可是我非常幸运,在废墟内找到了有明显价值的钱币证据。当顺着不同部分的围墙清理各个塑像的底座时,以及检查安装木门的墙壁附近时,我们一再发现了上面镌着"五铢"字样的汉代发行的中国铜钱,与我在佛塔下部突出的棱角下面发现的相仿。这些铜钱一律都是在小洞内或者在灰泥和土坯缝隙中发现的,它们可能是被作为奉献品放进去的。后来发掘到大院内侧南角附近时,有一个孤立的 8 英尺见方上面可能修过一座小佛塔的底座,在它的土坯和曾围护过它的腐朽很严重的木板之间,发现了许多同样的铜钱。

发现的这种铜钱总数将近 100 枚,其中大多数都很完好,而且没有长期流通的磨损痕迹。只有通用的铜钱可以用为这种简朴的贡奉品,加之没有找到比它们更晚的实物,因而有充分的理由认为,这些铜钱最晚的发行年代标示着热瓦克雕塑像最后的年代。东汉统治的年代是公元25—220年,可是它那种形式的铜钱直到公元4世纪末仍有发行。而从佛塔装饰品的结构、材料等细微迹象看来,我们现在只能判定,其建造年代非常接近于伊玛目·加帕尔·沙迪克麻扎旁边的古居住区的年代。

很快我遗憾地意识到,由于灰泥非常容易破碎,加之运输困难,想运走大型塑像是不现实的。塑像已经分离的部分如手臂、凸出的服饰等,即使是十分小心谨慎,抬起来时亦常常会断裂,因而想从它们的原来位置上移动完整的塑像或者躯干,都只能意味着摧毁性的破坏。除非用精心制造的器具,包括像棺材一样的按照它们体积大小制成的木箱,才有可能移动。但是我既无时间也无技术力量,并且实际上安排装运这样笨重的物件,翻山越岭安全地到达印度或欧洲,根本是无法实现的。

对于这些巨大的塑像所能采用的办法,只能是拍完照片、写好描述之后,重新用沙土把它们妥善地掩埋起来,使之在沙土的保护下安全地不再受到损坏,直到也许是很遥远的将来和阗有了自己的博物馆时。可是一些已分离的小浮雕和塑像,被我成功地带走相当一部分。当我回到喀什噶尔,以后又回到伦敦时,感到极大的欣慰,因为费了很大的麻烦和劳力包装的这些极易损坏的文物,当结束了它们的长途旅行——通过骆驼、马匹、铁路和轮船大约6000英里的转运,并未受到重大损坏。两个中等身材浮雕神像的头部,仍然保留着部分色彩,体现着

我收集品中经常见到的类型。其他雕塑像的全身复制件,印在我的"初步报告"的附图中。

4月18日,我勘查完了佛塔大院尚没有埋在沙包下面的部分。其他部分的专门发掘工作,没有几个月的时间和相应的开支是不能完成的。我还详细地探察了周围地区,没有发现其他建筑物的遗迹;在凸起来的沙包群之间的小块黄土地上,到处能看到破碎的陶片,这可能是环绕着这座佛庙的一些小居住区留下的唯一遗迹。每天光临我们的沙暴

和逐渐增强的酷热以及闪耀的阳光,使我们都很苦恼难堪。显然这是应该撤出沙漠的时候了。尽管如此,在离开以前,我还是把不能运走的塑像边上挖的深沟再填起来,仔细地把它们保护好。这是一种令人伤感的任务,叫我想到真正的葬礼,真不忍眼看着把已经挖出来的塑像,再一个又一个地重新掩埋在若干世纪以来曾掩蔽它们的沙漠中去。

君拜库木在热瓦克东北约 4 英里,据我所知是和阗周围剩下的唯一一个偶有遗物发现的废址。我乘机从热瓦克去探访了它,可是这个有碎片点缀着的废址,没有值得发掘的遗迹。于是在 4 月 19 日我动身回和阗。我心满意足地宣布,在沙漠中的考察工作已经完成。 468

31 伊斯拉姆阿洪和他的
伪造品

　　我回到和阗后,逗留了8天。时光飞速过去,在沙漠中最后几个星期感染的重伤风,似乎逐渐发展为支气管炎,迫使我大部分时间待在室内,一部分时间还躺在床上。可是搜集到的文物等待着分类和包装,而且长期的野外工作积压下来的日常记录也急待整理,忙得我一直不停,不知不觉地几乎把自己禁闭了起来。我不可能再找到比那尔巴克花园更舒适的住处,这是尼牙孜阿奇木伯克乡下的故居。在花园中心很高的小楼里我住了下来。5年前赫定博士也曾住过这里。它很安静,空气也新鲜。沿小楼伸展出去的4条小路上的果树,我到来时有一部分还在开花,即使最后花瓣已经飘落,鲜绿的树叶仍然可以使长期在沙漠中只能看到黄沙的双眼感到舒适。与我过去几年常去的拉合尔附近的古老莫卧尔式的花园相比,那尔巴克花园称得上是一座优美的东方型的乡村花园。可是在中国新疆,即便是农田也面对着与干旱的大自然的严酷斗争,真正的花园如此稀少而望之遥远。尼牙孜阿奇木伯克的

469　这种创新建造真使我感谢不已。

　　我到和阗的那天上午很愉快,兴致勃勃地拜访了潘大人。他像老朋友一样地接见了我,给我的印象是颇具学者风度。我告诉他很多关于发掘的各方面情况,以及获得的文物。第二天这位年长的按办来回访时,我准备了一些有代表性的古代文物请他浏览,以满足他的好奇心。潘大人博学而通晓中国历史,当他向我提出关于各种各样的古代文书的年代、来源及其特点等问题时,使我感到很惊讶。当我试图利用比尔教授的《印度古字体学》的附图说明如何根据字体断定各种手迹的年代时,潘大人立即表示赞同,信手写出了汉字经历的各种形式。我

感到好像是在同学院里与同事交谈，一时竟忘记了此次交流是通过一位用词含混不清、没多少文化的翻译。

在潘大人对我发现的文物的兴趣中，唯一使我感到为难的是，他详细地探询了要运往遥远西方的古代文书的情况。不知他将如何向曾极力查明我的发掘目的并无疑希望了解其结果的乌鲁木齐抚台汇报？我知道潘大人对发掘工作非常同情，衷心感谢他对科学事业所给予的热情支持。我向他保证，到喀什噶尔后会把各种古代文书的照片送给抚台，以满足其好奇心。我的博学的朋友坦率地要求"它们应该是双份的"，似乎他也渴望给自己留下一份作为许多世纪之后从沙漠中挖出来的奇特记录的样品。我相信，后来当印度政府把《初步报告》作为礼品送给中国官员时，至少他会表示欢迎。 470

我在和阗最后停留的几天中，不得不进行了一场半文物、半司法的调查。这件事情的成功，使得许多学术界的朋友非常满意，而我也感到极大的愉快。这使我最终澄清了对于那些奇特"无名文字"的手写文书以及"刻版印刷品"的疑点。如前所述，近年来这些赝品从和阗大量贩出，不仅出现在加尔各答，而且出现于伦敦、巴黎、圣彼得堡的大图书馆。经过冬季的考察，以前对于这些文书真实性的怀疑，现在已几乎可以肯定。冬季考察中得到的大量手写文书，尽管语言、文字各有不同（如佉卢文、印度婆罗谜文、中亚婆罗谜文、藏文、汉文），可其中没有任何一小片文书是用"无名文字"书写的；已发掘过的众多遗址的实际情况，也完全不同于那种所谓发现了奇怪"古书"的遗址情况。

1895—1898 年间，以印度政府的名义购买的这类文书大多来自和阗一位著名"寻宝人"伊斯拉姆阿洪，有理由认为，此人与伪造活动直接有关。当我第一次访问和阗时，他就躲避开了。他曾因其他的欺诈行为被迪西上尉和马继业先生向和阗当局告发而受到过处罚，他显然并不认为在我面前再作欺骗是平安无事的。我在和阗沙漠中忙于考察古代遗址时，我没有理由遗憾伊斯拉姆阿洪当时所采取的回避态度。现在当有关这些"无名文字"的古代文献真实性质的证据已很齐全，而 471
我又离去在即之时，我急切地希望对其产品在欧洲引起众多学者注目的这个人进行一次审查。

我向潘大人私下表示了希望拘审伊斯拉姆阿洪的愿望,立刻就得到了他的同意和帮助。伊斯拉姆阿洪有可能企图潜逃,而且时间越来越紧,我因此请求这位博学的中国官员采取果断而慎重的手段。他没有使我失望。4月25日早晨,伊斯拉姆阿洪从策勒被带回来了。在那里,去年冬季他曾做过"巫医"。他没有想到会被逮捕,因为大约3星期前我路过策勒时,曾控制自己未对他作任何查问。押送他的伯克还带来了一捆五颜六色的纸张,一部分是从他的策勒住地,一部分是从其和阗家中搜到的。经检查,发现那些纸张相当稀奇古怪:它们是人为的褪色纸页,上面有与最近在喀什噶尔出售的古代木版书上同样形式的"无名文字"。另有一张手写的"无名文字"纸页,显然系早期制品,当时的伪造方式还仅仅限于手写。

472　　两大张1897年7月份的瑞典文报纸(我虽知道是怎样弄到和阗来的,但那是另外一个故事了)是他诈骗的物证。伊斯拉姆阿洪过去曾在和阗、克里雅以西的"山里人"当中活动,伪装成马继业先生的代理人——寻找被罕萨侵略者过去从印度领土上掳走的奴隶的主人。被仔细地贴在布上的那张报纸上,登有一位在中国的瑞典传教士的照片,下面几个中国字是那传教士的中国姓名。这个狡诈的流氓伪称自己是照片上的人,下面的中文就是他的名字。他用这张报纸作为正式证件来敲诈勒索愚昧的山民,山民们害怕会因拥有并不存在的奴隶而被告发。但是他的欺诈行为很快就被揭发了,继而在马继业先生的告发下,他在和阗衙门受到了应得的惩罚。1898年左右,喀什噶尔的欧洲侨民们对他产生了怀疑,于是他经销的"古书"陷于滞销,只得改行行医。一本法国小说的插页(可能是杜特依·德·兰斯先生和费·格瑞纳尔先生遗留下来的)和一些波斯经文的散页,据说也曾在他的最后版本中作为插图刊印过。我后悔当时没有查问明白,他用那些法文书页到底是要读出些想象中的故事,还是仅仅用来自己消遣。

对这个多面手的审问拖了很长的时间。漫长的两天我感觉到似乎是呼吸着印度审判厅的空气。当第一次审问时,伊斯拉姆阿洪显露出悔悟的神情,供认了些假冒行骗行为:1898年,他用伪造的声称是迪西上尉亲笔写的字据,从阿富汗绅士那里骗得了金钱。但是在"古书"事件中,他却始终声明自己无罪,自称:仅仅做过原住在和阗而今已死亡或逃往他乡的人在喀什噶尔的推销商。他们曾对他说,"古书"是他们在沙漠中拣到的,他自己并不知真相。不过在推销时看到有那么多欧洲人很赏识,他曾要求那些人再去搜寻。后来据说他们又去了,因而他又带着他们的"古书"去喀什噶尔推销等等。现在让他一个人留在这里承担假冒欺骗的责任,他感到悲叹不已。穆罕默德·塔利是一个交给他"古书"的人,现已逃往叶尔羌;另一个穆罕默德·希迪克去了阿克苏;他们一帮中的第三个人已摆脱了一切烦恼进了天堂,等等。⁴⁷³

这是一条精心设计的防线,伊斯拉姆阿洪以自己的顽强以及对于法律的不愉快经验坚守着它。我曾觉得一开始就应该坦率地告诉他,我并不打算对他的伪造行为向按办衙门提出诉讼,因为我了解通过这样的法律程序,往往会导致像拷问这样的暴力方式。当然,我不会赞同这样的步骤,而且逼出来的供词对我毫无意义。不知是看出我有所顾忌,还是因为他知道很难及时取得直接的证据,两次长时间的审问没有获得任何结果。审问间隙,我要手下人好好照顾伊斯拉姆阿洪。然而在反复申明无罪的过程中,伊斯拉姆阿洪否认了一个事实,而这一否认却给了我一个抓住这个谨慎的被告的机会。他坚持否认去过任何发现"古书"的现场,甚至根本没去过任何沙漠中的遗址。

我故意装着对这瞒天大谎不感兴趣,诱使他更明确地重复了一遍,而当他第三次"重申"时,又找了许多证人在场。也许是他被至此的成功冲昏了头脑,也许是被我的克制所麻痹,这个狡猾而满脸倦色的家伙,显然一时丧失了警惕。于是,我立即向他摊出了王牌:那些从赫恩勒报告的详细记述中摘出的关于他在多种场合向马继业先生讲过的精心编造的故事,其中谈到他于1895 — 1898年间,在塔克拉玛干大沙漠中的旅行及发掘。⁴⁷⁴

效果非常惊人。伊斯拉姆阿洪完全没有料到,几年前他编造的故事,被如此详细地记载在给政府的科学报告中,其中既有地点,也有细

·欧·亚·历·史·文·化·文·库·

节。现在他听了我宣读这些重新翻译过来的情节后,终于变得惊慌失措。利用马继业先生记录、赫恩勒先生转述的资料,我能够说出他在喀什噶尔哪次售出了哪些"古书",又是如何讲述自己发现它们的情况等等,这一事实震撼了他。他十分清醒地认识到自己已是不打自招,一切想开脱罪责的幻想已成泡影,于是才承认曾经见过前面提到的那些雇主在山普拉(即洛浦)附近废弃的麻扎上书写文书。一点一滴地供词逐渐变得非常详细。最后,当他确信不会受到什么处分时,就彻底坦白地供认了自己的罪行。

核对了保存在喀什噶尔的记录以及许多单个证明人的证词,在很多重要情节上,证明伊斯拉姆阿洪以后的供词是完全诚实的。他具有非凡的记忆力,从赫恩勒博士报告中许多附印的照片图版上,很快就认出了自己生产的用"无名文字"刻印的版本样品。1894年前,他在和阗农村收集铜钱、印章以及其他类似的小古物。大约就是在那个时候,他从阿富汗商人那里得知从印度来的绅士们很欣赏古代手写文书。这种真正的书页散片曾被吐尔地以及其他一些"寻宝人"在丹丹乌里克发现过。但探访如此孤寂的沙漠遗址,确实要经受很多艰难困苦,并且找到古物的希望又十分渺茫,这对于像伊斯拉姆阿洪这样的机灵人,是没有诱惑力的。于是他经过选择,想出用制造文书的办法来满足绅士们的需求。

在这种行当中,他有好几个同伙,其中又以伊不拉音毛拉为首。这个人似乎是专门从事满足俄国人对于"古书"要求的工作的,而伊斯拉姆阿洪则主要接待英国官员和其他收藏家们。伊不拉音毛拉懂得一些俄语,这就解释了我以前注意到的一些"刻印"文字和老斯拉夫字母奇妙的相似。我初到和阗时遇见的那位俄国亚美尼亚人,就是从伊不拉音毛拉那里买了伪造的桦树皮文书。伊不拉音毛拉与他的同伙同样狡猾,当他一听到伊斯拉姆阿洪被捕的消息后,便从和阗消失得无影无踪。

第一次生产的这种"古书",伊斯拉姆阿洪很顺利地就在1895年卖给了秘书艾合买德丁,他是在马继业先生离职时,任喀什噶尔助理领事的。这本书作为试销的抄本,据伊不拉音说是模仿了从丹丹乌里克得到的真正"手抄本"散页上的草书婆罗谜字体。虽然这些伪造者们始终未能生产出已知的任何一种文字的具有连贯内容的书卷,然而他们最早的伪制品十分精致巧妙,在一段时间内甚至蒙骗了欧洲的一些学者们。在赫恩勒博士《关于中亚古物的第二份报告》的附录中,可以看到其早期的产品,它们与伊斯拉姆阿洪工厂生产的其他许多产品一道,存放于大英博物馆手稿部的赝品室。刊印在斯文·赫定博士的德文版著作《穿越亚洲》上的"古代和阗手写文书",可以说是这个工厂晚期比较粗糙的产品。

鉴于这种产品在喀什噶尔能骗得非常高昂的价格,而且由于巴德鲁丁的粗心推荐,在拉达克和克什米尔也能以高价售出,这使伪造者们受到了鼓励。当伊斯拉姆阿洪很快发觉他的"书"能使人欣然付出高价,而且没有一个欧洲人能够读它们的文字或能辨别它们的字迹,于是伪造者们便不必再去费心认真摹仿古代散片上的真正字体,而可以随时创造他们自己的"无名文字"。这就说明了这些古怪字迹之间产生了明显差异的原因。经过对版本的分析,在一个时期大英博物馆的藏品内曾发现了至少有 12 种不同版本之多(这个数字并不准确,因为帮助进行鉴定的东方学专家们不是很有把握)。

无论如何,用手工抄写的生产效率是很低的,于是这种工厂就改用了可以反复印刷的一系列木板来生产。因为中国新疆实际上广泛使用着木版印刷,准备木版并非难事。这种木版印刷的"古书"开始于 1896 年,赫恩勒博士的第一次报告中详细介绍并论述的 45 块"刻版"印刷品是它的成果的一部分。这些文书同样在形式上千篇一律,但字体显示出很大的差异,而且在字的大小、笔画粗细上也常发现明显的不同。

当伊斯拉姆阿洪的防线被突破后,他便毫无顾忌地讲述了他们伪造"古书"的技术上的详细情节。他对我兴趣所在的问题津津乐道,详细地讲述了为供应"手写文书"或"刻版印刷"的需要而伪造仿古纸张的过程,以及使其看来像是旧纸的方法。和阗是新疆造纸工业的中心,这给伪造者们提供了极大的方便,随时可以用各种型号的纸张满足自

476

477

· 欧 · 亚 · 历 · 史 · 文 · 化 · 文 · 库 ·

277

已的需要。他们用胡杨树胶,把现今和阗生产的纸张染成黄色或淡褐色。树胶溶解在水里,便可成为染色液。

当染过色的纸张写上或印上文字后,再将之挂在壁炉上方使之烟熏成特有的古纸色泽。无疑,这种熏制法偶尔不慎也会把纸张熏焦或烧坏,带着这种明显痕迹的一些"古书"曾运送到加尔各答。以后就把这些书页装订成册。但这看来是最不成功的一步,他们后期大多数的产品采用的是仿欧洲式的装订方法,但很粗糙而不恰当(往往使用铜钉或纸捻),必然会使人有理由对它的真实性产生严重的怀疑。最后,已经制成的文稿或书本,在纸页之间再撒上细沙土,使之装扮成好像长期埋藏过的样子。我清楚地记得,1898年春天在检查克什米尔一位收藏家的这种赝品之前,曾不得不使用衣服刷子。

以前有关这场在一段时间内异常成功的精心策划的骗局的所有怀疑,经过长时间认真的审查,现已被其主角亲口证实。我得知并可告诉欧洲的学者们,"被告已供认不讳",而且整个调查过程中并没有使用东方式的任何拷问办法,这一点确实令人高兴。但可能更使人满意的是,根据我沙漠考察所获成果,即使伊斯拉姆阿洪拒不坦白,也已足以处置至今所知的所有赝品。我从丹丹乌里克和安迪尔发掘出的古代文物以及根据由沙漠中获得的普遍经验,使我很容易辨别出真品与伊斯拉姆阿洪制造的赝品,这就揭穿了古代遗址曾向他提供文物的无稽谎言。真正的古代文书,无论是纸张的质地和色泽上,还是装订、保存及其他各种特点,在伊斯拉姆阿洪伪造的手写文书中,一点也找不到。除此之外,有一个明显的事实,就是伪造者们从来没有用已知的任何一种书写体文字生产过一本意思连贯的书,而在我考察中发现的所有的古代文书,其文字毫无例外都是我们熟悉的。因此,已用不着担心伊斯拉姆阿洪的赝品今后还能骗人。

考虑到这一点以及伪造工作已在3年前终止,我决定不再追究伊斯拉姆阿洪的行为。另外我也知道善心的朋友潘大人一向宽宏大量。实际上在会面时,当我明白告诉他,在伪造古物问题上我不准备要求对伊斯拉姆阿洪给予惩罚时,我已注意到这位年长的按办如释重负。对

478

这类行为,中国有着与我们非常不同的司法观点,而且显然很难将同案犯传唤到案,更不用说还有"情有可原之处"即正是那些没眼力的买主鼓励了伪造行为。当我想到伊斯拉姆阿洪和他同伙的伪造品给著名的学者们在宝贵的时间和劳动方面造成的损失时,聊以自慰的是,这个狡猾的坏蛋早已由于一而再的罪行受到了中国司法部门给予的应得惩罚:他因冒充迪西上尉的签名从巴德鲁丁那里骗得了12个金卢布的罪行,曾被罚戴了长时间的木枷;又因伪称是马继业先生的代理人进行敲诈勒索,受到了肉体上的刑罚和监禁。

在这种拖长了的"会谈"中,我有充分的机会理解到伊斯拉姆阿洪是他们一帮人中非常有才智的人,也颇具狡诈和想入非非的特点,他不是一个一般的和阗人。他身材修长,脸部和眼睛表现出机警、狡猾和永不满足的神情;他的容貌似乎有点像克什米尔的血统,不过不敢十分肯定。他使我感到极大兴趣的是,他给予诚实的吐尔地的机智巧妙的回答,以某种无礼的幽默把吐尔地说成是"沙漠中什么也找不到"的活见证。赫恩勒博士报告的图版上刊印着他亲自制做的产品的精美照片,给他留下了深刻印象,急于了解其制作方法。我毫不怀疑他已充分意识到利用这种"雕刻"艺术行骗的极好机会。如果他能像我几个月后那样,见到他那些木版书被欧洲各大图书馆包上漂亮的仿摩洛哥皮封面珍藏起来,恐怕会变得更加自豪。

我向伊斯拉姆阿洪表示:我愿意相信他所说在其工场中使用的方法和材料,但得给我个实物证明。他立即答应送我几块那些特殊"古书"的印版。由于所有材料已记录在案,于是我有条件地把他从衙门拘留所里放出来,第二天早晨他就从家里按时送来了一块印版。他被捕的消息早已传遍全城,因而很难再去前同伙们的家中,那里可能保存着许多这样的材料。

或者真正感觉到他的角色已经彻底扮演结束,也许是觉得会因在审讯中彻底交代而遭老朋友嘲笑,伊斯拉姆阿洪最终虽然获得释放,可是看来比第一次作为罪犯带上法庭时显得更胆小怯懦。我曾对他开玩笑说:他太聪明了,不该活在和阗愚昧的人群中。一段小插曲表明,他的确留意到了这话。在我即将离开和阗之前,伊斯拉姆阿洪很认真地向我提出一个请求,要我带他到欧洲去。他没有讲明途中怎样为我服务,但是我认为,他的这个奇怪的要求,无疑是为他的欺骗才能去寻找广阔的天地! 因此,我毫不反悔地表示了冷酷无情的态度,断然给予拒绝。

32　在和阗绿洲的最后几天

　　4月27日,我怀着诚挚的惜别之意前往和阗衙门拜访辞行,这意味着我要向完全真诚的朋友潘大人告别了。他是一位真正的老派学者,在他身上找不到一点西方意识和影响。然而我从第一次拜访时,就觉得他很了解我进行科学探察的目的,而且极力促成它的实现。不久,我便逐渐喜爱他那平和、真诚的风度,这种风度似乎显示其平易近人的性格。作为官员,这位年长博学而有身份的人自有其短处,但凡是和我谈到过他的本地人士,都一致赞扬他的正直和仁慈。因此我希望这位有学术造诣的做官的朋友能受到乌鲁木齐的重视(不久他将退休去那 482 里),得到一个较高的职务,如喀什噶尔的道台之类。

　　在我返回住处的路上,我骑马穿过和阗巴扎长长的街道。这天正是和阗"老城"星期六赶集的日子,它长长的中心街市上挤满了交易的人。明媚的阳光穿过街道两侧住房和店铺前面摇晃而破旧的遮篷,照在五颜六色的商品上,我选购了几件纪念品。和阗工匠的古老技艺显示在一件件漂亮的衣物上,形成了当地市场和商店的独特风貌。但是,普遍使用的苯胶染料似乎破坏了东方式的色彩协调。和阗的首府城镇确实很小,在骑马行进的途中,我再次浏览了去年秋天在这里时就熟悉了的每一条景色如画的小巷和每一个清真寺。在沙漠中生活了漫长的几个月之后,再次看到人们在我身边挤来挤去的热闹景象,顿时感到有种说不出的兴奋。可是比其他东西更为美好的伸展在小巷各处的绿色嫩叶,以及湛蓝色的天空,更使我对和阗的最后印象增添了光彩。

　　第二天早晨,我告别了那尔巴克花园。我在4天前即已打发拉姆·辛格带着笨重的行装出发去叶尔羌(即今莎车),因此,最后的离别不像在新疆经常踏上新旅程时一样有许多麻烦事缠身。但像过去一样,我还要周到地应酬前来送行的当地熟人,把一些药品送给朋友的家属,并支付最后一次但不是最少的一些小费。中国新疆正像欧洲文明中心经营最佳的旅馆一样,是一个不论大小服务都必须付小费的地区。衙门派来照管我的宿营地的随从,曾帮助搜集过信息和古物的来访者,曾帮我筹措供应品的百户长们以及其他人,都必须给予适当的报酬。把钱花在这些方面,可以省去不必要的拖沓。没有必要把给一个人的小费伪装成礼物的形式,也没有人会为了面子假装拒绝而必须硬塞在他手里。在欧洲的思想观念使之在表面上改变之前,印度法庭上也曾同样不顾脸面地接受金银。当然,新疆的朋友们是不会拒绝一个人的小礼品的,但是作为服务的报酬,他们主要希望付给硬币。

483

我第一天的行程很短,希望在离开和阗之前向古代首府约特干作一次告别访问。我所走的路和上次在 11 月份阴沉寒冷的日子从那里回来时所走的一样,可是现在的景色却变得多么明媚!骑马穿行在人群密集土地肥沃的土沙拉和波拉赞行政区的小村落之间,满目都是碧绿的田野和果园。第一茬苜蓿已经长得很高,路边的白杨、桑树和垂柳已被繁茂的绿叶打扮得袅娜多姿。当我住在那尔巴克花园时,落下了不常见的雨水,使嫩绿的树叶上很少再见到尘土。我在这样景色秀丽的绿洲里,骑马旅行感到十分欢快。当到达阿拉勒巴格以外,进入十分开阔的地区时,整个雄伟的山脉尽收眼底。我非常清晰地看到了乌鲁噶特达坂和卡乌鲁克库兹的顶端,在那里我们曾设过三角测量站。它们那边的冰峰山脊是喀拉喀什河源头的分水岭,我惊奇地发现它是多么的陡峭壮观。我在 11 月份曾在那里操劳过的荒寂的山脉好像是向我致以离别的祝福。它们秀丽的全貌使我永记不忘。位于沙漠和巍巍昆仑之间的小天地,是被我带走最后一瞥的最美好的景色。

在约特干百户长房屋下方的美丽的果园里,又一次支起了我的帐篷,我忙于从不同的沉积地层及盖在上面的淤泥中搜集土壤样品。我又得到一些古铜钱、印章和赤陶等,它们的主人们上次没有来找我。这些古物中最吸引人的是一个纯金的坐着的小猴的雕像,在形式和姿态上和以往这个遗址上屡次找到的小赤陶像完全一样。

484

4 月 29 日早晨,我离开约特干去绿洲西北边缘的墨玉县。我以前没有机会访问过它,现在又多了一条理由在我最后离开之前探访。在喀朗古塔格及丹丹乌里克的日子里的忠实差役伊斯拉木伯克。后来被任命为墨玉县的一名伯克。不论确实与否,他反正把他的好运气归因于我向按办的推荐,所以他殷勤地向我介绍墨玉这个既是他的家乡又是他任职的地方。他和阿富汗的长者巴德鲁丁汗两人从和阗就陪着我,并且声明一定要送我到这个绿洲的边界上。

天气晴和明朗,当天的骑行非常悠闲自在。清早,我们路过了波拉赞地区的比津巴扎,它位于扎瓦到和阗的公路上。这天是星期一,正是当地的集市日,长排的货摊和店铺前早已挤满了村民们。但是最引我注目的是,沿着我们走过的从墨玉到比津乡一路上的商贩人流。墨玉每周一次的巴扎天已在前一天度过了,那些商贩正带着昨天已陈列过的商品今天又匆忙赶来比津。自己经常参与这种迁移的巴德鲁丁向我解释说,这个绿洲的 7 个主要集镇,每周各轮流有一个巴扎天,它们是:和阗新城、和阗老城、玉龙喀什、山普拉、伊玛目穆萨·喀斯木、比津和墨玉。这是按照距离不远而又便利各地的原则轮流安排的,商贩们可按顺序出现在每一个集市。马匹驮着流动商店,骑坐在货物上面的则是货主和助手们。那天早晨经过我身边的大部分是曾见到过的和阗小商贩,巴德鲁丁对他们的货物、马匹和人都很熟悉,向我介绍了很多关于他们生意兴隆以及个人特征方面的情况。

我很惊奇的是,在这些匆忙的商贩中夹杂着很多外国人,有喀布尔人、巴焦尔人、俾路支的比欣人,最多的是安集延人,也有零零落落的少数克什米尔人,我用熟练的克什米尔语向他们问候时,却没有得到相应的回答。他们是定居叶尔羌(莎车)的侨民们的子孙,早已忘掉了他们的母语。在阿富汗人当中也是一样,其后裔很少有人懂得一点波斯语或普什图语。我又一次看到了通行于整个突厥斯坦的突厥语的巨大同化力量,它很快地同化了那些要是在印度土地上会世代具有鲜明特征和不同语言的各个种族。叶尔羌和和阗等中心城市的不同民族很快地进行融合的事实,使我看到了某种历史过程的恰当例证。在那个过程中,远离西方的突厥各部族和平地吸收了比其人数更多、文化更高的其

485

486

他部族。

在穿过了城市因之得名的宽阔的河床后,下午我到达了墨玉城,发现它是一个繁荣并且整齐的地方。伊斯拉木伯克一个亲戚的花园,已经殷勤地准备好做我的住处。在这里直到最后一小时,我都忙于为进行人类学的研究而测量了许多人的头部,并且记录了伊斯拉木伯克提供的管理和税收等方面的第一手材料。

4 月 30 日是我在和阗地区最后的一天。我利用这一天作了一次长途旅行,游览了伊斯拉木伯克所说的一个古代遗址喀喇多比,它位于西面的沙漠边沿上。为了到达那里,我们横跨过紧紧相连的巴霍拉木苏、卡耶希、玛奎牙和奎牙等非常肥沃的地带。这些地带都伸展成长条形,经过其精耕细作的土地和树荫茂密的果园,都是各自从喀拉喀什河引水灌溉的。再没有比和阗这样更值得怀念的田园式的悦目景色了。天气很热而且沉闷,山脉的影子早已消失在阴雾之中。当走了大约 7 英里,穿过了一块长着灌木丛的沙土平地和矮沙包群后,我十分高兴地到了喀喇多比。我发现在大约 1 平方英里的地面上,盖着一层古代破陶片,中心有一个塌毁了的砖石建筑物堆成的小丘。建筑的砖块无疑很古老,可以清楚地看出是一座佛塔的底座。四处散布着灰泥浮雕装饰品的碎块,好像是这个毁坏已久的圣地的最后遗物。粗沙粒堆成的高大沙包群使我的坐骑举步艰难,跋涉了大约 4 英里之后,才到达了广阔的奴尔鲁沼泽地西岸,在那里亚瓦水溪扩展成一片芦苇水泊。当夜幕降临时,我来到了扎瓦村附近的宿营地。我似乎觉得好像是佛教神话中和阗的土地神要在我离开之前,再一次让我饱览在他庇护之下的、变化无穷的各类景色:富饶的农村田野、沙地丛林、高大的沙包群以及沼泽地等。

487

5 月 1 日拂晓,我出发向西开始了我的长途旅行。想到我面前通往欧洲的路程是这样通畅而兴奋欢跃,但感到悲凉的是,向工作过的迷人的田野以及和我的忠诚伙伴们告别(很可能是永别)。在扎瓦村我和忠实的老向导吐尔地分手了,他的经验和乡土知识从没有使我在沙漠中失误过,我给他的优厚酬劳是很多"财宝"即金钱,比他在塔克拉玛干大沙漠中探险所得要多得多。同时他也满足了自己的愿望,得到潘大人的赏识,被任命为玉龙喀什附近他家乡村子里的灌溉管理员。职位虽然低,安排却很适当,也是我们的"塔克拉玛干的长者"所一心向往的。他在沙漠中奔波实在是年龄太老、力不从心了。由于他很忠诚老实,我出于好意向潘大人推荐了他。虽然前途有了保障,但当我们分手时,我看到这位久经风霜的老"寻宝人"的脸上淌下了真诚的眼泪。

和我的中国翻译尼牙孜阿洪分手比较容易。他现在已陷入情网,正迷恋着和阗一个水性杨花的年轻女人,决心留在当地,不顾按办的警告。像他这样的赌徒不会有人雇用,不久就会陷入绝境。他早就写信给他在喀什噶尔的妻子提出离婚,和他的妻子和孩子脱离了关系,只花了很少几个天罡就在和阗的一位毛拉那里办妥了必要的手续。这个典型的事例说明在这整个地区离婚特别容易,突厥斯坦这种家庭生活的结构形式,永远使我感到困惑不解。

伊斯拉木伯克和巴德鲁丁汗,因为他们的高效服务而得到了丰厚的报酬。他们感到十分满意,一直依依不舍地把我送到沙漠边缘仅有的一个兰干塔尔布噶孜。我首次到达和阗地面时,曾在这里度过了第一个夜晚。当他们祝我前途珍重后,我单独骑马顺着沙漠小路奔向"鸽子圣地",思绪很自然地转向了一个非常愉快的问题——我从和阗带回的丰硕成果。差不多 7 个月前经过这里时,对吸引我到这块遥远的地方来的那些希望能否实现还缺乏信心。现在任务已经圆满完成,我兴奋地意识到劳动所得的收获远远超过了长期所怀的愿望。在这里,我又一次想到玄奘所记这个遗址的敬神习俗,只是一度享有威灵的神鼠而今已让位于神鸽。玄奘记曰:"行次其穴,下乘而趋,拜以致敬,祭以祈福……亦既输诚,多蒙福利。"但实际上在来的时候,我既没有参拜神鸟,也没有祈祷成功,而只是去努力工作。然而当胜利归来时,我觉得应该在我离开和阗前,用丰盛的玉米和稻麦作为献礼,以示谢意。

488

489

33 从和阗回到伦敦

在两个月之内,我从和阗出发先到喀什噶尔,而后再经过俄国突厥斯坦回到欧洲。在此所讲的这一段旅行故事,仅仅是最简短的概况。

6 天的快速旅行,在风暴和一个几乎已忘却了的欧洲式的真正云雨多变的天气里,把我送到了叶尔羌(莎车)。我的骆驼队已经在我之前到了这里。我在这里作短期逗留,主要是清理开支账目和调停因几个叶尔羌随从欠印度人债务引起的纠纷。正赶上这里下了一场多少年来未曾有过的特大暴雨。这场大雨断断续续直下了两天两夜,绿洲中的所有道路都变成了水洼泥坑,城镇和农村的许多土墙都已倒塌。叶尔羌城内一片忧伤,甚至我所居住的秦尼巴克花园的壮丽的厅堂,土屋顶也漏得很厉害。我十分担心古代文物的安全。然而,随大雨而来的是凉爽的天气,因此,到喀什噶尔的 140 英里路程,我骑在马上不到 3 天就愉快地走完了。

5 月 12 日早晨,天气晴朗煦和,春意盎然,我又一次在秦尼巴克花园内,见到了离别整整 8 个月的热情好客的马继业先生。在那里他以最真挚热情的心意向我问候。和这些亲近的朋友在一起,几乎忘掉了自己已长期离开欧洲。如不是有许多迹象表明马继业先生一直对我的考察很感兴趣,真会担心滔滔不绝的长谈会使主人们感到疲倦。能够向他展示我的丰富成果,而且这种成果的取得又多因他的影响、关照而在各地得到了帮助,这些正是我十分兴奋的原因。

尽管在喀什噶尔有各种繁重的准备工作要做,可是这一段时间里受到了殷勤的款待,我的体力还是得到了恢复。印度政府外交部根据我从加尔各答出发时提出的请求,取得圣彼得堡当局的同意,允许我经俄国突厥斯坦乘坐横跨里海的火车返回欧洲。我同时被授权将这次考察的搜集品暂时寄放在英国,只有那里适合于对它们做学术上的研究鉴定。因此为了保证在长途转运中安全可靠,有必要在喀什噶尔将这些古代文物重新妥善地包装好,而所有的测绘仪器和其他设备,连同测绘工作的记录,由助理测绘师负责,转经罕萨送往印度。

由于前面的道路不同,新的运输安排需要特别留心,同时我又忙于 骆驼队的"复员"工作。这些骆驼和马匹在以往 8 个月的旅行中,曾经为我们服务得非常出色,而现在又变成了无用之物。因为旅行开始时购买牲畜的开支占了旅行经费相当大的部分,它们的合理转让是一件需要操心的事情。经过一番讨价还价(按照突厥斯坦的交易习惯,这一点也不奇怪),这场半商业性交易所取得的结果,远比我一度敢于想象的收获要好得多。马匹的售价实际上毫无亏损,8 峰骆驼的售价也不低于原价的 3/4。如果有时间等到适当的季节,即骆驼队开始向西前往俄国领土时卖掉,或许可为政府收回原来为新疆交通运输支出的全部费用。经过了所有的艰苦旅行和冬季沙漠中的长期露宿,所有牲畜都安全返回,而且其状况使得在出卖时仅有一点损失。因此可以公正地说,事实证明,我们在照料牲畜方面是尽了心的。

向前继续旅行的安排,在沙俄帝国驻喀什噶尔总领事彼得罗夫斯基的善意帮助下,得到了很大方便。有机会和他相识,使我感到十分荣幸。彼得罗夫斯基在长期于新疆从事外交公务的同时,也以满怀好学的热情专心研究当地的历史和古代文物,这一点当我在俄国领事馆里与他进行建设性交谈时,已多次注意到了。他尽力保证把我的考古文物安全地运送到英国,并且帮我向俄国突厥斯坦当局联系,请他们给我以友好的帮助。对于他的热情相助,请允许我在这里表示衷心的谢忱。

在喀什噶尔停留的时间里,我有机会一再会见了和蔼而年长的道台黄广达(音译),对于在考察的每个地方都得到的中国官员有效的帮助,向他表示了谢意。这位和善可亲的年长行政官员并不否认他对我 的工作怀有真正的兴趣和友好的愿望,但有礼貌地坚持认为,我从他那里以及他的按办那里得到支持,都应归功于我的庇护人圣徒"唐僧",甚至还说我和他两个人都是在伟大圣僧的心灵感召下降生的。这位道台说到打算提前退休回湖南老家,希望在家乡附近的一座寺庙里度过晚年。他这个虔诚的心愿没有能够实现,由于疾病和年事已高,我离开不到一年他就在任所逝世了。

经过 14 天紧张的工作,营地的人员已经遣散完毕,所有古文物妥善地装进了 12 只大木箱,送往俄国领事馆进行海关检查,随后盖上了帝国的雄鹰印鉴。这个印鉴直到大英博物馆开箱之前一直完整地保留着。这可以说明一个事实,即我个人携带的这些木箱,从中国到英国的每一个边防站都不分国界地受到了文明的接待。

最后,我向主人们告别的日子到了。从去年我开始来到这里,直到我在沙漠旅行回来,他们一直热情地关心着我,这种美好的情谊使我永远不会忘怀。我预计动身的那天早晨,先去送别了助理测绘师拉姆·辛格,这位忠诚的旅行伙伴。他也要踏上回印度的旅途。他在我旅途所经的所有地面进行了精确的测绘工作,并在做好本职工作之余,总是想着要为我的考古工作做一些有关的事情。他在崎岖难行的地面上经常是愉快地快步前进,在艰苦难忍的气候条件下坚持工作,在宿营地的

493 安排管理方面给了我很大的帮助。我有多种理由应向印度测绘部门表示感谢,尤其是感谢其现任首脑圣乔治·戈尔上校给我派遣了如此积极肯干而训练有素的助手。和拉姆·辛格在一起的还有瘦长结实的拉齐普特人贾斯范脱·辛格,他友爱、专诚地照料测绘员。无论是在长途跋涉中还是在孤寂的宿营地,贾斯范脱·辛格都堪称是营地全体人员的表率。

494 机灵而惹人喜爱的小狗"尧乐希伯格"和两个印度朋友做伴去了。我把它托付给他们一路妥善地照料它回印度。我无法把它带往英国,我的这个"小伙伴"已经尝够了高山、沙漠的一切苦难,不该再无情地让它在经过了几个星期枯燥乏味的铁路旅行之后,还要受到英国海关的隔离检疫。不过我得承认,与每次旅行时的忠实伴侣分手,确实叫我伤心,直到 11 月份的某个夜晚我们才又在旁遮普的铁路月台上再一次愉快地会面。在我返回之前,它生了点小病,但很快就恢复了精神。后来因科学方面的任务我又去了英国,而它则一病不起,终于死在它和它的主人都同样喜爱的克什米尔高原。

1901 年 5 月 29 日，离开斯利那加整整一年之后，我从喀什噶尔出发去奥什，这是最近的在费尔干纳地区的俄国小镇。我的运输队很小，6 匹强壮的马驮载我的古代文物，另外，两匹驮运可供宿营的帐篷以及精简后的装备和个人行李。除了赶牲口的人员，只有沙迪克阿洪和我做伴，他已平安地摆脱了沙漠中的精灵（其实是吸食大麻烟过度），又重新变成头脑清醒、性格质朴的人。从喀什噶尔到奥什的通行大路要翻越阿赖山脉，估计要走 18 天。因为希望缩短时间，我准备用 10 天时间翻过此山，不论骑马还是步行每天都要从大清早一直行进到夜幕降临。

由于前几个星期意外的降雨和积雪迅速融化，在到达俄国边界之前，我们走向阿赖需要一再穿过的克孜勒苏河。上游各地都值洪水期，带着特殊的古文物重载越过溪水的激流，使我天天都焦虑不安。不管怎样，凭着我们的小心谨慎和好运气，我们跨过了所有的河道没有一只箱子浸湿。第五天傍晚我们到达了俄国边防站伊尔克斯塘，我还从来没有感到那条政治边界具有如此重大的意义。当我步行至离开中国边境几百码，进入哥萨克驻军碉堡旁边的修得很好而舒适的屋子时，就好像真的回到了欧洲。在这里，热情的俄国海关负责人多琴柯向我致以热情的欢迎。

第二天早晨的景色同样地引人注目并且有了可喜的变化。我离开伊尔克斯塘不久，克孜勒苏河源头乱石杂陈的荒凉山谷就让位于绿草如茵的高山山坡。平常那条翻过铁列克山口的道路被深而松软的积雪封锁，因而我只好绕行阿赖山上的路。在塔里木河和阿姆河分水岭上的陶恩木伦山口（海拔近 12000 英尺）上，我曾度过一个不自在的夜晚，深深的积雪和寒冷的天气给我们增添了许多麻烦。当我们骑马走下宽阔而起伏不平的在克什米尔称之为高山草地的阿赖山谷的上部时，天气阴沉，这使我失去了观看考夫曼山以及向帕米尔伸延的外阿赖山其他高峰的机会。

吉尔吉斯人还没有转入这块为克什米尔迟钝的牧羊人所称赞的肥美的夏牧场，于是由于住处和供应的缺乏，迫使我们当天就穿过塔尔德克山口争取赶到北面比较避风的地方。我们现在正走在从古尔恰通向俄国的帕米尔的著名要塞"帕米尔斯基边哨所"的平坦大路上,可是它已全部被埋没在深深的积雪中。当我们吃力地走上山口时,一场迷眼的暴风雪来临了。由于我们的向导优秀而勇敢,保证了我们的平安。向导是个喀山诺盖人(即俄罗斯化了的穆斯林),是乐于助人的伊尔克斯塘海关官员派来护送我们的。没有他我们的情况会很糟。当我们挣扎着越过山口,至山北脚下奥什托别废弃的吉尔吉斯地堡时,已经是深夜时分。这是一个很脏的住处,好在这次暴风雪中,我的全部箱子都平安无事。

496　　　在这段经历后,3天的快速前进,把我带下了古尔恰河谷,感到加倍的高兴。这里到处长着繁盛的花草,山谷上面是茂密的松林。这种优美的高山景色,和克什米尔各处非常相似。我遇见很多吉尔吉斯人,在骆驼和马上驮着他们的全部家当,慢慢地转向他们在阿赖山上的夏牧场。垫在妇女们骑的骆驼上的精致的地毯,为旅行队增添了十分优美的风采。

　　　　在6月7日进入开阔肥美的费尔干纳山谷时,我不能不说一说繁
497 荣的景象和物质生产上的快速发展。经过精耕细作的田地和建筑物众多的农村,都充分说明欧洲人的有效管理和丰富的自然资源共同结出了丰硕成果。那天晚上我骑马进入奥什镇,这个地区美丽的首府所在地,大约是在25年前斯考彼列夫将军征服了费尔干纳后建立的。看一看,整洁的街道上是俄罗斯式的房屋,沿着宽阔奔腾的河流有幽美的花园。它极像是东欧某个得天独厚的地方,使我又奇怪地想起了沿喜马拉雅山麓我所熟悉的许多印度"兵站"的欢愉的氛围。

　　　　这个地区的首脑、有卓越功绩的扎依谢夫上校以最大的友情接待了我。他的办公机构以及在外边侍候的别致的千户长们和吉尔吉斯头目们,更使我觉得好像是印度边境的某个行政机构。但在迷人的别墅里——我在那里受到他的殷勤款待,并和他共同观赏了远处披着白色雪装的阿赖山脉——到处都充满着欧洲的气息。由能使我和家中沟通信息的电报机,又进一步增强了我已到达西方的意念。

在奥什的短暂停留使我得到了必要的休息。在这里我辞退了沙迪克阿洪。他的野外烹调设备,引起了我的东道主驿站站长家庭的很大兴趣,就好像他们是被带到了伦敦郊区的某个后花园中一样。在那里,我处理了剩下来的印度帐篷设备,并且应该庆幸我的艰苦跋涉到此已迈完了最后一步,当我奔驰了 4 个小时之后,顺着路边树荫浓密的大道,穿过开阔肥沃的平原到达了安集延。这个大城市是横跨里海大铁路的终点站,在这里我觉得从各种实际情况上讲自己已成了十足的欧洲人。住在舒服的"莫斯克维亚-纽默"旅馆里,我的旅行床和旅行椅就像支在英国乡村小镇上的旅店中一样,显得非常不合适了。

安集延的俄罗斯部分,在铁路终点以东伸展着宽阔的、经常洒水的大道,从各方面看都像是东欧一个繁荣兴旺的商业城。有许多商品充足的商店,办公机构里挤满俄国职员。傍晚,一大群欧洲籍职员聚集在雄伟的教堂周围的公园里,聆听军乐队演奏。大约几英里之外的当地人的大城市,也同样享受着这样欢乐而幸福的生活。在俄国人侵占以前,安集延就是一个古老的重要贸易中心。俄国人为费尔干纳地区物质发展上所起的促进作用,不过是增加了许多商人的财富,特别是自从横跨里海的大铁路伸延到这里以来。当我步行经过宽阔而妥善经营的市场时,看到各种丰富的琳琅满目的欧洲手工业品,以及俄国和中国新疆的家庭手工业产品,怎么也想不到它曾在去年遭到地震灾难!每个中亚民族的人们都在市场上熙来攘往地忙碌着。我非常惊奇能在这里遇到一位喀什噶尔的"阿吉"向我致意,他曾于一年多前往孟买的途中,在克什米尔首府的旅店里碰见过我。他在去麦加朝圣以后,曾去过埃及和君士坦丁堡,并且在回家的途中,选择了跨越黑海和里海比较便利的铁路线。我们在这里会面,很明显地说明,即使在中亚,这个"世界"也变得越来越小了。

6 月 11 日,我离开安集延,带着全部古代文物乘横跨里海的火车平安、舒适地前往真正的欧洲。这段旅程无论怎样快速,我还是可以从中了解到中亚的一个部分,这里由于其历史联系和古代文化,使我早在刚刚开始学习东方学时就为之着迷。现在,这个地方处于开明的权力

管辖之下,到处都可通行,但仍有许多东西有待于历史和考古学家去探
499 索。我在马尔吉兰和撒马尔罕的省府曾作短暂停留,受到总督柴可夫
斯基和梅定斯基将军友好热情的接待,并有机会参观考察了当地博物
馆搜集保存的古代文物。这里我要附带说明,虽然我对俄国的知识非
常贫乏,可是我到处都碰见了热情而好心的俄国旅伴和地方官员。我
在撒马尔罕度过了印象深刻的愉快的日子,主要是访问了帖木儿时代
雄伟无比的建筑遗迹,它们代表着中亚穆斯林权力和艺术的高峰。在
这里留下的印象,即使把拉合尔、德里和阿格拉加在一起也不能磨灭。
那的确是又一处莫卧儿庭院的汇展,只不过是即使在 6 月里也叫人想
起克什米尔的天空和气候。

500 　　在梅尔夫(马雷)的短暂逗留,使我踏上了到处都是古代伊朗纪念
物的土地。也许有点逗弄人的意思,只有这么一点点机会让我在这片
土地上重温自己初期的历史研究,不过我还是为此而高兴。接着路过
了戈克－太派废墟,它是一个时代更近的具有纪念价值的历史遗迹。
然后火车又把我运往克拉斯诺沃茨克。从这里我穿过里海到达巴库,
最后在火车上度过了悠长而疲倦的几天(经过彼得罗夫斯克、罗斯托
夫、波特沃洛西齐斯卡、克拉科夫、柏林),于 1901 年 7 月 2 日到达了伦
敦。

　　在那里,我很满意地把从沙漠中出土的古代文物,临时存放在大英
博物馆这个安全的休憩之地。不论这些文物还是我的 800 余块拍摄好
的玻璃底片,在长途跋涉中毫无损坏。长途跋涉已经结束,但又一个新
的时期开始了,更多的艰难困苦的事情尚在后头,因为下面的工作必须
在与过去完全不同的物质条件下来完成。

　　由于我成功带回的大量古文物急需整理和编写目录,原来印度政
府委派在英国从事这项工作的 6 个星期远远不够,于是负责印度事务
的国务秘书又给我延长了 6 个星期,我对此深表谢意。但即使如此,仍
在经过极度努力并且得到我的朋友安德鲁斯先生的热情帮助,才能按
期顺利地完成了对这次搜集到的古文物的整理工作,并为撰写《初步
报告》做好了准备。

9 月末结束了这项紧迫的任务后，我非常高兴的是，在我即将回印度担任旁遮普省学监这个平凡的职务之前，至少可以允许我有一个短期的休息时间。在伦敦忙碌的几个星期，主要工作在大英博物馆的地下室里，这是该馆安排给我整理古代文物的场地。为了科学的目的，我好像是在这里被禁闭了一个时期。无论当时还是以后，我怎能不经常盼望重新返回自由、宁静的沙漠！

502

原文索引

刊印说明:本索引中,对于东方人的姓名和术语的拼写,符合国际东方学会认可并采用的音译方法,以简洁的形式,提供给印度政府印刷出版。自然,书中出现的附加符号对普通读者并不适用。在索引中,只要是可确切地追踪到的突厥语词汇,尽力使用统一的连字符以划分突厥文字的组成部分。当然,这些连字符的使用是有限的。

关于缩写符号:索引中,下列适用的缩写词,作为引用东方词语的标记。

A. Arabic 阿拉伯语

Ch. Chinese 中文的

I. Indian 印度语的

P. Persian 波斯语的

Pr. Prakrit 古印度语

S. Sanskrit 梵文

T. Turki 突厥文

---

〔1〕本索引标示出的为原著页码(Marc Aural Stein, SAND-BURIED RUINS OF KHOTA, T. FISHER WIN, 1903),具体对应标示在本书的边眉处——译者。

---

[1]原文即无页码,以下再次出现同类情况时不再提示——译者。

297

·欧·亚·历·史·文·化·文·库·

欧·亚·历·史·文·化·文·库

_____

〔1〕原书附有照片,因当时的印刷质量不佳,本译文未再选用——译者。

·欧·亚·历·史·文·化·文·库·

现 444；finds at Kara-dong 在喀喇墩发现的铜钱 432；finds at Rawak Stupa. 在热瓦克佛塔的发现 453，465；coins of Han dynasty 汉朝的铜钱 377，404；coins of Tang dynasty 唐朝的铜钱 252

"collecting"，dangers of，xxi 有风险的搜寻，第 21 章

colossal statue，excavated at Rawak 在热瓦克挖掘出的巨大塑像 451 sqq.，459 sqq.；fragments of 巨大的头部塑像的灰泥碎块 450

colouring，of relievo sculpture 彩色的浮雕像 455

colours，of stucco relieves 粉饰浮雕的颜色 282

Columbarium，resemblance to 相似于骨灰瓮安置所 148

cook-room，ancient 古代厨房 300 sq.

Cordier，Prof. Henri，xiii 珂罗蒂雅，亨利教授，第 13 章

Corpus Christi College，Oxford，xxv 考帕斯克利斯蒂学院，牛津，第 25 章

corvee 强制劳动 162

Cotton，Mr. J. S.，help of，xxv 考敦先生的帮助，第 25 章

cotton-prints，ancient 古代的染色棉布 419

cover of book，design for 书的封面，设计作为书的封面 282

criminals，banished to Karanghutagh 被流放到喀朗古塔格的罪犯 215；punishment of 刑罚 198

cultivation，causes rise of ground 耕作，农田地面升高的原因 263；shifting of its area 耕地的迁移 437 sq.；culture-strata, of Yotkan 约特干埋藏遗物的地层 262 sq.；of Tam-oghil 塔木奥欧勒的耕作区 447

currants，excavated 被挖掘出的红葡萄干 433

currency，in E. Turkestan 货币，在中国通用 169

Curzon of Kedleston，Lord，Viceroy of India，sanctions Stein's explorations，ix，xxiii；identifies Oxus source 印度总督寇松勋爵赞许斯坦因的探索，第 9 章，第 23 章；他证实的是乌浒水真正源头的冰川 60，63

Customs，antiques passed through 海关，古董文物通过海关检查 493

Darogha, see Ibrahim Akhun 参见：伊布拉欣阿洪

dasht, P., "waste plain" 波斯语：荒原 180；"stony desert" 沙漠戈壁，遍地都为荒野 186 sqq.；passim 69，158，192 sq.

Dastar-khan, "collation", P. 波斯语：鲜果点心等小吃 141

dates, in Kharoshthi documents 在佉卢文文书中记载的日期 391；of Chinese records 纸片上记录的汉文年代 317

dawan, "pass", "large sand dune", T. 突厥语：达万，"沙脊"，"大沙丘"，遍地都是沙丘 277 sq.，329 sqq.，passim

dead trees, in desert 在沙漠里枯死的树木 351 sq.，353，407，431

Deasy, Capt, H. H. P., explorations of 迪西上尉的探察 8，59 sq.，98，123，127，203，218，251，302，471，473，480

debris, ancient 古代碎片 188 sqq.；see Tatis Delhi 参见：塔提德里 500

Deosai, platean 代奥塞高原 18

desert, see Taklamakan 沙漠，参见：塔克拉玛干；advance of dunes in 前进的沙丘 323 sq.；dead trees in 枯树 278，280；transport for 运输 273

Detailed Report, on Stein' exploratinos, xxiii 斯坦因探险的详细报告，第23章

Detritus 岩屑，碎石 231，242

devaputra, title, S. 梵文：统治者的称号 400

Dharma, Buddhist canon, S. 梵文：达摩，佛教教规 300

dibira, "clerk", S. 梵文："秘书" 400

die, ancient 古代骰子 406

dihkan, "cultivator", P. 波斯语：耕作者，农民 116，411

dildung, a grass 干草根 61

disintergration of rocks 土壤石块的分解 210，241

divorce, in E. Turkestan 告别东突厥斯坦 488

quaint custom of ancient 古代奇特的风俗 463 sq.

forest, along Khotan R. 沿着和阗河两岸的林带 271; see jungle 参见：丛林

forging of "old books", at Khotan 在和阗伪造的"古书" 204, 471 sqq.; details of process 伪造过程的详细情节 478 sq.

Forster, G., travels of 福斯特的旅行笔记 150

Forsyth, Sir D. 道格拉斯·福赛斯爵士 129 f

fortification, ancient, at Endere 在安迪尔的古代边防要塞 420; at Uzun-tati 在乌宗塔提 440; at Aksipil 在阿克斯皮力 448

"Four Garrisons", Ch. name for E. Turkestan "四镇"，中国唐代对东突厥斯坦的称呼 418

framework, of stucco statue 灰泥塑像的木质支架 284

frescoes, Buddhist, at Dandan-Uiliq 在丹丹乌里克的佛教壁画 248, 278, 291 sqq.; in ancient residence, Niya site 在尼雅遗址的古代住宅 373; at Endere 在安迪尔 420; of Buddhas 佛像的壁画 284 sqq.

Frontier-post, ancient 古代边防哨所 420, 432

fruit, at Kashgar 喀什噶尔水果 129; at Kizil 克孜尔水果 159

fruit-trees, ancient 古代果树 296, 379

Fu-tai, at Urumchi 乌鲁木齐抚台 470

Gadhoi 盖特霍伊 20

Gandhara, Peshawar Valley, the ancient, xvi 犍陀罗，古代白沙瓦流域的艺术风格，第16章; art of 艺术 449; sculptures of 犍陀罗的雕塑艺术 352, 407

Gandharvi, figure of 乾闼婆神像 282

Ganesha, painting of 象头神的绘画 290, 420

garden, plan of ancient 古代规划的果园 379

Gardner, Prof. Percy, xxiv 加德纳·珀西教授，第24章

"Gates, Masters of the" 哨卡官吏 13

Gauri Mall, Lala 拉拉·高利·麦勒 169

·欧·亚·历·史·文·化·文·库·

their marching 罕萨人的长途跋涉 51；their prowess 他们的英勇 101；
their race 种族 35；relations with China 罕萨与清朝的关系 39；road in
罕萨的道路 29 sq.；Hunza River, track along 罕萨河沿途 42 sqq.；
Hunza Valley 罕萨河谷 27 sqq.

Hydaspes, the present Jhelam R. 古希达斯佩斯河，现在的杰赫拉
姆河 3 sq.

Ibrahim, villager of Niya 伊不拉欣，尼雅村民 344，353，354 sq.，
357，364

Ibrahim Akhun, Darogha, from Keriya 伊不拉欣阿洪，从克里雅来
的差役 330，332，341，354，370，383，412，425，427，436，442，446

Ibrahim Mullah, "treasure-seeker" "寻宝人"伊不拉音毛拉 268，
476

ice, for water-supply 冰，用于供水 350，410，412

ice-pit, ancient 古代冰窖 370

iconography, Buddhist 佛教徒肖像 462

Igrikyok 伊格雷克尤克 81

Ilchi, city of Khotan 伊里齐，和阗城 313

Ilegorum 伊利戈鲁姆 110

Imam Jafar Sadik, Mazar, pilgrimage to 到伊玛目·加帕尔·沙迪
克麻扎朝拜 331，345 sqq.；its shrines 圣祠 347 sq.；tomb of 坟墓
349；labourers from 从伊玛目·加帕尔·沙迪克招来的劳工 372；re-
turn to 回伊玛目·加帕尔·沙迪克麻扎 409 sqq.

Imam Musa Kasim, shrine of 伊玛目穆萨哈斯木的圣地 267；mar-
ket of 集市 486

Imam Shakir Padshah 伊玛目夏克尔帕德夏 195

Imams, worshipped at Khotan 伊玛目，和阗清真寺内率领穆斯林做
礼拜的人 268

implements, ancient household, xviii 工具，古代住户，第18章

India, influence of classical art in 印度古典艺术的影响 397；clas-

325

人；和阗巴扎　483；carpets of 和阗地毯　443；crafts of 和阗工艺品 483；cultivators' dwellings in 农民住房　322；diseases at 和阗的疾病 251；felts of 毛毡　340；industries of 当地工业　167，402；jade of 和阗玉　252 sqq. ；local worship of 和阗地方宗教　246，267；longitude of 经纬仪的观测　243；"Old and New Towns" of "老城和新城"　483，486；pretty trade in 大量贸易　485 sq. ；rivers of 和阗第二条大河　197；rural 农村　487；Tanga of 天罡　170；W. boundary of 西部边境　194；History of Khotan：Abu-Bakr's rule at 和阗的历史：阿巴乩乞儿的统治 268；ancient art of，xvi；ancient capital of 古代艺术，第16章；和阗古都的遗址　203，256 sqq. ，267；ancient designation of 古代名称　313；ancient industries of，xviii；ancient language at，xix；ancient names of 古代工业，第18章；古代语言，第19章；和阗的古代名称　402；archaeological interest of，xv；Buddhist cult in 考古学兴趣，第15章；佛教徒　195 sq. ；Buddhist genius loci 和阗土地神　487；Buddhist pilgrimage place of 佛教圣地　244；Buddhist shrines of 佛教寺院神殿　264；Buddhist temples of 佛教寺庙　260；Chinese call Khotan Yu-tien 中国把和阗称作"于阗"　255；Chinese influence at，xvii；classical art in 中国对和阗的影响，第17章；和阗古典艺术　396；classical seals used at，xvii；coins of Khotan with Kharoshthi legends 使用的古典印记，第17章；镌刻有佉卢文的和阗铜钱　344；"Four Garrisons"，Khotan one of "四镇"之一　418；Graeco-Buddhist art in 印度河流域有古典风格的雕塑艺术　465；historical connection with Kashmir 和阗和克什米尔的历史联系　293；historical importance of，xv；Indian art in 印度艺术移植到和阗　320；prince of，in China，xvii 中国王子，第17章；ruined cities of，xvi 遗址，第16章；"Six Cities" of "六城"　313；tradition of its colonization from Taxila 成为塔克西拉人的殖民地　403；Khotan people，love lotteries 和阗人，喜欢买彩票一样碰运气　255；pilgrimages of 朝拜　267；prospecting for gold 探金矿　258；racial amalgam of 各个种族融合　486

　　Khotana，ancient name of Khotan "Khotana"（佉卢文变体）和阗的

Li-tsa, see Li-sieh "离查",参见:"离谢"

Littledale, Mr. and Mrs. 利特代尔夫妇　124

Liu-Cheng(Six Cities) "六城"　313

Liu-Darin, Amban of Yarkand 刘大人,叶尔羌的按办　162, 167 sqq., 174 sq.

Liu-Kin-tang, temple in memory of 刘锦棠纪念祠　133 sqq.

Liu-Lai-chin 刘来勤　137

local cult, in Khotan 和阗当地的祭仪　195 sq.; at Somiya 索米亚的迷信习俗　266

local legend, of holy rats 当地传说,神鼠　308

local tradition, continuity of 当地习俗　439

local worship, tenacity of 执着的地方信仰　267

loess, banks of 黄土,土坡　334, 407; erosion in 侵蚀　188 sqq., 422, 444; fertility of 肥沃的黄土　346; ravines in 黄土深沟　256

Lop(or Sampula) 洛浦(或山普拉)　443

Lop-nor, route to 罗布淖尔地区,前往罗布淖尔地区的古道　339, 342

lotus, represented in frescoes 莲花,壁画中的莲花　292 sq.; grown in Kashgar 在喀什噶尔的莲花池　292; pedestal in form of 莲花座　288

Macartney, Mr. G. 乔治·马继业先生　8; Kashgar residence of 喀什噶尔的住宅　120 sqq.; his influence in E. Turkestan 他在东突厥斯坦的影响　127; called Ma-shao-yieh by Chinese 中国人称作马少爷　135; 149; acquires MSS. 得到的文书　309, 311 sqq., 315; 433, 471, 473, 480, 491; his services to research, xxii 马继业先生对于研究的帮助,第22章

Macdonell, Prof. A. A., xiii 麦克唐纳,第13章

Madhumati, stream 麦特胡麦提河　13

Madrasahs(schools), of Karghalik 学校,喀格勒克的伊斯兰经文学校; of Imam Jafar 伊玛目加帕尔的宗教学校　347 sq.

·欧·亚·历·史·文·化·文·库·

Niaz Hakim Beg, Yarkand palace of 尼牙孜·阿奇木伯克,叶尔羌的宫殿式住宅 163, 181; governor of Khotan 和阗的行政长官 257; exploits Yotkan site 开发约特干遗址 258; his Madrasah at Imam Jafar 在伊玛目加帕尔修建的学校 348; 411, 441; Khotan residence of 乡下的故居,和阗住宅 469

Ni-jang, ancient name of Niya 尼壤,尼雅的古名 342

Nilth 尼尔斯 31 sqq. ; storming of 尼尔斯战役 23, 32

nimbus, in ancient painting 古代绘画里的光环 319

Nissa Valley 尼萨峡谷 225, 227 sqq. , 242; glaciers of 尼萨峡谷的冰川 230, 237; men of 尼萨的居民 227, 233, 235

Niya, oasis 尼雅,绿洲 39 sqq. ; ancient frontier of Khotan 和阗古代边界 342; identified with Ni-jang 玄奘称作"尼壤" 336; antiquities acquired at 在尼雅得到的古代文物 343; labourers brought from 从尼雅来的劳工 413; return to 回到尼雅 424; marshes near 附近的沼泽地 424; Ancient site beyond Niya, first reported 尼雅北面的古代遗址,第一次报告 337; arrival at 到达 352 sq. ; first excavations 第一次挖掘 354 sqq. ; ruined residences 住宅的废墟 372 sqq. ; ancient rubbish heaps 古代垃圾废物 385 sqq. ; Kharoshthi documents 佉卢文文书 390sqq.

Niya R. , fed by marshes 沼泽里的水流入了尼雅河 345; course of 尼雅河的河道 345 sqq. ; ends in jungle 在林地里河水被沙土吞没 350 sq. ; sand-dunes along 一道沙包群组成的高大沙梁 424

Nogai 诺盖 496

Nomal 诺马尔 29

non-Sanskirt language, in ancient MSS. 非梵语古文书 308; its affinity 联系 309, 414, 416

Numdah, ancient saddle-cloth 那木达,古代放置马鞍的毯子 319; see namadi 参见:小毡毯

Nura, hill stream of 山水 443

Nurullah 奴尔阿拉 350, 381

·欧·亚·历·史·文·化·文·库·

340

·欧·亚·历·史·文·化·文·库·

471 sqq.

Urumchi 乌鲁木齐　128，134，182，483；governor-general at 乌鲁木齐抚台　470

uruk，plum-tree，T. 突厥语：杏树　443

Ustads(masters，P.)，crafts，called 波斯语：受雇佣的工匠　125，130，140，149

ustang，"canal"，T. 突厥语：运河

Uttarakurus 乌塔拉库鲁斯　8

Uzun-tati，ancient site of 乌宗塔提的古代遗址　439 sqq.；debris of 在乌宗塔提发现的碎片　440

Vaisravana，as genius loci 土地神　487

Vajracchedika，MS. of《金刚经》　300

vesica 椭圆形光环　308

Victoria，Queen-Empress，death of 维多利亚女皇逝世　433

vignette of title-page，design for，xxiv 第24章首页插图的设计（缺）

Vihara(Buddhist monastery)，S. 梵语：佛教寺庙　244；excavation of 佛教寺庙的挖掘　300 sqq.，449 sq.

vines，at Ujat 乌加特的葡萄　247

Virochana monastery，position of 毗卢折那大伽蓝的所在地　267

Volur Lake 伏勒湖　4，11，13

votive offerings，at Dandan-Uiliq 供奉者的还愿奉献品，在丹丹乌里克　290 sqq.，321；at Rawak Stupa 在热瓦克佛塔　465；see ex-votos 参见：奉献品

votive Stupa 有很多奉献品的小佛塔　465

Wages of labourers 劳工的报酬　271

Wakhan 瓦罕　45，95，63

Wakhi，language 瓦罕语　75

Wakhis，settlements of 瓦罕人，移民　45 sqq.，52，56，67，74；herdmen 牧人　54 sqq.；at Yarkand 在叶尔羌　165

·欧·亚·历·史·文·化·文·库·

欧·亚·历·史·文·化·文·库·

Younghusband, Major F. E. 杨哈斯班少校　70

yu, "jade" Ch. 汉语：玉　255

Yule, Sir Henry 亨利·玉尔爵士　72，205；identifies Marco Polo's Pein 认为媲摩和马可·波罗所访问的"陪因"是同一个地方　440

Yurgal Gumbaz 尤加尔古姆巴兹　68

yurt, Kirghiz felt-hut called, T. 突厥语：毡房　70，78，87，93

Yurung-kash, R. 玉龙喀什河　202 sq.；head-waters of 源头　207 sqq.，212，218，220 sqq.，228，232，237，239，251；course through desert 穿过沙漠　270 sq.；canals from 引自玉龙喀什河的水渠　443；floods from 玉龙喀什河的洪水泛滥　447；jade washed from 从玉龙喀什河里洗出来的玉石　251 sqq.；percolation from 从玉龙喀什河渗透的地下水　451；Yurung-kash R. gorge 玉龙喀什河河谷　213，218；advance in 河水上涨　220 sqq.；distant view of 远观　229

Yurung-kash, canton 玉龙喀什镇　445 sq.，488

Yurung-kash, town, market of 玉龙喀什的集镇市场　486

yuz-bashi, "head of a Hundred"（headman）, T. 突厥语：百夫长（头人）

Zanguya 藏桂雅　192

Zawa 扎瓦　196，487

ziarat, "shrine", A. 阿拉伯语：圣地；see Mazar 参见：麻扎

Zilan 吉兰山嘴　218

译者索引

·欧·亚·历·史·文·化·文·库·

·欧·亚·历·史·文·化·文库·

·欧·亚·历·史·文·化·文·库·

后 记

在中国社科院历史研究所余太山先生的关怀、支持下，这本译著《沙埋和阗废墟记》（新疆美术摄影出版社，1994年）得以再版。回想1992年该社编辑何汉民先生，不辞辛劳，多次找我商量此书的出版事宜，当时经费无着，在韩翔、陈世良二位学兄的支持下，本书才得以面世。时光荏苒，转眼已过20余年，物是人非，当年相关的人，各居一方，有的已离开人世。最不能使我忘怀的是：1978年我在和田师专工作，有幸认识了姚老先生，他中外文基础都极好。在其热心帮助和鼓励下，我接触到这本书并对它产生了浓厚兴趣。当时在和田，不仅外文书籍难得一见，就是汉文古籍也不易找。后我出差时，在北京图书馆复印了《沙埋和阗废墟记》和《古代和阗》中与约特干遗址有关的章节。在阅读过程中，还不断地得到姚老先生的指点。1982年，我调入新疆社科院工作，据悉这位老先生已退休还乡，一直不知他的境遇如何！感激之情总不时萦绕在心头。20世纪90年代初，我和女儿殷晓娟与张南译出初稿，老校友剧士华先生曾帮助校阅。剧先生原在新疆科技报社工作，业务繁忙，此事花费了他不少宝贵的休息时间。他在大学读书期间专攻语言，所以外语造诣颇高，经他审订纠正了初稿中部分错讹不确之处。

由于此书内容丰富，涉及面广泛，许多历史考古的艰深文字，在这里化成了通俗易懂的生动情节。在译作过程中，我们虽然尽力保持原书的这一风格，但是否准确地表达了著者的原意，尚有待于读者的进一步认可。2012年夏，知此书可能再版，我乘回乡探亲之便，把它又重读了一遍，仍觉得很有兴味而获得相当多的启发，同时，也改正了原译文的一些不当之处。在电脑录入过程中，今在新加坡学习的孙女张欣怡，恰逢假期，她兴致勃勃地进行操作，加译索引，并受委托对原张南、殷晓娟译出的部分译文,进行修改、重译。在修改、重译过程中,承蒙译过多种西方史学名著的贵州师范大学蓝琪教授校阅,提出不少有益建设,至为感激。还有本书所用照片多系新疆文物考古研究所和博物馆王博、于志勇、祁小山以及中国社科院考古研究所新疆队巫新华、自治区文物古迹保护中心殷宏成等同志拍摄,在此谨表谢意。这次校订再版,交兰州大学出版社时,有幸由施援平博士担任责编,相信经过她的精心编审,将使这本译著的质量,得到再一次提高的机会。

殷晴

2014 年 1 月 6 日

欧亚历史文化文库

已经出版

林悟殊著:《中古夷教华化丛考》	定价:66.00 元
赵俪生著:《弇兹集》	定价:69.00 元
华喆著:《阴山鸣镝——匈奴在北方草原上的兴衰》	定价:48.00 元
杨军编著:《走向陌生的地方——内陆欧亚移民史话》	定价:38.00 元
贺菊莲著:《天山家宴——西域饮食文化纵横谈》	定价:64.00 元
陈鹏著:《路途漫漫丝貂情——明清东北亚丝绸之路研究》	
	定价:62.00 元
王颋著:《内陆亚洲史地求索》	定价:83.00 元
〔日〕堀敏一著,韩昇、刘建英编译:《隋唐帝国与东亚》	定价:38.00 元
〔印度〕艾哈默得·辛哈著,周翔翼译,徐百永校:《入藏四年》	
	定价:35.00 元
〔意〕伯戴克著,张云译:《中部西藏与蒙古人	
——元代西藏历史》(增订本)	定价:38.00 元
陈高华著:《元朝史事新证》	定价:74.00 元
王永兴著:《唐代经营西北研究》	定价:94.00 元
王炳华著:《西域考古文存》	定价:108.00 元
李健才著:《东北亚史地论集》	定价:73.00 元
孟凡人著:《新疆考古论集》	定价:98.00 元
周伟洲著:《藏史论考》	定价:55.00 元
刘文锁著:《丝绸之路——内陆欧亚考古与历史》	定价:88.00 元
张博泉著:《甫白文存》	定价:62.00 元
孙玉良著:《史林遗痕》	定价:85.00 元
马健著:《匈奴葬仪的考古学探索》	定价:76.00 元
〔俄〕柯兹洛夫著,王希隆、丁淑琴译:	
《蒙古、安多和死城哈喇浩特》(完整版)	定价:82.00 元
乌云高娃著:《元朝与高丽关系研究》	定价:67.00 元
杨军著:《夫余史研究》	定价:40.00 元
梁俊艳著:《英国与中国西藏(1774—1904)》	定价:88.00 元
〔乌兹别克斯坦〕艾哈迈多夫著,陈远光译:	
《16—18 世纪中亚历史地理文献》(修订版)	定价:85.00 元

成一农著:《空间与形态——三至七世纪中国历史城市地理研究》

定价:76.00 元

杨铭著:《唐代吐蕃与西北民族关系史研究》　　定价:86.00 元

殷小平著:《元代也里可温考述》　　定价:50.00 元

耿世民著:《西域文史论稿》　　定价:100.00 元

殷晴著:《丝绸之路经济史研究》　　定价:135.00 元(上、下册)

余大钧译:《北方民族史与蒙古史译文集》　　定价:160.00 元(上、下册)

韩儒林著:《蒙元史与内陆亚洲史研究》　　定价:58.00 元

〔美〕查尔斯·林霍尔姆著,张士东、杨军译:

《伊斯兰中东——传统与变迁》　　定价:88.00 元

〔美〕J.G.马勒著,王欣译:《唐代塑像中的西域人》　　定价:58.00 元

顾世宝著:《蒙元时代的蒙古族文学家》　　定价:42.00 元

杨铭编:《国外敦煌学、藏学研究——翻译与评述》　　定价:78.00 元

牛汝极等著:《新疆文化的现代化转向》　　定价:76.00 元

周伟洲著:《西域史地论集》　　定价:82.00 元

周晶著:《纷扰的雪山——20 世纪前半叶西藏社会生活研究》

定价:75.00 元

蓝琪著:《16—19 世纪中亚各国与俄国关系论述》　　定价:58.00 元

许序雅著:《唐朝与中亚九姓胡关系史研究》　　定价:65.00 元

汪受宽著:《骊靬梦断——古罗马军团东归伪史辨识》　　定价:96.00 元

刘雪飞著:《上古欧洲斯基泰文化巡礼》　　定价:32.00 元

〔俄〕T.Б.巴尔采娃著,张良仁、李明华译:

《斯基泰时期的有色金属加工业——第聂伯河左岸森林草原带》

定价:44.00 元

叶德荣著:《汉晋胡汉佛教论稿》　　定价:60.00 元

王颋著:《内陆亚洲史地求索(续)》　　定价:86.00 元

尚永琪著:

《胡僧东来——汉唐时期的佛经翻译家和传播人》　　定价:52.00 元

桂宝丽著:《可萨突厥》　　定价:30.00 元

篠原典生著:《西天伽蓝记》　　定价:48.00 元

〔德〕施林洛甫著,刘震、孟瑜译:

《叙事和图画——欧洲和印度艺术中的情节展现》　　定价:35.00 元

·欧·亚·历·史·文·化·文·库·

马小鹤著:《光明的使者——摩尼和摩尼教》　　　　定价:120.00 元

李鸣飞著:《蒙元时期的宗教变迁》　　　　　　　　定价:54.00 元

〔苏联〕伊·亚·兹拉特金著,马曼丽译:

　　《准噶尔汗国史》(修订版)　　　　　　　　　　定价:86.00 元

〔苏联〕巴托尔德著,张丽译:《中亚历史——巴托尔德文集

　　第 2 卷第 1 册第 1 部分》　　　　　　　定价:200.00 元(上、下册)

〔俄〕格·尼·波塔宁著,〔苏联〕B.B.奥布鲁切夫编,吴吉康、吴立珺译:

　　《蒙古纪行》　　　　　　　　　　　　　　　　定价:96.00 元

张文德著:《朝贡与入附——明代西域人来华研究》　定价:52.00 元

张小贵著:《祆教史考论与述评》　　　　　　　　　定价:55.00 元

〔苏联〕K.A.阿奇舍夫、Г.A.库沙耶夫著,孙危译:

　　《伊犁河流域塞人和乌孙的古代文明》　　　　　定价:60.00 元

陈明著:《文本与语言——出土文献与早期佛经词汇研究》

　　　　　　　　　　　　　　　　　　　　　　　定价:78.00 元

李映洲著:《敦煌壁画艺术论》　　　　　　定价:148.00 元(上、下册)

杜斗城著:《杜撰集》　　　　　　　　　　　　　　定价:108.00 元

芮传明著:《内陆欧亚风云录》　　　　　　　　　　定价:48.00 元

徐文堪著:《欧亚大陆语言及其研究说略》　　　　　定价:54.00 元

刘迎胜著:《小儿锦研究》(一、二、三)　　　　　　定价:300.00 元

郑炳林著:《敦煌占卜文献叙录》　　　　　　　　　定价:60.00 元

许全胜著:《黑鞑事略校注》　　　　　　　　　　　定价:66.00 元

段海蓉著:《萨都剌传》　　　　　　　　　　　　　定价:35.00 元

马曼丽著:《塞外文论——马曼丽内陆欧亚研究自选集》　定价:98.00 元

〔苏联〕И.Я.兹拉特金主编,М.И.戈利曼、Г.И.斯列萨尔丘克著,

　　马曼丽、胡尚哲译:《俄蒙关系历史档案文献集》(1607—1654)

　　　　　　　　　　　　　　　　　　　定价:180.00 元(上、下册)

华喆著:《帝国的背影——公元 14 世纪以后的蒙古》　定价:55.00 元

П.К.柯兹洛夫著,丁淑琴、韩莉、齐哲译:《蒙古和喀木》　定价:75.00 元

杨建新著:《边疆民族论集》　　　　　　　　　　　定价:98.00 元

赵现海著:《明长城时代的开启

　　——长城社会史视野下榆林长城修筑研究》(上、下册) 定价:122.00 元

李鸣飞著:《横跨欧亚——中世纪旅行者眼中的世界》　定价:53.00 元

李鸣飞著:《金元散官制度研究》　　　　　　　　　定价:70.00 元

刘迎胜著:《蒙元史考论》 定价:150.00元
王继光著:《中国西部文献题跋》 定价:100.00元
李艳玲著:《田作畜牧
——公元前2世纪至公元7世纪前期西域绿洲农业研究》
定价:54.00元
〔英〕马尔克·奥莱尔·斯坦因著,殷晴、张欣怡译:《沙埋和阗废墟记》
定价:90.00元

敬请期待
贾丛江著:《汉代西域汉人和汉文化》
王永兴著:《敦煌吐鲁番出土唐代军事文书考释》
薛宗正著:《西域史地汇考》
徐文堪编:《梅维恒内陆欧亚研究文选》
李锦绣编:《20世纪内陆欧亚历史文化研究论文选粹》
李锦绣、余太山编:《古代内陆欧亚史纲》
李锦绣:《裴矩〈西域图记〉辑考》
许全胜、刘震编:《内陆欧亚历史语言论集——徐文堪先生古稀纪念》
张小贵编:《三夷教论集——林悟殊先生古稀纪念》
杨林坤著:《西风万里交河道——明代西域丝路上的使者与商旅》
林悟殊著:《摩尼教华化补说》
王媛媛著:《摩尼教艺术及其华化考述》
李花子著:《长白山踏查记》
芮传明著:《摩尼教敦煌吐鲁番文书校注与译释研究》
马小鹤著:《霞浦文书研究》
〔德〕梅塔著,刘震译:《从弃绝到解脱》
郭物著:《欧亚游牧社会的重器——鍑》
王邦维著:《华梵问学集》
李锦绣著:《北阿富汗的巴克特里亚文献》
孙昊著:《辽代女真社会研究》
王永兴著:《唐代土地制度研究——以敦煌吐鲁番田制文书为中心》
韩中义著:《欧亚与西北研究辑》
尚永琪著:《古代欧亚草原上的马——在汉唐帝国视域内的考察》
石云涛著:《丝绸之路的起源》
青格力等著《内蒙古土默特金氏蒙古家族契约文书整理研究》
尚永琪著:《鸠摩罗什及其时代》
石云涛著:《魏晋南北朝时期的外来文明》

淘宝网邮购地址:http://lzup.taobao.com

· 欧 · 亚 · 历 · 史 · 文 · 化 · 文 · 库 ·